法考精神体系

历年精粹　透视命题

行政法 *315* 题

思路点拨　举一反三

魏建新 ◎ 编著 ｜ 厚大出品

中国政法大学出版社

不为外撼　不以物移

2024年厚大社群服务清单

主题班会
每月一次，布置任务，总结问题

学情监督
记录学习数据，建立能力图谱，针对薄弱有的放矢

备考规划
学习规划，考场应急攻略，心理辅导策略

干货下载
大纲对比、图书勘误、营养资料、直播讲义等

同步小测
同步练习，当堂讲当堂练
即时检测听课效果

单科测试
全真模拟，摸底考试
考试排名，知己知彼

专业答疑
语音、图片、文字多方式提问
专业专科答疑

扫码获取专属服务

主观破冰
破译主观题的规律和奥秘，使学员
对主观从一知半解到了如指掌

模拟机考
全真模拟，冲刺法考，进阶训练，突破瓶颈

高峰论坛
大纲解读，热点考点精析，热点案例分析等

法治思想素材
精编答题素材、传授答题套路，使考生对论述题
万能金句熟记于心

主观背诵金句
必背答题采分点，"浓缩"知识，择要记忆
法言法语，标准化答题

代总序

做法治之光

——致亲爱的考生朋友 ☆

如果问哪个群体会真正认真地学习法律，我想答案可能是备战法考的考生。

当厚大的老总力邀我们全力投入法考的培训事业，他最打动我们的一句话就是：这是一个远比象牙塔更大的舞台，我们可以向那些真正愿意去学习法律的同学普及法治的观念。

应试化的法律教育当然要帮助同学们以最便捷的方式通过法考，但它同时也可以承载法治信念的传承。

一直以来，人们习惯将应试化教育和大学教育对立开来，认为前者不登大雅之堂，充满填鸭与铜臭。然而，没有应试的导向，很少有人能够真正自律到系统地学习法律。在许多大学校园，田园牧歌式的自由放任也许能够培养出少数的精英，但不少学生却是在游戏、逃课、昏睡中浪费生命。人类所有的成就靠的其实都是艰辛的训练；法治建设所需的人才必须接受应试的锤炼。

应试化教育并不希望培养出类拔萃的精英，我们只希望为法治建设输送合格的人才，提升所有愿意学习法律的同学整体性的法律知识水平，培育真正的法治情怀。

厚大教育在全行业中率先推出了免费视频的教育模式，让优质的教育从此可以遍及每一个有网络的地方，经济问题不会再成为学生享受这些教育资源的壁垒。

最好的东西其实都是免费的，阳光、空气、无私的爱，越是弥足珍贵，越是免费的。我们希望厚大的免费课堂能够提供最优质的法律教育，一如阳光遍洒四方，带给每一位同学以法律的温暖。

没有哪一种职业资格考试像法考一样，科目之多、强度之大令人咂舌，这也是为什么通过法律职业资格考试是每一个法律人的梦想。

法考之路，并不好走。有沮丧、有压力、有疲倦，但愿你能坚持。

坚持就是胜利，法律职业资格考试如此，法治道路更是如此。

当你成为法官、检察官、律师或者其他法律工作者，你一定会面对更多的挑战、更多的压力，但是我们请你持守当初的梦想，永远不要放弃。

人生短暂，不过区区三万多天。我们每天都在走向人生的终点，对于每个人而言，我们最宝贵的财富就是时间。

感谢所有参加法考的朋友，感谢你愿意用你宝贵的时间去助力中国的法治建设。

我们都在借来的时间中生活。无论你是基于何种目的参加法考，你都被一只无形的大手抛进了法治的熔炉，要成为中国法治建设的血液，要让这个国家在法治中走向复兴。

数以万计的法条，盈千累万的试题，反反复复的训练。我们相信，这种貌似枯燥机械的复习正是对你性格的锤炼，让你迎接法治使命中更大的挑战。

亲爱的朋友，愿你在考试的复习中能够加倍地细心。因为将来的法律生涯，需要你心思格外的缜密，你要在纷繁芜杂的证据中不断搜索，发现疑点，去制止冤案。

亲爱的朋友，愿你在考试的复习中懂得放弃。你不可能学会所有的知识，抓住大头即可。将来的法律生涯，同样需要你在坚持原则的前提下有所为、有所不为。

亲爱的朋友，愿你在考试的复习中沉着冷静。不要为难题乱了阵脚，实在不会，那就绕道而行。法律生涯，道阻且长，唯有怀抱从容淡定的心才能笑到最后。

法律职业资格考试不仅仅是一次考试，它更是你法律生涯的一次预表。

我们祝你顺利地通过考试。

不仅仅在考试中，也在今后的法治使命中——

不悲伤、不犹豫、不彷徨。

但求理解。

厚大®全体老师　谨识

认真对待真题 ☆

一、弄懂教材为什么还做不对题

教材是把知识体系化，按照一定的逻辑关系展开，而考试是把知识体系打散，需要选取知识点去解决问题。知识的掌握有两种，一种是能理解的掌握；另一种是能运用的掌握。能理解的掌握虽然比死记硬背要好，但真正将知识转化为自己分析问题、解决问题的工具，还需要达到能运用的掌握。听老师讲课或自己钻研教材，用的是模拟的单一思维路径，就像在陌生环境中开车，只要有导航就能走完全程，即使有岔道也不用担心，只要按照设定好的路径走下去就不会错。但做题时进行的是真实且复杂的决策路径，就如开车没有导航，完全靠自己摸索，一路上走走停停，全程可能会碰到很多岔路口，向左拐还是向右拐？稍有不慎就会走错。这就是为什么很多同学弄懂了教材，还是做不对题目。听课或看教材只是熟悉主路，被动思考，无需关注岔道，实际做题需要主动思考的时候，就会经常出现无从下手或误入歧途的情形，因为题目肯定会设置陷阱，不同题目只存在陷阱多与少、难与易的区别。

从考试的角度看，真题与教材同等重要，甚至比教材更重要。历史是一面镜子，可以折射出未来发展的道路，了解一个事物，我们只要知道它的过去，就能大概地判断它的未来。通过做真题能明白考试的来龙去脉，只学习教材很难达到这个目的。通过历年真题，不仅能了解教材的知识、法条的内容是如何转化为考试题目的，还能了解命题人的思维惯性和考点偏好。所谓重者恒重，在教材中是体现不出来的，把历年真题中重复率最高的知识点提炼出来方可明了。历年真题就好像是一个隐蔽的知识库，尽管每年考查的题目千变万化，但万变

不离其宗，其核心考点没有多少变化。因此到目前为止，考试大纲和考试教材的内容每年都基本保持稳定，除非有新法出现。

真题是各学科专家在征集题库的基础上，反复推敲编写而成，题目样式的示范性和命题质量非一般模拟题所能达到，没有什么模拟题比真题质量更好！所以模拟题尽量少做，除非备考时间非常充裕，或者模拟题具有真题的难度和命题思路。

二、行政法真题的特点

行政法真题并非考查高深的法学理论，而是注重考查考生实际运用行政法知识和行政法思维分析法律问题和依照现行行政法条文解决案例的能力，是以案例分析为主、以法条考查为重点、兼顾行政法原理的综合性考查。从2018年法考改革以来，近些年行政法真题的实务性越来越强，主要有两个特点：

第一，行政法真题考查案例的趋势愈发明显。案例题占绝对比重，90%以上的选择题都是通过案例或事例来考查的。随着考试制度改革，通过案例考查相关知识点是法律职业资格考试的显著特点，制度、规则甚至基本概念也要通过案例的形式来考查。

第二，行政法真题的综合考查趋势也愈发明显。试题不再仅仅针对某一个知识点进行考查，而是将多个法条、多个知识点、多部法律综合在一起考查。法考中的行政法试题会继续出现大量的知识点之间、知识群之间的比较题型，甚至是不同部门法的结合考查，试题会更加强调知识点的深度运用，更注重知识点之间的关联性。

三、行政法真题的编写思路

真题书的结构一般可以分两种：一种是考卷式，就是按考试那样随机编制题目，打散知识体系；另一种是知识点式，就是把真题重新整理分类，按知识点编排，试题的考点相对集中。本书采取知识点式的结构，因为真题书的目的是助力考生复习备考，而不是仅仅帮助考生了解考试内容。本书以考试大纲的知识体系来安排结构，按照知识点编排真题，由于不同题目对同一考点的考查侧重点、角度和陷阱都不同，把相关真题汇编在一起，既能聚焦考点，易于大家把握考点、找到重点、强化相关章节的学习效果，也便于大家理解、记忆和运用考点，达到触类旁通的学习目的，并进一步提高解题能力。

本书选取的行政法真题尽量做到：考点覆盖全面、重要考点突出、体现考试趋势。由于司法部没有公布2018~2023年的试题及答案，本书只能根据一些考生的回忆，尽可能复原为模拟题并对其进行解析，题目表述中存在不准确和偏差之处，敬请谅解。

每一道题目都按照"考题、考点、解析、提示"的体例编写。"考点"是题目涉及的具体知识点，就是我们看到题目就应当意识到的题目考查点，力求具体到位，避免宽泛笼统；"解析"是对命题思路的分析，从题目中提取事实要点，列出解题的法条依据、推理出答案的理由，力求做到简洁精炼，切中要点，避免繁琐拖沓；"提示"是对真题解题思路、重难点强调、混淆点区分、知识点总结等内容的提醒。通过每一道题目的"考点、解析、提示"，对命题思路和考查意图进行分析，洞察试题的陷阱设置和考点设置，帮助大家掌握解题思路，提高解题技巧。本书最后还汇总编制所有题目的"答案速查表"，方便同学们批量练习真题时集中查阅答案。

四、用好行政法真题

法考的复习应将真题贯穿备考的始终。

在基础复习阶段，把真题作为练习题使用，通过真题了解考试内容，如考试的题型、命题风格、难易程度等，明白关键考点，掌握重点知识，把握复习重点，这一阶段只需要了解本书中每一道题目的"考题""考点""答案"。

在巩固提高阶段，对真题分类钻研，知其然并知其所以然。做历年真题切忌只核对答案，答案的对错不是关键，关键是要把做过的真题中的知识点进行提炼、分类、整理，然后才能对真题进行一个全方位的梳理和吸收。做一道真题可能只花几分钟，但是要完全去钻研透并吸收一道真题里面涉及的所有知识点、找出出题陷阱可能需要十几分钟甚至几十分钟。要把真题做到融会贯通，在这一阶段需要钻研本书中每一道题目的"考点""解析""提示"。

在临考冲刺阶段，对做错的真题进行反复钻研，查漏补缺，把知识点掌握上的缺项补齐，再次对命题陷阱深刻理解，强化正确的解题思路。总结出自己的错题，比任何一本参考书都有价值！你做错的题目是你最宝贵的资源，因为对错误的反思比单纯做对题本身更能提高你的解题能力，可以让你在考试时避免误入陷阱。这一阶段就需要回顾你做错题目的"解析"和"提示"。

特别需要说明的是，有些真题答案与司法部当年公布的答案不一致，主要是为了适应"新法"的要求，对历年考试后修改或增加的"新法"，特别是2023年9月修订的《行政复议法》，本书一律按照"新法"对历年真题重新修正了考点、解析、提示和答案。

如果说法考有捷径的话，那就是用好历年真题！博学之，审问之，慎思之，明辨之，笃行之，像命题人那样去思考之！

魏建新

2018年3月初版

2019年2月第二版

2021年1月第三版

2021年11月第四版

2022年12月第五版

2024年1月第六版

目 录
CONTENTS

合法行政 专题 **01**

1. 依法行政是法治国家对政府行政活动提出的基本要求，而合法行政则是依法行政的根本。下列哪些做法违反合法行政的要求？（2011/2/78-多）

A. 因蔬菜价格上涨销路看好，某镇政府要求村民拔掉麦子改种蔬菜

B. 为解决残疾人就业难，某市政府发布《促进残疾人就业指导意见》，对录用残疾人达一定数量的企业予以奖励

C. 孙某受他人胁迫而殴打他人致轻微伤，某公安局决定对孙某从轻处罚

D. 某市政府发布文件规定，外地物流公司到本地运输货物，应事前得到当地交通管理部门的准许，并缴纳道路特别通行费

考点 合法行政原则

解析 A 选项中某镇政府强制村民拔掉麦子改种蔬菜，干涉了村民的自由，属于违法行为，违反合法行政的要求。故 A 选项当选。

B 选项中某市政府为解决残疾人就业难，发布《促进残疾人就业指导意见》，对录用残疾人达一定数量的企业予以奖励，是运用行政奖励手段进行管理，并不违反法律禁止性规定。故 B 选项不当选。

根据《治安管理处罚法》第 19 条的规定，违反治安管理有下列情形之一的，减轻处罚或者不予处罚：……③出于他人胁迫或者诱骗的；……孙某受他人胁迫而殴打他人致轻微伤，某公安局

对孙某应当是减轻处罚或者不予处罚，而不是从轻处罚，因此公安局的从轻处罚行为违法，违反合法行政的要求。故 C 选项当选。

根据《行政许可法》第 15 条第 2 款的规定，地方性法规和省、自治区、直辖市人民政府规章……其设定的行政许可，不得限制其他地区的个人或者企业到本地区从事生产经营和提供服务，不得限制其他地区的商品进入本地区市场。D 选项中某市政府发布文件要求外地物流公司到本地运输货物，应事前得到当地交通管理部门的准许，并缴纳道路特别通行费的规定，违反了此规定，属于违法行为，违反合法行政的要求。故 D 选项当选。

答案 ACD

✎ 提 示

合法行政原则包括有法必依和无法不为两个方面：①行政机关的任何规定和决定都不得与法律相抵触，行政机关不得作出不符合现行法律的规定和决定；②没有法律、法规、规章的规定，行政机关不得作出影响公民、法人和其他组织合法权益或者增加公民、法人和其他组织义务的决定。对合法行政原则的判断，应从有法必依和无法不为两个方面去判断。

2. 合法行政是行政法的重要原则。下列哪些

做法违反了合法行政要求？（2013/2/76-多）

A. 某规章规定行政机关对行政许可事项进行监督时，不得妨碍被许可人正常的生产经营活动

B. 行政机关要求行政处罚听证申请人承担组织听证的费用

C. 行政机关将行政强制措施权委托给另一行政机关行使

D. 行政机关对行政许可事项进行监督时发现直接关系公共安全、人身健康的重要设备存在安全隐患，责令停止使用和立即改正

【考点】合法行政原则

【解析】根据《行政许可法》第63条的规定，行政机关实施监督检查，不得妨碍被许可人正常的生产经营活动，不得索取或者收受被许可人的财物，不得谋取其他利益。在《行政许可法》有明确规定的情况下，规章进行重申符合《行政许可法》的规定，没有违反合法行政要求。故A选项不当选。

根据《行政处罚法》第63条第2款的规定，当事人不承担行政机关组织听证的费用。此法条明确规定"当事人不承担行政机关组织听证的费用"，因此，"行政机关要求行政处罚听证申请人承担组织听证的费用"显然违法，违反了合法行政要求。故B选项当选。

根据《行政强制法》第17条第1款的规定，行政强制措施权不得委托。行政机关将行政强制措施权委托给另一行政机关行使，显然违反了"行政强制措施权不得委托"的规定，违反了合法行政要求。故C选项当选。

根据《行政许可法》第68条第2款的规定，行政机关在监督检查时，发现直接关系公共安全、人身健康、生命财产安全的重要设备、设施存在安全隐患的，应当责令停止建造、安装和使用，并责令设计、建造、安装和使用单位立即改正。行政机关对直接关系公共安全、人身健康并存在安全隐患的重要设备，责令停止使用和立即改正是符合《行政许可法》规定的，没有违反合法行政要求。故D选项不当选。

【答案】BC

【提示】结合具体的事例与法律规定来考查合法行政原则，需要考生从事实判断和法律适用上灵活运用合法行政原则。

3. 辅警王某下班后发现路边违法停车，及时拍照取证，并对违法车辆开具罚单。当事人李某认为处罚不合法，提起行政诉讼。法院经审理认为，辅警只有在警察的监督下实施的处罚才具有合法性，判决撤销处罚决定。下列说法正确的是：（2022-回忆版-单）

A. 辅警及时拍照取证体现了处罚效率原则

B. 辅警不具有行政执法主体资格

C. 法院判决体现了辅警执法行为合法但不合理

D. 法院判决体现了合理执法的必要性

【考点】合法行政原则的地位

【解析】合法行政原则要求有法必依（行政机关的任何规定和决定都不得与法律相抵触，行政机关不得作出不符合现行法律的规定和决定）和无法不为（没有法律、法规、规章的规定，行政机关不得作出影响公民、法人和其他组织合法权益或者增加公民、法人和其他组织义务的决定）。辅警不具有行政执法主体资格，故B选项说法正确。

题干中，辅警王某没有在警察的监督下实施处罚，违反了合法行政原则，法院判决撤销处罚决定体现了合法行政原则，故C选项说法不正确。

合理行政原则和高效便民原则都是在合法行政原则的基础上对行政权的更高要求，合理行政原则和高效便民原则都应当以合法行政原则为基础和前提，故A、D选项说法不正确。

【答案】B

【提示】合法行政原则是基础性原则，合理行政、程序正当、诚实守信、高效便民原则都是对合法行政原则的重要补充，都是在合法行政原则的基础上对行政权的更高要求。

合理行政 专题 02

4. 廖某在某镇沿街路边搭建小棚经营杂货，县建设局下发限期拆除通知后强制拆除，并对廖某作出罚款 2 万元的处罚。廖某起诉，法院审理认为廖某所建小棚未占用主干道，其违法行为没有严重到既需要拆除又需要实施顶格处罚的程度，判决将罚款改为 1000 元。法院判决适用了下列哪些原则？（2014/2/78－多）

A. 行政公开　　　　B. 比例原则
C. 合理行政　　　　D. 诚实守信

考点 比例原则

解析 本题的问题是法院适用了哪些原则作出判决，因此，法院的审理对象及判决理由是解析本题的关键。从题干可知，法院的审理对象是县建设局作出罚款 2 万元这一行为是否合理，法院的判决是将罚款改为 1000 元，理由是廖某违法行为没有严重到需要实施顶格处罚的程度。

根据《行政诉讼法》第 77 条第 1 款的规定，行政处罚明显不当，或者其他行政行为涉及对款额的确定、认定确有错误的，人民法院可以判决变更。这正是合理行政的要求。

合理行政内容的要求之一是比例原则。比例原则包括合目的性、适当性和最小损害。最小损害，是指行政机关在可以采用多种方式实现某一行政目的的情况下，应当采用对当事人权益损害最小的方式，即行政机关能用轻微的方式实现行政目的，就不能选择使用手段激烈的方式。题目中法院的判决明确指出廖某的行为没有严重到需要实施顶格处罚的程度，因此认为对其处罚过度，违反了比例原则，违反了合理行政原则，故 B、C 选项当选。

行政公开要求除涉及国家秘密和依法受到保护的商业秘密、个人隐私外，行政机关实施行政管理的信息都应当公开，目的是保障公民的知情权。诚实守信既要求行政信息真实、全面、准确，又要求保护当事人信赖利益。法院的判决显然与这两项原则无关，故 A、D 选项不当选。

答案 BC

提 示

题目的问题是法院的判决适用了哪些原则，实际上做题时要把问题转化为被审查的行政行为违反了哪些原则。通过案件形式来考查原则，这将逐步成为 2018 年以后国家统一法律职业资格考试的特点。

5. 采用非强制手段可以达到行政管理目的的，不得实施行政强制。这体现了行政法的哪一项基本原则？（2022-回忆版-单）

A. 比例原则
B. 信赖利益保护原则
C. 考虑相关因素原则
D. 公众参与原则

考点 比例原则

解析 行政法上的比例原则包括适当性、必要性和衡量性。其中，必要性是指在行政机关实施行政管理可以采用多种方式实现某一行政目的的情况下，应当采用对相对人损害最小的方式。采用非强制手段可以达到行政管理目的的，不得实施行政强制，这体现了比例原则中的必要性。故 A 选项当选，B、C、D 选项不当选。

答案 A

提 示

比例原则包含以下三个方面：

（1）适当性——行政机关行使自由裁量权应当符合法律目的；

（2）必要性——在行政机关实施行政管理可以采用多种方式实现某一行政目的的情况下，应当采用对相对人损害最小的方式；

（3）衡量性——行政机关实施的手段不能给相对人权益带来超过行政目的利益的损害。

6. 某水果商家在其经营场所使用宣传标语

"本店水果是中国最好吃的水果"，某区市场监督管理局接到举报后经调查认为其夸大宣传，违反了《广告法》的规定：广告不得使用"国家级""最高级""最佳"等用语。根据《广告法》的规定，某区市场监督管理局对商家罚款20万元。商家不服处罚，提起行政诉讼，法院经审理认为商家的违法行为情节较为轻微，社会危害性较小，在处罚数额的裁量上存在明显不当，判决变更罚款为10万元。关于本案，下列哪些选项是正确的？（2020-回忆版-多）

A. 市场监督管理局的处罚违反了合理行政原则

B. 法院判决体现了违法行为与法律责任相一致原则

C. 为了实现行政执法效益，市场监督管理局的罚款数额要征得商家同意

D. 本案可以进行调解

考点 合理行政原则；行政诉讼调解

解析 从题干可知，法院的审理对象是区市场监督管理局作出罚款20万元这一行为是否合理，法院的判决是罚款改为10万元，理由是商家的违法行为情节较为轻微，社会危害性较小，在处罚数额的裁量上存在明显不当。合理行政内容的要求之一是比例原则。比例原则包括合目的性、适当性和最小损害。最小损害，是指行政机关在可以采用多种方式实现某一行政目的的情况下，应当采用对当事人权益损害最小的方式，即行政机关能用轻微的方式实现行政目的的，就不能选择使用手段激烈的方式。题目中法院的判决明确指出商家的违法行为情节较为轻微，社会危害性较小，在处罚数额的裁量上存在明显不当，判决变

更罚款为10万元。可见，市场监督管理局的处罚违反了比例原则，即合理行政原则。故A选项正确。

根据《行政处罚法》第5条第2款的规定，设定和实施行政处罚必须以事实为依据，与违法行为的事实、性质、情节以及社会危害程度相当。该水果商家在其经营场所使用违法的宣传标语，罚款20万元过重，法院变更判决罚款为10万元，体现了违法行为与法律责任相一致原则。故B选项正确。

根据《行政处罚法》第4条的规定，公民、法人或者其他组织违反行政管理秩序的行为，应当给予行政处罚的，依照本法由法律、法规、规章规定，并由行政机关依照本法规定的程序实施。由此可知，行政机关依据相应的法律、法规对相对人违法行为进行处罚是在履行法定职责，无需征得相对人同意。故C选项错误。

根据《行政诉讼法》第60条第1款的规定，人民法院审理行政案件，不适用调解。但是，行政赔偿、补偿以及行政机关行使法律、法规规定的自由裁量权的案件可以调解。该区市场监督管理局进行的20万元罚款属于行使自由裁量权的行政处罚，法院可以进行调解。故D选项正确。

答案 ABD

✐ 提 示
合理行政原则是针对裁量行政行为的控制，是在合法行政原则基础上对行政权的更高要求，是实质法治的体现。裁量行政案件在行政诉讼中可以进行调解。

03 专题 程序正当

7. 程序正当是行政法的基本原则。下列哪些选项是程序正当要求的体现？（2012/2/77-多）

A. 实施行政管理活动，注意听取公民、法人或其他组织的意见

B. 对因违法行政给当事人造成的损失主动进行赔偿

C. 严格在法律授权的范围内实施行政管理活动

D. 行政执法中要求与其管理事项有利害关系的公务员回避

考点 程序正当原则

解析 程序正当原则包括行政公开、公众参与、公务回避。行政公开是行政机关实施行政管理时

的信息，除涉及国家秘密和依法受到保护的商业秘密、个人隐私外，都应当公开，以保障公民的知情权。公众参与是行政机关在行政管理过程中，应当听取公民、法人和其他组织的意见，特别是对行政相对人作出不利的规定或者决定时，更要严格遵循法定程序，依法保障行政相对人的参与权。公务回避是行政机关工作人员履行职责存在利害关系时，应当回避，以保证行政权力公正行使。A 选项强调行政机关要注意听取公民、法人或者其他组织的意见，属于程序正当原则中的公众参与，故 A 选项当选。D 选项要求与管理事项有利害关系的公务员要进行回避，属于程序正当原则中的公务回避，故 D 选项当选。

B 选项属于权责统一原则中的行政责任，行政责任是指行政机关违法或者不当行使职权，应当依法承担法律责任，实现权力和责任的统一。依法做到有权必有责、用权受监督、违法受追究、侵权须赔偿。因此，行政机关主动承担其依法应当承担的赔偿责任，正是行政责任中侵权须赔偿的体现，故 B 选项不当选。

C 选项属于合法行政原则中的有法必依，有法必依是指行政机关应当依照法律授权进行行政管理活动。行政机关严格地在法律授权的范围内实施行政管理活动，体现了合法行政原则，故 C 选项不当选。

答案 AD

提 示

程序是权力行使的方式、步骤、顺序和时限，程序正当是对行政权力行使过程的要求，权力要公开行使、让公众参与权力行使的过程、利害关系中的权力回避行使都是程序正当的要求，理解并运用程序正当原则是做题的关键。

8. 程序正当是当代行政法的基本原则，遵守程序是行政行为合法的要求之一。下列哪些做法违背了这一要求？（2014/2/77-多）

A. 某环保局对当事人的处罚听证，由本案的调查人员担任听证主持人

B. 某县政府自行决定征收基本农田 35 公顷

C. 某公安局拟给予甲拘留 10 日的治安处罚，告知其可以申请听证

D. 乙违反治安管理的事实清楚，某公安派出所当场对其作出罚款 500 元的处罚决定

考点 程序正当原则

解析 根据《行政处罚法》第 64 条第 4 项的规定，听证由行政机关指定的非本案调查人员主持；当事人认为主持人与本案有直接利害关系的，有权申请回避。A 选项中某环保局对当事人的处罚听证由本案的调查人员担任听证主持人，显然违反此程序要求，构成程序违法，故 A 选项当选。

根据《土地管理法》第 46 条第 1 款第 1 项的规定，征收永久基本农田属于国务院的职权。B 选项中某县政府自行决定征收基本农田 35 公顷明显属于超越职权的行为，构成违法，显然违反的是合法行政原则的要求，而不是程序正当的要求，故 B 选项不当选。

根据《治安管理处罚法》第 98 条的规定，公安机关作出吊销许可证以及处 2000 元以上罚款的治安管理处罚决定前，应当告知违反治安管理行为人有权要求举行听证；违反治安管理行为人要求听证的，公安机关应当及时依法举行听证。《治安管理处罚法》未将治安拘留列入法定听证事项，C 选项中对公安机关的治安拘留不予听证不违法，但是公安机关主动予以听证同样不违反法律禁止性规定，并不违背程序正当要求，实质上符合程序正当精神。故 C 选项不当选。

根据《治安管理处罚法》第 100 条的规定，违反治安管理行为事实清楚，证据确凿，处警告或者 200 元以下罚款的，可以当场作出治安管理处罚决定。D 选项中某公安派出所对乙作出罚款 500 元的处罚决定，显然不应当适用简易程序即当场处罚程序，构成程序违法，故 D 选项当选。

答案 AD

提 示

违反法定程序就构成违反正当程序。本题结合法律规定通过案例来考查考生对程序正当的理解和运用，有一定难度。

04 专题 诚实守信

9. 县政府发布《关于招商引资的意见》，承诺招商引资成功后按照实际到位出资给予1%的政策补贴。李某介绍某企业与县政府签订投资协议，该企业以建设经营移交方式（BOT）投资5000万元建设垃圾焚烧厂并运营至今。经李某多次请求，县政府支付李某10万元后，拒不支付余款，李某提起行政诉讼。下列说法正确的有：（2021-回忆版-多）

A. 县政府发布《关于招商引资的意见》是具体行政行为

B. 李某获得的10万元可免缴个人所得税

C. 县政府拒付李某后续款项的行为违反信赖利益保护原则

D. 如投资协议履行出现争议，该企业可以提起行政诉讼

[考点] 具体行政行为与抽象行政行为的区分；信赖利益保护原则；行政诉讼受案范围

[解析] 具体行政行为是行政机关针对特定对象作出的行政行为，抽象行政行为是针对不特定对象制定规则的行为。区分具体行政行为和抽象行政行为的两个标准是行为对象是否特定和能否反复适用。县政府发布的《关于招商引资的意见》是针对不特定对象的、可以反复适用的规则，是抽象行政行为。故A选项说法错误。

根据《个人所得税法》第4条第1款的规定，下列各项个人所得，免征个人所得税：①省级人民政府、国务院部委和中国人民解放军军以上单位，以及外国组织、国际组织颁发的科学、教育、技术、文化、卫生、体育、环境保护等方面的奖金；……由此可知，省级人民政府、国务院部委和中国人民解放军军以上单位以及外国组织、国际组织颁发的奖金免征个人所得税。题目中李某获得的10万元属于县政府颁发的政策补贴，不属于免征个人所得税的范围。故B选项说法错误。

信赖利益保护原则要求行政机关非因法定事由并经法定程序，不得撤销、变更已经生效的行政行为，公民基于对已经生效的行政决定产生的

信赖利益应当得到保护。县政府承诺招商引资成功后按照实际到位出资给予1%的政策补贴，李某介绍该企业与县政府签订投资协议，招商引资成功，县政府就应当履行承诺给予李某政策补贴，但县政府支付李某10万元后拒付李某后续款项，该行为就违反信赖利益保护原则。故C选项说法正确。

该企业与县政府签订投资协议，该企业以建设经营移交方式（BOT）投资5000万元建设垃圾焚烧厂，该投资协议属于行政协议。根据《最高人民法院关于审理行政协议案件若干问题的规定》第4条第1款的规定，因行政协议的订立、履行、变更、终止等发生纠纷，公民、法人或者其他组织作为原告，以行政机关为被告提起行政诉讼的，人民法院应当依法受理。因此，投资协议履行出现争议，该企业可以提起行政诉讼。故D选项说法正确。

[答案] CD

[提示] 信赖利益保护是诚实守信原则的内容之一，题目通过案例来考查信赖利益保护的运用。考生在做题时，可以把信赖利益保护通俗地理解为政府应当讲信用、应当言而有信。

10. 行政机关公开的信息应当准确，是下列哪一项行政法原则的要求？（2015/2/43-单）

A. 合理行政　　　　B. 高效便民

C. 诚实守信　　　　D. 程序正当

[考点] 诚实守信原则

[解析] 合理行政原则指行政决定应当具有理性，主要适用于裁量性行政活动，行政机关公开的信息应当准确的要求不在此列，故A选项不当选。

高效便民强调行政效率和方便当事人，要求行政机关公开的信息应当准确也不在此列，故B选项不当选。

诚实守信原则包括行政诚实和信赖利益保护，其中行政诚实指行政机关公布的信息应当全

面、准确、真实。因此，行政机关公开的信息应当准确，这是诚实守信原则中的行政诚实要求，故 C 选项当选。

程序正当包括行政公开、公众参与和公务回避原则，其中行政公开更强调行政过程的开放、公开，故 D 选项不当选。

答案 C

提示

不同的行政法基本原则要求不同，区别不同要求是正确辨析的关键。题目关键是区分诚实守信原则中的诚实（信息真实）与程序正当原则中的行政公开（信息公开）。

11. 李某购买一套商品房用于居住，某市政府为了修建地铁对李某的房屋实施征收，并依法给予补偿。这体现了行政法的哪一项原则？（2019-回忆版-单）

A. 程序正当　　　　B. 权责统一
C. 诚实守信　　　　D. 高效便民

考点 诚实守信原则

解析 诚实守信原则体现为两个方面：①诚实。其要求行政机关公布的信息应当全面、准确、真实。②守信。其体现为信赖保护：a. 存续保护——非因法定事由并经法定程序，行政机关不得撤销、变更已经生效的行政决定；b. 财产保护——因国家利益、公共利益或者其他法定事由需要撤回或者变更行政决定的，应当依照法定权限和程序进行，并对行政相对人因此受到的财产损失依法予以补偿。

本题中，市政府因公共利益修建地铁而对李某的房屋实施征收，并依法给予补偿的行为，体现了诚实信用原则中守信的第 2 项要求——财产保护。故 C 选项当选，A、B、D 选项不当选。

答案 C

提示

信赖保护的两个内涵：
（1）存续保护——非因法定事由并经法定程序，行政机关不得撤销、变更已经生效的行政决定；
（2）财产保护——因国家利益、公共利益或者其他法定事由需要撤回或者变更行政决定的，应当依照法定权限和程序进行，并对行政相对人因此受到的财产损失依法予以补偿。

高效便民 专题 05

12. 高效便民是社会主义法治理念的要求，也是行政法的基本原则。关于高效便民，下列哪些说法是正确的？（2011/2/77-多）

A. 是依法行政的重要补充
B. 要求行政机关积极履行法定职责
C. 要求行政机关提高办事效率
D. 要求行政机关在实施行政管理时排除不相关因素的干扰

考点 高效便民原则

解析 高效便民包含高效和便民两个方面，行政机关既要严格遵守法定时限积极履行法定职责、提高办事效率，又要方便当事人办事、减轻当事人的程序负担。

依法行政是行政法的目标和价值追求，依法行政具体表现为六大原则，即合法行政、合理行政、程序正当、高效便民、诚实守信和权责统一。因此，高效便民是依法行政的基本要求之一，不是依法行政的重要补充，故 A 选项说法错误。

B 选项中要求行政机关积极履行法定职责和 C 选项中要求行政机关提高办事效率都是高效便民原则中高效的体现，故 B、C 选项说法正确。

D 选项中要求行政机关在实施行政管理时排除不相关因素的干扰，这属于合理行政原则中的考虑相关因素、不得考虑不相关因素，不属于高效便民，故 D 选项说法错误。

答案 BC

　　题目的关键是区分合法行政与依法行政，合法行政是依法行政的基本要求和首要原则，高效便民也是依法行政的基本要求，高效便民可以认为是合法行政的重要补充。

13. 高效便民是行政管理的基本要求，是服务型政府的具体体现。下列哪些选项体现了这一要求？（2014/2/76-多）

A. 简化行政机关内部办理行政许可流程

B. 非因法定事由并经法定程序，行政机关不得撤回和变更已生效的行政许可

C. 对办理行政许可的当事人提出的问题给予及时、耐心的答复

D. 对违法实施行政许可给当事人造成侵害的执法人员予以责任追究

考点 高效便民原则

解析 A选项中简化行政机关内部办理行政许可流程，有利于提高行政机关行政效率，进而方便当事人，符合高效便民的要求，故A选项当选。

　　B选项中非因法定事由并经法定程序，行政机关不得撤回和变更已生效的行政许可，属于诚实守信中信赖利益保护的要求，是为了确保行政许可的存续，这是对被许可人信赖利益的保护，故B选项不当选。

　　C选项中对办理行政许可的当事人提出的问题给予及时、耐心的答复，着眼于方便当事人、服务当事人，符合高效便民要求，故C选项当选。

　　D选项中对违法实施行政许可给当事人造成侵害的执法人员予以责任追究，属于权责一致原则中的责任体现——违法须追究，故D选项不当选。

答案 AC

📝 提 示

　　高效便民原则包括高效（行政机关应当遵守法定时限，积极履行法定职责）和便民（行政机关在行政活动中对当事人不增加程序负担）。

14. 执法为民是社会主义法治的本质要求，行政机关和公务员在行政执法中应当自觉践行。下列哪些做法直接体现了执法为民理念？（2012/2/76-多）

A. 行政机关将行政许可申请书格式文本的费用由2元降为1元

B. 行政机关安排工作人员主动为前来办事的人员提供咨询

C. 工商局要求所属机构提高办事效率，将原20工作日办结事项减至15工作日办结

D. 某区设立办事大厅，要求相关执法部门进驻并设立办事窗口

考点 高效便民原则

解析 行政机关执法贯彻和体现执法为民的理念和精神，就是将人民群众的根本利益作为行政执法的出发点和归宿。从行政法基本原则的角度看，其集中体现为行政执法要高效便民，具体包括提高办事效率和便利当事人。

　　根据《行政许可法》第58条第2款的规定，行政机关提供行政许可申请书格式文本，不得收费。因此，A选项中行政机关将行政许可申请书格式文本的费用由2元降为1元，属于违反法律禁止性规定的违法行为，违反了合法行政原则，故A选项不当选。

　　根据《行政许可法》第30条的规定，行政机关应当将法律、法规、规章规定的有关行政许可的事项、依据、条件、数量、程序、期限以及需要提交的全部材料的目录和申请书示范文本等在办公场所公示。申请人要求行政机关对公示内容予以说明、解释的，行政机关应当说明、解释，提供准确、可靠的信息。因此B选项中行政机关安排工作人员主动为前来办事的人员提供咨询，是高效便民的体现，直接体现了执法为民理念，故B选项当选。

　　根据《行政许可法》第42条第1款的规定，除可以当场作出行政许可决定的外，行政机关应当自受理行政许可申请之日起20日内作出行政许可决定。20日内不能作出决定的，经本行政机关负责人批准，可以延长10日，并应当将延长期限的理由告知申请人。但是，法律、法规另有规定的，依照其规定。C选项工商局要求所属机

构提高办事效率，将原 20 工作日办结事项减至 15 工作日办结，是高效便民的体现，直接体现了执法为民理念，故 C 选项当选。

根据《行政许可法》第 26 条第 2 款的规定，行政许可依法由地方人民政府两个以上部门分别实施的，本级人民政府可以确定一个部门受理行政许可申请并转告有关部门分别提出意见后统一办理，或者组织有关部门联合办理、集中办理。该条款是设立办事大厅的依据，D 选项某区设立办事大厅，要求相关执法部门进驻并设立办事窗

口，是提高办事效率和便利当事人的体现，直接体现了执法为民理念，故 D 选项当选。

答案 BCD

提示

《行政许可法》第 6 条规定，实施行政许可，应当遵循便民的原则，提高办事效率，提供优质服务。这是行政许可的便民原则，题目大多从行政许可角度考查高效便民原则。

权责一致 专题 06

15. 权责一致是社会主义法治理念的要求，也是行政法的基本原则。下列哪些做法是权责一致的直接体现？（2011/2/76-多）

A. 某建设局发现所作出的行政决定违法后，主动纠正错误并赔偿当事人损失

B. 某镇政府定期向公众公布本镇公款接待费用情况

C. 某国土资源局局长因违规征地受到行政记过处分

D. 某政府召开座谈会听取群众对政府的意见

考点 权责一致原则

解析 权责一致，是指行政机关拥有的职权应与其承担的职责相适应，拥有多大的权力就应当承担多大的责任，不应当有无责任的权力，在行政机关违法或者不正当行使职权时，应当依法承担法律责任。

A 选项中建设局所作出的行政决定违法，应当依法承担法律责任，其能主动纠正错误并赔偿当事人损失，是落实权责一致要求的体现，故 A 选项当选。

B 选项中镇政府定期向公众公布本镇公款接待费用情况是落实程序正当中的行政公开要求，属于程序正当中行政信息公开的体现，故 B 选项不当选。

C 选项中国土资源局局长违规征地，属于违法行使职权，应当承担法律责任，其受到行政记过处分正是追究责任的表现，体现了权责一致原

则中的违法受追究，故 C 选项当选。

D 选项中政府召开座谈会听取群众对政府的意见，是让公众参与到行政权力的行使过程中，属于程序正当中的公众参与的体现，与权责一致原则无关，故 D 选项不当选。

答案 AC

提示

权责一致原则中"责"体现为两个方面：①行政职责（有权必有责、用权受监督）；②法律后果（违法受追究、侵权须赔偿）。A、C 选项考查违法行使行政权力带来的法律后果——外部责任（赔偿）和内部责任（处分）。

16. 权责一致是行政法的基本要求。下列哪些选项符合权责一致的要求？（2013/2/77-多）

A. 行政机关有权力必有责任

B. 行政机关作出决定时不得考虑不相关因素

C. 行政机关行使权力应当依法接受监督

D. 行政机关依法履行职责，法律、法规应赋予其相应的执法手段

考点 权责一致原则

解析 A 选项有权力必有责任，是权责一致中行政职责的要求，赋予行政机关行政权力的同时必须规定行政责任，故 A 选项当选。

B 选项中行政机关作出决定时不得考虑不相

关因素，是合理行政原则的要求，故 B 选项不当选。

C 选项中行政机关行使权力应当依法接受监督，也是权责一致中行政职责的要求，用权受监督，不受监督和约束的权力必然会导致滥用，行政法上不存在不受监督的权力，故 C 选项当选。

D 选项中行政机关依法履行职责，法律、法规应赋予其相应的执法手段，是权责一致中行政效能的要求。行政机关依法履行经济、社会和文化事务管理职责，要由法律、法规赋予其相应的执法手段，保证政令有效，故 D 选项当选。

答案 ACD

✎ **提 示**

权责一致原则有五个基本要求：①执法有保障；②有权必有责；③用权受监督；④违法受追究；⑤侵权须赔偿。

国务院行政机构　专题 **07**

17. 下列哪些机构属于国务院的组成部门？
（2022-回忆版-多）

A. 审计署

B. 国家民族事务委员会

C. 中国证券监督管理委员会

D. 国务院国有资产监督管理委员会

考点 国务院机构的种类

解析 根据《国务院行政机构设置和编制管理条例》（以下简称《机构设置和编制条例》）第 6 条第 3 款的规定，国务院组成部门依法分别履行国务院基本的行政管理职能。国务院组成部门包括各部、各委员会、中国人民银行和审计署。故 A 选项当选。国家民族事务委员会属于国务院组成部门中的委员会。故 B 选项当选。

中国证券监督管理委员会属于国务院直属机构，国务院国有资产监督管理委员会属于国务院直属机构中的直属特设机构。故 C、D 选项不当选。

答案 AB

✎ 提 示

注意区分国务院组成部门中的委员会和国务院其他机构中的委员会。现行的国务院组成部门中的委员会包括国家发展和改革委员会、国家民族事务委员会和国家卫生健康委员会；国务院国有资产监督管理委员会是国务院直属特设机构；中国证券监督管理委员会是国务院直属机构；国务

院议事协调机构中的委员会比较多，具体包括国家国防动员委员会、国家边海防委员会、全国爱国卫生运动委员会、全国绿化委员会、国务院学位委员会、国务院妇女儿童工作委员会、国务院残疾人工作委员会、国务院关税税则委员会、国家减灾委员会、国家禁毒委员会、全国老龄工作委员会、国家能源委员会、国务院安全生产委员会、国务院防治艾滋病工作委员会等。

18. 关于国务院行政机构设置和编制管理的说法，下列哪一选项是正确的？（2017/2/43-单）

A. 国务院议事协调机构的撤销经由国务院常务会议讨论通过后，由国务院总理提交国务院全体会议讨论决定

B. 国务院行政机构增设司级内设机构，由国务院机构编制管理机关提出方案，报国务院决定

C. 国务院议事协调机构的编制根据工作需要单独确定

D. 国务院行政机构的编制在国务院行政机构设立时确定

考点 国务院行政机构设置和编制管理

解析 根据《机构设置和编制条例》第 11 条的规定，国务院议事协调机构的设立、撤销或者合并，由国务院机构编制管理机关提出方案，报国

务院决定。由此可知，国务院议事协调机构设置的法定程序是：国务院机构编制管理机关提出议事协调机构的设置方案，由国务院作出决定，并没有要求经国务院常务会议讨论或全体会议讨论。故 A 选项说法错误。

根据《机构设置和编制条例》第 14 条第 1 款的规定，国务院行政机构的司级内设机构的增设、撤销或者合并，经国务院机构编制管理机关审核方案，报国务院批准。由此可知，司级内设机构的增设是国务院机构编制管理机关审核方案，而不是国务院机构编制管理机关提出方案，最终是报国务院批准，而非报国务院决定。故 B 选项说法错误。

根据《机构设置和编制条例》第 20 条的规定，国务院议事协调机构不单独确定编制，所需要的编制由承担具体工作的国务院行政机构解决。由此可知，国务院议事协调机构的编制是由承担具体工作的国务院行政机构解决，不是根据工作需要来单独确定。故 C 选项说法错误。

根据《机构设置和编制条例》第 18 条第 1 款的规定，国务院行政机构的编制在国务院行政机构设立时确定。国务院行政机构设置与编制确立应当是同步进行的，只有在编制增减时须报国务院批准。故 D 选项说法正确。

答案 D

✏️ 提 示

国务院行政机构设置和编制管理一直是考生记忆中的难点，区分不同机构的设置程序，把握行政机构设置与编制管理的关联性，是做对题目的关键。

19. 国家禁毒委员会为国务院议事协调机构。关于该机构，下列哪一说法是正确的？（2011/2/40－单）

A. 撤销由国务院机构编制管理机关决定

B. 可以规定行政措施

C. 议定事项经国务院同意，由有关的行政机构按各自的职责负责办理

D. 可以设立司、处两级内设机构

考点 国务院议事协调机构设置和编制管理

解析 根据《机构设置和编制条例》第 11 条的规定，国务院议事协调机构的设立、撤销或者合并，由国务院机构编制管理机关提出方案，报国务院决定。国务院议事协调机构的设立、撤销或者合并的决定权均属于国务院，国务院机构编制管理机关只有提出方案权，没有决定权。故 A 选项说法错误。

根据《机构设置和编制条例》第 6 条第 7 款的规定，国务院议事协调机构议定的事项，经国务院同意，由有关的行政机构按照各自的职责负责办理。在特殊或者紧急的情况下，经国务院同意，国务院议事协调机构可以规定临时性的行政管理措施。经国务院同意，国务院议事协调机构在特殊或者紧急的情况下可以规定临时性的行政管理措施，议定的事项由有关的行政机构按照各自的职责负责办理。故 B 选项说法错误，C 选项说法正确。

根据《机构设置和编制条例》第 13 条的规定，国务院办公厅、国务院组成部门、国务院直属机构、国务院办事机构在职能分解的基础上设立司、处两级内设机构；国务院组成部门管理的国家行政机构根据工作需要可以设立司、处两级内设机构，也可以只设立处级内设机构。根据《机构设置和编制条例》第 20 条的规定，国务院议事协调机构不单独确定编制，所需要的编制由承担具体工作的国务院行政机构解决。因此，国务院议事协调机构可以设立司、处两级内设机构的说法不正确。故 D 选项说法错误。

答案 C

✏️ 提 示

国务院议事协调机构作为国务院中比较特殊的行政机构，能不设立就不设立，国务院议事协调机构规定行政措施和议定事项都须国务院同意。

20. 国务院某部拟合并处级内设机构。关于机构合并，下列哪一说法是正确的？（2010/2/40－单）

A. 该部决定，报国务院机构编制管理机关备案

B. 该部提出方案，报国务院机构编制管理机关

批准

C. 国务院机构编制管理机关决定，报国务院备案

D. 国务院机构编制管理机关提出方案，报国务院决定

[考点] 国务院行政机构的处级内设机构设置

[解析] 根据《机构设置和编制条例》第14条第2款的规定，国务院行政机构的处级内设机构的设立、撤销或者合并，由国务院行政机构根据国家有关规定决定，按年度报国务院机构编制管理机关备案。由此可知，国务院某部的处级内设机构的合并，应由该部根据国家有关规定作出决定，并按年度报国务院机构编制管理机关备案，既不需要报国务院机构编制管理机关批准，也不需要报国务院备案或决定。故A选项说法正确，B、C、D选项说法错误。

[答案] A

[提示]

题目需要理解国务院行政机构及其处级内设机构的含义，国务院行政机构的处级内设机构设置是由国务院行政机构决定的。

21. 2021年国务院扶贫领导小组办公室改组为国务院直属机构——国家乡村振兴局（注意：2023年国务院机构改革后，不再保留单设的国家乡村振兴局，而是在农业农村部加挂国家乡村振兴局牌子）。**下列说法正确的有：**（2021-回忆版-多）

A. 国务院扶贫领导小组的编制单独确定

B. 国务院扶贫领导小组承担特定行政管理职能

C. 国家乡村振兴局由国务院决定设立

D. 国家乡村振兴局可以单独制定规章

[考点] 国务院议事协调机构和国务院直属机构

[解析] 国务院扶贫领导小组属于国务院议事协调机构。根据《机构设置和编制条例》第20条的规定，国务院议事协调机构不单独确定编制，所需要的编制由承担具体工作的国务院行政机构解决。因此，国务院扶贫领导小组不单独确定编制。故A选项说法错误。

根据《机构设置和编制条例》第6条第7款的规定，国务院议事协调机构承担跨国务院行政

机构的重要业务工作的组织协调任务。国务院议事协调机构议定的事项，经国务院同意，由有关的行政机构按照各自的职责负责办理。在特殊或者紧急的情况下，经国务院同意，国务院议事协调机构可以规定临时性的行政管理措施。由此可知，国务院扶贫领导小组是承担跨国务院行政机构的扶贫工作的组织协调任务，若要承担特定行政管理职能须经国务院同意。故B选项说法错误。

根据《机构设置和编制条例》第8条的规定，国务院直属机构、国务院办事机构和国务院组成部门管理的国家行政机构的设立、撤销或者合并由国务院机构编制管理机关提出方案，报国务院决定。国家乡村振兴局作为国务院直属机构，由国务院决定设立。故C选项说法正确。

根据《立法法》第91条第1款的规定，国务院各部、委员会、中国人民银行、审计署和具有行政管理职能的直属机构以及法律规定的机构，可以根据法律和国务院的行政法规、决定、命令，在本部门的权限范围内，制定规章。国家乡村振兴局作为具有行政管理职能的直属机构，具有制定规章的权力。故D选项说法正确。

[答案] CD

[提示]

区分国务院议事协调机构与国务院直属机构在法律地位和设置程序上的不同，是题目的难点。

22. 国家文物局为中华人民共和国文化和旅游部管理的国家局。关于国家文物局，**下列哪一说法是不正确的？**（2022-回忆版-单）

A. 有权制定规章

B. 主管特定业务，具有独立的行政管理职能

C. 其设立由国务院机构编制管理机关提出方案，报国务院决定

D. 其编制的增加由国务院机构编制管理机关审核方案，报国务院批准

[考点] 国务院组成部门管理的国家行政机构的设置和编制管理

[解析] 国家文物局为中华人民共和国文化和旅游部管理的国家局，属于国务院部门管理的国家行

政机构。

根据《立法法》第91条第1款的规定，国务院各部、委员会、中国人民银行、审计署和具有行政管理职能的直属机构以及法律规定的机构，可以根据法律和国务院的行政法规、决定、命令，在本部门的权限范围内，制定规章。由此可知，国家文物局作为国务院部门管理的国家行政机构，无权制定规章。故A选项说法不正确，当选。

根据《机构设置和编制条例》第6条第6款的规定，国务院组成部门管理的国家行政机构由国务院组成部门管理，主管特定业务，行使行政管理职能。由此可知，国家文物局主管特定业务，具有独立的行政管理职能。故B选项说法正确，不当选。

根据《机构设置和编制条例》第8条的规定，国务院直属机构、国务院办事机构和国务院组成部门管理的国家行政机构的设立、撤销或者合并由国务院机构编制管理机关提出方案，报国务院决定。由此可知，国家文物局的设立由国务院机构编制管理机关提出方案，报国务院决定。故C选项说法正确，不当选。

根据《机构设置和编制条例》第19条的规定，国务院行政机构增加或者减少编制，由国务院机构编制管理机关审核方案，报国务院批准。由此可知，国家文物局编制的增加，由国务院机构编制管理机关审核方案，报国务院批准。故D选项说法正确，不当选。

答案 A

✎ 提 示

国务院机构的设置：

（1）处由部定——处级内设机构由部级机构决定；

（2）司由国批——司级内设机构由国务院批准；

（3）一般部由国定——一般部级机构（包括国务院直属机构、国务院办事机构、国务院组成部门管理的国家行政机构、国务院议事协调机构）由国务院决定；

（4）组成部经人大——组成部门（国务院组成部门）经人大常委会决定。

23. 2023年3月，中共中央、国务院印发《党和国家机构改革方案》，组建国家数据局，由国家发展和改革委员会管理。关于国家数据局，下列哪些说法是正确的？（2023-回忆版-多）

A. 国家数据局主管专门业务，具有独立的行政管理职能

B. 国家数据局无权制定规章

C. 国家数据局的设立，由国务院机构编制管理机关提出方案，报国家发展和改革委员会决定

D. 国家数据局有权设立处级内设机构

考点 国务院组成部门管理的国家行政机构的地位、设立和内设机构；部门规章的制定主体

解析 根据《机构设置和编制条例》第6条第6款的规定，国务院组成部门管理的国家行政机构由国务院组成部门管理，主管特定业务，行使行政管理职能。可知，国家数据局主管特定业务，而非专门业务。故A选项说法错误。

根据《立法法》第91条第1款的规定，国务院各部、委员会、中国人民银行、审计署和具有行政管理职能的直属机构以及法律规定的机构，可以根据法律和国务院的行政法规、决定、命令，在本部门的权限范围内，制定规章。可知，国家数据局无权制定规章。故B选项说法正确。

根据《机构设置和编制条例》第8条的规定，国务院直属机构、国务院办事机构和国务院组成部门管理的国家行政机构的设立、撤销或者合并由国务院机构编制管理机关提出方案，报国务院决定。因此，国家数据局作为国务院组成部门管理的国家行政机构，其设立由国务院机构编制管理机关提出方案，报国务院决定。故C选项说法错误。

根据《机构设置和编制条例》第13条的规定，国务院办公厅、国务院组成部门、国务院直属机构、国务院办事机构在职能分解的基础上设立司、处两级内设机构；国务院组成部门管理的国家行政机构根据工作需要可以设立司、处两级内设机构，也可以只设立处级内设机构。可知，国家数据局根据工作需要可以设立司、处两级内

设机构，也可以只设立处级内设机构。故 D 选项说法正确。

答案 BD

提示

　　国务院行政机构的司、处两级内设机构的设置：①国务院办公厅、国务院组成部门、国务院直属机构、国务院办事机构设立司、处两级内设机构；②国务院组成部门管理的国家行政机构可以设立司、处两级内设机构，也可以只设立处级内设机构。

地方政府行政机构　专题 08

24. 下列哪些行政机构的设置事项，应当经上一级人民政府机构编制管理机关审核后，报上一级人民政府批准？（2008/2/81-多）

A. 某县两个职能局的合并

B. 某省民政厅增设内设机构

C. 某市职能局名称的改变

D. 某县人民政府设立议事协调机构

考点 地方政府行政机构的设置

解析 根据《地方各级人民政府机构设置和编制管理条例》（以下简称《地方政府机构设置和编制条例》）第 9 条的规定，地方各级人民政府行政机构的设立、撤销、合并或者变更规格、名称，由本级人民政府提出方案，经上一级人民政府机构编制管理机关审核后，报上一级人民政府批准；其中，县级以上地方各级人民政府行政机构的设立、撤销或者合并，还应当依法报本级人民代表大会常务委员会备案。由此可知，地方各级政府行政机构的设立、撤销、合并或者变更规格、名称，应当经上一级政府机构编制管理机关审核后，报上一级政府批准。A 选项中某县两个职能局的合并，属于地方各级政府行政机构的合并，C 选项中某市职能局名称的改变，属于地方各级政府行政机构变更名称，都应当经上一级政府机构编制管理机关审核后，报上一级政府批准。故 A、C 选项当选。

　　根据《地方政府机构设置和编制条例》第 13 条的规定，县级以上地方各级人民政府行政机构的内设机构的设立、撤销、合并或者变更规格、名称，由该行政机构报本级人民政府机构编制管理机关审批。省民政厅属于县级以上地方各

级政府行政机构，其增设内设机构由该省民政厅报省政府机构编制管理机关审批，无须报上一级政府批准。故 B 选项不当选。

　　根据《地方政府机构设置和编制条例》第 11 条第 1 款的规定，地方各级人民政府设立议事协调机构，应当严格控制；可以交由现有机构承担职能的或者现有机构进行协调可以解决问题的，不另设立议事协调机构。由此可知，县人民政府可以自行设立议事协调机构，无须报上一级人民政府批准。故 D 选项不当选。

答案 AC

提示

　　掌握地方政府行政机构设置的原则（经上一级政府机构编制管理机关审核后，报上一级政府批准）和例外（县级以上地方政府自行设置议事协调机构）。

25. 某市为设区的市，该市政府的上一级政府为某省政府。该市规划局和土地局合并应由谁批准？（2019-回忆版-单）

A. 该市政府　　　　　B. 该省政府

C. 国务院　　　　　　D. 该市人大常委会

考点 地方政府行政机构的设置

解析 根据《地方政府机构设置和编制条例》第 9 条的规定，地方各级人民政府行政机构的设立、撤销、合并或者变更规格、名称，由本级人民政府提出方案，经上一级人民政府机构编制管理机关审核后，报上一级人民政府批准；其中，县级以上地方各级人民政府行政机构的设立、撤销或

者合并，还应当依法报本级人民代表大会常务委员会备案。因此，该市规划局和土地局合并应由该市政府报该省政府批准，并报该市人民代表大会常务委员会备案。故B选项当选，A、C、D选项不当选。

答案 B

提示

地方各级政府行政机构的设立、撤销、合并或者变更规格、名称：

（1）由本级政府提出方案；

（2）经上一级政府机构编制管理机关审核；

（3）报上一级政府批准；

（4）其中，县级以上地方各级政府行政机构的设立、撤销或者合并，还应当依法报本级人民代表大会常务委员会备案。

26. 甲市某县环保局与水利局对职责划分有异议，双方协商无法达成一致意见。关于异议的处理，下列哪一说法是正确的？（2015/2/45-单）

A. 提请双方各自上一级主管机关协商确定

B. 提请县政府机构编制管理机关决定

C. 提请县政府机构编制管理机关提出协调意见，并由该机构编制管理机关报县政府决定

D. 提请县政府提出处理方案，经甲市政府机构编制管理机关审核后报甲市政府批准

考点 行政机构职责划分异议的处理

解析 根据《地方政府机构设置和编制条例》第10条第2款的规定，行政机构之间对职责划分有异议的，应当主动协商解决。协商一致的，报本级人民政府机构编制管理机关备案；协商不一致的，应当提请本级人民政府机构编制管理机关提出协调意见，由机构编制管理机关报本级人民政府决定。甲市某县环保局与水利局属于县政府的行政机构，县政府行政机构之间对职责划分有异议，双方协商无法达成一致意见的，应当提请县政府机构编制管理机关提出协调意见，由县政府机构编制管理机关报县政府决定，而不是县政府机构编制管理机关自行决定。故C选项说法正

确，B选项说法错误。同样，既不是提请双方各自上一级主管机关协商确定，也无须甲市政府机构编制管理机关审核后报甲市政府批准。故A、D选项说法错误。

答案 C

提示

行政机构职责划分有异议的处理程序：

（1）双方协商一致→报本级人民政府机构编制管理机关备案；

（2）双方协商不一致→本级政府机构编制管理机关提出协调意见→本级政府决定。

27. 甲市为乙省政府所在地的市。关于甲市政府行政机构设置和编制管理，下列说法正确的是：（2011/2/98-任）

A. 在一届政府任期内，甲市政府的工作部门应保持相对稳定

B. 乙省机构编制管理机关与甲市机构编制管理机关为上下级领导关系

C. 甲市政府的行政编制总额，由甲市政府提出，报乙省政府批准

D. 甲市政府根据调整职责的需要，可以在行政编制总额内调整市政府有关部门的行政编制

考点 地方政府行政机构设置和编制管理

解析 根据《地方政府机构设置和编制条例》第8条第2款的规定，地方各级人民政府行政机构应当根据履行职责的需要，适时调整。但是，在一届政府任期内，地方各级人民政府的工作部门应当保持相对稳定。故A选项说法正确。

根据《地方政府机构设置和编制条例》第5条的规定，县级以上各级人民政府机构编制管理机关应当按照管理权限履行管理职责，并对下级机构编制工作进行业务指导和监督。上级编制管理机关与下级编制管理机关为业务指导和监督关系，而不是上下级领导关系。故B选项说法错误。

根据《地方政府机构设置和编制条例》第16条的规定，地方各级人民政府的行政编制总额，由省、自治区、直辖市人民政府提出，经国

务院机构编制管理机关审核后，报国务院批准。由此可知，甲市政府的行政编制总额，应由乙省政府提出，报国务院批准，而不是由甲市政府提出，报乙省政府批准。故 C 选项说法错误。

根据《地方政府机构设置和编制条例》第18 条的规定，地方各级人民政府根据调整职责的需要，可以在行政编制总额内调整本级人民政府有关部门的行政编制。故 D 选项说法正确。

答案 AD

提 示

地方政府同一层级内，地方政府部门的行政编制在行政编制总额内由地方政府调整；但在同一个行政区域不同层级之间，调配使用行政编制的，应当由省级政府机构编制管理机关报国务院机构编制管理机关审批。

28. 关于行政机构编制的说法，下列哪一选项是正确的？(2008 延/2/40-单)

A. 地方政府行政机构原则上应使用行政编制，但必要时可以使用一定的事业编制

B. 地方各级政府的行政编制总额，应由国务院机构编制管理机关提出，报国务院批准

C. 地方各级政府根据职责调整的需要，可以在行政编制总额内调整本级政府有关部门的行政编制

D. 地方政府议事协调机构可以确定自己单独的编制

考点 地方政府行政机构的编制管理

解析 根据《地方政府机构设置和编制条例》第

15 条的规定，机构编制管理机关应当按照编制的不同类别和使用范围审批编制。地方各级人民政府行政机构应当使用行政编制，事业单位应当使用事业编制，不得混用、挤占、挪用或者自行设定其他类别的编制。因此，地方政府行政机构不得使用事业编制。故 A 选项错误。

根据《地方政府机构设置和编制条例》第16 条的规定，地方各级人民政府的行政编制总额，由省、自治区、直辖市人民政府提出，经国务院机构编制管理机关审核后，报国务院批准。因此，地方各级政府的行政编制总额，由省、自治区、直辖市人民政府提出，报国务院批准。故 B 选项错误。

根据《地方政府机构设置和编制条例》第18 条的规定，地方各级人民政府根据调整职责的需要，可以在行政编制总额内调整本级人民政府有关部门的行政编制。故 C 选项正确。

根据《地方政府机构设置和编制条例》第19 条的规定，地方各级人民政府议事协调机构不单独确定编制，所需要的编制由承担具体工作的行政机构解决。故 D 选项错误。

答案 C

提 示

地方行政编制的调整：

(1) 地方各级人民政府可以在行政编制总额内调整本级人民政府有关部门的行政编制；

(2) 在同一个行政区域不同层级之间调配使用行政编制的，应当由省、自治区、直辖市人民政府机构编制管理机关报国务院机构编制管理机关审批。

第3讲 公 务 员

专题 **公务员的录用**

29. 王某经过考试成为某县财政局新录用的公务员，但因试用期满不合格被取消录用。下列哪一说法是正确的？（2014/2/44-单）

A. 对王某的试用期限，由该县财政局确定

B. 对王某的取消录用，应当适用辞退公务员的规定

C. 王某不服取消录用向法院提起行政诉讼的，法院应当不予受理

D. 对王某的取消录用，在性质上属于对王某的不予录用

考点 取消录用；辞退；不予录用

解析 根据《公务员法》第34条的规定，新录用的公务员试用期为1年。试用期满合格的，予以任职；不合格的，取消录用。据此，公务员试用期是法定1年，不是行政机关确定的，故A选项说法错误。此外，该规定也清晰地表明，试用期满不合格应当取消录用，而不是不录用。《公务员法》第32条第1款规定，招录机关根据考试成绩、考察情况和体检结果，提出拟录用人员名单，并予以公示。公示期不少于5个工作日。可以看出，不录用是更早阶段的决定。不录用与取消录用是公务员管理中两种性质不同的管理活动，前者适用于根据考试成绩、考察情况和体检结果不符合录用条件而不录用的公民，后者适用于符合录用条件被录用但试用期满考核不合格的公务员，故D选项说法错误。

根据《公务员法》第88条的规定，公务员有下列情形之一的，予以辞退：①在年度考核中，连续2年被确定为不称职的；②不胜任现职工作，又不接受其他安排的；③因所在机关调整、撤销、合并或者缩减编制员额需要调整工作，本人拒绝合理安排的；④不履行公务员义务，不遵守法律和公务员纪律，经教育仍无转变，不适合继续在机关工作，又不宜给予开除处分的；⑤旷工或者因公外出、请假期满无正当理由逾期不归连续超过15天，或者1年内累计超过30天的。公务员取消录用的条件是试用期满考核不合格，与公务员辞退的适用情形是完全不同的，取消录用不属于对公务员的辞退，《公务员法》也未明确规定取消录用要适用于辞退规定，故B选项说法错误。

根据《公务员法》第95条第1款的规定，公务员对涉及本人的下列人事处理不服的，可以自知道该人事处理之日起30日内向原处理机关申请复核；对复核结果不服的，可以自接到复核决定之日起15日内，按照规定向同级公务员主管部门或者作出该人事处理的机关的上一级机关提出申诉；也可以不经复核，自知道该人事处理之日起30日内直接提出申诉；……②辞退或者取消录用；……王某不服取消录用的，可以申请复核和申诉。根据《行政诉讼法》第13条的规定，人民法院不受理公民、法人或者其他组织对下列事项提起的诉讼：……③行政机关对行政机关工作人员的奖惩、任免等决定；……取消录用

属于行政机关对行政机关工作人员的奖惩、任免等决定，因此，取消录用不属于行政诉讼受案范围，王某不服取消录用向法院提起行政诉讼的，法院应当不予受理，故 C 选项说法正确。

答案 C

📝 提 示

　　取消录用条件和性质的准确判断是考生做好本题的关键，取消录用行为属于内部行政行为，区别于不予录用行为。

30. 关于公务员的录用和考核，下列说法正确的是：（2019-回忆版-单）

A. 张某曾受过行政拘留，不得录用为公务员

B. 刘某在留党察看期不得录用为公务员

C. 财政局局长李某在专项考核中被确定为不称职，降低一个职务层次任职

D. 公安局民警王某的定期考核采取年度考核方式

考点 公务员的录用和考核

解析 根据《公务员法》第 26 条的规定，下列人员不得录用为公务员：①因犯罪受过刑事处罚的；②被开除中国共产党党籍的；③被开除公职

的；④被依法列为失信联合惩戒对象的；⑤有法律规定不得录用为公务员的其他情形的。因此，受过行政拘留和在留党察看期均不是不得录用为公务员的情形。故 A、B 选项错误。

　　根据《公务员法》第 50 条第 2 款的规定，公务员在年度考核中被确定为不称职的，按照规定程序降低一个职务或者职级层次任职。因此，财政局局长李某只有在年度考核中被确定为不称职，才会降低一个职务层次任职。故 C 选项错误。

　　根据《公务员法》第 37 条第 1 款的规定，非领导成员公务员的定期考核采取年度考核的方式。因此，公安局民警王某作为非领导成员公务员，其定期考核应采取年度考核的方式。故 D 选项正确。

答案 D

📝 提 示

　　不得录用为公务员的四种情形：
　　（1）因犯罪受过刑事处罚的；
　　（2）被开除中国共产党党籍的；
　　（3）被开除公职的；
　　（4）被依法列为失信联合惩戒对象的。

公务员的管理　专题 ⑩

31. 根据《公务员法》规定，下列哪一选项不是公务员应当履行的义务？（2015/2/44-单）

A. 公道正派　　　　　B. 忠于职守

C. 恪守职业道德　　　D. 参加培训

考点 公务员的义务；公务员的权利

解析 根据《公务员法》第 14 条的规定，公务员应当履行下列义务：……④忠于职守，勤勉尽责，服从和执行上级依法作出的决定和命令，按照规定的权限和程序履行职责，努力提高工作质量和效率；……⑥带头践行社会主义核心价值观，坚守法治，遵守纪律，恪守职业道德，模范遵守社会公德、家庭美德；……⑦清正廉洁，公道正派；……由此可知，A 选项"公道正派"属于公

务员的第 7 项义务，B 选项"忠于职守"属于公务员的第 4 项义务，C 选项"恪守职业道德"属于公务员的第 6 项义务，故 A、B、C 选项不当选。

　　根据《公务员法》第 15 条的规定，公务员享有下列权利：……④参加培训；……由此可知，D 选项参加培训是公务员的第 4 项权利，不属于公务员的义务，故 D 选项当选。

答案 D

📝 提 示

　　公务员的权利和义务构成了公务员的法律地位，判断的标准是：有利于公务员的，视为权利；负担于公务员的，视为义务。

32. 财政局干部李某在机关外兼职。关于李某兼职，下列哪些说法是正确的？（2016/2/76-多）

A. 为发挥个人专长可在外兼职

B. 兼职应经有关机关批准

C. 不得领取兼职报酬

D. 兼职情况应向社会公示

考点 公务员兼职

解析 根据《公务员法》第44条的规定，公务员因工作需要在机关外兼职，应当经有关机关批准，并不得领取兼职报酬。由此可知，公务员兼职要求三个条件：①兼职目的，允许公务员在机关外兼职的目的只能是工作需要，而非其他目的，发挥个人专长不是兼职的目的，故A选项说法错误；②兼职程序，应该经有关机关的批准，未经批准不得兼职，故B选项说法正确；③禁止谋取利益，公务员兼职不得领取兼职报酬，故C选项说法正确。

《公务员法》并未要求公务员兼职情况应当公示，故D选项说法错误。

答案 BC

提示

　　D选项中兼职情况应向社会公示极具干扰性，考生需要对公务员兼职三个条件准确掌握，才能避免掉入命题陷阱。

33. 关于公务员的辞职和辞退，下列哪些说法是正确的？（2015/2/76-多）

A. 重要公务尚未处理完毕的公务员，不得辞去公职

B. 领导成员对重大事故负有领导责任的，应引咎辞去公职

C. 对患病且在规定的医疗期内的公务员，不得辞退

D. 被辞退的公务员，可根据国家有关规定享受失业保险

考点 公务员的辞职与辞退

解析 根据《公务员法》第86条的规定，公务员有下列情形之一的，不得辞去公职：……③重

要公务尚未处理完毕，且须由本人继续处理的；……A选项中重要公务尚未处理完毕的公务员，不得辞去公职，还得要求重要公务必须由本人继续处理，如果重要公务能由他人继续处理的，公务员是可以辞去公职的，故A选项说法错误。

根据《公务员法》第87条第3款的规定，领导成员因工作严重失误、失职造成重大损失或者恶劣社会影响的，或者对重大事故负有领导责任的，应当引咎辞去领导职务。引咎辞职辞去的是领导职务，而不是辞去公职，故B选项说法错误。

根据《公务员法》第89条的规定，对有下列情形之一的公务员，不得辞退：……②患病或者负伤，在规定的医疗期内的；……为了保护公务员的正当权益，不得辞退患病且在规定的医疗期内的公务员，故C选项说法正确。

根据《公务员法》第90条第2款的规定，被辞退的公务员，可以领取辞退费或者根据国家有关规定享受失业保险。因此，被辞退的公务员可根据国家有关规定享受失业保险，故D选项说法正确。

答案 CD

提示

　　题目考查公务员辞职的限制情形、辞职与引咎辞职的区别、辞退公务员的保护，都是从细节上考查考生掌握知识点的准确程度。

34. 某市发生一起火灾事故，王某在处置过程中因过失处置不当，造成了社会上强烈的反响，王某引咎辞去领导职务。关于引咎辞职，下列哪一选项是正确的？（2018-回忆版-单）

A. 引咎辞职是追究刑事责任的必经程序

B. 引咎辞职是行政处分

C. 引咎辞职是行政问责

D. 王某引咎辞职后不再具有公务员身份

考点 引咎辞职

解析 《公务员法》《刑法》《刑事诉讼法》等均未规定引咎辞职是追究刑事责任的必经程序。故

A 选项错误。

根据《公务员法》第 62 条的规定，处分分为：警告、记过、记大过、降级、撤职、开除。由此可知，引咎辞职不属于公务员的行政处分。故 B 选项错误。

根据《公务员法》第 87 条第 3 款的规定，领导成员因工作严重失误、失职造成重大损失或者恶劣社会影响的，或者对重大事故负有领导责任的，应当引咎辞去领导职务。由此可知，具有领导职务的公务员"引咎辞去领导职务"是承担行政责任，是行政问责的一种方式。故 C 选项正确。

王某引咎辞职是引咎辞去领导职务，但其仍然具有公务员身份。故 D 选项错误。

答案 C

提 示

　　辞去公职与辞去领导职务的区别：辞去公职是辞去公务员职位，公务员辞去公职后不再具有公务员身份；引咎辞职就是辞去领导职务，而不是辞去公职，它限定的主体是具有领导职务的公务员，具有领导职务的公务员辞去领导职务后仍然具有公务员身份。

35. 关于公务员的说法，下列哪一选项是错误的？（2019-回忆版-单）

A. 公务员的职务对应相应的级别

B. 公务员职级实行委任制和聘任制

C. 公务员职级只在县处级以下设置

D. 聘任制公务员实行协议工资

考点 公务员的职级；聘任制

解析 根据《公务员法》第 21 条第 1 款的规定，公务员的领导职务、职级应当对应相应的级别。公务员领导职务、职级与级别的对应关系，由国家规定。故 A 选项正确，不当选。

根据《公务员法》第 40 条第 1 款的规定，公务员领导职务实行选任制、委任制和聘任制。公务员职级实行委任制和聘任制。故 B 选项正确，不当选。

根据《公务员法》第 19 条第 1 款的规定，

公务员职级在厅局级以下设置。故 C 选项错误，当选。

根据《公务员法》第 103 条第 3 款的规定，聘任制公务员实行协议工资制，具体办法由中央公务员主管部门规定。故 D 选项正确，不当选。

答案 C

提 示

　　公务员领导职务实行选任制、委任制和聘任制；公务员职级实行委任制和聘任制，不实行选任制。

36. 下列哪些情形违反《公务员法》有关回避的规定？（2007/2/85-多）

A. 张某担任家乡所在县的县长

B. 刘某是工商局局长，其侄担任工商局人事处科员

C. 王某是税务局工作人员，参加调查一企业涉嫌偷漏税款案，其妻之弟任该企业的总经理助理

D. 李某是公安局局长，其妻在公安局所属派出所担任户籍警察

考点 公务员回避

解析 根据《公务员法》第 75 条的规定，公务员担任乡级机关、县级机关、设区的市级机关及其有关部门主要领导职务的，应当按照有关规定实行地域回避。县长属于县级机关主要领导职务，张某担任家乡所在县的县长违反了《公务员法》的地域回避规定，故 A 选项当选。

根据《公务员法》第 74 条第 1 款的规定，公务员之间有夫妻关系、直系血亲关系、三代以内旁系血亲关系以及近姻亲关系的，不得在同一机关双方直接隶属于同一领导人员的职位或者有直接上下级领导关系的职位工作，也不得在其中一方担任领导职务的机关从事组织、人事、纪检、监察、审计和财务工作。刘某与其侄之间有三代以内旁系血亲关系，刘某担任工商局局长，其侄担任工商局人事处科员违反了《公务员法》的任职回避规定，故 B 选项当选。

根据《公务员法》第 76 条的规定，公务员执行公务时，有下列情形之一的，应当回避：

①涉及本人利害关系的；②涉及与本人有本法第74条第1款所列亲属关系人员的利害关系的；③其他可能影响公正执行公务的。王某是税务局工作人员，参加调查一企业涉嫌偷漏税款案，而其妻之弟任该企业的总经理助理，与王某存在利害关系，违反了《公务员法》的公务回避规定，故 C 选项当选。

D 选项中李某是公安局局长，其妻在公安局所属派出所担任户籍警察，虽然具有夫妻关系，但既不存在公安局局长与公安局所属派出所户籍警察之间的上下级领导关系，也不存在一方在另一方担任领导职务的机关内从事组织、人事、纪检、监察、审计和财务工作情形，不违反《公务员法》的任职回避规定，故 D 选项不当选。

答案 ABC

提 示

　　做题的关键是对公务员三种回避（任职回避、地域回避和公务回避）适用条件的准确理解和适用。注意，2018 年修订后的《公务员法》第 74 条第 2 款增加了任职回避的一种特殊情形：公务员不得在其配偶、子女及其配偶经营的企业、营利性组织的行业监管或者主管部门担任领导成员。

37. 某县财政局的副局长孙某在 2020 年度的定期考核中定为不称职。下列哪一说法是正确的？（2021-回忆版-单）

A. 对孙某按照规定降职

B. 孙某可以正常享受 2020 年度的年终奖

C. 对孙某的考核等次不属于人事处理

D. 对孙某的考核等次由县财政局局长或者授权的考核委员会确定

考点 公务员考核

解析 根据《公务员法》第 50 条第 2 款的规定，公务员在年度考核中被确定为不称职的，按照规定程序降低一个职务或者职级层次任职。因此，孙某在 2020 年度考核中定为不称职，应按照规定降职。故 A 选项说法正确。

根据《公务员法》第 80 条第 4 款的规定，公务员在定期考核中被确定为优秀、称职的，按

照国家规定享受年终奖金。因此，孙某在 2020 年度考核中定为不称职，不能享受 2020 年度的年终奖。故 B 选项说法错误。

根据《公务员法》第 95 条第 1 款的规定，公务员对涉及本人的下列人事处理不服的，可以自知道该人事处理之日起 30 日内向原处理机关申请复核；对复核结果不服的，可以自接到复核决定之日起 15 日内，按照规定向同级公务员主管部门或者作出该人事处理的机关的上一级机关提出申诉；也可以不经复核，自知道该人事处理之日起 30 日内直接提出申诉；……④定期考核定为不称职；……因此，对孙某考核中被确定为不称职属于人事处理。故 C 选项说法错误。

根据《公务员法》第 37 条的规定，非领导成员公务员的定期考核采取年度考核的方式。先由个人按照职位职责和有关要求进行总结，主管领导在听取群众意见后，提出考核等次建议，由本机关负责人或者授权的考核委员会确定考核等次。领导成员的考核由主管机关按照有关规定办理。由此可知，由本机关负责人或者授权的考核委员会确定考核等次，是针对非领导成员公务员的考核，不是针对领导成员的考核。县财政局的副局长孙某是领导成员，因此其考核等次不是由县财政局局长或者授权的考核委员会确定。故 D 选项说法错误。

答案 A

提 示

　　公务员在定期考核中被确定为优秀、称职的，享受年终奖金；公务员在定期考核中被确定为基本称职、不称职的，不享受年终奖金。

38. 孙某是市环保局二级主任科员，下列说法正确的有：（2022-回忆版-多）

A. 孙某符合一级主任科员任职资历条件的，可直接晋升一级主任科员

B. 二级主任科员是孙某的职级

C. 对孙某的考核采取年度考核的方式

D. 孙某认为自己能晋升一级主任科员而未晋升的，可以依照《公务员法》有关规定申诉

考点 公务员的考核与晋升

解析 根据《公务员法》第 49 条的规定，公务员职级应当逐级晋升，根据个人德才表现、工作实绩和任职资历，参考民主推荐或者民主测评结果确定人选，经公示后，按照管理权限审批。因此，晋升职级应当综合考虑多种因素，并且经过法定晋升程序，而不是符合资历条件即可直接晋升。故 A 选项说法错误。

根据《公务员法》第 19 条第 2 款的规定，综合管理类公务员职级序列分为：一级巡视员、二级巡视员、一级调研员、二级调研员、三级调研员、四级调研员、一级主任科员、二级主任科员、三级主任科员、四级主任科员、一级科员、二级科员。因此，二级主任科员是孙某的职级。故 B 选项说法正确。

根据《公务员法》第 37 条第 1 款的规定，非领导成员公务员的定期考核采取年度考核的方式。因此，孙某并非领导成员，其定期考核的方式为年度考核。故 C 选项说法正确。

根据《公务员法》第 95 条第 1 款的规定，公务员对涉及本人的下列人事处理不服的……也可以不经复核，自知道该人事处理之日起 30 日内直接提出申诉：①处分；②辞退或者取消录用；③降职；④定期考核定为不称职；⑤免职；⑥申请辞职、提前退休未予批准；⑦不按规定确定或者扣减工资、福利、保险待遇；⑧法律、法规规定可以申诉的其他情形。因此，孙某认为自己能晋升职级而未晋升，不属于上述法定申诉情形，孙某不能提出申诉。故 D 选项说法错误。

答案 BC

提示

定期考核定为不称职的，公务员可以申诉；定期考核定为称职、基本称职的或者未晋升的，公务员都不能申诉。

39. 某行政机关科员张某，在年终考核中被确定为基本称职，张某对考核结果有异议。下列说法正确的是：(2023-回忆版-单)

A. 考核为基本称职不影响张某的年终奖

B. 考核为基本称职对张某的职级、级别、工资

均有影响

C. 张某对考核结果可以向考核机关申请复核

D. 张某对考核结果可以申请行政复议

考点 公务员的考核和救济

解析 根据《公务员法》第 80 条第 4 款的规定，公务员在定期考核中被确定为优秀、称职的，按照国家规定享受年终奖金。张某在年终考核中被确定为基本称职，会影响其年终奖。故 A 选项说法错误。

根据《公务员法》第 39 条的规定，定期考核的结果作为调整公务员职位、职务、职级、级别、工资以及公务员奖励、培训、辞退的依据。因此，考核为基本称职对张某的职级、级别、工资均有影响。故 B 选项说法正确。

根据《公务员法》第 95 条第 1 款的规定，公务员对涉及本人的下列人事处理不服的，可以自知道该人事处理之日起 30 日内向原处理机关申请复核；对复核结果不服的，可以自接到复核决定之日起 15 日内，按照规定向同级公务员主管部门或者作出该人事处理的机关的上一级机关提出申诉；也可以不经复核，自知道该人事处理之日起 30 日内直接提出申诉；……④定期考核定为不称职；……可知，考核定为不称职的，公务员可以向原处理机关申请复核，对复核结果不服的，可以再提出申诉，也可以不经复核直接提出申诉。题目中，对张某考核为基本称职，不属于申请复核和申诉的范围。故 C 选项说法错误。

张某在年终考核中被确定为基本称职属于行政机关对行政机关工作人员的处理决定。根据《行政复议法》第 12 条的规定，下列事项不属于行政复议范围：……③行政机关对行政机关工作人员的奖惩、任免等决定；……因此，张某在年终考核中被确定为基本称职不属于行政复议范围，张某对考核结果不能申请行政复议。故 D 选项说法错误。

答案 B

提示

考核结果对公务员的影响：

(1) 考核的结果作为调整公务员职位、职务、职级、级别、工资以及公务员奖励、培训、辞退的依据；

（2）考核为优秀、称职的公务员享受年终奖金，考核为基本称职、不称职的公务员不享受年终奖金。

40. 区财政局法制科副科长王某工作满 30 年，申请提前退休。下列哪些选项是错误的？（2022-回忆版-多）

A. 王某提前退休须经过任免机关批准

B. 王某不能按照公务员退休待遇领取养老金

C. 不予批准王某的提前退休申请

D. 王某退休后 3 年内不得到与原工作业务直接相关的企业任职

考点 公务员退休

解析 根据《公务员法》第 93 条的规定，公务员符合下列条件之一的，本人自愿提出申请，经任免机关批准，可以提前退休：①工作年限满 30 年的；……因此，公务员王某工作已年满 30 年，可以自愿提出提前退休申请，经任免机关批准，可以提前退休。故 A 选项正确，不当选；C 选项错误，当选。

根据《公务员法》第 94 条的规定，公务员

退休后，享受国家规定的养老金和其他待遇。因此，王某提前退休后可以按照公务员退休待遇领取养老金。故 B 选项错误，当选。

根据《公务员法》第 107 条第 1 款的规定，公务员辞去公职或者退休的，原系领导成员、县处级以上领导职务的公务员在离职 3 年内，其他公务员在离职 2 年内，不得到与原工作业务直接相关的企业或者其他营利性组织任职，不得从事与原工作业务直接相关的营利性活动。因此，王某为区财政局法制科的副科长，不属于领导成员以及县处级以上领导职务的公务员，应在退休后 2 年内不得到与原工作业务直接相关的企业任职。故 D 选项错误，当选。

答案 BCD

提示
公务员退休后，在一定期限内禁止其从事和原来履行职务相关的营利性活动或者在和原来履行职务相关的营利性组织中任职：原系领导成员或县处级以上领导职务的公务员是离职 3 年内；其他公务员是离职 2 年内。

11 专题 公务员的聘任

41. 根据《公务员法》规定，经省级以上公务员主管部门批准，机关根据工作需要可以对下列哪些职位实行聘任制？（2017/2/76-多）

A. 涉及国家秘密的职位

B. 专业性较强的职位

C. 辅助性职位

D. 机关急需的职位

考点 聘任制公务员的职位范围

解析 根据《公务员法》第 100 条的规定，机关根据工作需要，经省级以上公务员主管部门批准，可以对专业性较强的职位和辅助性职位实行聘任制。前款所列职位涉及国家秘密的，不实行聘任制。由此可知，聘任制公务员的职位范围是专业性较强的职位和辅助性职位，故 B、C 选项当选。

为了确保聘任制的实施，期限届满是可以不再聘任的，因此涉及国家秘密的职位就不实行聘任制，故 A 选项不当选。

对于机关急需的职位是否实行聘任制，《公务员法》没有明确规定，从聘任制的实行目的来看，更多是为了满足机关吸引和使用优秀人才的需求，提高公务员队伍专业化水平，与机关急需的职位无关，故 D 选项不当选。

答案 BC

提示
题目的难度不大，只要掌握《公务员法》第 100 条的规定，就能选出正确答案，D 选项有一定的干扰性，但理解了聘任制的设置目的，也能很容易地把 D 选项排除。

42. 关于聘任制公务员，下列做法正确的是：（2010/2/98-任）

A. 某县保密局聘任两名负责保密工作的计算机程序员

B. 某县财政局与所聘任的一名精算师实行协议工资制

C. 某市林业局聘任公务员的合同期限为10年

D. 某县公安局聘任网络管理员的合同需经上级公安机关批准

考点 聘任制的实行条件

解析 根据《公务员法》第100条的规定，机关根据工作需要，经省级以上公务员主管部门批准，可以对专业性较强的职位和辅助性职位实行聘任制。前款所列职位涉及国家秘密的，不实行聘任制。由此可知，对于负责保密工作的计算机程序员不实行聘任制，故A选项错误。

根据《公务员法》第103条第3款的规定，聘任制公务员实行协议工资制，具体办法由中央公务员主管部门规定。据此，该县财政局可以与所聘任的一名精算师实行协议工资制，故B选项正确。

根据《公务员法》第103条第2款的规定，聘任合同期限为1年至5年。聘任合同可以约定试用期，试用期为1个月至12个月。由此可知，聘任公务员的合同期限最短不得少于1年，最长不得超过5年，该市林业局聘任公务员的合同期限为10年，超过了5年的最长期限，故C选项错误。

根据《公务员法》第102条第2款的规定，聘任合同的签订、变更或者解除，应当报同级公务员主管部门备案。由此可知，聘任合同应当报同级公务员主管部门备案，而无须经上级机关批准，该县公安局聘任网络管理员的合同无需经上级公安机关批准，故D选项错误。

答案 B

✐ 提 示

题目是对公务员聘任制的范围、工资、期限和程序的考查，这是聘任制公务员区别于一般公务员的地方，往往是命题的重点。

43. 孙某为某行政机关的聘任制公务员，双方签订聘任合同。下列哪些说法是正确的？（2013/2/79-多）

A. 对孙某的聘任须按照公务员考试录用程序进行公开招聘

B. 该机关应按照《公务员法》和聘任合同对孙某进行管理

C. 对孙某的工资可以按照国家规定实行协议工资

D. 如孙某与该机关因履行聘任合同发生争议，可以向人事争议仲裁委员会申请仲裁

考点 聘任制公务员的管理

解析 聘任制公务员的录用程序不同于一般公务员。根据《公务员法》第101条第1款的规定，机关聘任公务员可以参照公务员考试录用的程序进行公开招聘，也可以从符合条件的人员中直接选聘。对孙某的聘任既可以按照公务员考试录用程序进行公开招聘，也可以从符合条件的人员中直接选聘，A选项中对孙某的聘任须按照公务员考试录用程序进行公开招聘，这一说法过于绝对。故A选项说法错误。

聘任制公务员的管理依据不同于一般公务员。根据《公务员法》第104条的规定，机关依据本法和聘任合同对所聘公务员进行管理。因此，机关不仅应按照《公务员法》对孙某进行管理，还应当按照聘任合同对孙某进行管理。故B选项说法正确。

聘任制公务员的工资不同于一般公务员。根据《公务员法》第103条第3款的规定，聘任制公务员实行协议工资制，具体办法由中央公务员主管部门规定。孙某作为聘任制公务员，对孙某的工资可以实行协议工资。故C选项说法正确。

聘任制公务员的救济途径不同于一般公务员。根据《公务员法》第105条第1、2款的规定，聘任制公务员与所在机关之间因履行聘任合同发生争议的，可以自争议发生之日起60日内申请仲裁。省级以上公务员主管部门根据需要设立人事争议仲裁委员会，受理仲裁申请。人事争议仲裁委员会由公务员主管部门的代表、聘用机关的代表、聘任制公务员的代表以及法律专家组成。孙某与机关因履行聘任合同发生

争议，孙某可以向人事争议仲裁委员会申请仲裁，这是聘任制公务员的救济途径。故 D 选项说法正确。

答案 BCD

提示

解题的关键是掌握聘任制公务员与一般公务员的区别——<u>录用程序、管理依据、协议工资和救济途径</u>。

⏰12 专题 公务员的处分

44. 关于公务员的诫勉，下列选项正确的有：（2022-回忆版-多）

A. 诫勉的性质是对公务员的行政处分

B. 诫勉是组织对公务员的监督

C. 被诫勉的公务员不得涨工资

D. 对诫勉决定不服的，公务员不得提出申诉

考点 公务员诫勉

解析 根据《公务员法》第 57 条第 2 款的规定，对公务员监督发现问题的，应当区分不同情况，予以谈话提醒、批评教育、责令检查、诫勉、组织调整、处分。根据《公务员法》第 62 条的规定，处分分为：警告、记过、记大过、降级、撤职、开除。由此可知，<u>诫勉不是行政处分，而是对公务员的监督</u>。故 A 选项错误，B 选项正确。

根据《公务员法》第 64 条第 1 款的规定，公务员在受处分期间不得晋升职务、职级和级别，其中受记过、记大过、降级、撤职处分的，不得晋升工资档次。<u>诫勉不属于行政处分</u>，因此，被诫勉的公务员不影响其晋升工资档次。故 C 选项错误。

根据《公务员法》第 95 条第 1 款的规定，公务员对涉及本人的下列人事处理不服的……也可以不经复核，自知道该人事处理之日起 30 日内直接提出申诉：①处分；②辞退或者取消录用；③降职；④定期考核定为不称职；⑤免职；⑥申请辞职、提前退休未予批准；⑦不按照规定确定或者扣减工资、福利、保险待遇；⑧法律、法规规定可以申诉的其他情形。诫勉不属于上述法定申诉情形，因此，公务员对诫勉决定不服的，不能提出申诉。故 D 选项正确。

答案 BD

提示

公务员的行政处分是法定六种：警告、记过、记大过、降级、撤职、开除。谈话提醒、批评教育、责令检查、诫勉、组织调整都不属于行政处分。

45. 下列哪些选项属于对公务员的处分？（2009/2/82-多）

A. 降级 B. 免职

C. 撤职 D. 责令辞职

考点 公务员的处分种类

解析 根据《公务员法》第 62 条的规定，处分分为：警告、记过、记大过、降级、撤职、开除。A 选项的降级和 C 选项的撤职属于对公务员的处分，故 A、C 选项当选。

根据《公务员法》第 42 条的规定，委任制公务员试用期满考核合格，职务、职级发生变化，以及其他情形需要任免职务、职级的，应当按照管理权限和规定的程序任免。B 选项的免职是公务员的职务任免制度，不属于公务员的处分种类，故 B 选项不当选。

根据《公务员法》第 87 条第 3、4 款的规定，领导成员因工作严重失误、失职造成重大损失或者恶劣社会影响的，或者对重大事故负有领导责任的，应当引咎辞去领导职务。领导成员因其他原因不再适合担任现任领导职务的，或者应当引咎辞职本人不提出辞职的，应当责令其辞去领导职务。D 选项的责令辞职属于对官员问责的方式，不属于公务员的处分种类，故 D 选项不当选。

答案 AC

46. 某县工商局科员李某因旷工被给予警告处分。关于李某的处分，下列哪一说法是正确的？（2017/2/44—单）

A. 处分决定可以口头方式通知李某

B. 处分决定自作出之日起生效

C. 受处分期间为 12 个月

D. 李某在受处分期间不得晋升工资档次

考点 警告处分

解析 根据《公务员法》第 63 条第 3 款的规定，处分决定应当以书面形式通知公务员本人。因此，对李某的处分决定不能以口头方式通知，应当以书面形式通知，故 A 选项说法错误。

根据《行政机关公务员处分条例》第 46 条的规定，处分决定、解除处分决定自作出之日起生效。一般情况下，行政决定是在送达之后生效，但是公务员的处分决定、解除处分决定是在作出时生效。因此对李某的警告处分自作出之日起生效，故 B 选项说法正确。

根据《公务员法》第 64 条第 2 款的规定，受处分的期间为：警告，6 个月；记过，12 个月；记大过，18 个月；降级、撤职，24 个月。李某因旷工被给予警告处分，警告的受处分期间应为 6 个月，故 C 选项说法错误。

根据《公务员法》第 64 条第 1 款的规定，公务员在受处分期间不得晋升职务、职级和级别，其中受记过、记大过、降级、撤职处分的，不得晋升工资档次。可知，受记过、记大过、降级、撤职处分的公务员，在受处分期间不得晋升职务、职级、级别和工资档次；受警告处分的公务员，在受处分期间不得晋升职务、职级和级别，可以晋升工资档次。李某在受处分期间不得晋升职务、职级和级别，但可以晋升工资档次，故 D 选项说法错误。

答案 **B**

47. 某行政机关负责人孙某因同时违反财经纪律和玩忽职守被分别给予撤职和记过处分。下列说法正确的是：（2008/2/98—任）

A. 应只对孙某执行撤职处分

B. 应同时降低孙某的级别

C. 对孙某的处分期为 36 个月

D. 解除对孙某的处分后，即应恢复其原职务

考点 撤职和记过处分

解析 根据《行政机关公务员处分条例》第 10 条第 1 款的规定，行政机关公务员同时有两种以上需要给予处分的行为的，应当分别确定其处分。应当给予的处分种类不同的，执行其中最重的处分。孙某因同时违反财经纪律和玩忽职守被分别给予撤职和记过处分，由于孙某受到的处分种类不同，撤职处分重于记过处分，应只对孙某执行撤职处分，故 A 选项说法正确。

根据《公务员法》第 64 条第 3 款的规定，受撤职处分的，按照规定降低级别。对孙某执行撤职处分时，应当同时降低孙某的级别，故 B 选项说法正确。

根据《公务员法》第 64 条第 2 款的规定，受处分的期间为：警告，6 个月；记过，12 个月；记大过，18 个月；降级、撤职，24 个月。由此可知，对孙某执行撤职处分，其处分期为 24 个月，故 C 选项说法错误。

根据《公务员法》第 65 条第 2 款的规定，解除处分后，晋升工资档次、级别和职务、职级不再受原处分的影响。但是，解除降级、撤职处分的，不视为恢复原级别、原职务、原职级。对孙某执行的是撤职处分，孙某的级别也同时降低，在解除处分后，其原职务和原级别都是不能恢复的，故 D 选项说法错误。

答案 **AB**

48. 某镇镇长齐某醉酒驾驶，公安机关对其作出暂扣驾驶证 6 个月并处罚款 1000 元的处罚。公安机关将齐某醉酒驾驶行为通报给县监察委，县监察委由此还发现齐某经常把公车挪作私用，决定对齐某作出撤职处理，降为四级主任科员。下列说法正确的是：（2023-回忆版-单）

A. 齐某被撤职的处分期间为 18 个月

B. 齐某所在机关不再给予处分

C. 暂扣驾驶证 6 个月为行为罚

D. 齐某不能对公安机关作出的处罚提起行政诉讼

考点 行政处罚；行政诉讼受案范围；行政处分的处分期限；行政处分与政务处分的关系

解析 根据《公务员法》第 64 条第 2 款的规定，受处分的期间为：警告，6 个月；记过，12 个月；记大过，18 个月；降级、撤职，24 个月。因此，齐某被撤职的处分期间为 24 个月。故 A 选项说法错误。

　　根据《公务员法》第 61 条第 2 款的规定，对同一违纪违法行为，监察机关已经作出<u>政务处分决定的，公务员所在机关不再给予处分</u>。本案中，县监察委已作出政务处分决定，齐某所在机关不再给予处分。故 B 选项说法正确。

　　<u>资格罚</u>是通过限制或剥夺被处罚人行为资格的方式进行的制裁，包括暂扣许可证件、降低资质等级和吊销许可证件。<u>行为罚</u>是通过限制被处罚人行为自由、对其施加作为或不作为义务的方式进行的制裁。资格罚与行为罚的区别是：资格罚是剥夺、限制、降低被处罚人获得的行政许可的法律效力，行为罚是直接限制被处罚人的行为自由。因此，暂扣驾驶证 6 个月为资格罚，而非行为罚。故 C 选项说法错误。

　　根据《行政诉讼法》第 12 条第 1 款的规定，

人民法院受理公民、法人或者其他组织提起的下列诉讼：①对行政拘留、暂扣或者吊销许可证和执照、责令停产停业、没收违法所得、没收非法财物、罚款、警告等行政处罚不服的；……可知，公安机关作出处罚属于行政诉讼受案范围，齐某可以对公安机关作出的处罚提起行政诉讼。故 D 选项说法错误。

答案 B

49. 某市监察委对市卫健委副主任李某在新冠疫情防控过程中玩忽职守，给予记大过处分。下列哪一说法是正确的？（2021-回忆版-单）

A. 市卫健委不得再对李某给予处分

B. 李某受处分期间可以晋升工资档次

C. 按规定对李某降低级别

D. 李某不服处分可向市公务员主管部门提出申诉

考点 处分的实施与救济

解析 根据《公务员法》第 61 条第 2 款的规定，对同一违纪违法行为，<u>监察机关已经作出政务处分决定的，公务员所在机关不再给予处分</u>。因此，市卫健委副主任李某在新冠疫情防控过程中玩忽职守，市监察委对李某给予记大过处分后，市卫健委不得再对李某给予处分。故 A 选项说法正确。

　　根据《公务员法》第 64 条第 1 款的规定，公务员在受处分期间不得晋升职务、职级和级别，其中受记过、记大过、降级、撤职处分的，不得晋升<u>工资档次</u>。因此，李某受记大过处分期间不得晋升工资档次。故 B 选项说法错误。

　　根据《公务员法》第 64 条第 3 款的规定，受撤职处分的，按照规定降低级别。由此可知，只有受撤职处分才按照规定降低级别，李某受记大过处分不降低级别。故 C 选项说法错误。

　　根据《公务员法》第 95 条第 1、4 款的规定，公务员对涉及本人的下列人事处理不服的，可以自知道该人事处理之日起 30 日内向原处理机关申请复核；对复核结果不服的，可以自接到复核决定之日起 15 日内，按照规定向同级公务员主管部门或者作出该人事处理的机关的上一级机关提出申诉；也可以不经复核，自知道该人事处理之日起 30 日内直接提出申诉：①处分；……公务员对监察机关作出的涉及本人的处理决定不服向监察机关申请复审、复核的，按照有关规定办理。由此可知，公务员被所在机关处分可以向同级公务员主管部门提出申诉，公务员被监察机关处分可以向监察机关申请复审、复核。李某不服处分可向监察机关申请复审、复核，但不能向市公务员主管部门提出申诉。故 D 选项说法错误。

答案 A

📝 提 示

公务员被所在机关处分是向同级公务员主管部门或者上一级机关提出申诉；公务员被监察机关处分是向监察机关申请复审、复核。

第4讲 抽象行政行为

50. 《外国人来华登山管理办法》于1991年7月31日经国务院批准，1991年8月29日由国家体育运动委员会发布实施。《外国人来华登山管理办法》属于哪一性质的文件？（2020-回忆版-单）

A. 行政法规

B. 国务院发布的决定和命令

C. 部门规章

D. 其他规范性文件

考点 行政法规的制定权限

解析 重复考查重点考点是行政法的一个命题思路，这道题目是2014年卷二第46题的翻版。就一般情形而言，经由国务院批准、国务院部门公布的规范性文件，不属于行政法规，属于部门规章。但是，《最高人民法院关于审理行政案件适用法律规范问题的座谈会纪要》指出："考虑建国后我国立法程序的沿革情况，现行有效的行政法规有以下三种类型：①国务院制定并公布的行政法规。②立法法施行以前，按照当时有效的行政法规制定程序，经国务院批准、由国务院部门公布的行政法规。但在立法法施行以后，经国务院批准、由国务院部门公布的规范性文件，不再属于行政法规。③在清理行政法规时由国务院确认的其他行政法规。"题目中的《外国人来华登山管理办法》是1991年经国务院批准、由国体委发布的，属于2000年7月1日《立法法》施行以前按照当时有效的行政法规制定程序，经

国务院批准、由国家体育运动委员会公布的行政法规。故A选项当选，B、C、D选项不当选。需要注意的是，国家体育运动委员会在1998年《第九届全国人民代表大会第一次会议关于国务院机构改革方案的决定》出台之前属于国务院组成部门，在1998年之后更名为"国家体育总局"，为国务院直属机构，具有部门规章制定权。

答案 A

提示

　　2000年7月1日《立法法》施行前，经国务院批准、由国务院部门公布的规范性文件，属于行政法规；2000年7月1日《立法法》施行后，经国务院批准、由国务院部门公布的规范性文件，不再属于行政法规。

51. 为落实《广告法》，国务院准备制定一部规范广告代言人代言行为的行政法规。关于该行政法规的制定程序，下列说法错误的是：（2020-回忆版-单）

A. 起草部门应将法规草案及其说明等向社会公开征求意见且不少于30日

B. 应按规定及时报告党中央

C. 法规草案由国务院常务会议审议或者由国务院审批

D. 法规在公布后的30日内由国务院办公厅报全国人大常委会备案

考点 行政法规的起草、决定和备案

解析 根据《行政法规制定程序条例》第 13 条第 2 款的规定，起草行政法规，起草部门应当将行政法规草案及其说明等向社会公布，征求意见，但是经国务院决定不公布的除外。向社会公布征求意见的期限一般不少于 30 日。因此，起草部门应当将行政法规草案及其说明等向社会公开征求意见且不少于 30 日。故 A 选项说法正确，不当选。

根据《行政法规制定程序条例》第 4 条的规定，制定政治方面法律的配套行政法规，应当按照有关规定及时报告党中央。制定经济、文化、社会、生态文明等方面重大体制和重大政策调整的重要行政法规，应当将行政法规草案或者行政法规草案涉及的重大问题按照有关规定及时报告党中央。由此可知，制定"政治方面法律的配套行政法规"和"经济、文化、社会、生态文明等方面重大体制和重大政策调整的重要行政法规"，应当按照有关规定及时报告党中央，而制定"规范广告代言人代言行为的行政法规"无需报告党中央。故 B 选项说法错误，当选。

根据《行政法规制定程序条例》第 26 条第 1 款的规定，行政法规草案由国务院常务会议审议，或者由国务院审批。故 C 选项说法正确，不当选。

根据《行政法规制定程序条例》第 30 条的规定，行政法规在公布后的 30 日内由国务院办公厅报全国人民代表大会常务委员会备案。故 D 选项说法正确，不当选。

答案 B

提示

制定行政法规的政治要求：
(1) 制定政治方面法律的配套行政法规，应当及时报告党中央；
(2) 制定经济、文化、社会、生态文明等方面重大体制和重大政策调整的重要行政法规，应当将行政法规草案或者行政法规草案涉及的重大问题及时报告党中央。

52. 关于行政法规的立项，下列哪一说法是

正确的？(2017/2/45-单)

A. 省政府认为需要制定行政法规的，可于每年年初编制国务院年度立法工作计划前向国务院报请立项
B. 国务院法制机构根据有关部门报送的立项申请汇总研究，确定国务院年度立法工作计划
C. 列入国务院年度立法工作计划的行政法规项目应适应改革、发展、稳定的需要
D. 国务院年度立法工作计划一旦确定不得调整

考点 行政法规制定程序

解析 根据《立法法》第 73 条第 2 款的规定，国务院有关部门认为需要制定行政法规的，应当向国务院报请立项。由此可知，行政法规报请立项的主体是国务院有关部门，其他主体无权报请立项。A 选项中，省政府无权向国务院报请立项，故 A 选项说法错误。

根据《行政法规制定程序条例》第 9 条第 1 款的规定，国务院法制机构应当根据国家总体工作部署，对行政法规立项申请和公开征集的行政法规制定项目建议进行评估论证，突出重点，统筹兼顾，拟订国务院年度立法工作计划，报党中央、国务院批准后向社会公布。由此可知，B 选项中，国务院法制机构直接确定国务院年度立法工作计划缺少了党中央、国务院审批的程序步骤，故 B 选项说法错误。

根据《行政法规制定程序条例》第 9 条第 2 款的规定，列入国务院年度立法工作计划的行政法规项目应当符合下列要求：①贯彻落实党的路线方针政策和决策部署，适应改革、发展、稳定的需要；……因此，列入国务院年度立法工作计划的行政法规项目应适应改革、发展、稳定的需要，故 C 选项说法正确。

根据《行政法规制定程序条例》第 10 条第 3 款的规定，国务院年度立法工作计划在执行中可以根据实际情况予以调整。D 选项中"一旦确定不得调整"的说法过于绝对，故 D 选项说法错误。

答案 C

提示

确定国务院年度立法工作计划的程序：
①部门报送行政法规立项申请——②国务

院法制机构拟订国务院年度立法工作计划
——③党中央、国务院最终审批。

53. 国务院法制机构在审查起草部门报送的行政法规送审稿时认为，该送审稿规定的主要制度存在较大争议，且未与有关部门协商。对此，可以采取下列哪些处理措施？（2011/2/85-多）

A. 缓办
B. 移交其他部门起草
C. 退回起草部门
D. 向社会公布，公开征求意见

考点 行政法规制定程序

解析 《行政法规制定程序条例》赋予国务院法制机构对行政法规送审稿进行审查的权力。根据2017年修订前的《行政法规制定程序条例》第18条的规定，行政法规送审稿有下列情形之一的，国务院法制机构可以缓办或者退回起草部门：……②有关部门对送审稿规定的主要制度存在较大争议，起草部门未与有关部门协商的；……因此，国务院法制机构在审查起草部门报送的行政法规送审稿时认为该送审稿规定的主要制度存在较大争议，且未与有关部门协商的，有两种处理方式，即缓办或退回起草部门。故A、C选项当选，B、D选项不当选。注意2017年修订后的《行政法规制定程序条例》第19条规定，行政法规送审稿有下列情形之一的，国务院法制机构可以缓办或者退回起草部门：……②有关部门对送审稿规定的主要制度存在较大争议，起草部门未征得机构编制、财政、税务等相关部门同意的；……虽然适用情形的表述有所不同，但处理方式没有变化，都是缓办或者退回起草部门。

答案 AC

提示
国务院法制机构对行政法规送审稿缓办或退回起草部门的四种情形：
(1) 制定条件不成熟；
(2) 有争议未征得同意；
(3) 未公开征求意见；
(4) 签署主体不符合。

54. 关于行政法规的决定与公布，下列哪一说法是正确的？（2010/2/42-单）

A. 行政法规均应由国务院常务会议审议通过
B. 行政法规草案在国务院常务会议审议时，可由起草部门作说明
C. 行政法规草案经国务院审议报国务院总理签署前，不得再作修改
D. 行政法规公布后由国务院法制办报全国人大常委会备案

考点 行政法规制定程序

解析 根据《行政法规制定程序条例》第26条第1款的规定，行政法规草案由国务院常务会议审议，或者由国务院审批。由此可知，行政法规可由国务院常务会议审议通过，也可由国务院审批通过，故A选项说法错误。

根据《行政法规制定程序条例》第26条第2款的规定，国务院常务会议审议行政法规草案时，由国务院法制机构或者起草部门作说明。由此可知，在审议行政法规草案时作出说明的机关可以是国务院法制机构，也可以是起草部门，故B选项说法正确。

根据《行政法规制定程序条例》第27条第1款的规定，国务院法制机构应当根据国务院对行政法规草案的审议意见，对行政法规草案进行修改，形成草案修改稿，报请总理签署国务院令公布施行。由此可知，行政法规草案经国务院审议后，国务院法制机构应当根据审议意见对行政法规草案进行修改，故C选项说法错误。

根据《行政法规制定程序条例》第30条的规定，行政法规在公布后的30日内由国务院办公厅报全国人民代表大会常务委员会备案。由此可知，行政法规应由国务院办公厅报请备案，并非由国务院法制办报请备案，故D选项说法错误。

答案 B

提示
国务院办公厅属于国务院的日常工作机构，是行政法规备案的报请主体。

55. 国务院第193次常务会议通过的《行政

区划管理条例》于 2018 年 10 月 10 日公布，自 2019 年 1 月 1 日起施行。关于《行政区划管理条例》的公布形式及备案时间，下列选项正确的有：(2019-回忆版-多)

A. 由总理签署，以国务院令公布

B. 由总理签署，以总理令公布

C. 自 2018 年 10 月 10 日之日起 30 日内向全国人大常委会备案

D. 自 2019 年 1 月 1 日之日起 30 日内向全国人大常委会备案

考点 行政法规的公布与备案

解析 根据《立法法》第 77 条第 1 款的规定，行政法规由总理签署国务院令公布。《行政区划管理条例》属于行政法规，因此，应由总理签署，以国务院令公布。故 A 选项正确，B 选项错误。

根据《立法法》第 109 条的规定，行政法规、地方性法规、自治条例和单行条例、规章应当在公布后的 30 日内依照下列规定报有关机关备案：①行政法规报全国人民代表大会常务委员会备案；……因此，《行政区划管理条例》应当在 2018 年 10 月 10 日之日起 30 日内向全国人大常委会备案。故 C 选项正确，D 选项错误。

答案 AC

提示

行政法规的公布与备案：

(1) 签署——由总理签署国务院令公布；

(2) 刊载——及时在国务院公报和中国政府法制信息网以及在全国范围内发行的报纸上刊载；

(3) 施行——应当自公布之日起 30 日后施行，但是涉及国家安全、外汇汇率、货币政策的确定以及公布后不立即施行将有碍行政法规施行的，可以自公布之日起施行；

(4) 备案——公布后的 30 日内由国务院办公厅报全国人民代表大会常务委员会备案。

56. 行政法规条文本身需进一步明确界限或

作出补充规定的，应对行政法规进行解释。关于行政法规的解释，下列说法正确的是：(2016/2/100-任)

A. 解释权属于国务院

B. 解释行政法规的程序，适用行政法规制定程序

C. 解释可由国务院授权国务院有关部门公布

D. 行政法规的解释与行政法规具有同等效力

考点 行政法规的解释

解析 根据 2017 年修订前的《行政法规制定程序条例》第 31 条的规定，行政法规条文本身需要进一步明确界限或者作出补充规定的，由国务院解释。国务院法制机构研究拟订行政法规解释草案，报国务院同意后，由国务院公布或者由国务院授权国务院有关部门公布。行政法规的解释与行政法规具有同等效力。由此可知，行政法规的解释有三个要求：①行政法规的解释主体是国务院，行政法规的解释权属于国务院，故 A 选项说法正确。②行政法规解释的程序：国务院法制机构拟订行政法规解释草案——国务院同意——国务院公布或者由国务院授权国务院有关部门公布。根据《立法法》第 73～79 条的规定，行政法规的制定程序包括：立项、起草、审查、决定和公布。因此，解释行政法规的程序不同于行政法规的制定程序，也不适用行政法规制定程序，故 B 选项说法错误。另外，行政法规解释既可由国务院公布，也可由国务院授权国务院有关部门公布，故 C 选项说法正确。③行政法规解释的效力与行政法规效力等同，因此行政法规的解释与行政法规具有同等效力，故 D 选项说法正确。注意 2017 年修订后的《行政法规制定程序条例》第 31 条规定，行政法规有下列情形之一的，由国务院解释：①行政法规的规定需要进一步明确具体含义的；②行政法规制定后出现新的情况，需要明确适用行政法规依据的。国务院法制机构研究拟订行政法规解释草案，报国务院同意后，由国务院公布或者由国务院授权国务院有关部门公布。行政法规的解释与行政法规具有同等效力。虽然解释范围有所变化，但解释主体、程序、效力等没有变化。

答案 ACD

📝 **提 示**

　　行政法规解释程序：①拟订解释草案；②国务院同意；③公布。
　　行政法规制定程序：①立项；②起草；③审查；④决定；⑤公布。

57. 为促进中国（上海）自由贸易试验区的发展，在中国（上海）自由贸易试验区内暂时停止实施行政法规《国际海运条例》的部分规定。有权决定暂时停止《国际海运条例》实施的主体是：（2021-回忆版-单）

A. 全国人大常委会

B. 国务院

C. 上海市人大常委会

D. 上海市人民政府

考点 行政法规的暂时停止实施

解析 根据《立法法》第79条的规定，国务院可以根据改革发展的需要，决定就行政管理等领域的特定事项，在规定期限和范围内暂时调整或者暂时停止适用行政法规的部分规定。《行政法规制定程序条例》第35条的规定，国务院可以根据全面深化改革、经济社会发展需要，就行政管理等领域的特定事项，决定在一定期限内在部分地方暂时调整或者暂时停止适用行政法规的部分规定。由此可知，《国际海运条例》作为行政法规，有权决定其暂时停止实施的主体是国务院。故 B 选项当选。

答案 B

📝 **提 示**

　　国务院决定在一定期限内在部分地方暂时调整或者暂时停止适用行政法规的部分规定。

⏰ 14 专题　行政规章

58. 下列哪一选项符合规章制定的要求？（2009/2/39-单）

A. 某省政府所在地的市政府将其制定的规章定名为"条例"

B. 某省政府在规章公布后60日向省人大常委会备案

C. 基于简化行政管理手续考虑，对涉及国务院甲乙两部委职权范围的事项，甲部单独制定规章加以规范

D. 某省政府制定的规章既规定行政机关必要的职权，又规定行使该职权应承担的责任

考点 行政规章制定程序

解析 根据《规章制定程序条例》第7条的规定，规章的名称一般称"规定""办法"，但不得称"条例"。该省政府所在地的市政府制定的规章不能定名为"条例"，故 A 选项不当选。

　　根据《立法法》第109条的规定，行政法规、地方性法规、自治条例和单行条例、规章应当在公布后的30日内依照下列规定报有关机关备案：……④部门规章和地方政府规章报国务院备案；地方政府规章应当同时报本级人民代表大会常务委员会备案；设区的市、自治州的人民政府制定的规章应当同时报省、自治区的人民代表大会常务委员会和人民政府备案。……该省政府应当在规章公布后30日报请备案，不是在60日报请备案，故 B 选项不当选。

　　根据《立法法》第92条的规定，涉及2个以上国务院部门职权范围的事项，应当提请国务院制定行政法规或者由国务院有关部门联合制定规章。所以对涉及国务院甲乙两部委职权范围的事项，要么是提请国务院制定行政法规，要么是由国务院甲乙两部委联合制定规章，不得由甲部单独制定规章，故 C 选项不当选。

　　根据《规章制定程序条例》第5条第2款的规定，制定规章，应当体现行政机关的职权与责任相统一的原则，在赋予有关行政机关必要的职权的同时，应当规定其行使职权的条件、程序和应承担的责任。因此，在 D 选项中，该省政府制

定的规章既规定行政机关必要的职权，又规定行使该职权应承担的责任，这是符合规章制定要求的，故 D 选项当选。

答案 D

提示

> 部门规章的备案主体：国务院。
> 省级地方政府规章的备案主体：①国务院；②省级人大常委会。
> 市级地方政府规章的备案主体：①国务院；②省级人大常委会；③省级政府；④市级人大常委会。

59. 关于规章的起草和审查，下列哪些说法是正确的？（2017/2/77-多）

A. 起草规章可邀请专家参加，但不能委托专家起草

B. 起草单位就规章起草举行听证会，应制作笔录，如实记录发言人的主要观点和理由

C. 起草规章应广泛听取有关机关、组织和公民的意见

D. 如制定规章的基本条件不成熟，法制机构应将规章送审稿退回起草单位

考点 行政规章制定程序

解析 根据《规章制定程序条例》第 15 条第 3 款的规定，起草专业性较强的规章，可以吸收相关领域的专家参与起草工作，或者委托有关专家、教学科研单位、社会组织起草。由此可知，专家可以参与起草规章，也可以受委托起草规章，故 A 选项说法错误。

根据《规章制定程序条例》第 16 条第 2 款的规定，听证会依照下列程序组织：……③听证会应当制作笔录，如实记录发言人的主要观点和理由；……由此可知，起草单位就规章起草一旦举行听证会，即应当制作笔录，要如实记录发言人的主要观点和理由，故 B 选项说法正确。

根据《规章制定程序条例》第 15 条第 1 款的规定，起草规章，应当深入调查研究，总结实践经验，广泛听取有关机关、组织和公民的意见。由此可知，起草规章应广泛听取有关机关、组织和公民的意见，也是程序正当原则中公众参

与的体现，故 C 选项说法正确。

根据《规章制定程序条例》第 20 条的规定，规章送审稿有下列情形之一的，法制机构可以缓办或者退回起草单位：①制定规章的基本条件尚不成熟或者发生重大变化的；……由此可知，制定规章的基本条件尚不成熟的，法制机构既可以缓办，也可以将规章送审稿退回起草单位，并非应将规章送审稿退回起草单位，故 D 选项说法错误。

答案 BC

提示

> 题目对规章起草和审查的具体程序考查得比较具体，需要掌握规章起草中的专家参与、公众参与以及法制机构对规章送审稿的审查权（缓办或者退回）。

60. 有关规章的决定和公布，下列说法正确的是：（2014/2/97-任）

A. 审议规章草案时须由起草单位作说明

B. 地方政府规章须经政府全体会议决定

C. 部门联合规章须由联合制定的部门首长共同署名公布，使用主办机关的命令序号

D. 规章公布后须及时在全国范围内发行的有关报纸上刊登

考点 行政规章的决定和公布

解析 根据《规章制定程序条例》第 28 条的规定，审议规章草案时，由法制机构作说明，也可以由起草单位作说明。A 选项中"须由起草单位作说明"的说法过于绝对，故 A 选项说法错误。

根据《规章制定程序条例》第 27 条第 2 款的规定，地方政府规章应当经政府常务会议或者全体会议决定。B 选项中"须经政府全体会议决定"的说法过于绝对，故 B 选项说法错误。

根据《规章制定程序条例》第 30 条第 2 款的规定，部门联合规章由联合制定的部门首长共同署名公布，使用主办机关的命令序号。部门联合规章公布的两个要求：共同署名和使用主办机关的命令序号，故 C 选项说法正确。

根据《规章制定程序条例》第 31 条第 1、2

款的规定，部门规章签署公布后，及时在<u>国务院公报或者部门公报和中国政府法制信息网以及在全国范围内发行的报纸上刊载</u>。地方政府规章签署公布后，及时在<u>本级人民政府公报和中国政府法制信息网以及在本行政区域范围内发行的报纸上刊载</u>。由此可知，地方政府规章在本行政区域范围发行的报纸刊登，并不要求在全国范围内发行的报纸上刊登，故 D 选项说法错误。

答案 C

✎ 提 示

> 部门规章与地方政府规章刊登的地方不同：
> 部门规章——①部门公报或国务院公报；②全国范围内发行的有关报纸；③中国政府法制信息网。
> 地方政府规章——①本级人民政府公报；②本行政区域范围内发行的报纸；③中国政府法制信息网。

_61._ 2015 年《立法法》修正（《立法法》在 2015 年 3 月 15 日进行了第一次修正，在 2023 年 3 月 13 日进行了第二次修正）后，关于**地方政府规章**，下列说法正确的是：（2015/2/97－任）

A. 某省政府所在地的市针对城乡建设与管理、环境保护、历史文化保护等以外的事项已制定的规章，自动失效

B. 应制定地方性法规但条件尚不成熟的，因行政管理迫切需要，可先制定地方政府规章

C. 没有地方性法规的依据，地方政府规章不得设定减损公民、法人和其他组织权利或者增加其义务的规范

D. 地方政府规章签署公布后，应及时在中国政府法制信息网上刊载

考 点 地方政府规章的制定权限和程序

解 析 根据 2015 年修正的《立法法》第 82 条第 3 款的规定，设区的市、自治州的人民政府根据本条第 1、2 款制定地方政府规章，限于城乡建设与管理、环境保护、历史文化保护等方面的事项。已经制定的地方政府规章，涉及上述事项范围以外的，继续有效。该省政府所在地的市制定的规章属于设区的市制定的地方政府规章，在 2015 年《立法法》修正后，限于城乡建设与管理、环境保护、历史文化保护等方面的事项。在 2015 年《立法法》修正前，制定的规章涉及城乡建设与管理、环境保护、历史文化保护等方面的事项范围以外的，<u>继续有效</u>，故 A 选项说法错误。注意：根据 2023 年修正的《立法法》第 93 条第 3 款的规定，设区的市、自治州的人民政府根据本条第 1、2 款制定地方政府规章，限于城乡建设与管理、生态文明建设、历史文化保护、基层治理等方面的事项。已经制定的地方政府规章，涉及上述事项范围以外的，继续有效。即 2023 年修正的《立法法》相较于 2015 年修正的《立法法》，把设区的市制定的地方政府规章权限由城乡建设与管理、环境保护、历史文化保护等事项扩大到城乡建设与管理、<u>生态文明建设</u>、历史文化保护、<u>基层治理</u>等事项。

根据《立法法》第 93 条第 5 款的规定，应当制定地方性法规但条件尚不成熟的，因行政管理迫切需要，可以先制定地方政府规章。由此可知，地方政府规章可<u>先行立法</u>，故 B 选项说法正确。

根据《立法法》第 93 条第 6 款的规定，没有法律、行政法规、地方性法规的依据，地方政府规章不得设定减损公民、法人和其他组织权利或者增加其义务的规范。地方政府规章不得设定减损公民、法人和其他组织权利或者增加其义务的规范的前提条件是，既没有地方性法规，也没有法律和行政法规作依据。只有以地方性法规作依据，地方政府规章才能设定减损公民、法人和其他组织权利或者增加其义务的规范，这一说法显然大大限缩地方政府规章的权限，故 C 选项说法错误。

根据《立法法》第 97 条第 2 款的规定，地方政府规章签署公布后，及时在<u>本级人民政府公报和中国政府法制信息网以及在本行政区域范围内发行的报纸上刊载</u>。中国政府法制信息网是地方政府规章签署公布应当刊载的地方，故 D 选项说法正确。

答案 BD

提 示

法律、行政法规、地方性法规都是地方政府规章的上位法，只要有上位法依据，地方政府规章就有权设定减损公民、法人和其他组织权利或者增加其义务的规范。

62. 某省会城市的市政府拟制定限制电动自行车通行的规章。关于此规章的制定，下列哪些说法是正确的？（2016/2/77-多）

A. 应先列入市政府年度规章制定工作计划中，未列入不得制定

B. 起草该规章应广泛听取有关机关、组织和公民的意见

C. 此规章送审稿的说明应对制定规章的必要性、规定的主要措施和有关方面的意见等情况作出说明

D. 市政府法制机构认为制定此规章基本条件尚不成熟，可将规章送审稿退回起草单位

考点 地方政府规章制定程序

解析 根据《规章制定程序条例》第13条第3款的规定，年度规章制定工作计划在执行中，可以根据实际情况予以调整，对拟增加的规章项目应当进行补充论证。A选项中市政府拟制定限制电动自行车通行的规章"未列入不得制定"的说法过于绝对，因为可以根据实际情况予以调整，故A选项说法错误。

根据《规章制定程序条例》第15条第1款的规定，起草规章，应当深入调查研究，总结实践经验，广泛听取有关机关、组织和公民的意见。由此可知，起草规章应当广泛听取有关机关、组织和公民的意见，故B选项说法正确。

根据《规章制定程序条例》第18条第3款的规定，规章送审稿的说明应当对制定规章的必要性、规定的主要措施、有关方面的意见及其协调处理情况等作出说明。省会城市的市政府制定限制电动自行车通行的规章，规章送审稿的说明应当对制定规章的必要性、规定的主要措施、有关方面的意见等情况作出说明，故C选项说法正确。

根据《规章制定程序条例》第20条的规定，

规章送审稿有下列情形之一的，法制机构可以缓办或者退回起草单位：①制定规章的基本条件尚不成熟或者发生重大变化的；……由此可知，市政府法制机构认为制定此规章基本条件尚不成熟，可以缓办，也可以将规章送审稿退回起草单位，故D选项说法正确。

答案 BCD

提 示

地方政府规章的年度立法计划调整、起草规章征求意见、送审稿的立法说明和法制机构审查权属于地方政府规章制定程序中的关键内容，是命题人反复考查的内容。

63. 关于法律规范效力冲突的说法，下列哪一选项是正确的？（2019-回忆版-单）

A. 国务院发布的规范性文件效力高于省级地方人大制定的地方性法规

B. 国务院部门联合制定的规章与省级地方政府规章具有同等效力

C. 旧的法律设定了行政许可，新的行政法规增加了该行政许可的前置条件，新的行政法规效力优于旧的法律

D. 地方性法规与部门规章之间对同一事项的规定不一致，不能确定如何适用时，由国务院提请全国人大常务委员会裁决

考点 法律规范的效力等级

解析 根据《立法法》第99条第2款的规定，行政法规的效力高于地方性法规、规章。但国务院发布的规范性文件并不是行政法规，因此，不能认为国务院发布的规范性文件效力高于省级地方人大制定的地方性法规。故A选项错误。

根据《立法法》第102条的规定，部门规章之间、部门规章与地方政府规章之间具有同等效力，在各自的权限范围内施行。因此，国务院部门联合制定的规章与省级地方政府规章具有同等效力。故B选项正确。

根据《立法法》第103条的规定，同一机关制定的法律、行政法规、地方性法规、自治条例和单行条例、规章，特别规定与一般规定不一致的，适用特别规定；新的规定与旧的规定不一致

的，适用新的规定。新的规定效力优于旧的规定，是同一机关制定的规定的适用规则。《立法法》第99条第1款规定，法律的效力高于行政法规、地方性法规、规章。行政法规效力低于法律。故C选项错误。

根据《立法法》第106条第1款第2项的规定，地方性法规与部门规章之间对同一事项的规定不一致，不能确定如何适用时，由国务院提出意见，国务院认为应当适用地方性法规的，应当决定在该地方适用地方性法规的规定；认为应当适用部门规章的，应当提请全国人民代表大会常务委员会裁决。因此，地方性法规与部门规章之间对同一事项的规定不一致，不能确定如何适用时，国务院认为应当适用部门规章的，由国务院提请全国人大常务委员会裁决。故D选项错误。

答案 B

提示

　　法律规范的效力等级：
　　（1）宪法具有最高效力；
　　（2）法律的效力高于行政法规、地方性法规、规章；
　　（3）行政法规的效力高于地方性法规、规章；
　　（4）地方性法规的效力高于本级和下级地方政府规章；
　　（5）省、自治区的政府规章的效力高于本行政区域内的设区的市、自治州政府规章；
　　（6）部门规章之间、部门规章与地方政府规章之间具有同等效力。

64. 关于体育立法，下列哪一说法是正确的？
（2019-回忆版-单）

A. 全国人大常委会制定的《体育法》是基本法
B. 国务院有权撤销违反《体育法》的地方性法规
C. 国家体育总局制定的部门规章由国家体育总局局务会议通过
D. 中国马术行业协会制定的细则应向国务院备案

考点 基本法律；地方性法规的监督；规章的备案

解析 根据《立法法》第10条第2、3款的规定，全国人民代表大会制定和修改刑事、民事、国家机构的和其他的基本法律。全国人民代表大会常务委员会制定和修改除应当由全国人民代表大会制定的法律以外的其他法律；在全国人民代表大会闭会期间，对全国人民代表大会制定的法律进行部分补充和修改，但是不得同该法律的基本原则相抵触。由此可知，全国人民代表大会制定基本法律，全国人大常委会制定其他法律。因此，《体育法》由全国人大常委会制定，属于其他法律，不属于基本法。故A选项错误。

根据《立法法》第108条第2~4项的规定，全国人民代表大会常务委员会有权撤销同宪法、法律和行政法规相抵触的地方性法规；国务院有权改变或者撤销不适当的部门规章和地方政府规章；省、自治区、直辖市的人民代表大会有权改变或者撤销它的常务委员会制定的和批准的不适当的地方性法规。因此，违反《体育法》的地方性法规应当由全国人大常委会撤销，国务院无权撤销。故B选项错误。

根据《立法法》第95条第1款的规定，部门规章应当经部务会议或者委员会会议决定。因此，国家体育总局制定的部门规章应当经国家体育总局局务会议通过。故C选项正确。

根据《立法法》第109条第4项的规定，部门规章和地方政府规章报国务院备案。中国马术行业协会是一种社会组织，不属于国家机关。中国马术行业协会制定的细则不是部门规章和地方政府规章，无需向国务院备案。故D选项错误。

答案 C

提示

　　全国人大有权改变或者撤销全国人大常委会制定的法律，全国人大常委会有权撤销行政法规和地方性法规，国务院有权改变或者撤销部门规章和地方政府规章，省、自治区、直辖市的人大有权改变或者撤销本级人大常委会制定的地方性法规，地方人大常委会有权撤销本级政府制定的规章，省、自治区的政府有权改变或者撤销下一级政府制定的规章，授权机关有权撤销被授权机关制定的法规。

65. 国家市场监督管理总局和生态环境部于 2021 年 4 月 27 日发布的《机动车排放召回管理规定》(以下简称《规定》),自 2021 年 7 月 1 日起施行。关于《规定》,下列说法正确的是:(2021-回忆版-单)

A. 《规定》由国家市场监督管理局局长和生态环境部部长共同签署公布

B. 《规定》应当在国务院公报上刊载公布

C. 《规定》的解释主体是国家市场监督管理总局

D. 若某公民认为《规定》不符合法律,可以书面向国务院提出审查的意见

考点 联合制定部门规章的公布、解释与监督

解析 根据《规章制定程序条例》第 30 条第 2 款的规定,部门联合规章由联合制定的部门首长共同署名公布,使用主办机关的命令序号。因此,国家市场监督管理总局和生态环境部共同制定的《规定》,应当由国家市场监督管理局局长和生态环境部部长共同签署公布。故 A 选项说法正确。

根据《规章制定程序条例》第 31 条第 1 款的规定,部门规章签署公布后,及时在国务院公报或者部门公报和中国政府法制信息网以及在全国范围内发行的报纸上刊载。由此可知,部门规章既可以在国务院公报上刊载公布,也可以在部门公报上刊载公布。故 B 选项说法错误。

根据《规章制定程序条例》第 33 条第 1 款的规定,规章解释权属于规章制定机关。由于《规定》是国家市场监督管理总局和生态环境部共同制定的规章,《规定》解释权属于国家市场监督管理总局和生态环境部。故 C 选项说法错误。

根据《规章制定程序条例》第 35 条第 1 款的规定,国家机关、社会团体、企业事业组织、公民认为规章同法律、行政法规相抵触的,可以向国务院书面提出审查的建议,由国务院法制机构研究并提出处理意见,按照规定程序处理。因此,该公民认为《规定》不符合法律的,可以书面向国务院提出的是审查建议,而不是审查意见。故 D 选项说法错误。

答案 A

提 示

国家机关、社会团体、企业事业组织、公民认为规章同法律、行政法规相抵触的,可以向国务院书面提出审查的建议。

66. 中国人民银行和中国银行保险监督管理委员会(注意:2023 年国务院机构改革后,国家金融监督管理总局替代了中国银行保险监督管理委员会)联合制定规章——《系统重要性银行附加监管规定(试行)》。关于该规章,下列说法正确的有:(2022-回忆版-多)

A. 起草稿报国务院法制机构审查

B. 列入国务院年度立法工作计划

C. 应当经中国人民银行和中国银行保险监督管理委员会的部务会议或者委员会会议决定

D. 由中国人民银行和中国银行保险监督管理委员会的部门首长共同署名公布

考点 联合制定部门规章的立项、审查、决定和公布

解析 根据《行政法规制定程序条例》第 18 条第 1 款的规定,报送国务院的行政法规送审稿,由国务院法制机构负责审查。根据《规章制定程序条例》第 19 条的规定,规章送审稿由法制机构负责统一审查。由此可知,行政法规送审稿是报国务院法制机构审查,规章送审稿是报规章制定机关的法制机构审查。《系统重要性银行附加监管规定(试行)》属于规章,其起草稿不是报国务院法制机构审查。故 A 选项说法不正确。

根据《行政法规制定程序条例》第 10 条第 1 款的规定,对列入国务院年度立法工作计划的行政法规项目,承担起草任务的部门应当抓紧工作,按照要求上报国务院;上报国务院前,应当与国务院法制机构沟通。根据《规章制定程序条例》第 13 条第 1 款的规定,国务院部门,省、自治区、直辖市和设区的市、自治州的人民政府,应当加强对执行年度规章制定工作计划的领导。对列入年度规章制定工作计划的项目,承担起草工作的单位应当抓紧工作,按照要求上报本部门或者本级人民政府决定。由此可知,列入国

务院年度立法工作计划是行政法规，而非规章。《系统重要性银行附加监管规定（试行）》属于规章，并不列入国务院年度立法工作计划。故 B 选项说法不正确。

根据《规章制定程序条例》第 27 条第 1 款的规定，部门规章应当经部务会议或者委员会会议决定。《系统重要性银行附加监管规定（试行）》是中国人民银行和中国银行保险监督管理委员会联合制定的部门规章，应当经中国人民银行和中国银行保险监督管理委员会的部务会议或者委员会会议决定。故 C 选项说法正确。

根据《规章制定程序条例》第 30 条第 2 款的规定，部门联合规章由联合制定的部门首长共同署名公布，使用主办机关的命令序号。由此可知，《系统重要性银行附加监管规定（试行）》由中国人民银行和中国银行保险监督管理委员会的部门首长共同署名公布。故 D 选项说法正确。

答案 CD

提 示

> （1）行政法规年度立法工作计划的确定：国务院法制机构对行政法规立项申请和公开征集的行政法规制定项目建议进行评估论证，拟订国务院年度立法工作计划，报党中央、国务院批准后向社会公布；
>
> （2）规章年度立法工作计划的确定：国务院部门法制机构，省、自治区、直辖市和设区的市、自治州的人民政府法制机构，应当对制定规章的立项申请和公开征集的规章制定项目建议进行评估论证，拟订本部门、本级人民政府年度规章制定工作计划，报本部门、本级人民政府批准后向社会公布。

67. 某省设区的某市政府发布第 14 号市政府令，公布《扬尘污染防治管理办法》（以下简称《办法》）。关于该《办法》，下列哪一说法是正确的？（2023-回忆版-单）

A. 《办法》应当报国务院备案

B. 《办法》应当在省政府公报上刊载

C. 《办法》可以设定临时性的行政许可

D. 《办法》可以在行政诉讼中请求法院一并审查

考 点 地方政府规章的公布与备案；行政许可的设定；行政诉讼附带审查规范性文件

解 析 根据《立法法》第 109 条的规定，行政法规、地方性法规、自治条例和单行条例、规章应当在公布后的 30 日内依照下列规定报有关机关备案：……④部门规章和地方政府规章报国务院备案；地方政府规章应当同时报本级人民代表大会常务委员会备案；设区的市、自治州的人民政府制定的规章应当同时报省、自治区的人民代表大会常务委员会和人民政府备案。……《办法》属于设区的市政府规章，因此，应当报国务院备案。故 A 选项说法正确。

根据《立法法》第 97 条第 2 款的规定，地方政府规章签署公布后，及时在本级人民政府公报和中国政府法制信息网以及在本行政区域范围内发行的报纸上刊载。可知，《办法》应当在市政府公报而非省政府公报上刊载。故 B 选项说法错误。

根据《行政许可法》第 15 条第 1 款的规定，本法第 12 条所列事项，尚未制定法律、行政法规的，地方性法规可以设定行政许可；尚未制定法律、行政法规和地方性法规的，因行政管理的需要，确需立即实施行政许可的，省、自治区、直辖市人民政府规章可以设定临时性的行政许可。可知，省、自治区、直辖市人民政府规章可以设定临时性的行政许可，而设区的该市政府规章无权设定临时性的行政许可。故 C 选项说法错误。

根据《行政诉讼法》第 53 条的规定，公民、法人或者其他组织认为行政行为所依据的国务院部门和地方人民政府及其部门制定的规范性文件不合法，在对行政行为提起诉讼时，可以一并请求对该规范性文件进行审查。前述规定的规范性文件不含规章。第 14 号市政府令公布的《办法》属于地方政府规章，不属于行政诉讼中法院附带审查的规范性文件范围。故 D 选项说法错误。

答案 A

提 示

行政立法公布的载体：

（1）行政法规签署公布后，及时在国务院公报和中国政府法制信息网以及在全国范围内发行的报纸上刊载；

（2）部门规章签署公布后，及时在国务院公报或者部门公报和中国政府法制信息网以及在全国范围内发行的报纸上刊载；

（3）地方政府规章签署公布后，及时在本级政府公报和中国政府法制信息网以及在本行政区域范围内发行的报纸上刊载。

第5讲 具体行政行为

15 专题 具体行政行为的概念

68. 行政机关所实施的下列行为中，哪一项属于具体行政行为？（2017/2/46-单）

A. 公安交管局在辖区内城市快速路入口处悬挂"危险路段，谨慎驾驶"的横幅

B. 县公安局依照《刑事诉讼法》对李某进行拘留

C. 区政府对王某作出房屋征收决定

D. 因民间纠纷引起的打架斗殴双方经公安派出所调解达成的协议

考点 具体行政行为的判断

解析 公安交管局在辖区内城市快速路入口处悬挂"危险路段，谨慎驾驶"的横幅，属于行政指导行为。行政指导行为是行政机关以倡导、示范、建议、咨询等方式，引导公民自愿配合而达到行政管理目的的行为，公安交管局实施的行为不会使行政法上的权利义务得以建立、变更或者消灭，不属于具体行政行为，故A选项不当选。

公安机关属于行政机关，但依照《刑事诉讼法》的明确授权实施的行为就属于刑事侦查行为，县公安局依照《刑事诉讼法》对李某进行拘留，该拘留是属于刑事侦查行为中的刑事拘留，不属于具体行政行为，故B选项不当选。

具体行政行为是行政机关针对特定对象作出的行政行为，具体行政行为只对特定对象具有约束力并且在效力上具有一次适用性。区政府对王某作出房屋征收决定，是针对王某这一特定主体作出的权利处理，区政府实施的行为属于具体行政行为，故C选项当选。

行政调解指行政机关劝导发生民事争议的双方当事人自愿达成协议的一种行政活动。行政调解针对的是发生了民事权益争议的当事人，没有强制性。也就是说，行政调解的最终结果是纠纷当事人自愿达成调解协议。因民间纠纷引起的打架斗殴，双方经公安派出所调解达成的协议属于行政调解行为，公安派出所实施的行为不属于具体行政行为，故D选项不当选。

答案 C

提示

把握判定具体行政行为的三个要素：

（1）主体要素，即具体行政行为必须是行政权力主体所实施的行为；

（2）权力要素，即具体行政行为必须是行使行政职权的行为；

（3）法律要素，即具体行政行为对行政相对人权利义务进行直接处理或产生实际影响。

69. 某县公安局开展整治非法改装机动车的专项行动，向社会发布通知：禁止改装机动车，发现非法改装机动车的，除依法暂扣行驶证、驾驶证6个月外，机动车所有人须到指定场所学习交通法规5日并出具自行恢复原貌的书面保证，不自行恢复的予以强制恢复。该县公安局依此通知查处10辆机动车，要求其所有人到指定场所学习交通法规5日并出具自行恢

· 042 ·

复原貌的书面保证。下列哪一说法是正确的？（2014/2/45-单）

A. 通知为具体行政行为
B. 要求 10 名机动车所有人学习交通法规 5 日的行为为行政指导
C. 通知所指的暂扣行驶证、驾驶证 6 个月为行政处罚
D. 通知所指的强制恢复为行政强制措施

考点 行政强制行为

解析 本质上，具体行政行为是处理具体事项的行为，抽象行政行为是制定规则的行为。区分具体行政行为和抽象行政行为的两个标准是行为对象是否特定和能否反复适用。题目中，该县公安局的通知是向社会发布的，禁止改装机动车是公众的一般性义务，而非法改装机动车受到处理同样有广泛适用性；同时，该通知可以反复适用，可以推断出该通知属于制定规则的行为，属于抽象行政行为，不是具体行政行为，故 A 选项说法错误。

行政指导是行政机关在履行行政职能时向公众和当事人提出的建议、规劝，它与一般具体行政行为的最大区别是无强制力，其作用的发挥取决于公众和当事人的自愿接受。该县公安局查处 10 辆机动车，要求其所有人到指定场所学习交通法规 5 日的行为，带有明显的强制性，不是行政指导，故 B 选项说法错误。

行政处罚是行政机关或者依法获得授权的组织对违法的公民、组织给予的制裁，制裁性是行政处罚的本质特征。题目中，该县公安局通知所指的暂扣行驶证、驾驶证 6 个月，是对非法改装机动车的制裁。有考生受到词语"暂扣"的影响，误认为暂扣行驶证、驾驶证 6 个月属于行政强制措施，而不是行政处罚，这是对行政强制措施与行政处罚概念理解的不到位。行政强制措施的目的在于预防、制止或控制危害社会行为的发生，而不是对违法行为的制裁。这是行政强制措施与行政处罚最本质的区别。根据《行政处罚法》第 9 条的规定，行政处罚的种类：……③暂扣许可证件、降低资质等级、吊销许可证件；……因此通知所指的暂扣行驶证、驾驶证 6 个月为行政处罚，不是行政强制措施，故 C 选项说法

正确。

D 选项涉及行政强制措施与行政强制执行的区别，二者虽均带有强制性，但行政强制措施目的在于预防和制止，而行政强制执行则是为了执行当事人负有的义务。要求机动车所有人须到指定场所学习交通法规 5 日并出具自行恢复原貌的书面保证，不自行恢复的予以强制恢复，符合行政强制执行的特点，不属于行政强制措施，故 D 选项说法错误。

答案 C

✎ 提 示

题目通过案例来考查具体行政行为与抽象行政行为的区分、行政强制行为与行政指导行为的区分、行政处罚与行政强制措施的区分、行政强制措施与行政强制执行的区分，这是考生要特别注意的。

70. 为落实淘汰落后产能政策，某区政府发布通告：凡在本通告附件所列名单中的企业 2 年内关闭。提前关闭或者积极配合的给予一定补贴，逾期不履行的强制关闭。关于通告的性质，下列哪一选项是正确的？（2016/2/44-单）

A. 行政规范性文件
B. 具体行政行为
C. 行政给付
D. 行政强制

考点 具体行政行为

解析 行政行为以其对象是否特定为标准，分为抽象行政行为和具体行政行为。抽象行政行为是针对不特定管理对象制定规则的行为，具体行政行为是针对特定管理对象作出权利义务处理的行为。题目中，区政府向社会发布通告，但在通告附件列出企业名单，因此该区政府责令特定企业限期关闭的通告属于具体行政行为，不属于抽象行政行为中的行政规范性文件。故 A 选项错误，B 选项正确。

行政给付是向符合条件的公民、组织提供物质利益或赋予其与物质利益有关的权益的具体行政行为。题目中，区政府在通告中承诺对于提前关闭或者积极配合的企业给予一定补贴，区政府

如随后给予补贴可称为行政给付，但就通告本身而言并非行政给付，故 C 选项错误。

区政府通告附件中列出企业名单要求其 2 年内关闭，是为企业课以限制和附加义务，为了保证这一要求实现而对逾期不履行的企业强制关闭，如果企业不履行义务，区政府随后实施了强制关闭，强制关闭即可视为行政强制执行，但就通告本身而言并非行政强制。故 D 选项错误。

答案 B

提 示

通告中的告知和实施行为的判定是解题的关键。

71. 某县政府向某小区居民发布公告称：为进一步落实市政府关于加快旧城改造进度会议精神，经充分讨论和征求意见，决定征收该小区房屋，自公告之日起 180 天内该小区居民予以搬迁，并在规定期限签订安置补偿协议。县政府发布的公告属于什么性质？（2019-回忆版-单）

A. 抽象行政行为　　　B. 行政指导
C. 单方行政行为　　　D. 行政协议

考点 行政行为性质的判断

解析 抽象行政行为，是指行政机关在依法行使职权过程中，针对非特定对象制定的可以反复适用的规章及其他具有普遍约束力的文件。县政府针对特定的小区发布公告，不具有反复适用性，不具有普遍约束力，该公告是具体行政行为。故 A 选项不当选。

行政指导，是指行政机关以倡导、示范、建议、咨询等方式，引导公民、法人或其他组织自愿配合而达到行政管理目的的行为，行政指导不具有强制性。县政府决定征收特定小区房屋，是行政征收行为，具有强制性，不是行政指导行为。故 B 选项不当选。

单方行政行为，是指行政机关单方面的意思表示，无须行政相对人同意即可成立的行政行为。县政府征收小区房屋具有强制性，该行为由政府单方面决定，无需小区居民同意即可成立。故 C 选项当选。

行政协议，是指行政机关为达到维护与增进公共利益，实现行政管理目标之目的，与相对人之间经过协商一致达成的协议。行政协议的本质特征是发生、变更或者消灭行政法律关系的合意。县政府征收小区房屋并不是基于和居民之间的合意，而是县政府单方面的行为。故 D 选项不当选。

答案 C

提 示

抽象行政行为的特点是对象的不特定性，行政指导的特点是非强制性，单方行政行为的特点是单方意志性，行政协议的特点是双方合意性。

72. 海关总署发布关于加强进口某国油菜籽检疫警示通报的公告：对进口该国油菜籽要加强检疫，重点关注植物病害、杂草的查验和实验室检测鉴定，对各海关有害生物检出情况进行风险评估，适时调整预警措施，及时将相关情况通知油菜籽进口企业。关于公告的性质，下列选项正确的是：（2018-回忆版-单）

A. 抽象行政行为　　　B. 具体行政行为
C. 行政强制措施　　　D. 行政事实行为

考点 行政事实行为

解析 抽象行政行为，是指国家行政机关制定行政法规、规章和有普遍约束力的决定、命令等行政规则的行为。具体行政行为，是指行政机关使公民、法人或者其他组织在行政法上的权利义务得以建立、变更或者消灭的行为。行政强制措施，是指为了实施行政管理或达成行政管理人或者其他组织的行政目的，而对行政相对人的人身、财产、行为等采取的强制性措施。海关总署发布的公告是对加强进口该国油菜籽检疫警示的通报，并非制定有普遍约束力的行政规则，因此公告不属于抽象行政行为，故 A 选项错误。海关总署发布的公告也并非对特定组织在行政法上的权利和义务的具体处理，因此公告也不属于具体行政行为，故 B 选项错误。海关总署发布的公告没有对特定组织采取强制性措施，因此公告也不属于行政强制措施，故 C 选项错误。

行政指导行为作为典型的行政事实行为，是行政机关以倡导、示范、建议、咨询等方式，引导公民自愿配合而达到行政管理目的的行为。海关总署发布的公告只是对加强进口该国油菜籽检疫进行警示通报，以警示通报的方式引导相关企业。因此海关总署发布的公告是行政指导行为，属于行政事实行为，故 D 选项正确。

答案 D

提示

> 行政事实行为是不以建立、变更或者消灭当事人法律上权利义务为目的的行政行为，是行政职权实施中的行为。

73. 某货车司机曾因驾驶货车载物超过核载质量30%，交警大队对其罚款2000元，并对其机动车驾驶证记6分。后该司机驾驶机动车违反道路交通信号灯通行，交警大队对其罚款200元，对其机动车驾驶证记6分，并扣押其机动车驾驶证和货车。该司机对扣押其驾照和货车的行为申请行政复议。交警支队对该司机机动车驾照年审中发现已记满12分，就对司机作出吊销机动车驾驶证并注销其机动车驾驶证的行为。下列哪些说法是错误的？（2020-回忆版-多）

A. 扣押机动车驾驶证属于行政处罚

B. 注销机动车驾驶证属于行政强制措施

C. 注销机动车驾驶证违法

D. 该司机可对吊销机动车驾驶证提起行政诉讼

考点 行政许可证件的扣押、吊销、注销

解析 根据《行政强制法》第 2 条第 2 款的规定，行政强制措施，是指行政机关在行政管理过程中，为制止违法行为、防止证据损毁、避免危害发生、控制危险扩大等情形，依法对公民的人身自由实施暂时性限制，或者对公民、法人或者其他组织的财物实施暂时性控制的行为。交警大队扣押机动车驾驶证的行为是扣押行为，是对货车司机机动车驾驶证实施暂时性控制的行为，属于行政强制措施。故 A 选项说法错误，当选。

根据《行政处罚法》第 2 条的规定，行政处罚是指行政机关依法对违反行政管理秩序的公民、法人或者其他组织，以减损权益或者增加义务的方式予以惩戒的行为。交警支队对司机所作的注销机动车驾驶证的行为，不是惩戒行为，不属于行政处罚，而吊销机动车驾驶证属于行政处罚。根据《行政许可法》第 70 条的规定，有下列情形之一的，行政机关应当依法办理有关行政许可的注销手续：……④行政许可依法被撤销、撤回，或者行政许可证件依法被吊销的；……由此可知，注销机动车驾驶证是行政许可的监督管理行为。故 B 选项说法错误，当选。交警支队对司机作出吊销机动车驾驶证，属于行政许可证件依法被吊销的情形，则行政机关应依法注销该货车司机的机动车驾驶证。故 C 选项说法错误，当选。

根据《行政处罚法》第 2 条的规定，交警大队对司机罚款 2000 元，并对其机动车驾驶证记 6 分的行为属于行政处罚。根据《行政诉讼法》第 12 条第 1 款的规定，人民法院受理公民、法人或者其他组织提起的下列诉讼：①对行政拘留、暂扣或者吊销许可证和执照、责令停产停业、没收违法所得、没收非法财物、罚款、警告等行政处罚不服的；……司机对吊销机动车驾驶证的行为，有权提起行政诉讼。故 D 选项说法正确，不当选。

答案 ABC

提示

> 对机动车驾驶证的管理行为：
> （1）扣押机动车驾驶证属于行政强制措施；
> （2）吊销机动车驾驶证属于行政处罚；
> （3）注销机动车驾驶证属于行政许可后的监督管理。

74. 下列哪些行为属于具体行政行为？（2021-回忆版-多）

A. 国家市场监管总局发文要求电商平台合法经营、规范经营

B. 某市防汛指挥部发布大雨蓝色预警，请市民出行注意安全

C. 中国证监会决定对某公司负责人采取终身证

券市场禁入措施

D. 某证监局向某证券公司出具警示函，指出其执业过程中存在的问题并责令采取整改措施

考点 具体行政行为的判断

解析 "国家市场监管总局发文要求电商平台合法经营、规范经营"和"防汛指挥部发布大雨蓝色预警，请市民出行注意安全"都属于行政指导行为。行政指导行为是行政机关建议、倡导、引导公民、组织自愿接受管理的行为，国家市场监管总局的发文和防汛指挥部发布信息没有对公民、组织的权利义务得以建立、变更或者消灭，不属于具体行政行为。故 A、B 选项不当选。

"中国证监会决定对某公司负责人采取终身

证券市场禁入措施"是中国证监会剥夺该公司负责人终身从事证券市场的法律资格，"某证监局向某证券公司出具警示函，指出其执业过程中存在的问题并责令采取整改措施"是该证监局为该证券公司设立了采取整改措施的义务，上述行为都是具体行政行为。故 C、D 选项当选。

答案 CD

提示
　　具体行政行为是具有行政权的主体单方对特定公民、组织的权利义务实施建立、变更或者消灭的行为。

---

⑯ 专题　具体行政行为效力与合法性

75. 关于具体行政行为的成立和效力，下列哪些选项是错误的？（2009/2/80-多）

A. 与抽象行政行为不同，具体行政行为一经成立即生效

B. 行政强制执行是实现具体行政行为执行力的制度保障

C. 未经送达领受程序的具体行政行为也具有法律约束力

D. 因废止具体行政行为给当事人造成损失的，国家应当给予赔偿

考点 具体行政行为的成立与效力

解析 具体行政行为成立后，如果不存在致使具体行政行为无效的因素，具体行政行为原则上就开始发生法律效力。但是例外情况下，行政机关也可以安排某一行为发生后或者经过一段时间后才发生效力，这就是所谓的附条件、附期限的具体行政行为。"一经成立即生效"的说法过于绝对，故 A 选项错误，当选。

　　具体行政行为的效力一般包括确定力、拘束力和执行力。执行力是指使用国家强制力迫使当事人履行义务或者实现履行义务状态的效力。这种执行力的重要表现便是强制执行制度，故 B 选项正确，不当选。

　　具体行政行为的成立，是指具体行政行为在法律上被认定为存在。一般而言，送达是具体行政行为成立的条件，未经送达则具体行政行为不成立，不成立的具体行政行为是没有法律约束力的，故 C 选项错误，当选。

　　根据《国家赔偿法》第 2 条的规定，只有在国家机关及其工作人员行使职权有《国家赔偿法》规定的侵权行为并给行政相对人造成损失时，才予以赔偿。具体行政行为的废止条件中没有违法或者明显不适当的原因时，因具体行政行为的废止给当事人造成损失的，不应给予国家赔偿，应视情况给予补偿，故 D 选项错误，当选。

答案 ACD

提示
　　具体行政行为废止造成损害——补偿。
　　具体行政行为撤销造成损害——赔偿。

76. 关于具体行政行为的合法性与效力，下列哪些说法是正确的？（2013/2/85-多）

A. 遵守法定程序是具体行政行为合法的必要条件

B. 无效行政行为可能有多种表现形式，无法完

全列举

C. 因具体行政行为废止致使当事人的合法权益受到损失的，应给予赔偿

D. 申请行政复议会导致具体行政行为丧失拘束力

【考点】具体行政行为的合法性与效力

【解析】具体行政行为合法需要六个要件，其中遵守法定程序是具体行政行为合法的必要条件。故 A 选项说法正确。

无效行政行为是有严重和明显的法律缺陷的行为，比较常见的有要求实施犯罪的行政行为、明显缺乏法律依据的行政行为、明显缺乏事实根据的行政行为、要求从事客观上不可能实施的行政行为等多种表现形式，无法完全列举。故 B 选项说法正确。

具体行政行为废止的理由和条件是由于客观条件的变化，具体行政行为没有继续保持其效力的必要。废止使当事人的合法权益受到严重损失，应当给予受到损失的当事人以必要的补偿，而不是赔偿。故 C 选项说法错误。

拘束力指具体行政行为一经生效，行政机关和对方当事人都必须遵守，其他国家机关和社会成员必须予以尊重的效力，申请行政复议属于救济方式，不会必然导致具体行政行为丧失拘束力。故 D 选项说法错误。

【答案】AB

【✐ 提 示】

具体行政行为合法六要件：①主体合法；②职权合法；③证据确凿；④法律正确；⑤程序合法；⑥不滥用职权。

77. 有关具体行政行为的效力和合法性，下列说法正确的是：（2014/2/99-任）

A. 具体行政行为一经成立即生效

B. 具体行政行为违法是导致其效力终止的唯一原因

C. 行政机关的职权主要源自行政组织法和授权法的规定

D. 滥用职权是具体行政行为构成违法的独立理由

【考点】具体行政行为的效力和合法性

【解析】一般而言，具体行政行为一经成立就可以立即生效，但是行政机关也可以安排某一事件发生后或者经过一段时间后才发生效力，这经常出现在附生效条件的具体行政行为中，故 A 选项说法错误。

导致具体行政行为效力终止有多种原因，违法行政行为会导致效力终止，但是也存在没有违法因素也会导致效力终止的情况，如具体行政行为为其设定专属权益或者义务的自然人死亡，自然人放弃具体行政行为赋予的权益等，B 选项中"违法是导致其效力终止的唯一原因"说法过于绝对，故 B 选项说法错误。

一般而言，行政组织法划定了行政机关的基本职权范围，《国务院组织法》以及《地方各级人民代表大会和地方各级人民政府组织法》确定了国务院和地方各级人民政府的职权范围，同时单行的授权法也可以授权给行政机关，因此行政机关的职权来自于行政组织法和授权法规定，故 C 选项说法正确。

判断具体行政行为合法的标准之一是不滥用职权。滥用职权是认定具体行政行为违法的独立理由，不需要依附于其他理由，故 D 选项说法正确。

【答案】CD

【✐ 提 示】

注意区分具体行政行为合法与违法的构成：六个合法要件同时具备，才构成具体行政行为的合法；六个合法要件只要缺少任意一个，就构成具体行政行为的违法。

78. 关于具体行政行为的说法，下列哪些选项是正确的？（2019-回忆版-多）

A. 确定力是指具体行政行为一经生效行政机关和相对人必须遵守

B. 2014 年修正后的《行政诉讼法》中并未出现"具体行政行为"这一用语

C. 具体行政行为是指对特定人或者特定事项的一次性处理

D. 授益性具体行政行为与裁量性具体行政行为是相对应的

考点 具体行政行为的效力和分类

解析 确定力，是指具体行政行为不再争议、不得更改、不可撤销的效力。拘束力，是指具体行政行为一经生效，行政机关和对方当事人都必须遵守，其他国家机关和社会成员必须予以尊重的效力。具体行政行为一经生效行政机关和相对人必须遵守是拘束力，而非确定力。故 A 选项错误。

2014 年《行政诉讼法》把"具体行政行为"全部修正为"行政行为"，修正后的《行政诉讼法》中并未出现"具体行政行为"这一用语。故 B 选项正确。

具体行政行为是对特定人或者特定事项的一次性处理，处理的个别性是具体行政行为区别于抽象行政行为的主要标志。故 C 选项正确。

为当事人授予权利、利益或者免除负担义务的，是授益性具体行政行为，相对应的是负担性具体行政行为。立法对具体行政行为的范围、方法、手段等方面给予行政机关根据实际情况裁量余地的，是裁量性具体行政行为，相对应的是羁束性具体行政行为。因此，授益性具体行政行为与裁量性具体行政行为不是对应关系。故 D 选项错误。

答案 BC

提 示

（1）依职权的和依申请的具体行政行为的划分标准是行政机关是否以当事人的申请作为开始具体行政行为的条件；

（2）羁束的和裁量的具体行政行为的划分标准是具体行政行为受法律拘束的程度；

（3）授益的和负担的具体行政行为的划分标准是具体行政行为与当事人之间的权益关系；

（4）要式的和非要式的具体行政行为的划分标准是具体行政行为是否需要具备法定的形式。

79. 关于具体行政行为的效力，下列说法错误的有：（2020-回忆版-多）

A. 具体行政行为废止前给予当事人的利益，在

该行为废止后应收回

B. 可撤销的具体行政行为在被撤销之前，当事人应受其约束

C. 为某人设定专属权益的行政行为，如此人死亡其效力应终止

D. 对无效具体行政行为，任何人都可以向法院起诉主张其无效

考点 具体行政行为的效力

解析 具体行政行为废止的法律效果是，具体行政行为自废止之日起丧失效力。原则上，具体行政行为废止之前给予当事人的利益、好处不再收回。因此，具体行政行为废止前给予当事人的利益，在该行为废止后是不能收回的。故 A 选项说法错误，当选。

可撤销的具体行政行为必须经过法定程序由国家有权机关作出撤销决定，才能否定其法律效力。可撤销的具体行政行为在被撤销之前，是具有法律效力的，当事人应受其约束。故 B 选项说法正确，不当选。

当客观条件变化，具体行政行为没有继续保持其效力的必要，需要废止具体行政行为以终止其效力。为某人设定专属权益的行政行为，如果此人死亡，则具体行政行为便没有保持其效力的必要，需要废止以终止其效力。故 C 选项说法正确，不当选。

根据《行政诉讼法》第 25 条第 1 款的规定，行政行为的相对人以及其他与行政行为有利害关系的公民、法人或者其他组织，有权提起诉讼。具体行政行为无效致使其合法权益受到损害的公民、法人或者组织，可以在任何时候主张该具体行政行为无效，有权的国家机关可在任何时候宣布该具体行政行为无效。无效导致的后果只是在任何"时间"可以主张无效，而非任何"人"去主张无效，主张无效的主体仍然要求与具体行政行为有法律上的利害关系，向法院起诉仍须受原告资格的限制。故 D 选项说法错误，当选。

答案 AD

提 示

根据具体行政行为违法的严重程度来区分：

（1）明显和严重违法的具体行政行为——无效的具体行政行为；

（2）一般违法或明显不当的具体行政行为——可撤销的具体行政行为。

80. 关于具体行政行为无效，下列哪一说法是正确的？（2023-回忆版-单）

A. 滥用职权的具体行政行为无效

B. 确认无效的具体行政行为对作出的行政机关无拘束力

C. 具体行政行为一经确认无效即应当进行国家赔偿

D. 我国法律并未对具体行政行为无效进行规定

[考点] 具体行政行为的无效

[解析] 根据《行政诉讼法》第 75 条的规定，行政行为有实施主体不具有行政主体资格或者没有依据等重大且明显违法情形，原告申请确认行政行为无效的，人民法院判决确认无效。根据《行政处罚法》第 38 条的规定，行政处罚没有依据或者实施主体不具有行政主体资格的，行政处罚无效。违反法定程序构成重大且明显违法的，行政处罚无效。可知，我国法律对具体行政行为无效进行了规定，但滥用职权不属于具体行政行为的无效情形。故 A、D 选项说法错误。

无效的具体行政行为自始无效，不具有拘束力、确定力和执行力，对行政相对人和作出行为的行政机关都无拘束力。故 B 选项说法正确。

根据《国家赔偿法》第 2 条第 1 款的规定，国家机关和国家机关工作人员行使职权，有本法规定的侵犯公民、法人和其他组织合法权益的情形，造成损害的，受害人有依照本法取得国家赔偿的权利。可知，具体行政行为确定无效且对当事人造成损害的，应当进行国家赔偿。故 C 选项说法错误。

[答案] B

[提示]

无效的具体行政行为有多种情形，不能完全列举。其具体有：①要求从事将构成犯罪的违法行为；②明显缺乏法律依据的行为；③明显缺乏事实作出具体行政行为或者要求公民从事客观上不可能实施的行为。

第6讲 行政许可

17 专题 **行政许可的概念与设定**

81. 为了实现城市居民天然气供应，2011 年，市规划局与甲公司签订《天然气综合利用项目合作协议》，约定由甲公司在该市从事城市天然气特许经营，授予其特许经营权。2016 年，市规划局发布天然气特许经营权招投标公告，乙公司参与招标并中标，乙公司与市规划局签订《天然气特许经营协议》，授予其在该市天然气特许经营权。随后市规划局撤回甲公司的特许经营权。甲公司不服市规划局与乙公司签订的《天然气特许经营协议》，遂向法院起诉，法院受理。关于本案，下列选项正确的有：（2020-回忆版-多）

A. 市规划局授予甲公司特许经营权是行政许可

B. 市规划局授予甲公司特许经营权是民事行为

C. 市规划局能把甲公司的特许经营权撤回

D. 乙公司是本案第三人

[考点] 行政许可的概念、撤回；行政协议的概念；行政诉讼第三人

[解析] 根据《行政许可法》第 2 条的规定，本法所称行政许可，是指行政机关根据公民、法人或者其他组织的申请，经依法审查，准予其从事特定活动的行为。《行政许可法》第 12 条规定，下列事项可以设定行政许可：……②有限自然资源开发利用、公共资源配置以及直接关系公共利益的特定行业的市场准入等，需要赋予特定权利的事项；……本题中，天然气特许经营是属于有限自然资源开发利用、公共资源配置以及直接关系

公共利益的特定行业的市场准入等，需要赋予特定权利的事项，市规划局授予甲公司特许经营权是赋予甲公司特定权利的行政许可。故 A 选项正确。

根据《最高人民法院关于审理行政协议案件若干问题的规定》第 1 条的规定，行政机关为了实现行政管理或者公共服务目标，与公民、法人或者其他组织协商订立的具有行政法上权利义务内容的协议，属于《行政诉讼法》第 12 条第 1 款第 11 项规定的行政协议。因此，市政府授予甲公司天然气经营权是与甲公司签订的行政协议行为，目的是实现公共利益，而非为了实现私人利益的民事行为。故 B 选项错误。

根据《行政许可法》第 8 条第 2 款的规定，行政许可所依据的法律、法规、规章修改或者废止，或者准予行政许可所依据的客观情况发生重大变化的，为了公共利益的需要，行政机关可以依法变更或者撤回已经生效的行政许可。由此给公民、法人或者其他组织造成财产损失的，行政机关应当依法给予补偿。由此可知，只有具备法定条件，行政机关才能撤回已经生效的行政许可，市规划局撤回甲公司的特许经营权不具备法定条件。故 C 选项错误。

根据《行政诉讼法》第 29 条第 1 款的规定，公民、法人或者其他组织同被诉行政行为有利害关系但没有提起诉讼，或者同案件处理结果有利害关系的，可以作为第三人申请参加诉讼，或者由人民法院通知参加诉讼。本题中，乙公司同被

诉的《天然气特许经营协议》有利害关系，能够作为第三人参加诉讼。故 D 选项正确。

答案 AD

提示

行政许可是具体行政行为，是依申请行政行为，是授益行政行为，是要式行政行为。

82. 关于行政许可的设定权限，下列哪些说法是不正确的？（2016/2/79-多）

A. 必要时省政府制定的规章可设定企业的设立登记及其前置性行政许可

B. 地方性法规可设定应由国家统一确定的公民、法人或者其他组织的资格、资质的行政许可

C. 必要时国务院部门可采用发布决定的方式设定临时性行政许可

D. 省政府报国务院批准后可在本区域停止实施行政法规设定的有关经济事务的行政许可

考点 行政许可的设定权限

解析 根据《行政许可法》第 15 条第 2 款的规定，地方性法规和省、自治区、直辖市人民政府规章，<u>不得设定应当由国家统一确定的公民、法人或者其他组织的资格、资质的行政许可；不得设定企业或者其他组织的设立登记及其前置性行政许可</u>。A 选项中"省政府制定的规章可设定企业的设立登记及其前置性行政许可"违反上述规定，故 A 选项说法不正确，当选。B 选项中"地方性法规可设定应由国家统一确定的公民、法人或者其他组织的资格、资质的行政许可"违反上述规定，故 B 选项说法不正确，当选。

根据《行政许可法》的规定，国务院部门是无权设立行政许可的。《行政许可法》第 14 条第 2 款规定，必要时，国务院可以采用发布决定的方式设定行政许可。由此可知，必要时，<u>国务院可采用发布决定的方式设定临时性行政许可，但国务院部门不能采用发布决定的方式设定临时性</u>行政许可，故 C 选项说法不正确，当选。

根据《行政许可法》第 21 条的规定，<u>省、自治区、直辖市人民政府对行政法规设定的有关</u>

经济事务的行政许可，根据本行政区域经济和社会发展情况，认为通过本法第 13 条所列方式能够解决的，<u>报国务院批准后</u>，可以在本行政区域内停止实施该行政许可。因此，省政府报国务院批准后，可以在本区域停止实施行政法规设定的有关经济事务的行政许可，故 D 选项说法正确，不当选。

答案 ABC

提示

注意区分地方立法（省级政府规章和地方性法规）与中央立法（法律和行政法规）在设定行政许可上的区别，特别是要注意，临时性行政许可是由国务院决定（非国务院部门决定）设定的。

83. 下列哪些地方性法规的规定违反《行政许可法》？（2010/2/82-多）

A. 申请餐饮服务许可证，须到当地餐饮行业协会办理认证手续

B. 申请娱乐场所表演许可证，文化主管部门收取的费用由财政部门按一定比例返还

C. 外地人员到本地经营网吧，应当到本地电信管理部门注册并缴纳特别管理费

D. 申请建设工程规划许可证，需安装建设主管部门指定的节能设施

考点 地方性法规设定行政许可的权限

解析 根据《行政许可法》第 16 条第 4 款的规定，法规、规章对实施上位法设定的行政许可作出的具体规定，<u>不得增设行政许可</u>；对行政许可条件作出的具体规定，<u>不得增设违反上位法的其他条件</u>。A 选项中，餐饮服务许可证是法律设定的行政许可，地方性法规规定在申请该行政许可时<u>必须办理认证手续</u>，明显属于增设违反上位法的其他条件的情形，违反了《行政许可法》的规定，故 A 选项当选。

根据《行政许可法》第 59 条的规定，财政部门<u>不得以任何形式向行政机关返还或者变相返</u>还实施行政许可所收取的费用。B 选项中，文化主管部门收取的行政许可费用必须全部上缴国库，财政部门无权按比例再返还给文化主管部

门，该行为违反了《行政许可法》的规定，故 B 选项当选。

根据《行政许可法》第 58 条第 1 款的规定，行政机关实施行政许可和对行政许可事项进行监督检查，不得收取任何费用。但是，法律、行政法规另有规定的，依照其规定。可见，一般情况下实施行政许可不得收费，对于需要收费的特殊情形也只能由法律、行政法规规定，地方性法规无权规定对行政许可收费。C 选项中，"缴纳特别管理费"违反了《行政许可法》的规定，故 C 选项当选。

根据《行政许可法》第 27 条第 1 款的规定，行政机关实施行政许可，不得向申请人提出购买指定商品、接受有偿服务等不正当要求。D 选项中，建设主管部门要求安装其指定的节能设施，违反了《行政许可法》中"不得向申请人提出购买指定商品"的规定，故 D 选项当选。

答案 ABCD

提 示

地方性法规设定行政许可的权限实际上是对地方性法规的限制——①不得增设前置性许可；②不得限制外地经营者；③不得谋取不当利益。相比于行政处罚的设定，《行政许可法》对地方性法规的行政许可设定权附设了更多的限制性规定，旨在建立一个公平、开放的市场环境。

84. 关于规章，下列哪一说法是正确的？
（2011/2/41-单）

A. 较大的市的人民政府制定的规章可以在上位法设定的行政许可事项范围内，对实施该行政许可作出具体规定

B. 行政机关实施许可不得收取任何费用，但规章另有规定的，依照其规定

C. 规章可以授权具有管理公共事务职能的组织实施行政处罚

D. 违法行为在 2 年内未被发现的，不再给予行政处罚，但规章另有规定的除外

考点 行政许可和行政处罚设定中的规章权限

解析 根据《行政许可法》第 16 条第 3 款的规定，规章可以在上位法设定的行政许可事项范围内，对实施该行政许可作出具体规定。这里的规章既包括部门规章，也包括省级地方政府规章和市级地方政府规章，较大的市的政府制定的规章属于市级地方政府规章（注意 2015 年修正后的《立法法》取消了"较大的市"的说法，用"设区的市、自治州"来概括，"设区的市"包括"较大的市"），故 A 选项说法正确。

根据《行政许可法》第 58 条第 1 款的规定，行政机关实施行政许可和对行政许可事项进行监督检查，不得收取任何费用。但是，法律、行政法规另有规定的，依照其规定。由此可知，行政机关实施许可原则上不得收取任何费用，例外收费只能由法律、行政法规规定，不能由规章规定，故 B 选项说法错误。

根据《行政处罚法》第 19 条的规定，法律、法规授权的具有管理公共事务职能的组织可以在法定授权范围内实施行政处罚。由此可知，《行政处罚法》仅授权法律、行政法规、地方性法规可以授权具有管理公共事务职能的组织实施行政处罚，并未授权规章享有此种权力，故 C 选项说法错误。

根据《行政处罚法》第 36 条第 1 款的规定，违法行为在 2 年内未被发现的，不再给予行政处罚；涉及公民生命健康安全、金融安全且有危害后果的，上述期限延长至 5 年。法律另有规定的除外。由此可知，《行政处罚法》仅授权法律对行政处罚的追诉时效作出特别规定，未授予规章作出特别规定的权力，故 D 选项说法错误。

答案 A

提 示

考试命题时特别关注例外规定，要区分例外规定的主体，一般有以下情形：①法律另有规定；②法律、行政法规另有规定；③法律、法规另有规定；④法律、法规、规章另有规定。

85. 关于一个行政机关行使有关行政机关的行政许可权和行政处罚权的安排，下列哪一说法是正确的？（2016/2/80-单）

A. 涉及行政处罚的，由国务院或者经国务院授权的省、自治区、直辖市政府决定

B. 涉及行政许可的，由经国务院批准的省、自治区、直辖市政府决定

C. 限制人身自由的行政处罚只能由公安机关行使，不得交由其他行政机关行使

D. 由公安机关行使的行政许可，不得交由其他行政机关行使

考点 行政处罚权与行政许可权的集中行使；限制人身自由处罚权的行使机关

解析 根据2021年修订后的《行政处罚法》第18条第2、3款的规定，国务院或者省、自治区、直辖市人民政府可以决定一个行政机关行使有关行政机关的行政处罚权。限制人身自由的行政处罚权只能由公安机关和法律规定的其他机关行使。由此可知，一个行政机关行使有关行政机关的行政处罚权，是由国务院决定或者省、自治区、直辖市人民政府决定，省、自治区、直辖市人民政府决定无需国务院授权，故A选项说法错误。限制人身自由的行政处罚权不能集中行使，只能由公安机关和法律规定的其他机关行使。例如，根据《反间谍法》的规定，国家安全机关可以行使限制人身自由的行政拘留权。故C选项说法错误。

根据《行政许可法》第25条的规定，经国务院批准，省、自治区、直辖市人民政府根据精简、统一、效能的原则，可以决定一个行政机关行使有关行政机关的行政许可权。由此可知，一个行政机关行使有关行政机关的行政许可权，是由经国务院批准的省、自治区、直辖市政府决定的，故B选项说法正确。

根据《行政许可法》第24条第1款的规定，行政机关在其法定职权范围内，依照法律、法规、规章的规定，可以委托其他行政机关实施行政许可。因此，公安机关行使的行政许可是可以

委托其他行政机关行使的，故D选项说法错误。

答案 B（司法部原答案为ABC）

📝 提示

注意集中行使的不同：行政处罚权的集中行使由国务院或者省级政府决定；行政许可权的集中行使则由经国务院批准的省级政府决定。

86. 关于行政处罚和行政许可行为，下列哪些说法是不正确的？（2004/2/75-多）

A. 行政处罚和行政许可的设定机关均应定期对其设定的行政处罚和行政许可进行评价

B. 法律、法规授权的具有管理公共事务职能的组织，可依授权行使行政处罚权和行政许可权

C. 行政机关委托实施行政处罚和行政许可的组织应当是依法成立的管理公共事务的事业组织

D. 行政机关依法举行听证的，应当根据听证笔录作出行政处罚决定和行政许可决定

考点 行政处罚和行政许可的授权实施、委托实施、设定评价、听证笔录

解析 根据《行政许可法》第20条第1款的规定，行政许可的设定机关应当定期对其设定的行政许可进行评价。但《行政处罚法》没有规定设定机关应定期对其设定的行政处罚进行评价，故A选项"均应定期对其设定的行政处罚和行政许可进行评价"的说法不正确，当选。

根据《行政处罚法》第19条的规定，法律、法规授权的具有管理公共事务职能的组织可以在法定授权范围内实施行政处罚。《行政许可法》第23条规定，法律、法规授权的具有管理公共事务职能的组织，在法定授权范围内，以自己的名义实施行政许可。通过比较可知，行政处罚和行政许可授权实施的依据都是法律、法规，授权实施的对象都是具有管理公共事务职能的组织，故B选项说法正确，不当选。

根据《行政处罚法》第20条第1款的规定，行政机关依照法律、法规、规章的规定，可以在其法定权限内书面委托符合《行政处罚法》第21条规定条件的组织实施行政处罚。《行政处罚法》第21条规定，受委托组织必须符合以下条件：①依法成立并具有管理公共事务职能；……由此可知，行政机关委托实施行政处罚的对象是依法成立的具有管理公共事务职能的组织。根据《行政许可法》第24条第1款的规定，行政机关在其法定职权范围内，依照法律、法规、规章的规定，可以委托其他行政机关实施行政许可。由此可知，行政机关委托实施行政许可的对象是其他行政机关，故C选项中委托对象"是依法成立的管理公共事务的事业组织"的说法不正确，当选。

根据《行政许可法》第48条第2款的规定，行政机关应当根据听证笔录，作出行政许可决定。根据2021年修订后的《行政处罚法》第65条的规定，听证结束后，行政机关应当根据听证笔录，依照《行政处罚法》第57条的规定，作出决定。由此可知，行政机关依法举行听证的，行政许可决定和行政处罚决定都应当根据听证笔录作出，故D选项说法正确，不当选。

答案 AC（司法部原答案为ACD）

提示
注意行政处罚与行政许可实施中的相同与不同：授权行使行政处罚权和行政许可权的授权依据和授权对象相同，委托实施行政处罚和行政许可的对象不同。

87. 张某新买了一辆小客车欲从事网约出租车经营活动，遂向甲市乙区交通运输局申请办理网约出租车运输证。甲市乙区交通运输局根据《甲市政府关于网约车经营的规定》，以张某的车是新车、不符合车龄3年的办理证件要求为由，拒绝了张某的申请，张某不服，提起行政诉讼。下列说法正确的是：（2023-回忆版-单）

A. 网约出租车运输属于公共交通运输，应当依法纳入交通运输经营许可

B. 张某不得通过电子邮件方式申请网约出租车运输证

C. 甲市乙区交通运输局和甲市政府为本案共同被告

D. 法院针对《甲市政府关于网约车经营的规定》可以直接向市政府发出司法建议

考点 行政许可的设定和实施；行政诉讼的被告和附带审查规范性文件

解析 根据《行政许可法》第12条的规定，下列事项可以设定行政许可：……③提供公众服务并且直接关系公共利益的职业、行业，需要确定具备特殊信誉、特殊条件或者特殊技能等资格、资质的事项；……此外，《国务院对确需保留的行政审批项目设定行政许可的决定》设定了"出租汽车经营资格证、车辆运营证和驾驶员客运资格证核发"三项行政许可事项，由县级以上地方人民政府出租汽车行政主管部门具体实施。因此，网约出租车运输属于公共交通运输，是提供公众服务并且直接关系公共利益的职业、行业，应当依法纳入交通运输经营许可。故A选项说法正确。

根据《行政许可法》第29条第3款的规定，行政许可申请可以通过信函、电报、电传、传真、电子数据交换和电子邮件等方式提出。因此，张某可以通过电子邮件方式申请网约出租车运输证。故B选项说法错误。

根据《行政诉讼法》第26条第1款的规定，公民、法人或者其他组织直接向人民法院提起诉讼的，作出行政行为的行政机关是被告。本案是甲市乙区交通运输局作出的行政行为，被告是甲市乙区交通运输局。故C选项说法错误。

根据《行政诉讼法》第53条的规定，公民、法人或者其他组织认为行政行为所依据的国务院部门和地方人民政府及其部门制定的规范性文件不合法，在对行政行为提起诉讼时，可以一并请求对该规范性文件进行审查。前述规定的规范性文件不含规章。根据《行政诉讼法》第64条的规定，人民法院在审理行政案件中，经审查认为本法第53条规定的规范性文件不合法的，不作为认定行政行为合法的依据，并向制定机关提出处理建议。可知，法院对规范性

文件的制定机关提出司法建议需要满足两个条件：①当事人一并请求法院审查规范性文件；②规范性文件不合法。本案中，《甲市政府关于网约车经营的规定》属于规范性文件。张某提起诉讼没有一并请求审查《甲市政府关于网约车经营的规定》，且《甲市政府关于网约车经营的规定》并没有被法院认定不合法。故 D 选项说法错误。

答案 A

行政许可的程序 专题 ⑲

88. 某船舶公司向县政府申请筹建和经营渡口，县政府向县海事局征求意见，县海事局复函认定该船舶公司目前不具备筹建和经营渡口的条件，县政府在经过勘验、调查、取证后作出了不予许可的决定，该船舶公司对不予许可的决定不服，申请行政复议。下列哪些选项是正确的？（2022-回忆版-多）

A. 该船舶公司对其提交材料内容的真实性承担责任

B. 设立渡口许可属于关系公共利益的特定行业的准入类许可

C. 该船舶公司可以对复函提起行政诉讼

D. 若该船舶公司提起行政诉讼，县政府和海事局为共同被告

考点 行政许可的性质和申请；行政诉讼的受案范围和被告

解析 根据《行政许可法》第 31 条第 1 款的规定，申请人申请行政许可，应当如实向行政机关提交有关材料和反映真实情况，并对其申请材料实质内容的真实性负责。因此，该船舶公司应当对其提交材料内容的真实性承担责任。故 A 选项正确。

根据《行政许可法》第 12 条的规定，下列事项可以设定行政许可：……②有限自然资源开发利用、公共资源配置以及直接关系公共利益的特定行业的市场准入等，需要赋予特定权利的事项；……筹建和经营渡口属于直接关系公共利益的特定行业，因此，设立渡口许可属于关系公共利益的特定行业的准入类许可。故 B 选项正确。

根据《最高人民法院关于适用〈中华人民共和国行政诉讼法〉的解释》（以下简称《行诉解释》）第 1 条第 2 款的规定，下列行为不属于人民法院行政诉讼的受案范围：……⑥行政机关为作出行政行为而实施的准备、论证、研究、层报、咨询等过程性行为；……因此，县海事局的复函属于县政府为作出行政许可决定而实施的过程性行为，不具有可诉性。故 C 选项错误。

根据《行政诉讼法》第 26 条第 1 款的规定，公民、法人或者其他组织直接向人民法院提起诉讼的，作出行政行为的行政机关是被告。不予许可的决定由县政府对外作出，因此，该船舶公司提起行政诉讼，应以县政府为被告。故 D 选项错误。

答案 AB

89. 天龙房地产开发有限公司拟兴建天龙金湾小区项目，向市规划局申请办理建设工程规划许可证，并提交了相关材料。下列哪一说法是正确的？（2017/2/47－单）

A. 公司应到市规划局办公场所提出申请

B. 公司应对其申请材料实质内容的真实性负责

C. 公司的申请材料不齐全的，市规划局应作出不受理决定

D. 市规划局为公司提供的申请格式文本可收取工本费

考点 行政许可的申请与受理

解析 根据《行政许可法》第29条第2款的规定，申请人可以委托代理人提出行政许可申请。但是，依法应当由申请人到行政机关办公场所提出行政许可申请的除外。建设工程规划许可证的申请不是必须由申请人到行政机关办公场所提出行政许可申请，要求"公司应到市规划局办公场所提出申请"的说法过于绝对，故A选项说法错误。

根据《行政许可法》第31条第1款的规定，申请人申请行政许可，应当如实向行政机关提交有关材料和反映真实情况，并对其申请材料实质内容的真实性负责。由此可知，申请人在申请行政许可时应当履行提交真实材料的义务，公司应对其申请材料实质内容的真实性负责，故B选项说法正确。

根据《行政许可法》第32条第1款的规定，行政机关对申请人提出的行政许可申请，应当根据下列情况分别作出处理：……④申请材料不齐全或者不符合法定形式的，应当当场或者在5日内一次告知申请人需要补正的全部内容，逾期不告知的，自收到申请材料之日起即为受理；……这是为了保障申请人权利，而规定行政机关的一次性告知义务。公司的申请材料不齐全的，市规划局应当当场或者在5日内一次告知申请人需要补正的全部内容，而不是作出不受理决定，故C选项说法错误。

根据《行政许可法》第58条第2款的规定，行政机关提供行政许可申请书格式文本，不得收费。这是为了防止行政机关通过申请书格式文本来谋取不当利益。因此，行政许可申请书格式文本不得收费，没有例外，故D选项说法错误。

答案 B

提示

在行政许可的申请与受理的程序中，行政机关应当遵循便民原则，考生要注意从便民角度来理解规则和解题。

90. 根据行政许可法的规定，下列有关行政许可的审查和决定的哪一种说法是正确的？（2005/2/46－单）

A. 对行政许可申请人提交的申请材料的审查，均应由行政机关2名以上工作人员进行

B. 行政机关作出准予行政许可决定和不予行政许可决定，均应采用书面形式

C. 行政机关作出准予行政许可决定后，均应向申请人颁发加盖本行政机关印章的行政许可证件

D. 所有的行政许可均在全国范围内有效

考点 行政许可的审查和决定

解析 根据《行政许可法》第34条第1、3款的规定，行政机关应当对申请人提交的申请材料进行审查。根据法定条件和程序，需要对申请材料的实质内容进行核实的，行政机关应当指派2名以上工作人员进行核查。由此可知，对行政许可申请人提交的申请材料进行审查（形式审查），没有要求2名以上工作人员进行；而对申请材料的实质内容进行核实（实质审查），需要由2名以上工作人员进行。前者可以是1人，后者必须是2人以上。故A选项说法错误。

根据《行政许可法》第38条的规定，申请人的申请符合法定条件、标准的，行政机关应当依法作出准予行政许可的书面决定。行政机关依法作出不予行政许可的书面决定的，应当说明理由，并告知申请人享有依法申请行政复议或者提起行政诉讼的权利。因此，无论行政机关作出准予许可决定还是不予许可决定，都应当采用书面形式。故B选项说法正确。

根据《行政许可法》第39条的规定，行政机关作出准予行政许可的决定，需要颁发行政许可证件的，应当向申请人颁发加盖本行政机关印

章的相关行政许可证件。行政机关实施检验、检测、检疫的，可以在检验、检测、检疫合格的设备、设施、产品、物品上加贴标签或者加盖检验、检测、检疫印章。所以，行政机关作出准予行政许可决定后，并不是都要向申请人颁发加盖本行政机关印章的行政许可证件。故 C 选项说法错误。

根据《行政许可法》第 41 条的规定，法律、行政法规设定的行政许可，其适用范围没有地域限制的，申请人取得的行政许可在全国范围内有效。所以，并不是所有的行政许可均在全国范围内有效，地方性法规和省级地方政府规章设定的行政许可只能在本行政区域内有效。故 D 选项说法错误。

答案 B

提示

从理论上看，凡是行政机关作出对公民、组织的权利义务有重大影响的决定，一般都须采用书面形式。在行政许可中，受理许可申请、不予受理许可申请、准予许可决定、不予许可决定，一律采用书面形式。

91. 关于行政许可实施程序的听证规定，下列说法正确的是：(2011/2/99-任)

A. 行政机关应在举行听证 7 日前将时间、地点通知申请人、利害关系人

B. 行政机关可视情况决定是否公开举行听证

C. 申请人、利害关系人对听证主持人可以依照规定提出回避申请

D. 举办听证的行政机关应当制作笔录，听证笔录应当交听证参与人确认无误后签字或者盖章

考点 行政许可的听证

解析 本题涉及行政许可的听证程序安排。根据《行政许可法》第 48 条第 1 款的规定，听证按照下列程序进行：①行政机关应当于举行听证的 7 日前将举行听证的时间、地点通知申请人、利害关系人，必要时予以公告；②听证应当公开举行；③行政机关应当指定审查该行政许可申请的

工作人员以外的人员为听证主持人，申请人、利害关系人认为主持人与该行政许可事项有直接利害关系的，有权申请回避；……⑤听证应当制作笔录，听证笔录应当交听证参加人确认无误后签字或者盖章。根据第 1 项要求，听证通知要提前 7 日，故 A 选项说法正确；根据第 2 项要求，听证过程要求公开，故 B 选项说法错误；根据第 3 项要求，听证主持人要确保中立，故 C 选项说法正确；根据第 5 项要求，听证实施案卷制度。另外，不要简单套用诉讼法上的诉讼参加人与诉讼参与人的区分，这里的"听证参加人"与"听证参与人"无需严格区分，故 D 选项说法正确。

答案 ACD

提示

听证是行政许可申请人、利害关系人陈述申辩权的集中体现，听证程序应当对行政许可申请人、利害关系人的陈述申辩权进行最大保护。可以从行政许可申请人、利害关系人的权利角度去理解听证的程序规则。

92. 按照律师法规定，申请领取律师执业证书，司法行政机关应当自收到申请之日起 30 日内作出是否颁发的决定。按照行政许可法的规定，应当自受理行政许可申请之日起 20 日内作出行政许可决定。2004 年 7 月初，张某向省司法厅申请领取律师执业证书，司法厅的正确做法是：(2004/2/40-单)

A. 应当适用律师法，在 30 日内作出是否颁发的决定

B. 应当适用行政许可法，在 20 日内作出是否颁发的决定

C. 可以选择适用律师法或者行政许可法关于期限的规定作出决定

D. 因法律关于期限的规定不一致，报请全国人大常委会裁决后再作决定

考点 行政许可的决定期限

解析 根据《行政许可法》第 42 条第 1 款的规定，除可以当场作出行政许可决定的外，行政机关应当自受理行政许可申请之日起 20 日内作出

行政许可决定。20日内不能作出决定的，经本行政机关负责人批准，可以延长10日，并应当将延长期限的理由告知申请人。但是，<u>法律、法规另有规定的，依照其规定</u>。按照《律师法》第6条第3款的规定，申请领取律师执业证书，司法行政机关应当自收到申请之日起30日内作出是否颁发的决定。由此可知，《律师法》只是与《行政许可法》规定的一般期限不同，但由于《行政许可法》第42条第1款中有"但书"的规定，两者并不冲突。因此，题目中《律师法》规定的期限属于《行政许可法》第42条第1款中"但是，法律、法规另有规定的"情形，应该"依照其规定"，即司法厅应当适用《律师法》的规定，在30日内作出是否颁发的决定。故A选项当选。

答案 A

提示

> 行政许可决定的一般审查期限是20日，法律、法规另有规定的除外。这一规定有三层含义：
> （1）法律、法规没有规定的，都适用20日审查期限；
> （2）法律、法规另有规定的，不管是超过20日还是少于20日，都适用法律、法规的规定；
> （3）法律、法规以外的规范另有规定的，还是应当适用20日的审查期限。

93. 2001年原信息产业部制定的《电信业务经营许可证管理办法》（简称《办法》，现已失效）规定："经营许可证有效期届满，需要继续经营的，应当提前90日，向原发证机关提出续办经营许可证的申请。"2003年9月1日获得增值电信业务许可证（有效期为5年）的甲公司，于2008年拟向原发证机关某省通信管理局提出续办经营许可证的申请。下列哪一选项是正确的？（2009/2/40-单）

A. 因《办法》为规章，所规定的延续许可证申请期限无效

B. 因《办法》在《行政许可法》制定前颁布，

所规定的延续许可证申请期限无效

C. 如甲公司依法提出申请，该省通信管理局应在甲公司许可证有效期届满前作出是否准予延续的决定

D. 如甲公司依法提出申请，该省通信管理局在60日内不予答复的，视为拒绝延续

考点 行政许可的延续

解析 根据《行政许可法》第50条第1款的规定，被许可人需要延续依法取得的行政许可的有效期的，应当在该行政许可有效期届满30日前向作出行政许可决定的行政机关提出申请。但是，法律、法规、规章另有规定的，依照其规定。题目中，《办法》属于部门规章，规章对延续许可申请期限另有规定的，应依照规章规定，故A选项错误。《办法》在《行政许可法》制定前颁布，与其所规定的延续许可证申请期限没有关系，故B选项错误。

根据《行政许可法》第50条第2款的规定，行政机关应当根据被许可人的申请，在该行政许可有效期届满前作出是否准予延续的决定；逾期未作决定的，视为准予延续。甲公司依法提出申请，该省通信管理局应在甲公司许可证有效期届满前作出是否准予延续的决定，故C选项正确。甲公司依法提出申请，该省通信管理局在60日内不予答复的，视为准予延续，而不是视为拒绝延续，故D选项错误。

答案 C

提示

> 行政许可中被许可人的延续申请时间（包括一般情形和特殊情形）和行政许可机关的决定期限（包括逾期后果），都是命题人经常考查的内容。

94. 刘某向卫生局申请在小区设立个体诊所，卫生局受理申请。小区居民陈某等人提出，诊所的医疗废物会造成环境污染，要求卫生局不予批准。对此，下列哪一选项符合《行政许可法》规定？（2010/2/43-单）

A. 刘某既可以书面也可以口头申请设立个体诊所

B. 卫生局受理刘某申请后，应当向其出具加盖本机关专用印章和注明日期的书面凭证

C. 如陈某等人提出听证要求，卫生局同意并听证的，组织听证的费用应由陈某承担

D. 如卫生局拒绝刘某申请，原则上应作出书面决定，必要时口头告知即可

考点 行政许可的实施程序

解析 根据《行政许可法》第29条第1款的规定，公民、法人或者其他组织从事特定活动，依法需要取得行政许可的，应当向行政机关提出申请。申请书需要采用格式文本的，行政机关应当向申请人提供行政许可申请书格式文本。由此可知，行政相对人申请行政许可时需要提交申请书，行政许可申请不可以口头形式提出，故A选项不符合《行政许可法》规定，不当选。

根据《行政许可法》第32条第2款的规定，行政机关受理或者不予受理行政许可申请，应当出具加盖本行政机关专用印章和注明日期的书面凭证。因此，卫生局受理刘某申请后，应当向其

出具加盖本机关专用印章和注明日期的书面凭证，故B选项符合《行政许可法》规定，当选。

根据《行政许可法》第47条第2款的规定，申请人、利害关系人不承担行政机关组织听证的费用。卫生局组织听证的费用不应由陈某承担，故C选项不符合《行政许可法》规定，不当选。

根据《行政许可法》第38条第2款的规定，行政机关依法作出不予行政许可的书面决定的，应当说明理由，并告知申请人享有依法申请行政复议或者提起行政诉讼的权利。由此可知，行政机关不予行政许可的，应当作出书面决定，不能口头告知，故D选项不符合《行政许可法》规定，不当选。

答案 B

提 示

行政许可属于要式行政行为，准予行政许可和不予许可决定都应当作出书面决定。

行政许可的监督管理 专题 20

95. 根据行政许可法的规定，下列关于行政许可的撤销、撤回、注销的哪些说法是正确的？（2006/2/86-多）

A. 行政许可的撤销和撤回都涉及被许可人实体权利

B. 规章的修改可以作为行政机关撤回已经生效的行政许可的理由

C. 因行政机关工作人员滥用职权授予的行政许可被撤销的，行政机关应予赔偿

D. 注销是行政许可被撤销和撤回后的法定程序

考点 行政许可的撤销、撤回、注销

解析 根据《行政许可法》第2条的规定，本法所称行政许可，是指行政机关根据公民、法人或者其他组织的申请，经依法审查，准予其从事特定活动的行为。据此，被许可人获得从事特定活动的权利。因此，行政许可的撤销和撤回都意味着被许可人丧失已获得的从事特定活动的权利，故A选项说法正确。

根据《行政许可法》第8条第2款的规定，行政许可所依据的法律、法规、规章修改或者废止，或者准予行政许可所依据的客观情况发生重大变化的，为了公共利益的需要，行政机关可以依法变更或者撤回已经生效的行政许可。由此可知，行政许可变更或撤回的理由有二：①所依据的法律、法规、规章修改或者废止；②准予行政许可所依据的客观情况发生重大变化。规章作为行政许可的法律依据，其修改可以作为行政机关撤回已经生效的行政许可的理由，故B选项说法正确。

根据《行政许可法》第69条第1、4款的规定，有下列情形之一的，作出行政许可决定的行政机关或者其上级行政机关，根据利害关系人的请求或者依据职权，可以撤销行政许可：①行政机关工作人员滥用职权、玩忽职守作出准予行政许可决定的；……依照本条第1款的规定撤销行政许可，被许可人的合法权益受到损害的，行政

机关应当依法给予赔偿。由此可知，行政机关工作人员滥用职权授予的行政许可被撤销，是行政机关赔偿的条件之一，行政机关应当依法给予赔偿还要求被许可人的合法权益受到损害，故 C 选项说法错误。

根据《行政许可法》第 70 条的规定，有下列情形之一的，行政机关应当依法办理有关行政许可的注销手续：……④行政许可依法被撤销、撤回，或者行政许可证件依法被吊销的；……行政许可被撤销和撤回后应当履行注销手续，故 D 选项说法正确。

答案 ABD

提 示

注意行政许可的撤销、撤回、注销的区别与适用条件：撤销、撤回是对行政许可的实体权利处理，注销只是对行政许可的程序处理。

96. 食品药品监督管理局向一药店发放药品经营许可证。后接举报称，该药店存在大量非法出售处方药的行为，该局在调查中发现药店的药品经营许可证系提供虚假材料欺骗所得。关于对许可证的处理，该局下列哪一做法是正确的？（2015/2/47-单）

A. 撤回

B. 撤销

C. 吊销

D. 待有效期限届满后注销

考点 行政许可的撤回、撤销、吊销、注销

解析《行政许可法》第 8 条第 2 款明确规定了行政许可的撤回条件，即行政许可所依据的法律、法规、规章修改或者废止，或者准予行政许可所依据的客观情况发生重大变化，且是为了公共利益的需要。显然，本题出现的情形不符合这些条件，故 A 选项做法错误。

根据《行政许可法》第 69 条第 2 款的规定，被许可人以欺骗、贿赂等不正当手段取得行政许可的，应当予以撤销。食品药品监督管理局虽然接到举报，称药店存在大量非法出售处方药的行为，但实际调查中发现药店的药品经营许可证系

提供虚假材料欺骗所得，对许可证是应予撤销，故 B 选项做法正确。

行政许可的吊销，是指当事人在取得行政许可后，因从事违法行为而取消其相应行政许可的制度。吊销行政许可本质是一种行政处罚。题目中，虽然有举报称药店存在大量非法出售处方药的行为，但是食品药品监督管理局在实际调查后认定的是，药店的药品经营许可证系提供虚假材料欺骗所得，其没有对药店是否存在大量非法出售处方药的违法行为进行认定，吊销行政许可的事实依据是不充足的，故 C 选项做法错误。

行政许可的注销，是指在出现特定事实时，行政机关依据法定程序收回行政许可证件或向社会公告行政许可失去效力的事实。注销更多是对特定事实的公示，不涉及行政许可的实体效力。题目出现的情形是申请人提供虚假材料欺骗得到行政许可的情形，不需要等到行政许可有效期限届满后注销，故 D 选项做法错误。

答案 B

提 示

本题涉及行政许可中的撤回、撤销、吊销和注销四项相关但又有区别的制度，题目要求考生准确地掌握四者的区别。

97. 下列哪些情形中，行政机关应依法办理行政许可的注销手续？（2017/2/78-多）

A. 某企业的产品生产许可证有效期限届满未申请延续的

B. 某企业的旅馆业特种经营许可证被认定为以贿赂手段取得而被撤销的

C. 某房地产开发公司取得的建设工程规划许可证被吊销的

D. 拥有执业医师资格证的王医生死亡的

考点 行政许可的注销

解析 根据《行政许可法》第 70 条的规定，有下列情形之一的，行政机关应当依法办理有关行政许可的注销手续：①行政许可有效期届满未延续的；②赋予公民特定资格的行政许可，该公民死亡或者丧失行为能力的；③法人或者其他组织依法终止的；④行政许可依法被撤销、撤回，或

者行政许可证件依法被吊销的；⑤因不可抗力导致行政许可事项无法实施的；⑥法律、法规规定的应当注销行政许可的其他情形。

A 选项"某企业的产品生产许可证有效期限届满未申请延续的"属于"行政许可有效期届满未延续的"，行政机关应对该企业的产品生产许可证办理注销手续，故 A 选项当选。

B 选项"某企业的旅馆业特种经营许可证被认定为以贿赂手段取得而被撤销的"属于"行政许可依法被撤销、撤回，或者行政许可证件依法被吊销的"，行政机关应对该企业的旅馆业特种经营许可证办理注销手续，故 B 选项当选。

C 选项"某房地产开发公司取得的建设工程规划许可证被吊销的"属于"行政许可依法被撤销、撤回，或者行政许可证件依法被吊销的"，行政机关应对该房地产开发公司取得的建设工程规划许可证办理注销手续，故 C 选项当选。

D 选项"拥有执业医师资格证的王医生死亡的"属于"赋予公民特定资格的行政许可，该公民死亡或者丧失行为能力的"，行政机关应对王医生的执业医师资格证办理注销手续，故 D 选项当选。

答案 ABCD

提示

解题的关键是对行政许可注销的准确理解——不是行政许可被注销导致被许可人不能从事该行政许可，而是被许可人不能从事行政许可导致该行政许可被注销。

98. 李某向某市的区规划局申请建设工程规划许可，并提供相关材料。区规划局予以核准，颁发建设工程规划许可证。后区规划局收到群众举报线索，称李某提供的材料内容不真实。区规划局经调查，发现李某提供虚假材料获取建设工程规划许可，该局作出撤销建设工程规划许可的决定。下列哪一说法是错误的？（2019-回忆版-单）

A. 区规划局颁发建设工程规划许可证不得收费

B. 区规划局撤销建设工程规划许可的决定是行政处罚

C. 市规划局有权撤销建设工程规划许可

D. 区规划局撤销建设工程规划许可后应当依法办理注销手续

考点 行政许可的收费与撤销

解析 根据《行政许可法》第 58 条第 1 款的规定，行政机关实施行政许可和对行政许可事项进行监督检查，不得收取任何费用。但是，法律、行政法规另有规定的，依照其规定。因此，区规划局颁发建设工程规划许可证不得收费。故 A 选项说法正确，不当选。

根据《行政处罚法》第 9 条的规定，行政处罚的种类：①警告、通报批评；②罚款、没收违法所得、没收非法财物；③暂扣许可证件、降低资质等级、吊销许可证件；④限制开展生产经营活动、责令停产停业、责令关闭、限制从业；⑤行政拘留；⑥法律、行政法规规定的其他行政处罚。撤销建设工程规划许可的决定不属于行政处罚，是对行政许可的监督。故 B 选项说法错误，当选。

根据《行政许可法》第 69 条第 2 款的规定，被许可人以欺骗、贿赂等不正当手段取得行政许可的，作出行政许可决定的行政机关或者其上级行政机关应当予以撤销。李某提供虚假材料获取建设工程规划许可，应当由作出许可决定的行政机关——区规划局或者区规划局的上级行政机关——区政府或者市规划局撤销行政许可，市规划局有权撤销建设工程规划许可。故 C 选项说法正确，不当选。

根据《行政许可法》第 70 条第 4 项的规定，行政许可依法被撤销、撤回，或者行政许可证件依法被吊销的，行政机关应当依法办理有关行政许可的注销手续。区规划局撤销李某的建设工程规划许可，应当依法办理有关行政许可的注销手续。故 D 选项说法正确，不当选。

答案 B

提示

撤销行政许可的情形有：

（1）行政机关工作人员滥用职权、玩忽职守作出准予行政许可决定的；

（2）超越法定职权作出准予行政许可决

定的；

（3）违反法定程序作出准予行政许可决定的；

（4）对不具备申请资格或者不符合法定条件的申请人准予行政许可的；

（5）被许可人以欺骗、贿赂等不正当手段取得行政许可的；

（6）依法可以撤销行政许可的其他情形。

99. 某区规划局为 A 公司颁发了建设工程规划许可证，后查明 A 公司在申请规划许可证时提供了虚假材料，于是，该区规划局将该许可证予以撤销。下列说法正确的有：（2019-回忆版-多）

A. 撤销许可证的性质属于行政处罚

B. 颁发行政许可不得收取任何费用

C. 准予许可的决定应当向社会公开

D. A 公司提起行政复议，复议机关为区政府

考点 行政许可的撤销、费用和公开；行政复议机关

解析 根据《行政许可法》第 69 条的规定，撤销许可证件是对违法取得许可的监督管理行为，不是行政处罚行为。根据《行政处罚法》第 9 条第 3 项的规定，吊销许可证件是行政处罚行为。故 A 选项说法错误。

根据《行政许可法》第 58 条第 1 款的规定，行政机关实施行政许可和对行政许可事项进行监督检查，不得收取任何费用。但是，法律、行政法规另有规定的，依照其规定。因此，区规划局为 A 公司颁发建设工程规划许可证不得收取任何费用。故 B 选项说法正确。

根据《行政许可法》第 40 条的规定，行政机关作出的准予行政许可决定，应当予以公开，公众有权查阅。因此，准予许可的决定应当向社会公开。故 C 选项说法正确。

根据《行政复议法》第 24 条第 1 款的规定，县级以上地方各级人民政府管辖下列行政复议案件：①对本级人民政府工作部门作出的行政行为不服的；……A 公司对区规划局撤销许可证行为

提起行政复议，区规划局为区政府工作部门，复议机关为区政府。故 D 选项说法正确。

答案 BCD

✏️ 提 示

行政许可撤销与吊销的区别：撤销是针对取得行政许可违法；吊销是针对从事行政许可违法。

100. 关于行政许可的撤销和注销，下列哪些说法是错误的？（2022-回忆版-多）

A. 两者均为依申请的行政行为

B. 两者均为裁量性行政行为

C. 两者均为行政处罚行为

D. 两者均不属于可诉的行政行为

考点 具体行政行为的分类；行政许可的撤销和注销；行政处罚的概念；行政诉讼的受案范围

解析 根据《行政许可法》第 69 条第 1 款的规定，行政机关根据利害关系人的请求或者依据职权，可以撤销行政许可。因此，行政许可的撤销既可以依申请，也可以依职权。根据《行政许可法》第 70 条的规定，行政机关在五种法定情形下应当依法办理行政许可的注销手续。因此，行政许可的注销是依职权的行政行为。故 A 选项错误，当选。

羁束性行政行为和裁量性行政行为划分标准是具体行政行为受法律拘束的程度。立法对具体行政行为的范围、方法、手段等方面作出严格规定，行政机关实施时基本没有选择余地的，是羁束性行政行为。立法对具体行政行为的范围、方法、手段等方面给予行政机关根据实际情况裁量余地的，是裁量性行政行为。行政许可的撤销和注销都是羁束性行政行为。故 B 选项错误，当选。

根据《行政处罚法》第 2 条的规定，行政处罚是指行政机关依法对违反行政管理秩序的公民、法人或者其他组织，以减损权益或者增加义务的方式予以惩戒的行为。又根据《行政许可法》第 69、70 条的规定，行政许可的撤销和注销不具有惩戒性。因此，行政许可的撤销和注销都不是行政处罚。故 C 选项错误，当选。

根据《行诉解释》第 1 条第 2 款第 10 项的规定，对公民、法人或者其他组织权利义务不产生实际影响的行为不属于人民法院行政诉讼的受案范围。行政许可的撤销和注销均是在行政许可实施过程中的管理行为，对行政相对人的权利义务产生实际影响。因此，行政许可的撤销和注销属于可诉的行政行为。故 D 选项错误，当选。

答案 ABCD

✎ 提 示

> 　行政许可的撤销和注销不具有惩戒性，都不属于行政处罚，而行政许可的吊销是对被许可人的惩戒，属于行政处罚。

101. 某采砂场依法取得县水利局颁发的采砂许可证。由于采砂场区域被划入湿地保护区范围，水利局以湿地保护为由撤回该采砂场的采砂许可证。该采砂场提起行政诉讼，要求补偿其 250 万元损失。下列说法正确的有：（2023－回忆版－多）

A. 水利局撤回采砂许可前应当组织听证
B. 水利局应当予以补偿
C. 补偿标准以实际投入损失为准
D. 该采砂场起诉前，应先向县水利局申请补偿

考点 行政许可的撤回和补偿

解析 根据《行政许可法》第 47 条第 1 款的规定，行政许可直接涉及申请人与他人之间重大利益关系的，行政机关在作出行政许可决定前，应当告知申请人、利害关系人享有要求听证的权利；申请人、利害关系人在被告知听证权利之日起 5 日内提出听证申请的，行政机关应当在 20 日内组织听证。可知，行政许可的听证适用于行政机关作出行政许可决定前，撤回采砂许可不属于行政许可听证的适用范围。故 A 选项说法错误。

根据《行政许可法》第 8 条第 2 款的规定，行政许可所依据的法律、法规、规章修改或者废止，或者准予行政许可所依据的客观情况发生重大变化的，为了公共利益的需要，行政机关可以依法变更或者撤回已经生效的行政许可。由此给公民、法人或者其他组织造成财产损失的，行政机关应当依法给予补偿。采砂许可依据的客观情况发生变化，湿地保护是公共利益，以湿地保护为由撤回采砂许可给该采砂场造成财产损失，应当依法予以补偿。故 B 选项说法正确。

根据《最高人民法院关于审理行政许可案件若干问题的规定》第 15 条的规定，法律、法规、规章或者规范性文件对变更或者撤回行政许可的补偿标准未作规定的，一般在实际损失范围内确定补偿数额；行政许可属于《行政许可法》第 12 条第 2 项规定情形的，一般按照实际投入的损失确定补偿数额。根据《行政许可法》第 12 条的规定，下列事项可以设定行政许可：……②有限自然资源开发利用、公共资源配置以及直接关系公共利益的特定行业的市场准入等，需要赋予特定权利的事项；……采砂许可属于有限自然资源开发利用的许可，撤回其行政许可的补偿标准按照实际投入的损失确定。故 C 选项说法正确。

根据《最高人民法院关于审理行政许可案件若干问题的规定》第 14 条规定，行政机关依据《行政许可法》第 8 条第 2 款规定变更或者撤回已经生效的行政许可，公民、法人或者其他组织仅主张行政补偿的，应当先向行政机关提出申请；行政机关在法定期限或者合理期限内不予答复或者对行政机关作出的补偿决定不服的，可以依法提起行政诉讼。可知，该采砂场提起行政诉讼要求补偿其 250 万元损失，应先向县水利局申请补偿。故 D 选项说法正确。

答案 BCD

✎ 提 示

> 　行政许可的补偿：
> 　（1）行政机关依法变更或者撤回已经生效的行政许可，给公民、法人或者其他组织造成财产损失的，应当给予补偿；
> 　（2）公民、法人或者其他组织仅对行政许可补偿提起行政诉讼的，应当先经行政机关处理；
> 　（3）行政许可补偿案件可以进行调解。

第7讲 行政处罚

21 **专题 行政处罚的概念与设定**

102. 下列哪些行政行为不属于行政处罚？
（2016/2/81-多）

A. 质监局对甲企业涉嫌冒用他人商品识别代码的产品予以先行登记保存

B. 食品药品监管局责令乙企业召回已上市销售的不符合药品安全标准的药品

C. 环保局对排污超标的丙企业作出责令停产6个月的决定

D. 工商局责令销售不合格产品的丁企业支付消费者3倍赔偿金

考点 行政处罚行为的判定

解析 行政处罚行为是对公民、组织违法行为的行政制裁。根据《行政处罚法》第56条的规定，行政机关在收集证据时，在证据可能灭失或者以后难以取得的情况下，经行政机关负责人批准，可以先行登记保存。A选项中的先行登记保存是行政处罚调查过程中的行为，先行登记保存不具有惩罚性，不是行政处罚，故A选项当选。

B选项中的责令召回，其目的在于制止违法或者制止危害的发生或扩大，没有惩罚性，属于行政强制措施，不是行政处罚，故B选项当选。

根据《行政处罚法》第9条第4项的规定，行政处罚的种类包括责令停产停业。C选项中责令停产6个月的决定，属于法定的行政处罚种类，责令停产6个月是对丙企业的行政制裁，具有惩罚性，故C选项不当选。

D选项中责令丁企业支付消费者3倍赔偿金是对民事争议的处理，是工商局针对丁企业和消费者之间的消费纠纷作出的行政裁决，目的在于解决民事争议，没有惩罚性，不是行政处罚，故D选项当选。

答案 ABD

提示

惩罚性是行政处罚行为的本质特性，只要考生抓住这一特征，就能把行政处罚行为辨别出来。

103. 规划局认定一公司所建房屋违反规划，向该公司发出《拆除所建房屋通知》，要求公司在15日内拆除房屋。到期后，该公司未拆除所建房屋，该局发出《关于限期拆除所建房屋的通知》，要求公司在10日内自动拆除，否则将依法强制执行。下列哪些说法是正确的？
（2012/2/84-多）

A. 《拆除所建房屋通知》与《关于限期拆除所建房屋的通知》性质不同

B. 《关于限期拆除所建房屋的通知》系行政处罚

C. 公司可以对《拆除所建房屋通知》提起行政诉讼

D. 在作出《拆除所建房屋通知》时，规划局可以适用简易程序

[考点] 具体行政行为

[解析] 规划局发出了两个通知，虽然表述很相似，但两个通知的行为性质不同。关于第一个通知，规划局认定一公司所建房屋违反规划后发出的《拆除所建房屋通知》，其内容是要求公司在15日内拆除房屋。该通知旨在制裁公司的违法行为，并予以纠正，故该通知为**行政处罚**。关于第二个通知，规划局发出第一个通知后，公司未拆除所建房屋，该局发出《关于限期拆除所建房屋的通知》，要求公司在10日内自动拆除。根据《行政强制法》第35条的规定，行政机关作出强制执行决定前，应当事先催告当事人履行义务。此通知为行政强制执行中的催告行为，目的在于督促当事人自动履行义务。故A选项说法正确，B选项说法错误。

根据《行政诉讼法》第12条第1款的规定，人民法院受理公民、法人或者其他组织提起的下列诉讼：①对行政拘留、暂扣或者吊销许可证和执照、责令停产停业、没收违法所得、没收非法财物、罚款、警告等行政处罚不服的；……《拆除所建房屋通知》作为行政处罚行为，公司可以提起行政诉讼。故C选项说法正确。

根据《行政处罚法》第51条的规定，违法事实确凿并有法定依据，对公民处以200元以下、对法人或者其他组织处以3000元以下罚款或者警告的行政处罚的，可以当场作出行政处罚决定。法律另有规定的，从其规定。作出《拆除所建房屋通知》不属于当场作出行政处罚决定的范围，规划局不能适用简易程序。故D选项说法错误。

[答案] AC

✐ [提 示]

《拆除所建房屋通知》是行政处罚行为，《关于限期拆除所建房屋的通知》是行政强制执行前的催告行为，二者的行为目的和法律后果都不同。

104. 交警大队民警发现王某涉嫌驾驶违法拼装车辆，情况紧急，遂当场扣押其车辆。交警大队根据专门机构出具的该车辆系违法拼装车辆的鉴定意见，对王某的车辆进行收缴，后对车辆进行报废处理。王某不服，提起行政诉讼。下列说法正确的有：（2021－回忆版－多）

A. 收缴属于行政处罚

B. 报废属于行政处罚

C. 扣押后24小时内向交警大队负责人报告并补办批准手续

D. 若王某有证据证明鉴定意见可能有错误，法院不予采纳鉴定意见

[考点] 行政处罚的判断；扣押程序；鉴定意见的认定

[解析] 根据《行政处罚法》第2条的规定，行政处罚是指行政机关依法对违反行政管理秩序的公民、法人或者其他组织，以减损权益或者增加义务的方式予以惩戒的行为。行政处罚的本质是制裁性的行为。收缴拼装车辆是对王某的制裁，属于行政处罚；而报废拼装车辆只是把收缴的拼装车辆进行报废，没有体现对王某的制裁，不属于行政处罚。故A选项说法正确，B选项说法错误。

根据《行政强制法》第19条的规定，情况紧急，需要当场实施行政强制措施的，行政执法人员应当在24小时内向行政机关负责人报告，并补办批准手续。行政机关负责人认为不应当采取行政强制措施的，应当立即解除。因此，交警在情况紧急时，应于当场扣押后24小时内向交警大队负责人报告并补办批准手续。故C选项说法正确。

根据《最高人民法院关于行政诉讼证据若干问题的规定》（以下简称《行诉证据规定》）第29条的规定，原告或者第三人有证据或者有正当理由表明被告据以认定案件事实的鉴定结论（《行政诉讼法》在2014年把"鉴定结论"修改为"鉴定意见"）可能有错误，在举证期限内书面申请重新鉴定的，人民法院应予准许。由此可知，王某有证据证明鉴定意见可能有错误，可以申请重新鉴定，而不是法院不予采纳鉴定意见。故D选项说法错误。

[答案] AC

📝 **提示**

　　行政处罚，是指行政机关依法对违反行政管理秩序的公民、法人或者其他组织，以减损权益或者增加义务的方式予以惩戒的行为。

　　行政处罚的种类包括：①警告、通报批评；②罚款、没收违法所得、没收非法财物；③暂扣许可证件、降低资质等级、吊销许可证件；④限制开展生产经营活动、责令停产停业、责令关闭、限制从业；⑤行政拘留；⑥法律、行政法规规定的其他行政处罚。

105. 为了规范水行政处罚行为，保障和监督行政机关有效实施水行政管理，维护公共利益和社会秩序，保护公民、法人或者其他组织的合法权益，水利部根据《行政处罚法》《水法》等有关法律、行政法规，制定并印发了《水行政处罚实施办法》。关于《水行政处罚实施办法》，下列哪一说法是正确的？（2023-回忆版-单）

A. 可以补充设定行政处罚

B. 可以规定行政处罚的级别管辖

C. 可以对行政处罚简易程序适用事项另行规定

D. 可以对行政处罚普通程序的期限另行规定

考点 行政处罚的级别管辖、补充设定；简易程序和普通程序

解析 根据《行政处罚法》第11条第3款的规定，法律对违法行为未作出行政处罚规定，行政法规为实施法律，可以补充设定行政处罚。根据《行政处罚法》第12条第3款的规定，法律、行政法规对违法行为未作出行政处罚规定，地方性法规为实施法律、行政法规，可以补充设定行政处罚。可知，只有行政法规和地方性法规在上位法对违法行为未作出行政处罚规定的情况下，可以补充设定行政处罚。水利部发布的《水行政处罚实施办法》属于部门规章，无权补充设定行政处罚。故A选项说法错误。

根据《行政处罚法》第23条的规定，行政处罚由县级以上地方人民政府具有行政处罚权的行政机关管辖。法律、行政法规另有规定的，从其规定。可知，规章无权对行政处罚的级别管辖进行规定。故B选项说法错误。

根据《行政处罚法》第51条的规定，违法事实确凿并有法定依据，对公民处以200元以下、对法人或者其他组织处以3000元以下罚款或者警告的行政处罚的，可以当场作出行政处罚决定。法律另有规定的，从其规定。可知，规章无权对行政处罚简易程序适用事项另行规定。故C选项说法错误。

根据《行政处罚法》第60条的规定，行政机关应当自行政处罚案件立案之日起90日内作出行政处罚决定。法律、法规、规章另有规定的，从其规定。可知，规章可以对行政处罚普通程序的期限另行规定。故D选项说法正确。

答案 D

📝 **提示**

　　行政处罚中规章的设定与规定：

　　（1）规章可以设定警告、通报批评或者一定数额罚款的行政处罚；

　　（2）规章可以在法律、法规规定的给予行政处罚的行为、种类和幅度的范围内作出具体规定。

22 专题　**行政处罚的管辖与适用**

106. 关于部门规章权限的说法，下列哪些选项是正确的？（2021-回忆版-多）

A. 部门规章可以对行政处罚的地域管辖作出特别规定

B. 部门规章可以对行政处罚违法所得的计算作出特别规定

C. 部门规章可以对法律设定的行政许可作出具体规定

D. 部门规章可以对法律规定的行政强制措施种类作出具体规定

考点 部门规章权限

解析 根据《行政处罚法》第22条的规定，行政处罚由违法行为发生地的行政机关管辖。法律、行政法规、部门规章另有规定的，从其规定。由此可知，部门规章可以对行政处罚的地域管辖作出特别规定。故A选项正确。

根据《行政处罚法》第28条第2款的规定，当事人有违法所得，除依法应当退赔的外，应当予以没收。违法所得是指实施违法行为所取得的款项。法律、行政法规、部门规章对违法所得的计算另有规定的，从其规定。由此可知，部门规章可以对行政处罚违法所得的计算作出特别规定。故B选项正确。

根据《行政许可法》第16条第3款的规定，规章可以在上位法设定的行政许可事项范围内，对实施该行政许可作出具体规定。由此可知，部门规章可以对法律设定的行政许可作出具体规定。故C选项正确。

根据《行政强制法》第11条的规定，法律对行政强制措施的对象、条件、种类作了规定的，行政法规、地方性法规不得作出扩大规定。法律中未设定行政强制措施的，行政法规、地方性法规不得设定行政强制措施。但是，法律规定特定事项由行政法规规定具体管理措施的，行政法规可以设定除《行政强制法》第9条第1、4项和应当由法律规定的行政强制措施以外的其他行政强制措施。由此可知，部门规章无权对法律规定的行政强制措施种类作出具体规定。故D选项错误。

答案 ABC

提示

行政处罚管辖的两个例外规定：
（1）行政处罚由违法行为发生地的行政机关管辖，法律、行政法规、部门规章另有规定的除外；
（2）行政处罚由县级以上地方人民政府具有行政处罚权的行政机关管辖，法律、行政法规另有规定的除外。

107. 运输公司指派本单位司机运送白灰膏。由于泄漏，造成沿途路面大面积严重污染。司机发现后即向公司汇报。该公司即组织人员清扫被污染路面。下列哪些选项是正确的？（2007/2/86-多）

A. 路面被污染的沿途3个区的执法机关对本案均享有管辖权，如发生管辖权争议，由3个区的共同上级机关指定管辖
B. 对该运输公司应当依法从轻或者减轻行政处罚
C. 本案的违法行为人是该运输公司
D. 本案的违法行为人是该运输公司和司机

考点 行政处罚的管辖

解析 根据《行政处罚法》第22条的规定，行政处罚由违法行为发生地的行政机关管辖。法律、行政法规、部门规章另有规定的，从其规定。《行政处罚法》第25条第2款规定，对管辖发生争议的，应当协商解决，协商不成的，报请共同的上一级行政机关指定管辖；也可以直接由共同的上一级行政机关指定管辖。题目中，白灰膏泄漏对沿途3个区的路面造成了污染，路面被污染的沿途3个区都是违法行为发生地，所以沿途3个区的执法机关都享有管辖权。对于执法机构的管辖争议，可以先协商，协商不成的，再报请共同上一级行政机关指定管辖，当然也可以不用协商，直接由共同上一级行政机关指定管辖，故A选项正确。

根据《行政处罚法》第32条的规定，当事人有下列情形之一，应当从轻或者减轻行政处罚：①主动消除或者减轻违法行为危害后果的；……题目中，运输公司在污染事故发生后立即组织清扫，属于主动消除或者减轻违法行为危害后果的情形，应当对运输公司从轻或减轻处罚，故B选项正确。

题目中，司机受单位的指派运送白灰膏，其行为属于职务行为，故泄漏造成沿途路面大面积严重污染的违法行为不属于司机的个人行为，而应当属于公司的违法行为。因此，违法行为人应是运输公司，而不是司机个人，故C选项正确，D选项错误。

队处罚违反了一事不再罚，而交警大队认为李某超过一定期限没有改正违法行为而进行处罚不违反一事不再罚。下列说法错误的有：（2020-回忆版-多）

A. 交警大队罚款违反一事不再罚
B. 交警大队罚款违反诚实守信原则
C. 交警大队罚款违反处罚时效免责
D. 可以不限制交警大队的罚款次数

考点 一事不再罚

解析 根据《行政处罚法》第28条第1款的规定，行政机关实施行政处罚时，应当责令当事人改正或者限期改正违法行为。《行政处罚法》第29条规定，对当事人的同一个违法行为，不得给予2次以上罚款的行政处罚。题目中，2019年7月12日交警大队认定李某在某路段违法停车，决定给予200元罚款并责令改正违法行为，但李某并没有开走汽车，能改正而没有改正违法行为。2019年7月17日交警大队以李某在该路段违法停车为由决定给予200元的罚款。李某不改正的长时间违法行为不属于"同一违法行为"，交警大队没有违反一事不再罚，故A选项说法错误，当选。当然，即使对于李某不改正的长时间违法行为，交警大队的罚款次数也不能不限制，毕竟行政处罚的目的是维护公共利益和社会秩序，而不是为了罚款而罚款，故D选项说法错误，当选。

诚实守信原则包括诚实和信赖保护，题目主要涉及信赖保护，信赖保护的前提是存在信赖利益，不能因为李某第一次被处罚后就存在不被再次处罚的信赖利益，因此交警大队针对李某拒不改正的违法行为再次处罚并没有违反信赖保护，故B选项说法错误，当选。

根据《行政处罚法》第36条第1款的规定，违法行为在2年内未被发现的，不再给予行政处罚；涉及公民生命健康安全、金融安全且有危害后果的，上述期限延长至5年。法律另有规定的除外。处罚时效适用的条件是违法行为未被行政机关发现，李某违法行为不属于未被行政机关发现的行为，不适用处罚时效免责，故C选项说法错误，当选。

答案 ABCD

答案 ABC

提示 行政处罚的地域管辖——违法行为发生地；行政处罚管辖争议的处理——共同的上一级行政机关指定管辖。

108. 关于行政处罚和刑罚的折抵，下列说法正确的是：（2004/2/98-任）

A. 行政拘留可以折抵拘役
B. 行政拘留可以折抵有期徒刑
C. 没收违法所得可以折抵没收财产
D. 罚款可以折抵罚金

考点 行政处罚与刑罚的折抵

解析 根据《行政处罚法》第35条的规定，违法行为构成犯罪，人民法院判处拘役或者有期徒刑时，行政机关已经给予当事人行政拘留的，应当依法折抵相应刑期。违法行为构成犯罪，人民法院判处罚金时，行政机关已经给予当事人罚款的，应当折抵相应罚金；行政机关尚未给予当事人罚款的，不再给予罚款。由此可知，行政处罚与刑罚的折抵情形是行政拘留可以折抵拘役和有期徒刑、行政罚款可以折抵罚金。故A、B、D选项说法正确，C选项说法错误。

答案 ABD

提示 行政处罚与刑罚的折抵的目的是保护被处罚当事人权益，行政拘留折抵无期徒刑和行政罚款折抵没收财产对于保护被处罚当事人没有意义。因此，行政处罚与刑罚折抵的情形有：①行政拘留可以折抵拘役；②行政拘留可以折抵有期徒刑；③行政罚款可以折抵罚金。

109. 交警大队认定2019年7月12日李某在某路段违法停车，决定给予200元罚款并责令改正违法行为，但李某并没有开走汽车。2019年7月17日交警大队以李某在该路段违法停车为由决定给予200元的罚款。李某向法院起诉，法院受理案件。李某认为交警大

✏️ **提 示**

　　一事不再罚要与责令改正、限期改正结合起来适用，行政机关要求当事人改正而当事人拒不改正的违法行为就不属于"同一违法行为"。

110. 甲市监管局发布《关于食品安全监督抽检的通告》（以下简称《通告》）。依据该《通告》，甲市监管局对乙公司的产品进行了抽样检查，发现了不合格产品，责令乙公司改正违法行为。乙公司不改正，甲市监管局决定对其罚款 1 万元并将处罚决定予以公开。乙公司不服，提起诉讼。下列哪些说法是正确的？（2023-回忆版-多）

A. 责令改正违法行为属于行政处罚

B. 公开处罚决定的行为不可诉

C. 若法院判决变更处罚决定，甲市监管局应当将撤销处罚的信息向社会公开

D. 乙公司可以一并申请对《通告》合法性的审查

🔲 **考点** 行政处罚的认定；行政处罚决定公开；行政诉讼受案范围和附带审查规范性文件

🟩 **解析** 根据《行政处罚法》第 2 条的规定，行政处罚是指行政机关依法对违反行政管理秩序的公民、法人或者其他组织，以减损权益或者增加义务的方式予以惩戒的行为。根据《行政强制法》第 2 条第 2 款的规定，行政强制措施，是指行政机关在行政管理过程中，为制止违法行为、防止证据损毁、避免危害发生、控制危险扩大等情形，依法对公民的人身自由实施暂时性限制，或者对公民、法人或者其他组织的财物实施暂时性控制的行为。可知，行政处罚具有惩戒性，行政强制措施具有制止性和预防性。责令改正违法行为不具有惩戒性，具有制止性和预防性，不属于

行政处罚，属于行政强制措施。故 A 选项说法错误。

　　行政处罚公开是 2021 年《行政处罚法》修订所增加的一项重要规定，体现了行政处罚全流程公开的要求，对行政处罚权进行监督，未对被处罚当事人的权利义务产生实际影响，公开处罚决定的行为不具有可诉性。故 B 选项说法正确。

　　根据《行政处罚法》第 48 条的规定，具有一定社会影响的行政处罚决定应当依法公开。公开的行政处罚决定被依法变更、撤销、确认违法或者确认无效的，行政机关应当在 3 日内撤回行政处罚决定信息并公开说明理由。因此，法院判决变更处罚决定的，甲市监管局应当将撤销处罚的信息向社会公开。故 C 选项说法正确。

　　根据《行政诉讼法》第 53 条的规定，公民、法人或者其他组织认为行政行为所依据的国务院部门和地方人民政府及其部门制定的规范性文件不合法，在对行政行为提起诉讼时，可以一并请求对该规范性文件进行审查。前述规定的规范性文件不含规章。本案中，《通告》作为规范性文件，并且是处罚决定作出的依据，乙公司对处罚决定提起诉讼时，可以一并请求对《通告》进行审查。故 D 选项说法正确。

🔲 **答案** BCD

✏️ **提 示**

　　行政处罚决定公开：

　　（1）具有一定社会影响的行政处罚决定应当依法公开；

　　（2）公开的行政处罚决定被依法变更、撤销、确认违法或者确认无效的，行政机关应当在 3 日内撤回行政处罚决定信息并公开说明理由；

　　（3）行政处罚决定的公开行为不具有可诉性，行政处罚决定具有可诉性。

行政处罚的程序 专题 ㉓

111. 市公安交通管理局发布了《关于道路交通限行的公告》（以下简称《限行公告》），

2021 年 7 月 20 日至 7 月 25 日期间部分道路实施机动车交通限行。某交警大队通过道路视频

监控系统发现李某驾驶机动车违反限行规定，对其作出200元罚款的行政处罚。李某不服，提起诉讼。下列说法正确的有：（2021-回忆版-多）

A.《限行公告》是具体行政行为

B. 该交警大队可以适用简易程序对李某作出处罚

C. 对李某违反《限行公告》的监控视频未经审核的，不得作为处罚的证据

D. 市交通管理局和该交警大队为本案共同被告

考点 行政处罚程序；行政诉讼被告

解析 抽象行政行为是针对不特定管理对象制定规则的行为，具体行政行为是针对特定管理对象作出权利义务处理的行为。市公安交通管理局发布的《限行公告》是针对不特定管理对象制定的规则，属于抽象行政行为。故 A 选项说法错误。

简易程序是当场作出行政处罚决定的程序。根据《行政处罚法》第51条的规定，违法事实确凿并有法定依据，对公民处以200元以下、对法人或者其他组织处以3000元以下罚款或者警告的行政处罚的，可以当场作出行政处罚决定。法律另有规定的，从其规定。根据《道路交通安全法》第107条第1款的规定，对道路交通违法行为人予以警告、200元以下罚款，交通警察可以当场作出行政处罚决定，并出具行政处罚决定书。因此，该交警大队可以适用简易程序对李某作出200元罚款的行政处罚。故 B 选项说法正确。

根据《行政处罚法》第41条第2款的规定，电子技术监控设备记录违法事实应当真实、清晰、完整、准确。行政机关应当审核记录内容是否符合要求；未经审核或者经审核不符合要求的，不得作为行政处罚的证据。该交警大队通过道路视频监控系统发现李某驾驶机动车违反限行规定，对李某违反《限行公告》的监控视频未经审核的，不得作为处罚的证据。故 C 选项说法正确。

根据《行政诉讼法》第26条第1款的规定，公民、法人或者其他组织直接向人民法院提起诉讼的，作出行政行为的行政机关是被告。该交警大队对李某作出200元罚款的行政处罚，李某不

服，提起诉讼，应当以作处罚决定的该交警大队为被告。故 D 选项说法错误。

答案 BC

提示

电子技术监控设备收集证据的三个要求：

（1）电子技术监控设备符合标准、设置合理、标志明显，设置地点应当向社会公布；

（2）应当经过法制和技术审核；

（3）应当及时告知当事人，便利当事人查询、陈述和申辩。

112. 市市场监督管理局在对辖区超市例行检查时，发现某超市所售的某食品标签中没有标明反式脂肪酸，遂决定没收违法所得50元并处罚款2000元。该超市不服处罚决定，向市政府申请复议，市政府作出维持决定。该超市提起行政诉讼。下列说法正确的有：（2023-回忆版-多）

A. 市市场监督管理局处罚款2000元可以适用简易程序

B. 市市场监督管理局作出处罚前应告知该超市有申请听证的权利

C. 该超市逾期不缴纳款额的，加处的罚款或者滞纳金不得超过2050元

D. 该超市的起诉期限为6个月

考点 行政处罚的简易程序、听证程序和执行程序；行政诉讼的起诉期限

解析 根据《行政处罚法》第51条的规定，违法事实确凿并有法定依据，对公民处以200元以下、对法人或者其他组织处以3000元以下罚款或者警告的行政处罚的，可以当场作出行政处罚决定。法律另有规定的，从其规定。本案中，该超市作为法人或者其他组织，市市场监督管理局对其处罚款2000元，属于简易程序适用的范围。故 A 选项说法正确。

根据《行政处罚法》第63条第1款的规定，行政机关拟作出下列行政处罚决定，应当告知当事人有要求听证的权利，当事人要求听证的，行

政机关应当组织听证：①较大数额罚款；②没收较大数额违法所得、没收较大价值非法财物；③降低资质等级、吊销许可证件；④责令停产停业、责令关闭、限制从业；⑤其他较重的行政处罚；⑥法律、法规、规章规定的其他情形。可知，本案作出没收违法所得50元并处罚款2000元的决定，不属于法定的听证事项，市市场监督管理局作出处罚前没有告知该超市有申请听证权利的法定义务。故B选项说法错误。

根据《行政处罚法》第72条第1款的规定，当事人逾期不履行行政处罚决定的，作出行政处罚决定的行政机关可以采取下列措施：①到期不缴纳罚款的，每日按罚款数额的3%加处罚款，加处罚款的数额不得超出罚款的数额；……根据《行政强制法》第45条的规定，行政机关依法作出金钱给付义务的行政决定，当事人逾期不履行的，行政机关可以依法加处罚款或者滞纳金。加处罚款或者滞纳金的标准应当告知当事人。加处罚款或者滞纳金的数额不得超出金钱给付义务的数额。可知，该超市到期不缴纳罚款的，加处的罚款不得超过2000元；该超市到期不缴纳违法所得50元的，收取滞纳金的数额不得超过50元。因此，该超市到期不缴纳款额的，加处的罚款或者滞纳金的数额不得超过2050元。故C选项说法正确。

根据《行政诉讼法》第45条的规定，公民、法人或者其他组织不服复议决定的，可以在收到复议决定书之日起15日内向人民法院提起诉讼。复议机关逾期不作决定的，申请人可以在复议期满之日起15日内向人民法院提起诉讼。法律另有规定的除外。本案是复议机关作出复议决定的案件，该超市的起诉期限是自收到复议决定书之日起15日，而非6个月。故D选项说法错误。

答案 AC

提示

行政处罚以适用普通程序为原则，适用简易程序为例外。简易程序的适用情形是：违法事实确凿并有法定依据，对公民处以200元以下、对法人或者其他组织处以3000元以下罚款或者警告的行政处罚。

113. 质监局发现王某生产的饼干涉嫌违法使用添加剂，遂将饼干先行登记保存，期限为1个月。有关质监局的先行登记保存行为，下列哪一说法是正确的？（2011/2/44-单）

A. 系对王某的权利义务不产生实质影响的行为

B. 可以由2名执法人员在现场直接作出

C. 采取该行为的前提是证据可能灭失或以后难以取得

D. 登记保存的期限合法

考点 行政处罚的先行登记保存

解析 根据《行政处罚法》第56条的规定，行政机关在收集证据时，可以采取抽样取证的方法；在证据可能灭失或者以后难以取得的情况下，经行政机关负责人批准，可以先行登记保存，并应当在7日内及时作出处理决定，在此期间，当事人或者有关人员不得销毁或者转移证据。由此可知，先行登记保存行为虽只是行政机关收集证据的方式，尚不是最终决定，但仍然涉及当事人的实体权益，会对王某的权利义务产生实质影响，故A选项说法错误。适用先行登记保存的条件是证据可能灭失或者以后难以取得，故C选项说法正确。在进行先行登记保存时，执法人员应经行政机关负责人批准，故B选项中"执法人员在现场直接作出"的说法错误。先行登记保存，应当在7日内及时作出处理决定，故D选项1个月的"登记保存的期限合法"的说法错误。

答案 C

提示

先行登记保存虽然是一种调查证据的方法，但会对当事人的权利义务产生影响，因此在适用条件、适用程序上有严格限制。

114. 某市卫生局经调查取证，认定某公司实施了未经许可擅自采集血液的行为，依据有关法律和相关规定，决定取缔该公司非法采集血液的行为，同时没收5只液氮生物容器。下列哪些说法是正确的？（2008/2/89-多）

A. 市卫生局在调查时，执法人员不得少于2人，并应当向当事人出示证件

B. 若市卫生局当场作出决定，该公司不服，申请复议的期限应自决定作出之日起计算

C. 若该公司起诉，市卫生局向法院提供的现场笔录的效力，优于该公司的证人对现场的描述

D. 没收5只液氮生物容器属于保全措施

考点 行政处罚的种类与程序；行政复议申请期限；行政诉讼证据效力

解析 根据《行政处罚法》第42条第1款的规定，行政处罚应当由具有行政执法资格的执法人员实施。执法人员不得少于2人，法律另有规定的除外。因此，市卫生局执法人员不得少于2人，并应当向当事人出示证件。故A选项说法正确。

根据《行政复议法实施条例》第15条第1款的规定，《行政复议法》第9条第1款（现为第20条第1款）规定的行政复议申请期限的计算，依照下列规定办理：①当场作出具体行政行为的，自具体行政行为作出之日起计算；……因此，市卫生局当场作出决定，该公司不服，申请复议的期限应自决定作出之日起计算。故B选项说法正确。

根据《行诉证据规定》第63条的规定，证明同一事实的数个证据，其证明效力一般可以按照下列情形分别认定：……②鉴定意见、现场笔录、勘验笔录、档案材料以及经过公证或者登记的书证优于其他书证、视听资料和证人证言；……因此，行政诉讼中，市卫生局向法院提供的现场笔录的效力，优于该公司的证人对现场的描述。故C选项说法正确。

根据《行政处罚法》第9条的规定，行政处罚的种类：……②罚款、没收违法所得、没收非法财物；……因此，没收5只液氮生物容器属于行政处罚，而非保全措施。故D选项说法错误。

答案 ABC

✏️ 提 示

行政处罚中简易程序与一般程序的作出主体不同：简易程序由执法人员作出决定；一般程序由行政机关负责人作出决定，情节复杂、处罚更重的，由行政机关负责人集体讨论决定。

115. 某旅行社未经游客书面同意，擅自将旅游合同转包给其他旅行社。某区行政执法局经调查，由于案件疑难复杂，经行政执法局集体讨论后作出处罚决定，责令该旅行社停业3个月、罚款30万元。后，该区行政执法局对旅行社负责人作出罚款1万元的处罚决定。该旅行社向区政府申请复议，区政府以超过复议申请期限为由驳回复议请求，该旅行社提起行政诉讼，法院受理案件。下列说法正确的是：（2023-回忆版-单）

A. 行政处罚决定作出前，应当进行法制审查

B. 对旅行社负责人进行处罚违反了一事不再罚原则

C. 本案由中级法院管辖

D. 法院应在审查处罚合法性的同时一并审查复议决定

考点 行政处罚的一事不再罚和法制审查；行政诉讼的级别管辖和审查对象

解析 根据《行政处罚法》第58条第1款的规定，有下列情形之一，在行政机关负责人作出行政处罚的决定之前，应当由从事行政处罚决定法制审核的人员进行法制审核；未经法制审核或者审核未通过的，不得作出决定：①涉及重大公共利益的；②直接关系当事人或者第三人重大权益，经过听证程序的；③案件情况疑难复杂、涉及多个法律关系的；④法律、法规规定应当进行法制审核的其他情形。由于案件情况疑难复杂，行政处罚决定作出前，应当进行法制审查。故A选项说法正确。

根据《行政处罚法》第29条的规定，对当事人的同一个违法行为，不得给予2次以上罚款的行政处罚。同一个违法行为违反多个法律规范应当给予罚款处罚的，按照罚款数额高的规定处罚。可知，对同一个违法行为，不得给予同一个当事人2次以上罚款的行政处罚。针对该旅行社的违法行为，对该旅行社和负责人分别进行罚款处罚，并不违反一事不再罚原则。故B选项说法错误。

根据《行政诉讼法》第26条第3款的规定，复议机关在法定期限内未作出复议决定，公民、法人或者其他组织起诉原行政行为的，作出原行

政行为的行政机关是被告；起诉复议机关不作为的，复议机关是被告。本案属于复议不作为案件，若该旅行社起诉区行政执法局，由基层法院管辖；若该旅行社起诉区政府，由中院管辖。但题干中未明确该旅行社是起诉区行政执法局还是起诉区政府，级别管辖法院不能确定。故 C 选项说法错误。

根据《行诉解释》第 135 条第 1 款的规定，复议机关决定维持原行政行为的，人民法院应当在审查原行政行为合法性的同时，一并审查复议决定的合法性。根据《行诉解释》第 133 条的规定，《行政诉讼法》第 26 条第 2 款规定的"复议机关决定维持原行政行为"，包括复议机关驳回复议申请或者复议请求的情形，但以复议申请不符合受理条件为由驳回的除外。可知，区政府以超过复议申请期限为由驳回复议请求，不属于复议维持案件。故 D 选项说法错误。

答案 A

✏️ 提 示

行政处罚决定前须法制审核的案件：

(1) 涉及重大公共利益的；

(2) 直接关系当事人或者第三人重大权益，经过听证程序的；

(3) 案件情况疑难复杂、涉及多个法律关系的。

116. 根据相关法律规定，在行政决定作出前，当事人有权就下列哪些情形要求举行听证？（2017/2/82-多）

A. 区工商分局决定对个体户王某销售的价值 10 万元的假冒他人商标的服装予以扣押

B. 县公安局以非法种植罂粟为由对陈某处以 3000 元罚款

C. 区环保局责令排放污染物严重的某公司停业整顿

D. 胡某因酒后驾车，被公安交管部门吊销驾驶证

考点 听证程序的适用范围

解析 《行政强制法》虽然要求行政强制措施实施前应听取当事人的陈述和申辩，但未规定听证程序。A 选项中的"扣押"是不适用听证程序

的。故 A 选项不当选。

根据《治安管理处罚法》第 98 条的规定，公安机关作出吊销许可证以及处 2000 元以上罚款的治安管理处罚决定前，应当告知违反治安管理行为人有权要求举行听证；违反治安管理行为人要求听证的，公安机关应当及时依法举行听证。B 选项中"3000 元罚款"属于治安处罚，符合听证程序适用范围中的 2000 元以上罚款。故 B 选项当选。

根据《行政处罚法》第 63 条第 1 款的规定，行政机关拟作出下列行政处罚决定，应当告知当事人有要求听证的权利，当事人要求听证的，行政机关应当组织听证：①较大数额罚款；②没收较大数额违法所得、没收较大价值非法财物；③降低资质等级、吊销许可证件；④责令停产停业、责令关闭、限制从业；⑤其他较重的行政处罚；⑥法律、法规、规章规定的其他情形。C 选项中"责令排放污染物严重的某公司停业整顿"，属于听证程序适用范围中的责令停业；D 选项中"胡某因酒后驾车，被公安交管部门吊销驾驶证"，属于听证程序适用范围中的吊销许可证件。故 C、D 选项当选。

答案 BCD

✏️ 提 示

只有纳入《行政处罚法》和《行政许可法》中的听证范围才能适用听证程序，题目中出现的行为只要不属于法律规定中的听证事项，当事人都无权要求听证。

117. 2019 年 6 月，某市市场监管局根据甲公司举报，对乙公司经营场所进行执法检查，发现乙公司生产使用的商标与甲公司的注册商标近似，容易导致混淆。市场监管局对侵权商品予以查封，责令乙公司停止侵权行为。经过听证后，市场监管局对乙公司处以 5 万元罚款。乙公司不服罚款，向市政府申请行政复议，市政府作出 2 万元罚款的复议决定。乙公司向法院提起行政诉讼。下列说法正确的是：（2021-回忆版-单）

A. 市场监管局对侵权商品查封前应告知乙公司有申请听证的权利

B. 市场监管局应当根据听证笔录作出罚款决定

C. 市政府可以适用简易程序作出2万元罚款

D. 市场监管局和市政府为共同被告

考点 行政处罚的普通程序与听证程序；行政强制措施的程序；行政诉讼的被告

解析 《行政强制法》虽然要求行政强制措施实施前应听取当事人的陈述和申辩，但未规定听证程序。A选项中的"查封"不适用听证程序，市场监管局对侵权商品查封前没有义务告知乙公司申请听证的权利。故A选项说法错误。

经过听证后，市场监管局对乙公司处以5万元罚款。根据《行政处罚法》第65条的规定，听证结束后，行政机关应当根据听证笔录，依照本法第57条的规定，作出决定。因此，市场监管局应当根据听证笔录作出罚款决定。故B选项说法正确。

根据《行政处罚法》第51条的规定，违法事实确凿并有法定依据，对公民处以200元以下、对法人或者其他组织处以3000元以下罚款或者警告的行政处罚的，可以当场作出行政处罚决定。法律另有规定的，从其规定。由此可知，对公司处以3000元以下罚款适用简易程序，本题市政府对乙公司作出2万元罚款不能适用简易程序。故C选项说法错误。

市场监管局对乙公司处以5万元罚款。乙公司不服罚款，向市政府申请行政复议，市政府作出2万元罚款的复议决定。这属于复议机关改变原行政行为。根据《行政诉讼法》第26条第2款的规定，经复议的案件，复议机关决定维持原行政行为的，作出原行政行为的行政机关和复议机关是共同被告；复议机关改变原行政行为的，复议机关是被告。因此，复议机关市政府是本案被告。故D选项说法错误。

答案 B

✎ 提示

行政处罚听证笔录的要求：

（1）听证应当制作笔录；

（2）笔录应当交当事人或者其代理人核对无误后签字或者盖章；

（3）听证结束后，行政机关应当根据听证笔录作出处罚决定。

118. 某市市场监管局在对某火锅店的执法检查中发现，该火锅店使用过期香肠。该市市场监管局对过期香肠予以没收并对该火锅店处以1万元罚款。下列说法正确的是：（2019-回忆版-单）

A. 火锅店不得分期缴纳罚款

B. 火锅店逾期不缴纳罚款，该市市场监管局可以每日按罚款数额的3%加处罚款

C. 火锅店逾期不缴纳罚款，该市市场监管局可以将火锅店香肠作变价抵缴罚款

D. 若该火锅店申请复议，复议机关可以是该市政府

考点 行政处罚的执行；行政复议申请

解析 根据《行政处罚法》第66条第2款的规定，当事人确有经济困难，需要延期或者分期缴纳罚款的，经当事人申请和行政机关批准，可以暂缓或者分期缴纳。因此，火锅店若有经济困难，经申请和行政机关批准，可以分期缴纳罚款。故A选项说法错误。

根据《行政处罚法》第72条第1款的规定，当事人逾期不履行行政处罚决定的，作出行政处罚决定的行政机关可以采取下列措施：①到期不缴纳罚款的，每日按罚款数额的3%加处罚款……因此，火锅店逾期不缴纳罚款，该市市场监管局可以每日按罚款数额的3%加处罚款。故B选项说法正确。

根据《行政处罚法》第74条的规定，除依法应当予以销毁的物品外，依法没收的非法财物必须按照国家规定公开拍卖或者按照国家有关规定处理。罚款、没收的违法所得或者没收非法财物拍卖的款项，必须全部上缴国库，任何行政机关或者个人不得以任何形式截留、私分或者变相私分。……财政部门不得以任何形式向作出行政处罚决定的行政机关返还罚款、没收的违法所得或者没收非法财物拍卖的款项。因此，火锅店逾期不缴纳罚款，该市市场监管局不得私自将没收的火锅店香肠作变价抵缴罚款。故C选项说法错误。

根据2023年修订前的《行政复议法》第12条第1款的规定，对县级以上地方各级人民政府工作部门的具体行政行为不服的，由申请人选

择，可以向该部门的**本级人民政府**申请行政复议，也可以向上一级主管部门申请行政复议。若火锅店申请复议，复议机关可以是该市政府，也可以是某省市场监管局。但是根据 2023 年修订后的《行政复议法》第 24 条第 1 款的规定，县级以上地方各级人民政府管辖下列行政复议案件：①对本级人民政府工作部门作出的行政行为不服的；……本案中，若火锅店对该市市场监管局的行政行为不服申请复议，行政复议案件由该市政府管辖，复议机关应当是该市政府，复议机关可以是该市政府的说法不准确。故 D 选项说法错误。

[答案] B

> **📝 提 示**
>
> 罚款的收缴与执行：
> （1）当事人到指定的银行缴纳罚款；
> （2）100 元以下的罚款和不当场收缴事后难以执行的罚款，执法人员可以当场收缴罚款；
> （3）到期不缴纳罚款的，每日按罚款数额的 3% 加处罚款；
> （4）根据法律规定，将查封、扣押的财物拍卖或者将冻结的存款划拨抵缴罚款；
> （5）申请人民法院强制执行。

治安处罚 专题 24

119. 某公安派出所以李某放任所饲养的烈性犬恐吓张某为由对李某处以 500 元罚款。关于该处罚决定，下列哪些说法是正确的？（2017/2/79-多）

A. 公安派出所可以自己名义作出决定

B. 可当场作出处罚决定

C. 应将处罚决定书副本抄送张某

D. 如李某不服处罚决定向法院起诉，应以该派出所所属的公安局为被告

[考点] 治安处罚的主体和程序；行政诉讼被告

[解析] 根据《治安管理处罚法》第 91 条的规定，治安管理处罚由县级以上人民政府公安机关决定；其中警告、500 元以下的罚款可以由公安派出所决定。题目中，该公安派出所对李某处以 500 元罚款，是可以以派出所自己的名义作出决定的，故 A 选项说法正确。

根据《治安管理处罚法》第 100 条的规定，违反治安管理行为事实清楚，证据确凿，处警告或者 200 元以下罚款的，可以当场作出治安管理处罚决定。题目中，该公安派出所对李某处以 500 元罚款，超过了 200 元的标准，是不能当场作出治安管理处罚决定的，故 B 选项说法错误。

根据《治安管理处罚法》第 101 条第 1 款的规定，处罚决定书应当当场交付被处罚人；有被

侵害人的，并将决定书副本抄送被侵害人。题目中，李某放任所饲养的烈性犬恐吓张某，该公安派出所以此为由对李某予以处罚，张某属于被侵害人，公安派出所应将处罚决定书副本抄送张某，故 C 选项说法正确。

《治安管理处罚法》授权公安派出所决定 500 元以下的罚款，该公安派出所作为公安局的派出机构，李某不服其处罚决定向法院起诉，应当以该公安派出所为被告，而不是以该派出所所属的公安局为被告，故 D 选项说法错误。

[答案] AC

> **📝 提 示**
>
> 公安派出所在治安处罚中的权限和当场治安罚款的数额是每年的必考内容，考生要着重掌握。

120. 因关某以刻划方式损坏国家保护的文物，公安分局决定对其作出拘留 10 日，罚款 500 元的处罚。关某申请复议，并向该局提出申请、交纳保证金后，该局决定暂缓执行拘留决定。下列哪一说法是正确的？（2013/2/46-单）

A. 关某的行为属于妨害公共安全的行为

B. 公安分局应告知关某有权要求举行听证

C. 复议机关只能是公安分局的上一级公安机关

D. 如复议机关撤销对关某的处罚，公安分局应当及时将收取的保证金退还关某

考点 治安处罚的听证和保证金；治安违法行为性质；行政复议机关

解析 根据《治安管理处罚法》第63条的规定，有下列行为之一的，处警告或者200元以下罚款；情节较重的，处5日以上10日以下拘留，并处200元以上500元以下罚款：①刻划、涂污或者以其他方式故意损坏国家保护的文物、名胜古迹的；……本条属于《治安管理处罚法》第三章第四节"妨害社会管理的行为和处罚"的内容。据此可知，关某的行为属于妨害社会管理的行为，而不是妨害公共安全的行为，故A选项说法错误。

根据《治安管理处罚法》第98条的规定，公安机关作出吊销许可证以及处2000元以上罚款的治安管理处罚决定前，应当告知违反治安管理行为人有权要求举行听证；违反治安管理行为人要求听证的，公安机关应当及时依法举行听证。对关某的处罚是拘留10日、罚款500元，显然不属于听证范围，公安分局没有义务告知关某有权要求举行听证，故B选项说法错误。

根据2023年修订后的《行政复议法》第24条第1款的规定，县级以上地方各级人民政府管辖下列行政复议案件：①对本级人民政府工作部门作出的行政行为不服的；……因此，对公安分局的处罚决定只能向本级人民政府申请行政复议，公安分局的上一级公安机关没有复议管辖权，故C选项说法错误。

根据《治安管理处罚法》第111条的规定，行政拘留的处罚决定被撤销，或者行政拘留处罚开始执行的，公安机关收取的保证金应当及时退还交纳人。因此，如果复议机关撤销对关某的处罚，公安分局应当及时将收取的保证金退还关某，故D选项说法正确。

答案 D

✐ 提 示

治安拘留处罚的保证金原则上都要退还当事人，不退还是例外情况——逃避拘留处罚的执行。

121. 陈某在参观博物馆时，以刻划方式损坏国家保护的文物，区公安分局决定对其作出拘留15日的处罚。陈某对此不服，提起行政诉讼。下列哪些说法是正确的？（2019-回忆版-单）

A. 陈某的行为属于妨害公共安全的行为

B. 公安分局应告知陈某有权要求举行听证

C. 陈某提起诉讼时可以申请暂缓执行拘留

D. 若陈某申请复议，复议机关可以是区政府

考点 行政拘留；听证程序；行政复议机关

解析 根据《治安管理处罚法》第63条的规定，有下列行为之一的，处警告或者200元以下罚款；情节较重的，处5日以上10日以下拘留，并处200元以上500元以下罚款：①刻划、涂污或者以其他方式故意损坏国家保护的文物、名胜古迹的；……因此，陈某的行为不属于妨害公共安全的行为，而属于妨害社会管理的行为。故A选项说法错误。

根据《治安管理处罚法》第98条的规定，公安机关作出吊销许可证以及处2000元以上罚款的治安管理处罚决定前，应当告知违反治安管理行为人有权要求举行听证；违反治安管理行为人要求听证的，公安机关应当及时依法举行听证。因此，区公安分局对于陈某作出的拘留15日的处罚决定，不属于应当举行听证的范围。故B选项说法错误。

根据《治安管理处罚法》第107条的规定，被处罚人不服行政拘留处罚决定，申请行政复议、提起行政诉讼的，可以向公安机关提出暂缓执行行政拘留的申请。因此，陈某对处罚决定不服提起诉讼时，可以申请暂缓执行拘留。故C选项说法正确。

根据2023年修订后的《行政复议法》第24条第1款的规定，县级以上地方各级人民政府管辖下列行政复议案件：①对本级人民政府工作部门作出的行政行为不服的；……因此，本案的复议机关不是区公安分局的上一级公安机关，应当是区公安分局所在的本级人民政府。若陈某申请复议，复议机关可以是区政府的说法不准确。故D选项说法错误。

答案 C

行政拘留不属于听证的法定范围：

（1）公安机关没有义务告知被拘留人有权要求举行听证，即使被拘留人申请听证的，公安机关可以拒绝举行听证；

（2）若公安机关告知被拘留人有权要求举行听证，被拘留人申请听证的，公安机关应当举行听证。

122. 公安局以田某等人哄抢一货车上的财物为由，对田某处以 15 日行政拘留处罚，田某不服申请复议。下列哪一说法是正确的？（2015/2/48-单）

A. 田某的行为构成扰乱公共秩序

B. 公安局对田某哄抢的财物应予以登记

C. 公安局对田某传唤后询问查证不得超过 12 小时

D. 田某申请复议的期限为 6 个月

考点　治安处罚的财产登记、询问查证；治安违法行为性质；行政复议申请期限

解析　根据《治安管理处罚法》第 49 条的规定，盗窃、诈骗、哄抢、抢夺、敲诈勒索或者故意损毁公私财物的，处 5 日以上 10 日以下拘留，可以并处 500 元以下罚款；情节较重的，处 10 日以上 15 日以下拘留，可以并处 1000 元以下罚款。本条属于《治安管理处罚法》第三章第三节"侵犯人身权利、财产权利的行为和处罚"的内容，田某的行为属于侵犯财产权利的行为，而不属于扰乱公共秩序的行为，故 A 选项说法错误。

根据《治安管理处罚法》第 89 条第 1 款的规定，公安机关办理治安案件，对被侵害人或者善意第三人合法占有的财产，不得扣押，应当予以登记。田某等人哄抢的财物是被侵害人合法占有的财产，不得扣押，应当予以登记，故 B 选项说法正确。

根据《治安管理处罚法》第 83 条第 1 款的规定，对违反治安管理行为人，公安机关传唤后应当及时询问查证，询问查证的时间不得超过 8 小时；情况复杂，依照本法规定可能适用行政拘留处罚的，询问查证的时间不得超过 24 小时。

本题中，公安局对田某处以 15 日行政拘留，因此对田某传唤后询问查证的时间应当是不得超过 24 小时，而非 12 小时，故 C 选项说法错误。

根据《行政复议法》第 20 条第 1 款的规定，公民、法人或者其他组织认为行政行为侵犯其合法权益的，可以自知道或者应当知道该行政行为之日起 60 日内提出行政复议申请；但是法律规定的申请期限超过 60 日的除外。由此可知，申请行政复议的一般期限为 60 日，法律规定超过 60 日的，依其规定。《治安管理处罚法》未对行政复议申请期限作出特别规定，因此应依《行政复议法》规定的一般期限，田某申请复议的期限为 60 日，而不是 6 个月，故 D 选项说法错误。

答案　B

治安管理处罚中为了保护被侵害人或者善意第三人的合法财产，规定公安机关对于被侵害人或者善意第三人的合法财产不得扣押，应当予以登记。

123. 李某多次发送淫秽短信、干扰他人正常生活，公安机关经调查拟对李某作出行政拘留 10 日的处罚。关于此处罚决定，下列哪一做法是适当的？（2016/2/45-单）

A. 由公安派出所作出

B. 依当场处罚程序作出

C. 应及时通知李某的家属

D. 紧急情况下可以口头方式作出

考点　拘留处罚的主体、程序、决定的方式和送达

解析　根据《治安管理处罚法》第 91 条的规定，治安管理处罚由县级以上人民政府公安机关决定；其中警告、500 元以下的罚款可以由公安派出所决定。公安派出所的法定授权是 500 元以下罚款和警告，不包括行政拘留，因此派出所无权作出行政拘留的决定，故 A 选项不当选。

根据《治安管理处罚法》第 100 条的规定，违反治安管理行为事实清楚，证据确凿，处警告或者 200 元以下罚款的，可以当场作出治安管理处罚决定。由此可知，公安机关能够当场作出的

处罚限于 200 元以下的罚款和警告。题目中，公安机关拟对李某作出行政拘留 10 日的处罚，是不能当场作出的，故 B 选项不当选。

根据《治安管理处罚法》第 97 条第 1 款的规定，决定给予行政拘留处罚的，应当及时通知被处罚人的家属。公安机关对李某作出行政拘留 10 日的处罚，应及时通知李某的家属，故 C 选项当选。

根据《治安管理处罚法》第 96 条第 1 款的规定，公安机关作出治安管理处罚决定的，应当制作治安管理处罚决定书。由此可知，治安管理处罚决定都要求以书面形式作出，不存在口头方式作出的情况，故 D 选项不当选。

答案 C

✎ **提 示**

行政拘留处罚是最重的治安处罚，为了保护被拘留人的合法权益，《治安管理处罚法》特别要求拘留处罚应及时通知被拘留人的家属。

124. 经传唤调查，某区公安分局以散布谣言，谎报险情为由，决定对孙某处以 10 日行政拘留，并处 500 元罚款。下列哪一选项是正确的？（2012/2/47-单）

A. 传唤孙某时，该区公安分局应当将传唤的原因和依据告知孙某

B. 传唤后对孙某的询问查证时间不得超过 48 小时

C. 孙某对处罚决定不服申请行政复议，应向市公安局申请

D. 如孙某对处罚决定不服直接起诉的，应暂缓执行行政拘留的处罚决定

考点 治安处罚的传唤和询问查证；拘留暂缓执行

解析 根据《治安管理处罚法》第 82 条第 2 款的规定，公安机关应当将传唤的原因和依据告知被传唤人。区公安分局应当将传唤的原因和依据告知孙某，故 A 选项正确。

根据《治安管理处罚法》第 83 条第 1 款的规定，对违反治安管理行为人，公安机关传唤后

应当及时询问查证，询问查证的时间不得超过 8 小时；情况复杂，依照本法规定可能适用行政拘留处罚的，询问查证的时间不得超过 24 小时。区公安分局对孙某处以 10 日行政拘留，并处 500 元罚款，询问查证的时间不得超过 24 小时，不是 48 小时，故 B 选项错误。

根据 2023 年修订后的《行政复议法》第 24 条第 1 款的规定，县级以上地方各级人民政府管辖下列行政复议案件：①对本级人民政府工作部门作出的行政行为不服的；……因此，孙某对区公安分局的处罚决定不服申请行政复议，应向区政府申请，不能向市公安局申请，故 C 选项错误。

根据《治安管理处罚法》第 107 条的规定，被处罚人不服行政拘留处罚决定，申请行政复议、提起行政诉讼的，可以向公安机关提出暂缓执行行政拘留的申请。但这并不表明孙某对处罚决定不服直接起诉的，就应暂缓执行行政拘留的处罚决定，故 D 选项错误。

答案 A

✎ **提 示**

行政拘留暂缓执行要求四个条件同时具备：

（1）被处罚人对拘留决定申请行政复议或提起行政诉讼；

（2）被处罚人提出暂缓执行拘留的申请；

（3）公安机关认为暂缓执行拘留不致发生社会危险；

（4）被处罚人提供了符合条件的担保人或保证金。

125. 某区公安分局以沈某收购赃物为由，拟对沈某处以 1000 元罚款。该分局向沈某送达了听证告知书，告知其可以在 3 日内提出听证申请，沈某遂提出听证要求。次日，该分局在未进行听证的情况下向沈某送达 1000 元罚款决定。沈某申请复议。下列哪些说法是正确的？（2011/2/81-多）

A. 该分局在作出决定前，应告知沈某处罚的事实、理由和依据

B. 沈某申请复议的期限为 60 日

C. 该分局不进行听证并不违法

D. 该罚款决定违法

考点 治安处罚的决定、听证；行政复议申请期限

解析 根据《治安管理处罚法》第 94 条第 1 款的规定，公安机关作出治安管理处罚决定前，应当告知违反治安管理行为人作出治安管理处罚的事实、理由及依据，并告知违反治安管理行为人依法享有的权利。故 A 选项说法正确。

根据《行政复议法》第 20 条第 1 款的规定，公民、法人或者其他组织认为行政行为侵犯其合法权益的，可以自知道或者应当知道该行政行为之日起 60 日内提出行政复议申请；但是法律规定的申请期限超过 60 日的除外。行政复议期限原则为 60 日，但法律规定长于 60 日时依此规定。本题涉及的是治安管理处罚，而《治安管理处罚法》对治安管理处罚的复议期限并未作出规定，因此应适用《行政复议法》规定的一般复议期限。故 B 选项说法正确。

根据《治安管理处罚法》第 98 条的规定，公安机关作出吊销许可证以及处 2000 元以上罚款的治安管理处罚决定前，应当告知违反治安管理行为人有权要求举行听证；违反治安管理行为人要求听证的，公安机关应当及时依法举行听证。题目中，该区公安分局对沈某的罚款为 1000 元，沈某显然不享有法定听证权。但区公安分局向沈某送达了听证告知书，明确告知当事人可以在 3 日内提出听证申请，表明区公安分局已承诺给沈某听证，如沈某要求听证，区公安分局此时不进行听证就构成程序违法。故 C 选项说法错误，D 选项说法正确。

答案 ABD

提 示

本题特殊性在于法律虽明确列举了行政机关须告知当事人享有听证权和进行听证的事项，但除此之外并未禁止行政机关在作出其他行政处罚时适用听证程序。

126. 公安局认定朱某嫖娼，对其拘留 15 日

并处罚款 5000 元。关于此案，下列哪些说法是正确的？（2010/2/83–多）

A. 对朱某的处罚决定书应载明处罚的执行方式和期限

B. 如朱某要求听证，公安局应当及时依法举行听证

C. 朱某有权陈述和申辩，公安局必须充分听取朱某的意见

D. 如朱某对拘留和罚款处罚不服起诉，该案应由公安局所在地的法院管辖

考点 治安管理处罚程序；行政诉讼地域管辖

解析 根据《治安管理处罚法》第 96 条第 1 款的规定，公安机关作出治安管理处罚决定的，应当制作治安管理处罚决定书。决定书应当载明下列内容：……④处罚的执行方式和期限；……因此，公安局对朱某的处罚决定书应当载明处罚的执行方式和期限。故 A 选项说法正确。

根据《治安管理处罚法》第 98 条的规定，公安机关作出吊销许可证以及处 2000 元以上罚款的治安管理处罚决定前，应当告知违反治安管理行为人有权要求举行听证；违反治安管理行为人要求听证的，公安机关应当及时依法举行听证。本案中，对朱某的罚款为 5000 元，属于听证范围，朱某要求听证的，公安局应当及时依法举行听证。故 B 选项说法正确。

根据《治安管理处罚法》第 94 条第 2 款的规定，违反治安管理行为人有权陈述和申辩。公安机关必须充分听取违反治安管理行为人的意见，对违反治安管理行为人提出的事实、理由和证据，应当进行复核；违反治安管理行为人提出的事实、理由或者证据成立的，公安机关应当采纳。因此，朱某有权陈述和申辩，公安局必须充分听取朱某的意见。故 C 选项说法正确。

根据《行政诉讼法》第 18 条第 1 款的规定，行政案件由最初作出行政行为的行政机关所在地人民法院管辖。经复议的案件，也可以由复议机关所在地人民法院管辖。根据《行政诉讼法》第 19 条的规定，对限制人身自由的行政强制措施不服提起的诉讼，由被告所在地或者原告所在地人民法院管辖。根据《行诉解释》第 8 条第 2 款的规定，对行政机关基于同一事实，既采取限制公

民人身自由的行政强制措施，又采取其他行政强制措施或者行政处罚不服的，由被告所在地或者原告所在地的人民法院管辖。本案不属于限制人身自由的行政强制措施。因此，朱某对拘留和罚款处罚不服起诉，应由公安局所在地的法院管辖。故 D 选项说法正确。

答案 ABCD（司法部原答案为 ABC）

✐ 提 示

　　治安处罚听证程序的适用范围：①吊销许可证；②2000 元以上罚款。治安拘留不属于听证程序的适用范围。

127. 张某因自己居住的房屋楼上漏水，遂找楼上住户李某协商赔偿事宜。因协商不成，张某殴打李某致轻微伤，被县公安局处以行政拘留 10 日并处 500 元罚款的处罚。据此，下列哪一选项是正确的？（2018-回忆版-单）

A. 本案调查中，警察经出示工作证件，可以检查张某的住所

B. 对张某的询问查证时间不得超过 48 小时

C. 公安局局长必须亲自出庭

D. 诉讼中，若证人刘某出庭的，交通、住宿等费用由败诉一方承担

考点 治安处罚的调查程序；行政诉讼的负责人和证人出庭

解析 《治安管理处罚法》第 87 条第 1 款规定，公安机关对与违反治安管理行为有关的场所、物品、人身可以进行检查。检查时，人民警察不得少于 2 人，并应当出示工作证件和县级以上人民政府公安机关开具的检查证明文件。对确有必要立即进行检查的，人民警察经出示工作证件，可以当场检查，但检查公民住所应当出示县级以上人民政府公安机关开具的检查证明文件。可知，本案调查中，警察检查张某的住所，不仅应当出示工作证件，还应当出示县级以上人民政府公安机关开具的检查证明文件。故 A 选项错误。

　　根据《治安管理处罚法》第 83 条第 1 款的规定，对违反治安管理行为人，公安机关传唤后应当及时询问查证，询问查证的时间不得超过 8 小时；情况复杂，依照《治安管理处罚法》规定

可能适用行政拘留处罚的，询问查证的时间不得超过 24 小时。本案中县公安局对张某处以行政拘留 10 日并处 500 元罚款，对张某的询问查证时间不得超过 24 小时。故 B 选项错误。

　　根据《行诉解释》第 128 条第 1 款的规定，《行政诉讼法》第 3 条第 3 款规定的行政机关负责人，包括行政机关的正职、副职负责人以及其他参与分管的负责人。根据《行诉解释》第 129 条第 1 款的规定，涉及重大公共利益、社会高度关注或者可能引发群体性事件等案件以及人民法院书面建议行政机关负责人出庭的案件，被诉行政机关负责人应当出庭。由此可知，行政诉讼中，并非被诉行政机关负责人都应当出庭；被诉行政机关负责人出庭的，并非都应当由行政机关的正职负责人出庭。故 C 选项错误。

　　根据《行诉解释》第 40 条第 2 款的规定，证人因履行出庭作证义务而支出的交通、住宿、就餐等必要费用以及误工损失，由败诉一方当事人承担。故 D 选项正确。

答案 D

✐ 提 示

　　警察检查公民住所的要求：

　　（1）与违反治安管理行为有关；

　　（2）警察不得少于 2 人；

　　（3）应当出示工作证件；

　　（4）应当出示县级以上政府公安机关开具的检查证明文件。

128. 张某和韩某发生肢体冲突，造成双方轻微伤，县公安局对二人分别作出处罚决定：对张某作出拘留 10 日，罚款 1000 元的处罚；韩某因违法行为轻微，对其作出拘留 5 日，罚款 200 元的处罚。张某不服处罚决定，向县政府提起复议，并申请暂缓执行拘留。县政府维持处罚决定。张某不服，提起诉讼。下列说法正确的是：（2023-回忆版-单）

A. 县公安局对张某作出处罚决定前，应当告知张某有权申请听证

B. 若县公安局无法当场向韩某宣告处罚决定书，应当在 7 日内送达

C. 若县公安局对张某暂缓执行拘留，也应同时对韩某暂缓执行拘留

D. 本案由县法院管辖

[考点] 治安管理处罚的听证和送达；治安拘留的执行；行政诉讼的管辖

[解析] 根据《治安管理处罚法》第 98 条的规定，公安机关作出吊销许可证以及处 2000 元以上罚款的治安管理处罚决定前，应当告知违反治安管理行为人有权要求举行听证；违反治安管理行为人要求听证的，公安机关应当及时依法举行听证。本案中，对张某作出 10 日拘留和 1000 元罚款的处罚，不属于法定的听证范围，县公安局没有告知张某有权申请听证的义务。故 A 选项说法错误。

根据《行政处罚法》第 61 条第 1 款的规定，行政处罚决定书应当在宣告后当场交付当事人；当事人不在场的，行政机关应当在 7 日内依照《民事诉讼法》的有关规定，将行政处罚决定书送达当事人。根据《治安管理处罚法》第 97 条第 1 款的规定，公安机关应当向被处罚人宣告治安管理处罚决定书，并当场交付被处罚人；无法当场向被处罚人宣告的，应当在 2 日内送达被处罚人。又根据《治安管理处罚法》第 3 条的规定，治安管理处罚的程序，适用本法的规定；本法没有规定的，适用《行政处罚法》的有关规定。可知，本案属于治安管理处罚，优先适用《治安管理处罚法》的程序规定，无法当场向韩某宣告处罚决定书的，县公安局应当在 2 日内送达。故 B 选项说法错误。

根据《治安管理处罚法》第 107 条的规定，被处罚人不服行政拘留处罚决定，申请行政复议、提起行政诉讼的，可以向公安机关提出暂缓执行行政拘留的申请。公安机关认为暂缓执行行政拘留不致发生社会危险的，由被处罚人或者其近亲属提出符合本法第 108 条规定条件的担保人，或者按每日行政拘留 200 元的标准交纳保证金，行政拘留的处罚决定暂缓执行。可知，暂缓执行拘留是依被处罚人申请而实施的行为，张某申请暂缓执行拘留，对张某暂缓执行拘留，并不意味着同时对韩某暂缓执行拘留。故 C 选项说法错误。

本案属于复议维持案件，根据《行诉解释》第 134 条第 3 款的规定，复议机关作共同被告的案件，以作出原行政行为的行政机关确定案件的级别管辖。因此，本案以作出原行政行为的行政机关——县公安局确定级别，由县法院管辖。故 D 选项说法正确。

[答案] D

✐ [提示]

治安处罚决定书的送达：

（1）治安处罚决定书无法当场向被处罚人宣告的，应当在 2 日内送达被处罚人，一般行政处罚决定书是 7 日内送达被处罚人；

（2）有被侵害人的，应当将治安处罚决定书副本抄送被侵害人。

129. 安某放的羊吃了朱某家的玉米秸，二人争执。安某殴打朱某，致其左眼部青紫、鼻骨骨折，朱某被鉴定为轻微伤。在公安分局的主持下，安某与朱某达成协议，由安某向朱某赔偿 500 元。下列说法正确的是：（2007/2/91-任）

A. 安某与朱某达成协议后，仍可以对安某进行治安处罚

B. 如果安某拒不履行协议，朱某可以直接向法院提起行政诉讼

C. 如果安某拒不履行协议，朱某应当先向区公安分局的上一级机关申请行政复议，对复议决定不服再提起行政诉讼

D. 如果安某拒不履行协议，朱某可以向法院提起民事诉讼

[考点] 治安处罚中的调解

[解析] 根据《治安管理处罚法》第 9 条的规定，对于因民间纠纷引起的打架斗殴或者损毁他人财物等违反治安管理行为，情节较轻的，公安机关可以调解处理。经公安机关调解，当事人达成协议的，不予处罚。经调解未达成协议或者达成协议后不履行的，公安机关应当依照本法的规定对违反治安管理行为人给予处罚，并告知当事人可以就民事争议依法向人民法院提起民事诉讼。由此可知，安某与朱某因民间纠纷引起的打架斗殴

是违反治安管理行为，属于情节较轻的情形，经公安分局调解安某与朱某就赔偿问题达成协议后，公安分局对安某不予处罚。故A选项说法错误。安某与朱某就赔偿问题达成协议后，如安某拒不履行协议，公安分局应当对安某给予处罚，朱某可以就赔偿争议向人民法院提起民事诉讼。故B、C选项说法错误，D选项说法正确。

答案 D

提 示

在公安分局的主持下，安某与朱某达成协议，属于行政调解行为，对于行政调解行为既不能申请行政复议，也不能提起行政诉讼，而只能提起民事诉讼，因为行政调解争议本质上属于民事争议。

130. 县公安局以张某殴打他人并致轻伤为由，决定对张某行政拘留5日并处罚款200元，张某不服，向县政府申请行政复议，县政府维持处罚决定。张某向法院起诉。关于本案，下列哪一选项是正确的？（2022-回忆版-单）

A. 张某申请行政复议的期限为90日
B. 县公安局对张某处罚的决定期限为90日
C. 本案被告为县政府
D. 张某申请行政复议时可向县公安局申请暂缓执行行政拘留

考点 治安拘留处罚的决定期限和暂缓执行；行政复议申请期限；行政诉讼被告

解析 根据《行政复议法》第20条第1款的规定，公民、法人或者其他组织认为行政行为侵犯其合法权益的，可以自知道或者应当知道该行政行为之日起60日内提出行政复议申请；但是法律规定的申请期限超过60日的除外。因此，张某申请行政复议的期限应为60日。故A选项错误。

根据《治安管理处罚法》第99条第1款的规定，公安机关办理治安案件的期限，自受理之日起不得超过30日；案情重大、复杂的，经上一级公安机关批准，可以延长30日。因此，就张某殴打他人并致轻伤的行为，县公安局对其进行处罚的决定期限为30日。故B选项错误。

根据《行政诉讼法》第26条第2款的规定，经复议的案件，复议机关决定维持原行政行为的，作出原行政行为的行政机关和复议机关是共同被告。本案中，县政府复议维持了县公安局的处罚决定，因此，复议机关——县政府和原机关——县公安局应为共同被告。故C选项错误。

根据《治安管理处罚法》第107条的规定，被处罚人不服行政拘留处罚决定，申请行政复议、提起行政诉讼的，可以向公安机关提出暂缓执行行政拘留的申请。因此，张某申请行政复议时可向县公安局申请暂缓执行行政拘留。故D选项正确。

答案 D

提 示

行政拘留暂缓执行的条件有：
（1）被处罚人针对行政拘留处罚决定申请行政复议或者提起行政诉讼；
（2）被处罚人向公安机关提出暂缓执行行政拘留的申请；
（3）公安机关认为暂缓执行行政拘留不致发生社会危险；
（4）由被处罚人或者其近亲属提出符合条件的担保人或者按每日行政拘留200元的标准交纳保证金。

131. 王某（15周岁）与徐某因琐事发生争执，王某踢破房门，并故意伤害徐某。经鉴定，徐某伤情为轻微伤，区公安分局对王某的故意伤害行为处10日拘留，对毁坏财物行为处500元罚款。以下说法正确的有：（2023-回忆版-多）

A. 本案由民间纠纷引发，区公安分局可以进行调解
B. 徐某伤情鉴定期间不计算在处罚决定期限内
C. 区公安分局对王某的行为分别决定处罚，合并执行
D. 因王某已满14周岁，可以对王某执行拘留

考点 治安管理处罚的执行；治安调解；治安管理处罚的期限

解析 根据《治安管理处罚法》第9条的规定，

对于因民间纠纷引起的打架斗殴或者损毁他人财物等违反治安管理行为，情节较轻的，公安机关可以调解处理。本案中，被侵害人徐某伤情经鉴定为轻微伤，不属于情节较轻，不符合治安调解的案件范围。故 A 选项说法错误。

根据《治安管理处罚法》第 99 条第 2 款的规定，为了查明案情进行鉴定的期间，不计入办理治安案件的期限。故 B 选项说法正确。

根据《治安管理处罚法》第 16 条的规定，有 2 种以上违反治安管理行为的，分别决定，合并执行。行政拘留处罚合并执行的，最长不超过 20 日。因此，区公安局应对王某的故意伤害行为处 10 日拘留，对毁坏财物行为处 500 元罚款，合并执行。故 C 选项说法正确。

根据《治安管理处罚法》第 21 条的规定，违反治安管理行为人有下列情形之一，依照本法应当给予行政拘留处罚的，不执行行政拘留处罚：①已满 14 周岁不满 16 周岁的；……由于王某 15 周岁，不执行行政拘留处罚。故 D 选项说法错误。

答案 BC

📝 **提 示**

治安处罚案件的办案期限：

（1）治安处罚案件受理之后的决定期限是 30 日，一般行政处罚案件受理之后的决定期限是 90 日；

（2）案情重大、复杂的治安案件的期限，经上一级公安机关批准，可以延长 30 日；

（3）为了查明案情进行鉴定的期间，不计入办理治安案件的期限。

第8讲 行政强制

132. 某交通局在检查中发现张某所驾驶货车无道路运输证，遂扣留了张某驾驶证和车载货物，要求张某缴纳罚款 1 万元。张某拒绝缴纳，交通局将车载货物拍卖抵缴罚款。下列说法正确的有：(2012/2/99-任)

A. 扣留驾驶证的行为为行政强制措施

B. 扣留车载货物的行为为行政强制措施

C. 拍卖车载货物的行为为行政强制措施

D. 拍卖车载货物的行为为行政强制执行

考点 行政强制措施；行政强制执行

解析 行政处罚的本质特征在于制裁性，针对违反行政法律规范的行为的行政制裁，是行政机关作出的最终处理。扣留驾驶证和扣留车载货物的行为并不是最终处理，不属于行政处罚，而是对财产的暂时性控制，属于行政强制措施，故 A、B 选项说法正确。

交通局对张某罚款 1 万元，张某拒绝缴纳，拍卖车载货物行为的目的是抵缴罚款，是对罚款的行政强制执行，故 C 选项说法错误，D 选项说法正确。

答案 ABD

✎ 提 示

扣留驾驶证不同于《行政处罚法》中的"暂扣许可证件、吊销许可证件"，即使用语相同，也要分析行为的本质特点。

133. 市林业局接到关于孙某毁林采矿的举报，遂致函当地县政府，要求调查。县政府召开专题会议形成会议纪要：由县林业局、矿产资源管理局与安监局负责调查处理。经调查并与孙某沟通，三部门形成处理意见：要求孙某合法开采，如发现有毁林或安全事故，将依法查处。再次接到举报后，三部门共同发出责令孙某立即停止违法开采，对被破坏的生态进行整治的通知。责令孙某立即停止违法开采的性质是：(2013/2/97-任)

A. 行政处罚

B. 行政强制措施

C. 行政征收

D. 行政强制执行

考点 行政处罚；行政强制措施；行政征收；行政强制执行

解析 事实上，行政处罚的标准是其制裁性，行政强制措施的标准是其预防性和制止性，本题中的行为内容是"停止违法开采"，明显带有制止性，而不是制裁性。因此，责令孙某立即停止违法开采的通知属于行政强制措施，故 A 选项不当选，B 选项当选。很容易判断出该行为不属于行政征收和行政强制执行，故 C、D 选项不当选。

答案 B

责令停止违法开采行为与《行政处罚法》第 9 条第 4 项规定的"责令停产停业"处罚种类很相像，但前者停止的行为是"违法开采"，而不是"开采"。因此，责令停止违法行为属于行政强制措施，而责令停止合法行为属于行政处罚。

134. 下列哪一行政行为不属于行政强制措施？（2016/2/46-单）

A. 审计局封存转移会计凭证的被审计单位的有关资料

B. 公安交通执法大队暂扣酒后驾车的贾某机动车驾驶证 6 个月

C. 税务局扣押某企业价值相当于应纳税款的商品

D. 公安机关对醉酒的王某采取约束性措施至酒醒

考 点 行政强制措施的判断

解 析 根据《行政强制法》第 2 条第 2 款的规定，行政强制措施，是指行政机关在行政管理过程中，为制止违法行为、防止证据损毁、避免危害发生、控制危险扩大等情形，依法对公民的人身自由实施暂时性限制，或者对公民、法人或者其他组织的财物实施暂时性控制的行为。行政强制措施具有预防性和制止性，是为了制止违法行为、防止证据损毁、避免危害发生、控制危险扩大等。

审计局封存转移会计凭证的被审计单位的有关资料，其目的显然在于制止违法行为、防止证据损毁，属于行政强制措施，故 A 选项不当选。

公安交通执法大队暂扣酒后驾车的贾某机动车驾驶证 6 个月，虽然"暂扣"接近于行政强制措施中的"扣押"，但暂扣贾某机动车驾驶证 6 个月属于对交通违法行为人的制裁，属于行政处罚，不属于行政强制措施，故 B 选项当选。

税务局扣押某企业价值相当于应纳税款的商品，其扣押行为的目的在于制止违法行为，确保应纳税款决定的执行，属于行政强制措施，故 C 选项不当选。

公安机关对醉酒的王某采取约束性措施至酒醒，约束行为的目的在于防止醉酒的王某对自身或者别人造成危险、制止违法行为、避免危害发生、控制危险扩大等，因此约束性措施属于行政强制措施，故 D 选项不当选。

答 案 B

📝 **提 示**

行政强制措施的目的是：①制止违法行为；②防止证据损毁；③避免危害发生；④控制危险扩大等。预防性和制止性是其本质特点。

135. 下列选项中的哪些行为不属于行政强制措施？（2018-回忆版-多）

A. 市场监督管理局责令某食品生产企业停产 1 年

B. 市场监督管理局对某企业有效期届满未申请延续的营业执照予以注销

C. 为防止生态破坏，市林业局责令超范围采伐树木的孙某种 10 棵树

D. 公安交管局暂扣违章驾车的赵某驾驶执照 6 个月

考 点 行政强制措施的判断

解 析 根据《行政处罚法》第 9 条的规定，行政处罚的种类：①警告、通报批评；②罚款、没收违法所得、没收非法财物；③暂扣许可证件、降低资质等级、吊销许可证件；④限制开展生产经营活动、责令停产停业、责令关闭、限制从业；⑤行政拘留；⑥法律、行政法规规定的其他行政处罚。由此可知，责令停产 1 年和暂扣驾驶执照 6 个月都属于行政处罚，不属于行政强制措施。故 A、D 选项当选。

市场监督管理局注销营业执照的行为是行政许可的注销，属于行政许可的监督管理，不属于行政强制措施。故 B 选项当选。

根据《行政强制法》第 2 条第 2 款的规定，行政强制措施，是指行政机关在行政管理过程中，为制止违法行为、防止证据损毁、避免危害发生、控制危险扩大等情形，依法对公民的人身自由实施暂时性限制，或者对公民、法人或者其他组织的财物实施暂时性控制的行为。市林业局

责令种树是为了避免生态环境的破坏，具有预防性，属于行政强制措施。故 C 选项不当选。

答案 ABD

✎ 提示

> 行政处罚和行政强制措施的目的不同：
> (1) 行政处罚的目的有制裁性，给予违法者制裁是本质特征；
> (2) 行政强制措施的主要目的在于制止性和预防性，即在行政管理中制止违法行为、防止证据损毁、避免危害发生、控制危险扩大等。

136. 下列哪些行为属于行政强制措施？
（2020-回忆版-多）

A. 市检疫局暂扣某超市未经检疫销售的猪肉
B. 市交管局暂扣某醉酒驾驶司机的机动车驾驶证 6 个月
C. 市公安局对流行性传染病患者张某强制隔离
D. 市税务局拍卖某逃税企业已被扣押的货物抵缴税款

考点 行政强制措施的判断

解析 根据《行政强制法》第 2 条第 2 款的规定，行政强制措施，是指行政机关在行政管理过程中，为制止违法行为、防止证据损毁、避免危害发生、控制危险扩大等情形，依法对公民的人身自由实施暂时性限制，或者对公民、法人或者其他组织的财物实施暂时性控制的行为。《行政强制法》第 9 条规定，行政强制措施的种类：①限制公民人身自由；……③扣押财物；……检疫局暂扣某超市未经检疫销售的猪肉是对该超市

财物实施暂时性控制的行为，属于扣押财物的行政强制措施，故 A 选项当选。市公安局对流行性传染病患者张某强制隔离，是对张某人身自由实施暂时性限制，属于限制公民人身自由的行政强制措施，故 C 选项当选。

根据《行政处罚法》第 2 条的规定，行政处罚是指行政机关依法对违反行政管理秩序的公民、法人或者其他组织，以减损权益或者增加义务的方式予以惩戒的行为。《行政处罚法》第 9 条规定，行政处罚的种类：……③暂扣许可证件、降低资质等级、吊销许可证件；……市交管局暂扣某醉酒驾驶司机的机动车驾驶证 6 个月，是以减损权益的方式对醉酒驾驶司机予以惩戒的行为，属于暂扣许可证件的行政处罚，故 B 选项不当选。

根据《行政强制法》第 2 条第 3 款的规定，行政强制执行，是指行政机关或者行政机关申请人民法院，对不履行行政决定的公民、法人或者其他组织，依法强制履行义务的行为。《行政强制法》第 12 条规定，行政强制执行的方式：……③拍卖或者依法处理查封、扣押的场所、设施或者财物；……市税务局拍卖某逃税企业已被扣押的货物抵缴税款，是对该企业强制履行义务的行为，属于拍卖已扣押财物的行政强制执行，故 D 选项不当选。

答案 AC

✎ 提示

> 行政强制措施区别于行政处罚——暂时性控制和不具有惩罚性，行政强制措施区别于行政强制执行——制止性和预防性。

26 专题 行政强制的设定

137. 关于部门规章的权限，下列哪一说法是正确的？（2013/2/48-单）

A. 尚未制定法律、行政法规，对违反管理秩序的行为，可以设定暂扣许可证的行政处罚
B. 尚未制定法律、行政法规，且属于规章制定

部门职权的，可以设定扣押财物的行政强制措施
C. 可以在上位法设定的行政许可事项范围内，对实施该许可作出具体规定
D. 可以设定除限制人身自由以外的行政处罚

考点 部门规章的设定权限

解析 根据《行政处罚法》第13条的规定，国务院部门规章可以在法律、行政法规规定的给予行政处罚的行为、种类和幅度的范围内作出具体规定。尚未制定法律、行政法规的，国务院部门规章对违反行政管理秩序的行为，可以设定警告、通报批评或者一定数额罚款的行政处罚。罚款的限额由国务院规定。由此可知，尚未制定法律、行政法规的，对违反管理秩序的行为，部门规章只能设定警告、通报批评或者一定数额罚款的行政处罚。A选项中"可以设定暂扣许可证的行政处罚"和D选项中"可以设定除限制人身自由以外的行政处罚"的说法均错误。

根据《行政强制法》第10条第4款的规定，法律、法规以外的其他规范性文件不得设定行政强制措施。部门规章属于法律、法规以外的其他规范性文件，尚未制定法律、行政法规的，即使属于规章制定部门职权的，部门规章也不得设定扣押财物的行政强制措施，故B选项说法错误。

根据《行政许可法》第16条第3款的规定，规章可以在上位法设定的行政许可事项范围内，对实施该行政许可作出具体规定。因此，部门规章可以在上位法设定的行政许可事项范围内，对实施该许可作出具体规定，故C选项说法正确。

答案 C

提示

注意设定与规定的区别：设定是创设行政权力；规定是对上位法创设的行政权力的实施进行具体规定。

138. 下列哪些规范无权设定行政强制执行？

（2017/2/80-多）

A. 法律　　　　　　B. 行政法规
C. 地方性法规　　　D. 部门规章

考点 行政强制执行的设定

解析 根据《行政强制法》第13条第1款的规定，行政强制执行由法律设定。由此可知，行政强制执行只能由法律设定，故A选项不当选；法律之外的行政法规、地方性法规以及部门规章、地方政府规章等规范性文件一律不得设定行政强

制执行，行政法规、地方性法规和部门规章都无权设定行政强制执行，故B、C、D选项当选。

答案 BCD

提示

行政强制执行只能由法律设定的原因在于，行政强制执行的暴力性太强，对公民、组织的权利影响太大，因此行政强制执行就成为法律绝对保留事项。

139. 关于行政许可、行政处罚和行政强制的设定，下列说法错误的有：（2018-回忆版-多）

A. 省、自治区、直辖市人民政府可以设定除限制人身自由、吊销企业营业执照以外的行政处罚

B. 省、自治区、直辖市人民政府可以设定企业设立登记的行政许可

C. 省、自治区、直辖市人民政府可以设定扣押财物的行政强制措施

D. 省、自治区、直辖市人民政府可以设定加处罚款的行政强制执行

考点 行政许可、行政处罚和行政强制的设定

解析 根据《行政处罚法》第12条第1款的规定，地方性法规可以设定除限制人身自由、吊销营业执照以外的行政处罚。《行政处罚法》第14条规定，地方政府规章可以在法律、法规规定的给予行政处罚的行为、种类和幅度的范围内作出具体规定。尚未制定法律、法规的，地方政府规章对违反行政管理秩序的行为，可以设定警告、通报批评或者一定数额罚款的行政处罚。罚款的限额由省、自治区、直辖市人民代表大会常务委员会规定。由此可知，省、自治区、直辖市人民政府只可以设定警告、通报批评或者一定数额罚款的行政处罚，地方性法规可以设定除限制人身自由、吊销企业营业执照以外的行政处罚。故A选项说法错误，当选。

根据《行政许可法》第15条第2款的规定，地方性法规和省、自治区、直辖市人民政府规章，不得设定应当由国家统一确定的公民、法人或者其他组织的资格、资质的行政许可；不得设定企业或者其他组织的设立登记及其前置性行政

许可。其设定的行政许可，不得限制其他地区的个人或者企业到本地区从事生产经营和提供服务，不得限制其他地区的商品进入本地区市场。由此可知，省、自治区、直辖市人民政府不得设定企业设立登记的行政许可。故 B 选项说法错误，当选。

根据《行政强制法》第 10 条第 4 款的规定，法律、法规以外的其他规范性文件不得设定行政强制措施。由此可知，省、自治区、直辖市人民政府不得设定行政强制措施。故 C 选项说法错误，当选。

根据《行政强制法》第 13 条第 1 款的规定，行政强制执行由法律设定。由此可知，省、自治区、直辖市人民政府不得设定行政强制执行。故 D 选项说法错误，当选。

答案 ABCD

提 示

省、自治区、直辖市人民政府可以设定警告、通报批评或者一定数额罚款，可以设定临时性行政许可，不得设定行政强制措施和行政强制执行。

140. 关于省、自治区、直辖市政府规章的设定权限，下列哪些选项是正确的？（2019-回忆版-多）

A. 可以设定临时性的行政许可

B. 可以设定一定数额的罚款

C. 可以设定查封扣押财物的行政强制措施

D. 可以设定加处滞纳金的行政强制执行

考点 省、自治区、直辖市政府规章的设定权限

解析 根据《行政许可法》第 15 条第 1 款的规定，尚未制定法律、行政法规和地方性法规的，因行政管理的需要，确需立即实施行政许可的，省、自治区、直辖市人民政府规章可以设定临时性的行政许可。因此，省、自治区、直辖市政府规章可以设定临时性的行政许可。故 A 选项正确。

根据《行政处罚法》第 14 条的规定，地方

政府规章可以在法律、法规规定的给予行政处罚的行为、种类和幅度的范围内作出具体规定。尚未制定法律、法规的，地方政府规章对违反行政管理秩序的行为，可以设定警告、通报批评或者一定数额罚款的行政处罚。罚款的限额由省、自治区、直辖市人民代表大会常务委员会规定。因此，省、自治区、直辖市政府规章可以设定一定数额的罚款。故 B 选项正确。

根据《行政强制法》第 10 条的规定，行政强制措施由法律设定。尚未制定法律，且属于国务院行政管理职权事项的，行政法规可以设定除限制公民人身自由，冻结存款、汇款和应当由法律规定的行政强制措施以外的其他行政强制措施。尚未制定法律、行政法规，且属于地方性事务的，地方性法规可以设定查封场所、设施或者财物以及扣押财物的行政强制措施。法律、法规以外的其他规范性文件不得设定行政强制措施。因此，法律、行政法规和地方性法规可以设定行政强制措施，而省、自治区、直辖市政府规章无权设定行政强制措施。故 C 选项错误。

根据《行政强制法》第 12 条的规定，行政强制执行的方式：①加处罚款或者滞纳金；……由此可知，加处滞纳金属于行政强制执行。根据《行政强制法》第 13 条第 1 款的规定，行政强制执行由法律设定。因此，省、自治区、直辖市政府规章无权设定加处滞纳金的行政强制执行。故 D 选项错误。

答案 AB

提 示

行政许可的设定主体：①法律；②行政法规；③地方性法规；④省、自治区、直辖市政府规章。

行政处罚的设定主体：①法律；②行政法规；③地方性法规；④国务院部门规章和地方政府规章。

行政强制措施的设定主体：①法律；②行政法规；③地方性法规。

行政强制执行的设定主体：法律。

141. 经查，李某经营的一家食品厂由于部分设备缺陷，导致生产的部分产品未达到国家标准，遂被市场监督管理机构查封了所有机器设备，扣押了全部货品。卫生行政部门认为李某的食品厂违反了卫生管理规定，对其厂房进行了查封。据此，下列说法错误的有：（2020-回忆版-多）

A. 市场监督管理机构的查封行为是违法的，扣押行为是合法的，但是不合理

B. 卫生行政部门的查封行为违反了不得重复查封的原则

C. 若为了防止李某转移财产，要对李某的存款进行冻结，必须有省级规章以上的法律法规作为依据

D. 无论何种情况，市场监督管理机构在实施查封前必须要经过负责人批准，这是程序正当的体现

考点 查封程序

解析 根据《行政强制法》第 23 条第 1 款的规定，查封、扣押限于涉案的场所、设施或者财物，<u>不得查封、扣押与违法行为无关的场所、设施或者财物</u>；不得查封、扣押公民个人及其所扶养家属的生活必需品。题目中，李某经营的食品厂由于部分设备缺陷导致生产的部分产品未达到国家标准，市场监督管理机构只能查封存在缺陷的部分设备，而不能查封所有机器设备，<u>只能扣押未达到国家标准的部分产品，而不能扣押全部产品</u>。故 A 选项说法错误，当选。

根据《行政强制法》第 23 条第 2 款的规定，当事人的场所、设施或者财物已被其他国家机关依法查封的，不得重复查封。由此可知，<u>重复查封是对同一场所、设施或者财物</u>。题目中，市场监督管理机构查封的是机器设备，卫生行政部门查封的是<u>厂房</u>，并没有违反重复查封的原则。故 B 选项说法错误，当选。

根据《行政强制法》第 9 条的规定，行政强制措施的种类：①限制公民人身自由；②查封场

所、设施或者财物；③扣押财物；④冻结存款、汇款；⑤其他行政强制措施。根据《行政强制法》第 10 条的规定，行政强制措施由法律设定。尚未制定法律，且属于国务院行政管理职权事项的，行政法规可以设定除本法第 9 条第 1、4 项和应当由法律规定的行政强制措施以外的其他行政强制措施。尚未制定法律、行政法规，且属于地方性事务的，地方性法规可以设定本法第 9 条第 2、3 项的行政强制措施。法律、法规以外的其他规范性文件不得设定行政强制措施。由此可知，<u>冻结存款、汇款只能由法律设定</u>。因此，省级规章以上的法律法规作为依据对李某的存款进行冻结，上述说法扩大了冻结的法律依据。故 C 选项说法错误，当选。

根据《行政强制法》第 19 条的规定，情况紧急，需要当场实施行政强制措施的，行政执法人员应当在 24 小时内向行政机关负责人报告，并补办批准手续。行政机关负责人认为不应当采取行政强制措施的，应当立即解除。由此可知，情况紧急的，行政执法人员可以<u>先实施查封，后</u>向行政机关负责人报告并补办批准手续。故 D 选项说法错误，当选。

答案 ABCD

✐ 提 示

实施行政强制措施报批的原则与例外：

（1）原则上实施前向行政机关负责人报告并经批准；

（2）情况紧急，需要当场实施行政强制措施的，行政执法人员应当在 24 小时内向行政机关负责人报告，并补办批准手续。

142. 某区公安分局以非经许可运输烟花爆竹为由，当场扣押孙某杂货店的烟花爆竹 100 件。关于此扣押，下列哪一说法是错误的？（2014/2/47-单）

A. 执法人员应当在返回该分局后立即向该分局负责人报告并补办批准手续

B. 扣押时应当制作现场笔录

C. 扣押时应当制作并当场交付扣押决定书和清单

D. 扣押应当由该区公安分局具备资格的行政执法人员实施

考点 扣押程序

解析 扣押属于行政强制措施，应当遵循行政强制措施实施程序的一般规定。根据《行政强制法》第18条第1项的规定，行政机关实施行政强制措施前须向行政机关负责人报告并经批准。《行政强制法》第19条规定，情况紧急，需要当场实施行政强制措施的，行政执法人员应当在24小时内向行政机关负责人报告，并补办批准手续。由此可知，实施行政强制措施前原则上须向行政机关负责人报告并经批准，但法律也规定了例外情形：情况紧急的，可以实施行政强制措施后向行政机关负责人报告并补办批准手续。题目中没有出现"情况紧急"，区公安分局执法人员应当在实施扣押前向行政机关负责人报告并经批准，而不是在返回该分局后立即向该分局负责人报告并补办批准手续，故A选项说法错误，当选。

根据《行政强制法》第18条的规定，行政机关实施行政强制措施应当遵守下列规定：……⑦制作现场笔录；……因此，区公安分局扣押时应当制作现场笔录，故B选项说法正确，不当选。

根据《行政强制法》第24条第1款的规定，行政机关决定实施查封、扣押的，应当履行《行政强制法》第18条规定的程序，制作并当场交付查封、扣押决定书和清单。区公安分局扣押时应当制作并当场交付扣押决定书和清单，故C选项说法正确，不当选。

根据《行政强制法》第17条第3款的规定，行政强制措施应当由行政机关具备资格的行政执法人员实施，其他人员不得实施。因此，扣押应当由该区公安分局具备资格的行政执法人员实施，故D选项说法正确，不当选。

答案 A

提 示

实施行政强制措施前原则上须向行政机关负责人报告并经批准——事前批，但在情况紧急下可以在实施行政强制措施后向行政机关负责人报告并补办批准手续——事后批，题目中没有明确"情况紧急"的，都应当事前批。

143. 某公安交管局交通大队民警发现王某驾驶的电动三轮车未悬挂号牌，遂作出扣押的强制措施。关于扣押应遵守的程序，下列哪些说法是正确的？（2015/2/78-多）

A. 由2名以上交通大队行政执法人员实施扣押

B. 当场告知王某扣押的理由和依据

C. 当场向王某交付扣押决定书

D. 将三轮车及其车上的物品一并扣押，当场交付扣押清单

考点 扣押程序

解析 根据《行政强制法》第18条的规定，行政机关实施行政强制措施应当遵守下列规定：……②由2名以上行政执法人员实施；……⑤当场告知当事人采取行政强制措施的理由、依据以及当事人依法享有的权利、救济途径；……题目中，该公安交管局交通大队民警发现王某驾驶的电动三轮车未悬挂号牌而对其作出扣押的强制措施，应当由2名以上行政执法人员实施，故A选项说法正确。公安交管局交通大队民警应当当场告知王某采取行政强制措施的理由、依据，故B选项说法正确。

根据《行政强制法》第24条第1款的规定，行政机关决定实施查封、扣押的，应当履行《行政强制法》第18条规定的程序，制作并当场交付查封、扣押决定书和清单。该公安交管局交通大队民警当场向王某交付扣押决定书符合法律规定，故C选项说法正确。

根据《行政强制法》第23条第1款的规定，查封、扣押限于涉案的场所、设施或者财物，不得查封、扣押与违法行为无关的场所、设施或者财物；不得查封、扣押公民个人及其所扶养家属的生活必需品。题目中，王某驾驶的电动三轮车

未悬挂号牌，电动三轮车是与违法行为有关的财物，是查封扣押的对象，但是电动三轮车上的物品不是与违法行为有关的财物，不得查封、扣押，故 D 选项说法错误。

答案 ABC

提示

> 扣押程序的一个重要目的是保护被扣押当事人的合法权益——2 名执法人员的要求、告知当事人扣押的理由和依据、当场向当事人交付扣押决定书以及不得扣押与违法行为无关的财物。

144. 某工商局因陈某擅自设立互联网上网服务营业场所而扣押其从事违法经营活动的电脑 15 台，后作出没收被扣电脑的决定。下列哪些说法是正确的？（2016/2/82-多）

A. 工商局应制作并当场交付扣押决定书和扣押清单

B. 因扣押电脑数量较多，作出扣押决定前工商局应告知陈某享有要求听证的权利

C. 对扣押的电脑，工商局不得使用

D. 因扣押行为系过程性行政行为，陈某不能单独对扣押行为提起行政诉讼

考点 扣押程序

解析 根据《行政强制法》第 24 条第 1 款的规定，行政机关决定实施查封、扣押的，应当履行本法第 18 条规定的程序，制作并当场交付查封、扣押决定书和清单。工商局应制作并当场交付扣押决定书和扣押清单，故 A 选项说法正确。

《行政强制法》没有规定行政强制措施的听证制度，作出扣押决定前工商局没有义务告知陈某享有要求听证的权利，B 选项的说法于法无据，故 B 选项说法错误。

根据《行政强制法》第 26 条第 1 款的规定，对查封、扣押的场所、设施或者财物，行政机关应当妥善保管，不得使用或者损毁；造成损失的，应当承担赔偿责任。工商局不得使用扣押的电脑，故 C 选项说法正确。

根据《行政诉讼法》第 12 条第 1 款的规定，人民法院受理公民、法人或者其他组织提起的下

列诉讼：……②对限制人身自由或者对财产的查封、扣押、冻结等行政强制措施和行政强制执行不服的；……扣押行为已经直接影响了行政相对人的财产权，不属于过程性行政行为，过程性行政行为是《行诉解释》第 1 条规定的行为。《行诉解释》第 1 条第 2 款规定，下列行为不属于人民法院行政诉讼的受案范围：……⑥行政机关为作出行政行为而实施的准备、论证、研究、层报、咨询等过程性行为；……陈某可以单独对扣押行为提起行政诉讼，故 D 选项说法错误。

答案 AC

提示

> 扣押程序中对扣押物品的保护，行政机关有三项义务：①应当妥善保管；②不得使用或者损毁；③对造成的损失承担赔偿责任。

145. 某市质监局发现王某开设的超市销售伪劣商品，遂依据《产品质量法》对发现的伪劣商品实施扣押。关于扣押的实施，下列哪一说法是错误的？（2017/2/48-单）

A. 因扣押发生的保管费用由王某承担

B. 应制作现场笔录

C. 应制作并当场交付扣押决定书和扣押清单

D. 不得扣押与违法行为无关的财物

考点 扣押程序

解析 根据《行政强制法》第 26 条第 3 款的规定，因查封、扣押发生的保管费用由行政机关承担。因扣押发生的保管费用是由市质监局承担，而不是由王某承担，故 A 选项说法错误，当选。

根据《行政强制法》第 18 条的规定，行政机关实施行政强制措施应当遵守下列规定：……⑦制作现场笔录；……市质监局应制作现场笔录，故 B 选项说法正确，不当选。

根据《行政强制法》第 24 条第 1 款的规定，行政机关决定实施查封、扣押的，应当履行本法第 18 条规定的程序，制作并当场交付查封、扣押决定书和清单。市质监局应制作并当场交付扣押决定书和扣押清单，故 C 选项说法正确，不当选。

根据《行政强制法》第23条第1款的规定，查封、扣押限于涉案的场所、设施或者财物，不得查封、扣押与违法行为无关的场所、设施或者财物；不得查封、扣押公民个人及其所扶养家属的生活必需品。市质监局不得扣押与违法行为无关的财物说法正确，故D选项说法正确，不当选。

答案 A

✎ 提 示

扣押是实践中最为常见的行政强制措施种类，扣押程序是每年的必考内容。

146. 市场监督管理局针对福禧公司涉嫌生产过期的鸡肉依法实施了扣押。对此，下列哪一选项是正确的？（2018-回忆版-单）

A. 经市场监督管理局负责人批准，执法人员张某可以单独实施扣押

B. 如情况紧急，执法人员当场扣押的，返回单位后应当立即向市场监督管理局负责人报告并补办批准手续

C. 执法人员张某应当佩戴执法记录仪全程录像

D. 市场监督管理局扣押后，可以委托他人保管

考点 扣押程序

解析 根据《行政强制法》第18条的规定，行政机关实施行政强制措施应当遵守下列规定：……②由2名以上行政执法人员实施；……由此可知，应当由2名以上行政执法人员实施扣押，执法人员张某不能单独实施扣押。故A选项错误。

根据《行政强制法》第19条的规定，情况紧急，需要当场实施行政强制措施的，行政执法人员应当在24小时内向行政机关负责人报告，并补办批准手续。行政机关负责人认为不应当采取行政强制措施的，应当立即解除。《行政强制法》第20条第1款规定，依照法律规定实施限制公民人身自由的行政强制措施，除应当履行《行政强制法》第18条规定的程序外，还应当遵守下列规定：……②在紧急情况下当场实施行政强制措施的，在返回行政机关后，立即向行政机关负责人报告并补办批准手续；……由此可知，

紧急情况下，执法人员当场实施限制人身自由行政强制措施的，返回单位后应当立即向行政机关负责人报告并补办批准手续，而针对财物实施当场扣押的，返回单位后应当在24小时内向市场监督管理局负责人报告并补办批准手续。故B选项错误。

《行政强制法》没有强制要求每个行政机关从事行政执法都需要佩戴执法记录仪。故C选项错误。

根据《行政强制法》第26条第2款的规定，对查封的场所、设施或者财物，行政机关可以委托第三人保管，第三人不得损毁或者擅自转移、处置。因第三人的原因造成的损失，行政机关先行赔付后，有权向第三人追偿。因此，市场监督管理局扣押后，可以委托第三人保管财物。故D选项正确。

答案 D

✎ 提 示

查封、扣押财物的保管：

（1）对查封、扣押的场所、设施或者财物，行政机关应当妥善保管，不得使用或者损毁；造成损失的，应当承担赔偿责任。

（2）对查封的场所、设施或者财物，行政机关可以委托第三人保管，第三人不得损毁或者擅自转移、处置；因第三人的原因造成的损失，行政机关先行赔付后向第三人追偿。

（3）因查封、扣押发生的保管费用由行政机关承担。

147. 方某使用本人所有的小型轿车通过平台从事运营工作，未取得《网络预约出租汽车运输证》。2019年12月4日，方某通过某出行平台派单接载乘客前往某地，运输途中被某市交通管理部门执法人员查获。该市交通管理部门对方某小型轿车予以扣押，并停放在停车场内。下列哪些说法是正确的？（2021-回忆版-多）

A. 应由2名以上执法人员实施扣押

B. 扣押时应制作现场笔录

C. 停车费用由方某承担

D. 若经查不需要扣押时，该市交通管理部门应及时作出解除扣押决定

【考点】扣押程序

【解析】根据《行政强制法》第18条的规定，行政机关实施行政强制措施应当遵守下列规定：……②由2名以上行政执法人员实施；……⑦制作现场笔录；……该市交通管理部门对方某小型轿车予以扣押，应由2名以上执法人员实施并且应制作现场笔录。故A、B选项说法正确。

根据《行政强制法》第26条第3款的规定，因查封、扣押发生的保管费用由行政机关承担。该市交通管理部门对方某小型轿车扣押后停放在停车场内，停车费用属于扣押发生的保管费用，应由市交通管理部门承担。故C选项说法错误。

根据《行政强制法》第28条第1款的规定，有下列情形之一的，行政机关应当及时作出解除查封、扣押决定：①当事人没有违法行为；②查封、扣押的场所、设施或者财物与违法行为无关；③行政机关对违法行为已经作出处理决定，不再需要查封、扣押；④查封、扣押期限已经届满；⑤其他不再需要采取查封、扣押措施的情形。由此可知，经查不需要扣押方某小型轿车时，该市交通管理部门应及时作出解除扣押决定。故D选项说法正确。

【答案】ABD

✍ 提 示

行政机关应当解除查封、扣押的四种情形：

（1）当事人没有违法行为；

（2）查封、扣押的场所、设施或者财物与违法行为无关；

（3）行政机关对违法行为已经作出处理决定，不再需要查封、扣押；

（4）查封、扣押期限已经届满。

148. 2021年9月5日，区城管局认定甲在道路上违法经营，扣押了相关经营物品。9月8日，区城管局向甲交付了扣押决定书和清单。10月30日，区城管局对扣押物品予以没收后

进行了销毁。下列哪些选项是正确的？（2022-回忆版-多）

A. 区城管局在作出扣押决定时应当场交付扣押决定书

B. 区城管局交付扣押物品清单的行为违法

C. 没收扣押物品属于行政处罚

D. 区城管局对没收物品的销毁应有法律、行政法规依据

【考点】扣押程序；行政处罚的种类

【解析】根据《行政强制法》第24条第1款的规定，行政机关决定实施查封、扣押的，应当制作并当场交付查封、扣押决定书和清单。本案中，区城管局在9月5日扣押相关物品时应当场交付扣押决定书和清单。因此，区城管局9月8日向甲交付扣押决定书和清单的行为违法。故A、B选项正确。

根据《行政处罚法》第9条第2项的规定，行政处罚的种类包括"罚款、没收违法所得、没收非法财物"。本案中，区城管局没收扣押物品的行为属于行政处罚。故C选项正确。

根据《行政强制法》第27条的规定，行政机关采取查封、扣押措施后，应当及时查清事实，在《行政强制法》第25条规定的期限内作出处理决定。对违法事实清楚，依法应当没收的非法财物予以没收；法律、行政法规规定应当销毁的，依法销毁；应当解除查封、扣押的，作出解除查封、扣押的决定。因此，区城管局对没收的物品进行销毁应有法律、行政法规依据。故D选项正确。

【答案】ABCD

✍ 提 示

行政机关对财物采取查封、扣押措施后的三种处理：

（1）对违法事实清楚，依法应当没收的非法财物予以没收；

（2）法律、行政法规规定应当销毁的，依法销毁；

（3）应当解除查封、扣押的，作出解除查封、扣押的决定。

28 专题 行政强制执行的实施

149. 某市质监局发现一公司生产劣质产品，查封了公司的生产厂房和设备，之后决定没收全部劣质产品、罚款 10 万元。该公司逾期不缴纳罚款。下列哪一选项是错误的？（2012/2/48-单）

A. 实施查封时应制作现场笔录

B. 对公司的处罚不能适用简易程序

C. 对公司逾期缴纳罚款，质监局可以每日按罚款数额的 3% 加处罚款

D. 质监局可以通知该公司的开户银行划拨其存款

考点 执行罚与划拨

解析 根据《行政强制法》第 18 条的规定，行政机关实施行政强制措施应当遵守下列规定：……⑦制作现场笔录；……查封属于行政强制措施的一种，因此，行政机关在实施查封时，应当制作现场笔录。故 A 选项正确，不当选。

关于行政处罚简易程序的适用条件，《行政处罚法》第 51 条规定，违法事实确凿并有法定依据，对公民处以 200 元以下、对法人或者其他组织处以 3000 元以下罚款或者警告的行政处罚的，可以当场作出行政处罚决定。法律另有规定的，从其规定。题目中该市质监局对该公司罚款 10 万元，已经超出 3000 元的数额限制，因此，对该公司的处罚不能适用简易程序。故 B 选项正确，不当选。

根据《行政处罚法》第 72 条第 1 款的规定，当事人逾期不履行行政处罚决定的，作出行政处罚决定的行政机关可以采取下列措施：①到期不缴纳罚款的，每日按罚款数额的 3% 加处罚款……对该公司逾期缴纳罚款，质监局可以每日按罚款数额的 3% 加处罚款。故 C 选项正确，不当选。

根据《行政强制法》第 47 条的规定，划拨存款、汇款应当由法律规定的行政机关决定，并书面通知金融机构。法律规定以外的行政机关或者组织要求划拨当事人存款、汇款的，金融机构

应当拒绝。法律并未赋予质监局划拨存款的权力。故 D 选项错误，当选。

答案 D

提示

　　划拨存款、汇款因为涉及公民、法人和其他组织的最重要的生活来源和生产经营，所以立法一直对此非常慎重。原则上行政机关都需要向人民法院申请强制执行，法律只授予少数行政机关划拨存款、汇款的权力，如税务机关（《税收征收管理法》第 40 条第 1 款第 1 项）、海关（《海关法》第 60 条第 1 款第 1 项）等部门。

150. 代履行是行政机关强制执行的方式之一。有关代履行，下列哪些说法是错误的？（2014/2/81-多）

A. 行政机关只能委托没有利害关系的第三人代履行

B. 代履行的费用均应当由负有义务的当事人承担

C. 代履行不得采用暴力、胁迫以及其他非法方式

D. 代履行 3 日前应送达决定书

考点 代履行

解析 根据《行政强制法》第 50 条的规定，行政机关依法作出要求当事人履行排除妨碍、恢复原状等义务的行政决定，当事人逾期不履行，经催告仍不履行，其后果已经或者将危害交通安全、造成环境污染或者破坏自然资源的，行政机关可以代履行，或者委托没有利害关系的第三人代履行。由此可知，代履行既可以由行政机关进行，也可以委托没有利害关系的第三人进行。故 A 选项说法错误，当选。

根据《行政强制法》第 51 条第 2 款的规定，代履行的费用按照成本合理确定，由当事人承担。但是，法律另有规定的除外。代履行的费用

原则上由负有义务的当事人承担，除非法律另有规定。故 B 选项说法错误，当选。

根据《行政强制法》第 51 条第 3 款的规定，代履行不得采用暴力、胁迫以及其他非法方式。代履行应当依法实施。故 C 选项说法正确，不当选。

根据《行政强制法》第 52 条的规定，需要立即清除道路、河道、航道或者公共场所的遗洒物、障碍物或者污染物，当事人不能清除的，行政机关可以决定立即实施代履行；当事人不在场的，行政机关应当在事后立即通知当事人，并依法作出处理。此规定表明在紧急情况下，行政机关是可以立即实施代履行的，而"代履行 3 日前应送达决定书"的说法没有考虑到紧急情况。故 D 选项说法错误，当选。

答案 ABD

提 示

注意区分代履行的一般程序和紧急程序规定的不同。

151. 在行政强制执行过程中，行政机关依法与甲达成执行协议。事后，甲应当履行协议而不履行，行政机关可采取下列哪一措施？（2015/2/49-单）

A. 申请法院强制执行
B. 恢复强制执行
C. 以甲为被告提起民事诉讼
D. 以甲为被告提起行政诉讼

考 点 行政强制执行中的执行协议

解 析 根据《行政强制法》第 42 条的规定，实施行政强制执行，行政机关可以在不损害公共利益和他人合法权益的情况下，与当事人达成执行协议。执行协议应当履行。当事人不履行执行协议的，行政机关应当恢复强制执行。由此可知，B 选项的措施是正确的，当选。A 选项的错误之处在于《行政强制法》并未规定申请法院强制执行的执行和解制度，即使可以进行和解，如当事人不履行，也应当是申请法院恢复强制执行，不当选。C、D 选项的错误十分明显，无需通过行政诉讼或民事诉讼解决，不当选。

答案 B

提 示

行政强制执行过程中的执行协议是对行政决定执行方式的约定，当执行协议无法实现对行政决定的履行时，就应当恢复对行政决定的强制执行。

152. 林某在河道内修建了"农家乐"休闲旅社，在紧急防汛期，防汛指挥机构认为需要立即清除该建筑物，林某无法清除。对此，下列哪些说法是正确的？（2017/2/81-多）

A. 防汛指挥机构可决定立即实施代履行
B. 如林某提起行政诉讼，防汛指挥机构应暂停强制清除
C. 在法定节假日，防汛指挥机构也可强制清除
D. 防汛指挥机构可与林某签订执行协议约定分阶段清除

考 点 紧急情况下的代履行；起诉不停止被诉行政行为的执行

解 析 根据《行政强制法》第 52 条的规定，需要立即清除道路、河道、航道或者公共场所的遗洒物、障碍物或者污染物，当事人不能清除的，行政机关可以决定立即实施代履行；当事人不在场的，行政机关应当在事后立即通知当事人，并依法作出处理。题目中，在紧急防汛期，需要立即清除河道内的建筑物，防汛指挥机构可决定立即实施代履行，故 A 选项说法正确。

根据《行政诉讼法》第 56 条第 1 款的规定，诉讼期间，不停止行政行为的执行。但有下列情形之一的，裁定停止执行：①被告认为需要停止执行的；②原告或者利害关系人申请停止执行，人民法院认为该行政行为的执行会造成难以弥补的损失，并且停止执行不损害国家利益、社会公共利益的；③人民法院认为该行政行为的执行会给国家利益、社会公共利益造成重大损害的；④法律、法规规定停止执行的。由此可知，提起诉讼是不停止行政行为执行的，只有满足法定情形才可以由法院裁定停止执行，故 B 选项说法错误。

根据《行政强制法》第 43 条第 1 款的规定，

行政机关不得在夜间或者法定节假日实施行政强制执行。但是，情况紧急的除外。由此可知，一般情况下，行政机关不得在夜间或者法定节假日实施行政强制执行，但在情况紧急下，行政机关可以在夜间或者法定节假日实施行政强制执行。题目中，紧急防汛期属于紧急情况，防汛指挥机构可以在法定节假日强制清除，故 C 选项说法正确。

根据《行政强制法》第 42 条第 1 款的规定，实施行政强制执行，行政机关可以在不损害公共利益和他人合法权益的情况下，与当事人达成执行协议。由此可知，行政机关与当事人达成执行协议的前提是不损害公共利益和他人合法权益。题目中，在紧急防汛期的强制执行存在紧急防汛的公共利益，防汛指挥机构与林某签订执行协议约定分阶段清除可能损害公共利益，故 D 选项说法错误。

答案 AC

提示

执行协议制度的目的是鼓励当事人自觉履行，但并非所有的行政强制执行都能达成执行协议，只有在不损害公共利益和他人合法权益的情况下才能达成执行协议。

153. 某建筑公司雇工修建某镇农贸市场，但长期拖欠工资。县劳动局作出《处理决定书》，要求该公司支付工资，并加付应付工资 50%的赔偿金。该公司在法定期限内既未履行处理决定，也未申请行政复议和提起诉讼。下列哪一选项是正确的？（2007/2/41—单）

A. 县劳动局申请法院强制执行，应当自该公司的法定起诉期限届满之日起 90 日内提出

B. 县劳动局申请法院强制执行，由该县法院受理

C. 县劳动局申请执行应当提交的全部材料包括申请执行书、据以执行的行政法律文书、证明该具体行政行为合法的材料

D. 法院受理申请执行案件后，应当在 30 日内由执行庭对行政处理决定的合法性进行审查

考点 行政机关申请法院行政强制执行程序

解析 根据《行诉解释》第 156 条的规定，没有强制执行权的行政机关申请人民法院强制执行其行政行为，应当自被执行人的法定起诉期限届满之日起 3 个月内提出。逾期申请的，除有正当理由外，人民法院不予受理。故 A 选项错误。

根据《行诉解释》第 157 条第 1 款的规定，行政机关申请人民法院强制执行其行政行为的，由申请人所在地的基层人民法院受理；执行对象为不动产的，由不动产所在地的基层人民法院受理。因此，县劳动局申请强制执行，由县劳动局所在地的县人民法院受理。故 B 选项正确。

根据《行政强制法》第 55 条的规定，行政机关向人民法院申请强制执行，应当提供下列材料：①强制执行申请书；②行政决定书及作出决定的事实、理由和依据；③当事人的意见及行政机关催告情况；④申请强制执行标的情况；⑤法律、行政法规规定的其他材料。强制执行申请书应当由行政机关负责人签名，加盖行政机关的印章，并注明日期。可知，县劳动局申请执行的材料缺少第 3 项当事人的意见及行政机关催告情况以及第 4 项申请强制执行标的情况。故 C 选项错误。

根据《行诉解释》第 160 条第 1 款的规定，人民法院受理行政机关申请执行其行政行为的案件后，应当在 7 日内由行政审判庭对行政行为的合法性进行审查，并作出是否准予执行的裁定。可知，应由行政审判庭对行政行为的合法性进行审查，而非由执行庭进行审查。故 D 选项错误。

答案 B

提示

行政机关申请法院强制执行的期限要求：

（1）行政机关应当自被执行人的法定起诉期限届满之日起 3 个月内提出；

（2）作出裁决的行政机关在申请执行的期限内未申请法院强制执行的，生效行政裁决确定的权利人或者其继承人、权利承受人在 6 个月内可以申请法院强制执行；

（3）法院对符合条件的申请，应当在 5 日内立案受理；

（4）行政机关对不予受理裁定有异议，在 15 日内向上一级法院申请复议的，上一级法院应当在收到复议申请之日起 15 日内作出裁定；

（5）法院受理行政机关申请执行其行政行为的案件后，应当在 7 日内作出是否准予执行的裁定；

（6）法院在作出裁定前发现行政行为明显违法并损害被执行人合法权益的，应当听取被执行人和行政机关的意见，并自受理之日起 30 日内作出是否准予执行的裁定；

（7）行政机关对不准予执行的裁定有异议，在 15 日内向上一级法院申请复议的，上一级法院应当在收到复议申请之日起 30 日内作出裁定；

（8）法院裁定不予执行的，应当在 5 日内将不予执行的裁定送达行政机关；

（9）因情况紧急，为保障公共安全，经法院院长批准，法院应当自作出执行裁定之日起 5 日内执行。

154. 2019 年 3 月 15 日，河务局水政监察人员在巡查时发现，水务公司施工中占用黄河滩区的弃土位置不符合项目审查同意书及《防洪评价报告》中所标识的弃土场位置，现场堆放土方量较大。2019 年 7 月 22 日，河务局作出行政处罚决定，决定对水务公司罚款 10 万元。水务公司在法定期限内未针对该行政处罚决定申请行政复议或提起行政诉讼，未在指定期限内缴纳罚款。2020 年 3 月 3 日，河务局向法院申请强制执行行政处罚决定。下列哪些说法是正确的？（2021-回忆版-多）

A. 河务局申请法院强制执行前，应催告水务公司履行义务

B. 河务局应当向水务公司所在地的基层法院申请强制执行

C. 应当由法院执行庭对行政处罚决定的合法性进行审查

D. 若法院审查后认为符合执行条件，应作出准予执行裁定

考点 行政机关申请法院行政强制执行程序

解析 根据《行政强制法》第 54 条的规定，行政机关申请人民法院强制执行前，应当催告当事人履行义务。催告书送达 10 日后当事人仍未履行义务的，行政机关可以向所在地有管辖权的人民法院申请强制执行；执行对象是不动产的，向不动产所在地有管辖权的人民法院申请强制执行。因此，河务局申请法院强制执行前，应催告水务公司履行义务。故 A 选项说法正确。

根据《行诉解释》第 157 条第 1 款的规定，行政机关申请人民法院强制执行其行政行为的，由申请人所在地的基层人民法院受理；执行对象为不动产的，由不动产所在地的基层人民法院受理。因此，河务局应当是向河务局所在地的基层法院申请强制执行，而不是向水务公司所在地的基层法院申请强制执行。故 B 选项说法错误。

根据《行诉解释》第 160 条第 1 款的规定，人民法院受理行政机关申请执行其行政行为的案件后，应当在 7 日内由行政审判庭对行政行为的合法性进行审查，并作出是否准予执行的裁定。因此，应当由法院行政审判庭对行政处罚决定的合法性进行审查，不是由法院执行庭对行政处罚决定的合法性进行审查。故 C 选项说法错误。

根据《行政强制法》第 57 条的规定，人民法院对行政机关强制执行的申请进行书面审查，对符合本法第 55 条规定，且行政决定具备法定执行效力的，除本法第 58 条规定的情形外，人民法院应当自受理之日起 7 日内作出执行裁定。因此，法院审查后认为符合执行条件，应作出准予执行裁定。故 D 选项说法正确。

答案 AD

提示

行政机关申请人民法院强制执行的管辖法院：

（1）原则上由申请人所在地的基层法院受理；

（2）执行对象为不动产的，由不动产所在地的基层法院受理。

155. 关于行政法中的收费要求，下列说法正确的是：（2023-回忆版-单）

A. 代履行的费用由当事人承担

B. 申请法院强制执行的费用由当事人承担

C. 扣押发生的保管费用由当事人承担

D. 当事人不承担行政许可的费用，但规章另有规定的除外

考点 行政强制执行的费用；行政强制措施的费用；行政许可的费用

解析 根据《行政强制法》第51条第2款的规定，代履行的费用按照成本合理确定，由当事人承担。但是，法律另有规定的除外。可知，代履行的费用一般由当事人承担，但是有例外规定。故 A 选项说法错误。

根据《行政强制法》第60条第1款的规定，行政机关申请人民法院强制执行，不缴纳申请费。强制执行的费用由被执行人承担。故 B 选项说法正确。

根据《行政强制法》第26条第3款的规定，因查封、扣押发生的保管费用由行政机关承担。因此，当事人不承担扣押发生的保管费用。故 C 选项说法错误。

根据《行政许可法》第58条第1款的规定，行政机关实施行政许可和对行政许可事项进行监督检查，不得收取任何费用。但是，法律、行政法规另有规定的，依照其规定。可知，当事人不承担行政许可的费用，但法律、行政法规另有规

定的除外，注意，不是"规章"另有规定的除外。故 D 选项说法错误。

答案 B

提示

行政行为实施的费用承担：

（1）当事人不承担行政机关组织行政处罚听证的费用；

（2）申请人、利害关系人不承担行政机关组织行政许可听证的费用；

（3）行政机关实施行政许可和对行政许可事项进行监督检查，不得收取任何费用，法律、行政法规另有规定的除外；

（4）行政机关提供行政许可申请书格式文本，不得收费；

（5）查封、扣押中检测、检验、检疫或者技术鉴定的费用由行政机关承担；

（6）因查封、扣押发生的保管费用由行政机关承担；

（7）代履行的费用由当事人承担，法律另有规定的除外；

（8）行政机关申请人民法院强制执行的费用由被执行人承担；

（9）行政机关依申请提供政府信息，不收取费用，但申请人申请公开政府信息的数量、频次明显超过合理范围的，行政机关可以收取信息处理费。

政府信息公开的范围和主体 专题 29

156. 某化工厂附近的居民沈某认为化工厂排放的废水污染环境，向区生态环境局申请公开化工厂的环保监督检查记录。区生态环境局向化工厂征求意见，化工厂以环保监督检查记录中的部分内容涉及商业秘密为由不同意公开，该局遂以化工厂不同意公开为由作出不予公开决定。沈某对区生态环境局的不公开决定不服，提起诉讼。下列哪些说法是正确的？（2020-回忆版-多）

A. 区生态环境局的不公开决定违法

B. 区生态环境局向化工厂征求意见，若化工厂逾期未提出意见的视为同意公开

C. 若沈某通过互联网提出申请的，提交之日为区生态环境局收到申请之日

D. 沈某应当先申请复议才能提起诉讼

[考点] 政府信息公开的范围；依申请公开政府信息程序

[解析] 依据《政府信息公开条例》第13条第1款的规定，除本条例第14～16条规定的政府信息外，政府信息应当公开。《政府信息公开条例》第14条规定，依法确定为国家秘密的政府信息，法律、行政法规禁止公开的政府信息，以及公开后可能危及国家安全、公共安全、经济安全、社会稳定的政府信息，不予公开。《政府信息公开条例》第15条规定，涉及商业秘密、个人隐私等公开会对第三方合法权益造成损害的政府信息，行政机关不得公开。但是，第三方同意公开

或者行政机关认为不公开会对公共利益造成重大影响的，予以公开。《政府信息公开条例》第16条规定，行政机关的内部事务信息，包括人事管理、后勤管理、内部工作流程等方面的信息，可以不予公开。行政机关在履行行政管理职能过程中形成的讨论记录、过程稿、磋商信函、请示报告等过程性信息以及行政执法案卷信息，可以不予公开。法律、法规、规章规定上述信息应当公开的，从其规定。沈某申请环保监督检查记录<u>不属于《政府信息公开条例》第14～16条规定的政府信息，因此区生态环境局不公开决定违法。</u>故 A 选项说法正确。

依据《政府信息公开条例》第32条的规定，依申请公开的政府信息公开会损害第三方合法权益的，行政机关应当书面征求第三方的意见。第三方应当自收到征求意见书之日起15个工作日内提出意见。第三方逾期未提出意见的，由行政机关依照本条例的规定决定是否公开。区生态环境局向化工厂征求意见，化工厂逾期未提出意见，<u>由区生态环境局依照《政府信息公开条例》决定是否公开，而不是视为同意公开。</u>故 B 选项说法错误。

依据《政府信息公开条例》第31条的规定，行政机关收到政府信息公开申请的时间，按照下列规定确定：……③申请人通过互联网渠道或者政府信息公开工作机构的传真提交政府信息公开申请的，以双方确认之日为收到申请之日。沈某通过互联网提出申请的，<u>应当以双方确认之日为</u>

区生态环境局收到申请之日。故 C 选项说法错误。

根据 2023 年修订后的《行政复议法》第 23 条第 1 款的规定，有下列情形之一的，申请人应当先向行政复议机关申请行政复议，对行政复议决定不服的，可以再依法向人民法院提起行政诉讼：……④申请政府信息公开，行政机关不予公开；……因此，沈某对区生态环境局的不公开决定不服，应当先申请复议才能提起诉讼。故 D 选项说法正确。

答案 AD（司法部原答案为 A）

✎ 提 示

处理政府信息公开与不公开关系的基本原则：以公开为常态，以不公开为例外。凡是在试题中不属于不公开的政府信息，都推定为属于公开的政府信息。

157. 区房管局向某公司发放房屋拆迁许可证。被拆迁人王某向区房管局提出申请，要求公开该公司办理拆迁许可证时所提交的建设用地规划许可证，区房管局作出拒绝公开的答复。对此，下列哪些说法是正确的？（2010/2/45-多）

A. 王某提出申请时，应出示有效身份证件

B. 因王某与申请公开的信息无利害关系，拒绝公开是正确的

C. 因区房管局不是所申请信息的制作主体，拒绝公开是正确的

D. 拒绝答复应自收到王某申请之日起 1 个月内作出

考点 政府信息公开申请主体；政府信息公开主体；依申请公开政府信息程序

解析 根据《政府信息公开条例》第 29 条第 2 款的规定，政府信息公开申请应当包括下列内容：①申请人的姓名或者名称、身份证明、联系方式；……题目中，王某要求公开公司办理拆迁许可证时所提交的建设用地规划许可证，需要出示有效身份证件，故 A 选项说法正确。

根据《政府信息公开条例》第 13 条的规定，除本条例第 14~16 条规定的政府信息外，政府信

息应当公开。行政机关公开政府信息，采取主动公开和依申请公开的方式。据此可知，政府信息公开申请并不要求申请人与申请公开的信息有利害关系，因此区房管局以王某与申请公开的信息无利害关系为由，拒绝其公开申请是不正确的，故 B 选项说法错误。

根据《政府信息公开条例》第 10 条第 1 款的规定，行政机关制作的政府信息，由制作该政府信息的行政机关负责公开。行政机关从公民、法人和其他组织获取的政府信息，由保存该政府信息的行政机关负责公开；行政机关获取的其他行政机关的政府信息，由制作或者最初获取该政府信息的行政机关负责公开。法律、法规对政府信息公开的权限另有规定的，从其规定。题目中，建设用地规划许可证不是区房管局制作的，该信息的公开不属于区房管局的职责范围，因此区房管局以此为由拒绝王某的申请是正确的，故 C 选项说法正确。

根据《政府信息公开条例》第 33 条第 1、2 款的规定，行政机关收到政府信息公开申请，能够当场答复的，应当当场予以答复。行政机关不能当场答复的，应当自收到申请之日起 20 个工作日内予以答复；需要延长答复期限的，应当经政府信息公开工作机构负责人同意并告知申请人，延长的期限最长不得超过 20 个工作日。据此可知，一般情况下，政府信息公开申请应当场答复；有困难的，答复应当自收到申请之日起 20 个工作日内作出，特殊情况可再延长 20 个工作日，即最长 40 个工作日。故 D 选项说法错误。

答案 AC（司法部原答案为 C）

✎ 提 示

从公开主体的角度看，政府信息有以下三种：

（1）行政机关制作的政府信息，由制作该政府信息的行政机关负责公开；

（2）行政机关从公民、法人和其他组织获取的政府信息，由保存该政府信息的行政机关负责公开；

（3）行政机关获取的其他行政机关的政府信息，由制作或者最初获取该政府信息的行政机关负责公开。

158. 某乡属企业多年未归还方某借给的资金，双方发生纠纷。方某得知乡政府曾发过5号文件和210号文件处分了该企业的资产，遂向乡政府递交申请，要求公开两份文件。乡政府不予公开，理由是5号文件涉及第三方，且已口头征询其意见，其答复是该文件涉及商业秘密，不同意公开，而210号文件不存在。方某向法院起诉。下列哪些说法是正确的？（2014/2/48-多）

A. 方某申请时应当出示有效身份证明或者证明文件

B. 对所申请的政府信息，方某不具有申请人资格

C. 乡政府不公开5号文件合法

D. 方某能够提供210号文件由乡政府制作的相关线索的，可以申请法院调取证据

考点 政府信息公开申请人资格；依申请公开政府信息程序；政府信息公开诉讼调取证据

解析 根据《政府信息公开条例》第29条第2款的规定，政府信息公开申请应当包括下列内容：①申请人的姓名或者名称、身份证明、联系方式；……题目中，方某申请公开政府信息应当出示有效身份证件，故A选项说法正确。

根据《政府信息公开条例》第13条的规定，除本条例第14~16条规定的政府信息外，政府信息应当公开。行政机关公开政府信息，采取主动公开和依申请公开的方式。因此，方某具有申请公开政府信息的申请人资格，故B选项说法错误。

根据《政府信息公开条例》第32条的规定，依申请公开的政府信息公开会损害第三方合法权益的，行政机关应当书面征求第三方的意见。第三方应当自收到征求意见书之日起15个工作日内提出意见。第三方逾期未提出意见的，由行政机关依照本条例的规定决定是否公开。第三方不同意公开且有合理理由的，行政机关不予公开。行政机关认为不公开可能对公共利益造成重大影响的，可以决定予以公开，并将决定公开的政府信息内容和理由书面告知第三方。对涉及商业秘密的政府信息不公开，至少需要具备三个条件：①该信息确为商业秘密；②书面征求第三方意

见，且第三方不同意公开；③不存在不公开可能对公共利益造成重大影响的情形。题目中，乡政府的答复均不满足上述三个条件。5号文件是否涉及乡属企业的商业秘密，并不是由行政机关判定，而是由该企业自己答复该文件是否涉及商业秘密；即使涉及该企业的商业秘密，乡政府也应采用书面方式征求意见；同时，乡政府应证明不存在不公开可能对公共利益造成重大影响的情形，故C选项说法错误。

根据《最高人民法院关于审理政府信息公开行政案件若干问题的规定》（以下简称《政府信息公开案件规定》）第5条第5款的规定，被告主张政府信息不存在，原告能够提供该政府信息系由被告制作或者保存的相关线索的，可以申请人民法院调取证据。乡政府主张210号文件不存在，方某能够提供210号文件由乡政府制作的相关线索的，可以申请法院调取证据，故D选项说法正确。

答案 AD（司法部原答案为D）

提示

涉及第三方合法权益的政府信息公开程序：

[第1步] 行政机关应当书面征求第三方的意见；

[第2步] 第三方应当自收到征求意见书之日起15个工作日内提出意见；

[第3步] 第三方不同意公开且有合理理由的，行政机关不予公开；

[第4步] 行政机关认为不公开可能对公共利益造成重大影响的，可以决定予以公开，并将决定公开的政府信息内容和理由书面告知第三方。

159. 关于政府信息公开的说法，下列哪些选项是错误的？（2019-回忆版-多）

A. 王某向规划局申请获取政府信息应提供身份证明

B. 公务员张某的工资属于法定公开事项

C. 李某向海事局申请公开船员信息，海事局以内部信息为由不予公开

D. 赵某只能根据自身生产、生活、科研等特殊需要，向环保局申请获取相关政府信息

考点 政府信息公开的申请、公开范围

解析 根据《政府信息公开条例》第29条第2款的规定，政府信息公开申请应当包括下列内容：①申请人的姓名或者名称、身份证明、联系方式；……因此，王某向规划局申请获取政府信息应提供身份证明。故A选项正确，不当选。

根据《政府信息公开条例》第15条的规定，涉及商业秘密、个人隐私等公开会对第三方合法权益造成损害的政府信息，行政机关不得公开。但是，第三方同意公开或者行政机关认为不公开会对公共利益造成重大影响的，予以公开。公务员张某的工资应属于个人隐私，因此，不属于法定公开事项。故B选项错误，当选。

根据《政府信息公开条例》第16条第1款的规定，行政机关的内部事务信息，包括人事管理、后勤管理、内部工作流程等方面的信息，可以不予公开。船员信息属于内部事务信息，因此，海事局可以内部信息为由不予公开。故C选

项正确，不当选。

根据《政府信息公开条例》第27条的规定，除行政机关主动公开的政府信息外，公民、法人或者其他组织可以向地方各级人民政府、对外以自己名义履行行政管理职能的县级以上人民政府部门（含本条例第10条第2款规定的派出机构、内设机构）申请获取相关政府信息。因此，赵某向环保局申请获取相关政府信息，无需根据自身生产、生活、科研等特殊需要。故D选项错误，当选。

答案 BD

提示

2019年修订的《政府信息公开条例》为更好保障公民、法人或者其他组织依法获取政府信息的权利，取消了原条例依申请公开的"三需要"门槛，删除了公民、法人或者其他组织申请获取相关政府信息需"根据自身生产、生活、科研等特殊需要"的限制条件，应注意此项修改。

---

30 专题 政府信息公开的程序

160. 某环保联合会对某公司提起环境民事公益诉讼，因在诉讼中需要该公司的相关环保资料，遂向县环保局提出申请公开该公司的排污许可证、排污口数量和位置等有关环境信息。申请书中载明了单位名称、住所地、联系人及电话并加盖了公章、获取信息的方式等。县环保局收到申请后，要求环保联合会提供申请人身份的证明材料。环保联合会提供了社会团体登记证复印件。县环保局以申请公开的内容不明确为由拒绝公开，该环保联合会遂提起行政诉讼。关于本案的信息公开申请及其处理，下列说法正确的是：（2017/2/97-任）

A. 环保联合会可采用数据电文形式提出信息公开

B. 环保联合会不具有提出此信息公开申请的资格

C. 县环保局有权要求环保联合会提供申请人身份的证明材料

D. 县环保局认为申请内容不明确的，应告知环保联合会作出更改、补充

考点 政府信息公开的申请和处理

解析 根据《政府信息公开条例》第29条第1款的规定，公民、法人或者其他组织申请获取政府信息的，应当向行政机关的政府信息公开工作机构提出，并采用包括信件、数据电文在内的书面形式；采用书面形式确有困难的，申请人可以口头提出，由受理该申请的政府信息公开工作机构代为填写政府信息公开申请。由此可知，信息公开申请原则上采用书面形式（包括数据电文形式），特殊情况下也可以采取口头形式。环保联合会采用书面形式中的数据电文形式提出信息公开是符合《政府信息公开条例》要求的，故A选

项说法正确。

根据《政府信息公开条例》第 13 条的规定，除本条例第 14~16 条规定的政府信息外，政府信息应当公开。行政机关公开政府信息，采取主动公开和依申请公开的方式。题目中，环保联合会具有申请公开该公司的排污许可证、排污口数量和位置等有关环境信息的申请资格，故 B 选项说法错误。

根据《政府信息公开条例》第 29 条第 2 款的规定，政府信息公开申请应当包括下列内容：①申请人的姓名或者名称、身份证明、联系方式；……题目中，环保联合会申请公开该公司的排污许可证、排污口数量和位置等有关环境信息应当向环保局提供其身份证明材料，县环保局有权要求环保联合会提供申请人身份的证明材料，故 C 选项说法正确。

根据《政府信息公开条例》第 30 条的规定，政府信息公开申请内容不明确的，行政机关应当给予指导和释明，并自收到申请之日起 7 个工作日内一次性告知申请人作出补正，说明需要补正的事项和合理的补正期限。答复期限自行政机关收到补正的申请之日起计算。申请人无正当理由逾期不补正的，视为放弃申请，行政机关不再处理该政府信息公开申请。由此可知，如县环保局认为环保联合会申请内容不明确，应当给予指导和释明，并自收到申请之日起 7 个工作日内一次性告知环保联合会作出补正，说明需要补正的事项和合理的补正期限，而不仅仅是告知环保联合会作出更改、补充，故 D 选项说法错误。

答案 AC（司法部原答案为 AD）

提示

> 政府信息公开申请内容不明确的：
> （1）行政机关应当给予指导和释明；
> （2）行政机关收到申请之日起 7 个工作日内一次性告知申请人作出补正。

161. 沈某向住建委申请公开一企业向该委提交的某危改项目纳入危改范围的意见和申报材料。该委以信息中有企业联系人联系电话和地址等个人隐私为由拒绝公开，沈某起诉，法院

受理。下列哪些说法是正确的？（2015/2/79-多）

A. 在作出拒绝公开决定前，住建委无需书面征求企业联系人是否同意公开的意见

B. 本案的起诉期限为 6 个月

C. 住建委应对拒绝公开的根据及履行法定告知和说明理由义务的情况举证

D. 住建委拒绝公开答复合法

考点 涉及个人隐私的政府信息公开程序和处理；行政诉讼的起诉期限和举证责任

解析 根据《政府信息公开条例》第 32 条的规定，依申请公开的政府信息公开会损害第三方合法权益的，行政机关应当书面征求第三方的意见。第三方应当自收到征求意见书之日起 15 个工作日内提出意见。第三方逾期未提出意见的，由行政机关依照本条例的规定决定是否公开。第三方不同意公开且有合理理由的，行政机关不予公开。行政机关认为不公开可能对公共利益造成重大影响的，可以决定予以公开，并将决定公开的政府信息内容和理由书面告知第三方。因此，对涉及个人隐私的政府信息是否公开，应当征求第三方的意见，这是法定程序。住建委在作出拒绝公开决定前，应当书面征求企业联系人是否同意公开的意见，故 A 选项说法错误。

根据《行政诉讼法》第 46 条第 1 款的规定，公民、法人或者其他组织直接向人民法院提起诉讼的，应当自知道或者应当知道作出行政行为之日起 6 个月内提出。法律另有规定的除外。对于政府信息公开案件，法律未对起诉期限作出特别规定，故本案的起诉期限为 6 个月，故 B 选项说法正确。

根据《政府信息公开案件规定》第 5 条第 1 款的规定，被告拒绝向原告提供政府信息的，应当对拒绝的根据以及履行法定告知和说明理由义务的情况举证。沈某向住建委申请公开信息，住建委拒绝公开，住建委应对拒绝公开的根据及履行法定告知和说明理由义务的情况举证，故 C 选项说法正确。

根据《政府信息公开条例》第 37 条的规定，申请公开的信息中含有不应当公开或者不属于政府信息的内容，但是能够作区分处理的，行政机

关应当向申请人提供可以公开的政府信息内容，并对不予公开的内容说明理由。沈某申请公开的政府信息为一企业向该委提交的某危改项目纳入危改范围的意见和申报材料，即使该信息包含企业联系人联系电话和地址等个人隐私的内容，根据可分割要求，其他内容是可以公开的，更何况该信息是否包含个人隐私还不能确定，因此根据题目所给的条件，住建委拒绝公开答复不能认定为合法，故 D 选项说法错误。

答案 BC

提示

涉及个人隐私、商业秘密的政府信息公开程序，行政机关书面征求第三方的意见后有两种处理结果：

（1）第三方不同意公开且有合理理由的，不得公开；

（2）行政机关认为不公开可能对公共利益造成重大影响的，予以公开，书面告知第三方决定公开的政府信息内容和理由。

162. 某环保公益组织以一企业造成环境污染为由提起环境公益诉讼，后因诉讼需要，向县环保局申请公开该企业的环境影响评价报告、排污许可证信息。环保局以该组织无申请资格和该企业在该县有若干个基地，申请内容不明确为由拒绝公开。下列哪一说法是正确的？（2015/2/50-单）

A. 该组织提出申请时应出示其负责人的有效身份证明

B. 该组织的申请符合根据自身生产、生活、科研等特殊需要要求，环保局认为其无申请资格不成立

C. 对该组织的申请内容是否明确，环保局的认定和处理是正确的

D. 该组织所申请信息属于依法不应当公开的信息

考点 政府信息公开的申请和处理

解析 根据《政府信息公开条例》第29条第2款的规定，政府信息公开申请应当包括下列内容：①申请人的姓名或者名称、身份证明、联系

方式；……题目中的申请人为组织，而不是该组织的负责人，故要求该组织提供其负责人的有效身份证明是不符合《政府信息公开条例》的，故 A 选项说法错误。

根据《政府信息公开条例》第13条的规定，除本条例第14~16条规定的政府信息外，政府信息应当公开。行政机关公开政府信息，采取主动公开和依申请公开的方式。题目中，环保公益组织向县环保局申请公开该企业的环境影响评价报告、排污许可证信息，环保公益组织具有申请人资格，县环保局认为其无申请资格是不成立的，故 B 选项说法正确。注意：修订后的《政府信息公开条例》取消了申请人申请公开政府信息要"根据自身生产、生活、科研等特殊需要"的要求。

根据《政府信息公开条例》第30条的规定，政府信息公开申请内容不明确的，行政机关应当给予指导和释明，并自收到申请之日起7个工作日内一次性告知申请人作出补正，说明需要补正的事项和合理的补正期限。答复期限自行政机关收到补正的申请之日起计算。申请人无正当理由逾期不补正的，视为放弃申请，行政机关不再处理该政府信息公开申请。题目中，环保局以该企业在该县有若干个基地为由认定环保公益组织的申请内容不明确是不恰当的。同时，对于申请内容不明确的，行政机关应当给予指导和释明，并自收到申请之日起7个工作日内一次性告知申请人作出补正，说明需要补正的事项和合理的补正期限，而不是拒绝公开，故 C 选项说法错误。

根据《政府信息公开条例》第2条的规定，本条例所称政府信息，是指行政机关在履行行政管理职能过程中制作或者获取的，以一定形式记录、保存的信息。根据《政府信息公开条例》第5条的规定，行政机关公开政府信息，应当坚持以公开为常态、不公开为例外，遵循公正、公平、合法、便民的原则。根据《政府信息公开条例》第14条的规定，依法确定为国家秘密的政府信息，法律、行政法规禁止公开的政府信息，以及公开后可能危及国家安全、公共安全、经济安全、社会稳定的政府信息，不予公开。根据《行政许可法》第40条的规定，行政机关作出的准予行政许可决定，应当予以公开，公众有权查

阅。题目中，环保公益组织申请公开企业的环境影响评价报告、排污许可证信息，该信息属于《政府信息公开条例》规定的政府信息，也属于《行政许可法》规定的行政许可决定，且从题目中不能看出该信息属于涉及国家秘密的政府信息以及公开后可能危及国家安全、公共安全、经济安全、社会稳定的政府信息，因此环保公益组织所申请公开的信息属于依法应当公开的信息，故 D 选项说法错误。

答案 B

提示

政府信息公开申请人资格、身份证明，对政府信息申请公开的处理以及政府信息公开范围的确定，属于每年必考内容，考生应重点掌握。

163. 陆某 3 月份连续 55 次向某镇政府申请公开防汛信息。5 月份陆某又向镇政府申请公开防汛信息，镇政府应如何处理？（2019-回忆版-多）

A. 镇政府可以收取信息处理费

B. 镇政府以陆某不具有申请人资格为由不予提供

C. 镇政府以陆某此前多次重复申请为由不予受理

D. 镇政府可以要求陆某说明理由

考点 频繁申请政府信息公开的处理

解析 根据《政府信息公开条例》第 42 条第 1 款的规定，行政机关依申请提供政府信息，不收取费用。但是，申请人申请公开政府信息的数量、频次明显超过合理范围的，行政机关可以收取信息处理费。陆某 3 月份连续 55 次向镇政府申请公开防汛信息，5 月份又申请公开防汛信息，申请频次明显超过合理范围，因此，镇政府可以收取信息处理费。故 A 选项当选。

2019 年修订后的《政府信息公开条例》删去了"公民、法人或者其他组织根据自身生产、生活、科研等特殊需要"向有关部门申请公开政府信息的条件限制。根据修订后的《政府信息公开条例》第 27 条的规定，除行政机关主动公开

的政府信息外，公民、法人或者其他组织可以向地方各级人民政府、对外以自己名义履行行政管理职能的县级以上人民政府部门（含本条例第 10 条第 2 款规定的派出机构、内设机构）申请获取相关政府信息。因此，陆某申请公开防汛信息具有申请人资格。故 B 选项不当选。

根据《政府信息公开条例》第 35 条的规定，申请人申请公开政府信息的数量、频次明显超过合理范围，行政机关可以要求申请人说明理由。行政机关认为申请理由不合理的，告知申请人不予处理；行政机关认为申请理由合理，但是无法在本条例第 33 条规定的期限内答复申请人的，可以确定延迟答复的合理期限并告知申请人。陆某申请公开防汛信息的频次明显超过合理范围，镇政府可以要求陆某说明理由。故 D 选项当选。镇政府依据申请理由是否合理决定是否处理陆某申请，但镇政府不可因为陆某多次申请而直接不予受理。故 C 选项不当选。

答案 AD

提示

申请人申请公开政府信息的数量、频次明显超过合理范围的：

（1）行政机关可以要求申请人说明理由；

（2）行政机关认为申请理由不合理的，告知申请人不予处理；

（3）行政机关认为申请理由合理，但是无法在规定期限内答复申请人的，可以延长答复期限；

（4）行政机关可以收取信息处理费。

164. 李某为李家河村村民，某镇政府对李家河村的土地作出《征收方案》。李某以邮寄方式申请镇政府公开《征收方案》，镇政府以《征收方案》为镇政府内部事务信息为由不予公开，李某向县政府申请复议。下列哪一说法是正确的？（2020-回忆版-单）

A. 李某可以邮寄方式申请

B. 李某应当证明《征收方案》与自己生活、生产有关

C. 镇政府收到李某申请的时间是镇政府与李某确认之日

D. 镇政府不予公开合法

考点 政府信息公开的范围和程序

解析 根据《政府信息公开条例》第29条第1款的规定，公民、法人或者其他组织申请获取政府信息的，应当向行政机关的政府信息公开工作机构提出，并采用包括信件、数据电文在内的书面形式；采用书面形式确有困难的，申请人可以口头提出，由受理该申请的政府信息公开工作机构代为填写政府信息公开申请。因此，李某申请镇政府公开《征收方案》可以以邮寄的方式申请，故A选项说法正确。

2019年修订的《政府信息公开条例》删去了"公民、法人或者其他组织根据自身生产、生活、科研等特殊需要"向有关部门申请公开政府信息的条件限制。因此，李某申请镇政府公开《征收方案》只需按规定内容方式申请，无需证明《征收方案》与自己生活、生产有关，故B选项说法错误。

根据《政府信息公开条例》第31条的规定，行政机关收到政府信息公开申请的时间，按照下列规定确定：……②申请人以邮寄方式提交政府信息公开申请的，以行政机关签收之日为收到申请之日；以平常信函等无需签收的邮寄方式提交政府信息公开申请的，政府信息公开工作机构应当于收到申请的当日与申请人确认，确认之日为收到申请之日。……因此，李某以邮寄的方式申请镇政府公开《征收方案》，需要明确信函是否需要签收，若李某以需签收的邮寄方式提交政府信息公开申请的，则应以镇政府签收之日为收到申请之日，故C选项说法错误。

根据《政府信息公开条例》第16条第1款的规定，行政机关的内部事务信息，包括人事管理、后勤管理、内部工作流程等方面的信息，可以不予公开。而李某申请公开的《征收方案》是镇政府对李家河村的土地作出的《征收方案》，并非行政机关的内部事务信息，镇政府以内部事务信息为由不予公开是不合法的，故D选项说法错误。

答案 A

📝 **提示**

行政机关收到政府信息公开申请时间的确定有四种情况：

（1）申请人当面提交申请的，提交之日为收到申请之日；

（2）申请人以需签收的邮寄方式提交申请的，行政机关签收之日为收到申请之日；

（3）申请人以无需签收的邮寄方式提交申请的，行政机关与申请人确认之日为收到申请之日；

（4）申请人通过互联网渠道或者传真申请的，双方确认之日为收到申请之日。

165. 吴某通过电子邮件向区政府申请公开强制拆除其房屋的会议纪要，区政府以信息不存在为由拒绝提供，吴某向法院提起行政诉讼，法院受理。下列说法正确的有：(2021-回忆版-多)

A. 区政府拒绝提供会议纪要的理由错误

B. 区政府收到申请之日为区政府收到电子邮件之日

C. 若吴某能提供会议纪要由区政府制作或者保存的相关线索，法院应当责令区政府公开

D. 区政府应当举证证明已尽到充分合理的查找、检索义务

考点 政府信息公开的程序与救济

解析 吴某申请公开的会议纪要属于行政机关的内部事务信息。根据《政府信息公开条例》第16条第1款的规定，行政机关的内部事务信息，包括人事管理、后勤管理、内部工作流程等方面的信息，可以不予公开。因此，区政府可以"行政机关的内部事务信息"为由拒绝提供会议纪要，而区政府拒绝提供的理由是信息不存在，区政府拒绝提供会议纪要的理由错误。故A选项说法正确。

根据《政府信息公开条例》第31条的规定，行政机关收到政府信息公开申请的时间，按照下列规定确定：……③申请人通过互联网渠道或者政府信息公开工作机构的传真提交政府信息公开申请的，以双方确认之日为收到申请之日。吴某通过电子邮件向区政府申请公开信息，属于通过

互联网渠道提交政府信息公开申请，区政府收到申请之日是双方确认之日，不是区政府收到电子邮件之日。故 B 选项说法错误。

根据《政府信息公开案件规定》第 5 条第 5 款的规定，被告主张政府信息不存在，原告能够提供该政府信息系由被告制作或者保存的相关线索的，可以申请人民法院调取证据。吴某能提供会议纪要由区政府制作或者保存的相关线索的，可以申请法院调取证据，不是法院责令区政府公开。故 C 选项说法错误。

根据最高人民法院发布的第 101 号指导案例《罗元昌诉重庆市彭水苗族土家族自治县地方海事处政府信息公开案》的裁判要点：在政府信息公开案件中，被告以政府信息不存在为由答复原告的，人民法院应审查被告是否已经尽到充分合理的查找、检索义务。原告提交了该政府信息系由被告制作或者保存的相关线索等初步证据后，若被告不能提供相反证据，并举证证明已尽到充分合理的查找、检索义务的，人民法院不予支持被告有关政府信息不存在的主张。因此，区政府以信息不存在为由拒绝提供会议纪要的，应当举证证明已尽到充分合理的查找、检索义务。故 D 选项说法正确。

答案 AD

提示

　　行政机关收到政府信息公开申请的时间确定：

　　(1) 申请人当面提交政府信息公开申请的，以提交之日为收到申请之日。

　　(2) 申请人以邮寄方式提交政府信息公开申请的，以行政机关签收之日为收到申请之日；以平常信函等无需签收的邮寄方式提交政府信息公开申请的，政府信息公开工作机构应当于收到申请的当日与申请人确认，确认之日为收到申请之日。

　　(3) 申请人通过互联网渠道或者政府信息公开工作机构的传真提交政府信息公开申请的，以双方确认之日为收到申请之日。

166. 廖某因房屋在城区规划范围内被征收，

遂以邮寄的方式向市自然资源与规划局申请公开涉及项目地块的控制性规划，该局以廖某所申请信息不存在进行答复。廖某不服答复，提起诉讼，法院受理案件。下列哪些选项是正确的？（2022-回忆版-多）

A. 市自然资源与规划局收到申请的日期为该局信件签收日

B. 廖某需对申请信息的存在承担证明责任

C. 市自然资源与规划局有权要求廖某对申请的信息与自身特殊需要作出说明

D. 若廖某对市自然资源与规划局的答复不服，可以向市政府申请复议

考点 政府信息公开的申请；行政诉讼的举证责任分配；行政复议机关

解析 根据《政府信息公开条例》第 31 条第 2 项的规定，申请人以邮寄方式提交政府信息公开申请的，以行政机关签收之日为收到申请之日。本案中，市自然资源与规划局收到申请的日期为该局信件签收日。故 A 选项正确。

根据《政府信息公开案件规定》第 5 条第 5 款的规定，被告主张政府信息不存在，原告能够提供该政府信息系由被告制作或者保存的相关线索的，可以申请人民法院调取证据。本案中，市自然资源与规划局应当对申请信息不存在承担举证责任，廖某无需对申请信息的存在承担举证责任。故 B 选项错误。

根据《政府信息公开条例》第 29 条第 2 款的规定，政府信息公开申请应当包括下列内容：①申请人的姓名或者名称、身份证明、联系方式；②申请公开的政府信息的名称、文号或者便于行政机关查询的其他特征性描述；③申请公开的政府信息的形式要求，包括获取信息的方式、途径。申请公开政府信息无需说明申请信息的用途，因此，市自然资源与规划局无权要求廖某对申请的信息与自身特殊需要作出说明。故 C 选项错误。

根据《行政复议法》第 24 条第 1 款的规定，县级以上地方各级人民政府管辖下列行政复议案件：①对本级人民政府工作部门作出的行政行为不服的；……因此，廖某对市自然资源与规划局的答复不服，可以向市政府申请复议。故 D 选项

正确。

答案 AD

提示

　　2019年修订的《政府信息公开条例》对申请环节进行了修改：①取消了申请信息与申请人生产、生活和科研要有关联性的要求；②要求所有申请人提供身份证明。

167. 某村村民向乡政府申请公开该村村委会年度财务信息，乡政府工作人员以"乡政府只是监督村委会公开财务，并没有备案该村村委会年度财务信息"为由拒绝公开，村民不服，提起行政诉讼。法院审理认为，乡政府的答复理由不成立，要求重新答复。乡政府作出答复："乡政府不负责制作和备案该村村委会财务信息，建议向该村村委会申请公开。"下列说法正确的有：（2022-回忆版-多）

A. 乡政府第二次答复违法

B. 法院不得适用简易程序审理案件

C. 若法院可以适用简易程序审理案件，应当在45日内审结

D. 村民向乡政府申请公开该村村委会年度财务信息时应当提供其身份证明和联系方式

考点 政府信息公开的申请和答复；行政诉讼的简易程序

解析 根据《政府信息公开条例》第36条第5项的规定，所申请公开信息不属于本行政机关负责公开的，告知申请人并说明理由；能够确定负责公开该政府信息的行政机关的，告知申请人该行政机关的名称、联系方式。本案中，乡政府不属于村委会财务信息公开的主体，并且第二次答复已经告知了负责公开该政府信息主体的名称，因此，乡政府第二次答复不违法。故A选项错误。

　　根据《行政诉讼法》第82条第1款第3项的规定，人民法院审理第一审政府信息公开案件，认为事实清楚、权利义务关系明确、争议不大的，可以适用简易程序。本案属于政府信息公开的案件，可以适用简易程序审理。故B选项错误。

　　根据《行政诉讼法》第83条的规定，适用简易程序审理的行政案件，由审判员一人独任审理，并应当在立案之日起45日内审结。故C选项正确。

　　根据《政府信息公开条例》第29条第2款第1项的规定，政府信息公开申请应当包括申请人的姓名或者名称、身份证明、联系方式。因此，村民向乡政府申请公开该村村委会年度财务信息时应当提供其身份证明和联系方式。故D选项正确。

答案 CD

提示

　　行政机关对政府信息公开申请的处理：

　　（1）所申请公开信息已经主动公开的，告知申请人获取该政府信息的方式、途径。

　　（2）所申请公开信息可以公开的，向申请人提供该政府信息，或者告知申请人获取该政府信息的方式、途径和时间。

　　（3）行政机关决定不予公开的，告知申请人不予公开并说明理由。

　　（4）经检索没有所申请公开信息的，告知申请人该政府信息不存在。

　　（5）所申请公开信息不属于本行政机关负责公开的，告知申请人并说明理由；能够确定负责公开该政府信息的行政机关的，告知申请人该行政机关的名称、联系方式。

　　（6）行政机关已就申请人提出的政府信息公开申请作出答复、申请人重复申请公开相同政府信息的，告知申请人不予重复处理。

　　（7）所申请公开信息属于工商、不动产登记资料等信息，有关法律、行政法规对信息的获取有特别规定的，告知申请人依照有关法律、行政法规的规定办理。

168. 村民李某通过互联网向市规划局提交信息公开申请，申请公开某规划地块的四至界限范围，市规划局收到申请后告知李某补充材料。李某补充材料后，市规划局告知李某相关

信息已移交市档案局，按照《档案法》的规定办理。李某不服，提起诉讼。下列说法正确的有：（2023-回忆版-多）

A. 市规划局收到申请的时间是李某在互联网上提交申请之日
B. 市规划局答复期限自其收到李某补正的申请之日起计算
C. 市规划局二次告知违法
D. 法院裁定驳回起诉

【考点】政府信息公开的申请和处理；行政诉讼受案范围

【解析】根据《政府信息公开条例》第 31 条的规定，行政机关收到政府信息公开申请的时间，按照下列规定确定：……③申请人通过互联网渠道或者政府信息公开工作机构的传真提交政府信息公开申请的，以双方确认之日为收到申请之日。可知，李某通过互联网向市规划局提交信息公开申请，市规划局收到申请的时间是市规划局和李某双方确认之日。故 A 选项说法错误。

根据《政府信息公开条例》第 30 条的规定，政府信息公开申请内容不明确的，行政机关应当给予指导和释明，并自收到申请之日起 7 个工作日内一次性告知申请人作出补正，说明需要补正的事项和合理的补正期限。答复期限自行政机关收到补正的申请之日起计算。申请人无正当理由逾期不补正的，视为放弃申请，行政机关不再处理该政府信息公开申请。因此，市规划局收到申请后告知李某补充材料，李某补充材料，市规划局答复期限自其收到李某补正的申请之日起计算。故 B 选项说法正确。

根据《政府信息公开条例》第 36 条的规定，对政府信息公开申请，行政机关根据下列情况分别作出答复：……⑤所申请公开信息不属于本行

政机关负责公开的，告知申请人并说明理由；能够确定负责公开该政府信息的行政机关的，告知申请人该行政机关的名称、联系方式。……⑦所申请公开信息属于工商、不动产登记资料等信息，有关法律、行政法规对信息的获取有特别规定的，告知申请人依照有关法律、行政法规的规定办理。该规划地块的四至界限范围属于不动产登记资料等信息，并且该信息已移交市档案局，市规划局告知李某按照《档案法》的规定办理符合法律规定。故 C 选项说法错误。

根据《政府信息公开案件规定》第 2 条规定，公民、法人或者其他组织对下列行为不服提起行政诉讼的，人民法院不予受理：……④行政程序中的当事人、利害关系人以政府信息公开名义申请查阅案卷材料，行政机关告知其应当按照相关法律、法规的规定办理的。可知，市规划局二次告知不属于行政诉讼受案范围，法院不受理案件，裁定驳回起诉。故 D 选项说法正确。

【答案】BD

【提示】
政府信息公开申请的补正：
（1）政府信息公开申请内容不明确的，行政机关应当给予指导和释明，并自收到申请之日起 7 个工作日内一次性告知申请人作出补正，说明需要补正的事项和合理的补正期限；
（2）答复期限自行政机关收到补正的申请之日起计算；
（3）申请人无正当理由逾期不补正的，视为放弃申请，行政机关不再处理该政府信息公开申请。

第10讲 行政复议

31 专题 **行政复议的主体**

169. 某区环保局因某新建水电站未报批环境影响评价文件，且已投入生产使用，给予其罚款 10 万元的处罚。水电站不服，申请复议，复议机关作出维持处罚的复议决定书。下列哪一说法是正确的？（2014/2/49–单）

A. 复议机构应当为该区政府

B. 如复议期间案件涉及法律适用问题，需要有权机关作出解释，行政复议终止

C. 复议决定书一经送达，即发生法律效力

D. 水电站对复议决定不服向法院起诉，应由复议机关所在地的法院管辖

考点 行政复议机关与行政复议机构；行政复议中止与终止；行政复议决定书生效；复议后诉讼的地域管辖

解析 根据《行政复议法》第 24 条第 1 款的规定，县级以上地方各级人民政府管辖下列行政复议案件：①对本级人民政府工作部门作出的行政行为不服的；……本案中，水电站对该区环保局的处罚申请复议，复议机关是该区政府。根据《行政复议法》第 4 条第 1、2 款的规定，县级以上各级人民政府以及其他依照本法履行行政复议职责的行政机关是行政复议机关。行政复议机关办理行政复议事项的机构是行政复议机构。行政复议机构同时组织办理行政复议机关的行政应诉事项。A 选项中使用复议机构是错误的，区政府作为复议机关，但绝不可能作为复议机构。故 A 选项说法错误。

根据《行政复议法》第 39 条第 1 款的规定，行政复议期间有下列情形之一的，行政复议中止：……⑦行政复议案件涉及的法律适用问题需要有权机关作出解释或者确认；……可知，如复议期间案件涉及法律适用问题，需要有权机关作出解释，应为复议中止，而非复议终止。故 B 选项说法错误。

根据《行政复议法》第 75 条第 2 款的规定，行政复议决定书一经送达，即发生法律效力。因为行政复议采取一级复议制度，行政复议决定书作出并送达后，就发生法律效力。故 C 选项说法正确。

根据《行政诉讼法》第 18 条第 1 款的规定，行政案件由最初作出行政行为的行政机关所在地人民法院管辖。经复议的案件，也可以由复议机关所在地人民法院管辖。由此可知，经复议后又提起行政诉讼的案件的管辖，不管是否改变原行政行为，作出原行政行为的行政机关所在地法院和复议机关所在地法院均具有管辖权。题目中，水电站对复议维持决定不服向法院起诉，作出原行政行为的行政机关（区环保局）所在地法院和复议机关所在地的法院都能管辖。故 D 选项说法错误。

答案 C

提 示

　注意区分行政复议机关与行政复议机构：行政复议机关是以自己名义处理行政争

议、作出复议决定并对此承担责任的行政机关；行政复议机构是代表行政复议机关具体办理行政复议事项的机构，为行政复议机关负责法制工作的机构。

170. 甲市乙区公安分局所辖派出所以李某制造噪声干扰他人正常生活为由，处以 500 元罚款。李某不服申请复议。下列哪一机关可以成为本案的复议机关？（2011/2/84－单）

A. 乙区公安分局　　　B. 乙区政府
C. 甲市公安局　　　　D. 甲市政府

考点 行政复议机关

解析 根据《治安管理处罚法》第 91 条的规定，治安管理处罚由县级以上人民政府公安机关决定；其中警告、500 元以下的罚款可以由公安派出所决定。根据《行政复议法》第 24 条第 4 款的规定，对县级以上地方各级人民政府工作部门依法设立的派出机构依照法律、法规、规章规定，以派出机构的名义作出的行政行为不服的行政复议案件，由本级人民政府管辖。题目中，区公安分局设立的派出所依照《治安管理处罚法》的规定，以自己的名义作出了 500 元罚款，被处罚当事人李某不服申请复议，乙区公安分局的本级人民政府即乙区政府为复议机关。故 B 选项当选。乙区公安分局、甲市公安局与甲市政府不能成为本案的复议机关，故 A、C、D 选项不当选。

答案 B（司法部原答案为 AB）

✎ 提示

公安派出所作为被申请人时，复议机关是区政府。

区公安分局作为被申请人时，复议机关也是区政府。

171. 甲公司向市规划局申请改造某处历史建筑，市规划局交给市城市规划专门委员会审核。市城市规划专门委员会形成会议纪要，同意甲公司的申请。张某认为该会议纪要侵犯其合法权益，申请行政复议。下列选项正确的有：（2018-回忆版-多）

A. 被申请人是市规划局
B. 复议机关是市政府
C. 会议纪要属于行政许可行为
D. 会议纪要属于行政复议范围

考点 行政复议的范围、被申请人和复议机关

解析 根据《行政复议法实施条例》第 14 条的规定，行政机关设立的派出机构、内设机构或者其他组织，未经法律、法规授权，对外以自己名义作出具体行政行为的，该行政机关为被申请人。由题目可知，市城市规划专门委员会是市规划局的内设机构，未经法律、法规授权，市城市规划专门委员会作出同意甲公司申请的会议纪要，被申请人应当是市规划局。故 A 选项正确。

根据《行政复议法》第 24 条第 1 款的规定，县级以上地方各级人民政府管辖下列行政复议案件：①对本级人民政府工作部门作出的行政行为不服的；……本案中，由于被申请人是市规划局，因此复议机关是市政府。故 B 选项正确。

根据《行政许可法》第 2 条的规定，本法所称行政许可，是指行政机关根据公民、法人或者其他组织的申请，经依法审查，准予其从事特定活动的行为。题目中甲公司申请改造某处历史建筑，市城市规划专门委员会形成会议纪要同意甲公司的申请，属于"准予其从事特定活动的行为"，因此会议纪要属于行政许可行为。故 C 选项正确。

根据《行政复议法》第 11 条的规定，有下列情形之一的，公民、法人或者其他组织可以依照本法申请行政复议：……③申请行政许可，行政机关拒绝或者在法定期限内不予答复，或者对行政机关作出的有关行政许可的其他决定不服；……本案中，张某对会议纪要申请行政复议，由于会议纪要属于行政许可行为，具有对外法律效力，影响了张某的合法权益，因此会议纪要属于行政复议范围。故 D 选项正确。

答案 ABCD

✎ 提示

会议纪要的行为性质判定：不涉及行政系统外公民、组织权利义务处理的，属于内部行政行为；对行政系统外公民、组织权利义务产生实际影响的，属于外部行政行为。

172.《反不正当竞争法》规定，当事人对监督检查部门作出的处罚决定不服的，可以自收到处罚决定之日起15日内向上一级主管机关申请复议；对复议决定不服的，可以自收到复议决定书之日起15日内向法院提起诉讼；也可以直接向法院提起诉讼。[1] 某县工商局认定某企业利用广告对商品作引人误解的虚假宣传，构成不正当竞争，处10万元罚款。[2] 该企业不服，申请复议。下列哪些说法是正确的？（2014/2/80-多）

A. 复议机关应当为该工商局的上一级工商局

B. 申请复议期间为15日

C. 如复议机关作出维持决定，该企业向法院起诉，起诉期限为15日

D. 对罚款决定，该企业可以不经复议直接向法院起诉

考点 行政复议机关；行政复议申请期限；复议后的起诉期限；复议与诉讼的救济关系

解析 根据《行政复议法》第24条第1款的规定，县级以上地方各级人民政府管辖下列行政复议案件：①对本级人民政府工作部门作出的行政行为不服的；……题目中的工商局（现为市场监督管理局）为县政府的工作部门，对县工商局的罚款申请复议，复议机关是县政府。故A选项说法错误。

根据《行政复议法》第20条第1款的规定，公民、法人或者其他组织认为行政行为侵犯其合法权益的，可以自知道或者应当知道该行政行为之日起60日内提出行政复议申请；但是法律规定的申请期限超过60日的除外。确定当事人申请行政复议的期限，首先要看单行法律是否有超过60日的特别规定，如果没有，则适用《行政复议法》60日申请期限的一般规定。当事人对监督检查部门作出的决定不服的，可以依法申请行政复议或者提起行政诉讼。《反不正当竞争法》没有对申请行政复议期限作出超过60日的特别规定，因此，应当适用《行政复议法》规定的一般期限60日。故B选项说法错误。

根据《行政诉讼法》第45条的规定，公民、法人或者其他组织不服复议决定的，可以在收到复议决定书之日起15日内向人民法院提起诉讼。

复议机关逾期不作决定的，申请人可以在复议期满之日起15日内向人民法院提起诉讼。法律另有规定的除外。由此可知，经复议后向法院起诉的一般期限为15日，除非法律规定特别期限。《反不正当竞争法》第29条规定，当事人对监督检查部门作出的决定不服的，可以依法申请行政复议或者提起行政诉讼。《反不正当竞争法》没有对复议之后的起诉期限作出特别规定，因此复议机关作出维持决定，该企业向法院起诉，起诉期限为15日。故C选项说法正确。

行政复议和行政诉讼是解决行政争议的两种途径。根据《行政诉讼法》第44条的规定，对属于人民法院受案范围的行政案件，公民、法人或者其他组织可以先向行政机关申请复议，对复议决定不服的，再向人民法院提起行政诉讼；也可以直接向人民法院提起行政诉讼。法律、法规规定应当先向行政机关申请复议，对复议决定不服再向人民法院提起行政诉讼的，依照法律、法规的规定。由此可知，行政复议与行政诉讼的救济关系是以公民、法人或其他组织的自由选择为原则，以行政复议前置为例外，例外情形需要法律、法规规定。根据《行政复议法》第23条第1款的规定，有下列情形之一的，申请人应当先向行政复议机关申请行政复议，对行政复议决定不服的，可以再依法向人民法院提起行政诉讼：①对当场作出的行政处罚决定不服；②对行政机关作出的侵犯其已经依法取得的自然资源的所有权或者使用权的决定不服；③认为行政机关存在本法第11条规定的未履行法定职责情形；④申请政府信息公开，行政机关不予公开；⑤法律、行政法规规定应当先向行政复议机关申请行政复议的其他情形。根据《反不正当竞争法》第29条的规定，当事人对监督检查部门作出的决定不服的，可以依法申请行政复议或者提起行政诉讼。由此可知，对监督检查部门作出的处罚决定实行的是自

---

〔1〕 本条系1993年《反不正当竞争法》第29条的规定。2019年修正的《反不正当竞争法》第29条规定，当事人对监督检查部门作出的决定不服的，可以依法申请行政复议或者提起行政诉讼。

〔2〕 2019年修正的《反不正当竞争法》第20条规定，经营者对其商品作虚假或者引人误解的商业宣传，处20万元以上100万元以下的罚款。

由选择安排，即既可以直接向法院起诉，也可以先复议再向法院起诉，取决于当事人的选择。因此，对于罚款决定，该企业可以不经复议直接向法院起诉，故 D 选项说法正确。

答案 CD

✏提 示

> 对地方政府部门的行政行为不服申请复议，复议机关的确定有三种情形：
>
> （1）**垂直复议**。海关、金融、外汇管理等实行垂直领导的行政机关、税务和国家安全机关作为被申请人的，复议机关是上一级主管部门。
>
> （2）**双重复议**。司法行政部门作为被申请人的，复议机关为该部门的本级政府或者上一级司法行政部门。
>
> （3）**政府复议**。除了上述机关之外的政府部门作为被申请人的，复议机关为该部门的本级政府。

173. 王某因散播他人隐私被传唤至某区公安分局所属派出所进行询问，后派出所对王某处以 500 元罚款，王某不服罚款寻求救济。下列哪些说法是正确的？（2023-回忆版-多）

A. 派出所与街道办事处都是派出机构

B. 询问笔录应当由询问的民警签名，但不需要加盖公章

C. 王某可向区政府申请行政复议

D. 王某可以派出所为被告提起行政诉讼

考点 派出机关与派出机构；询问笔录；行政诉讼被告；行政复议机关

解析 根据《公安机关组织管理条例》第 6 条第 1 款的规定，设区的市公安局根据工作需要设置公安分局。市、县、自治县公安局根据工作需要设置公安派出所。可知，派出所为派出机构。根据《地方各级人民代表大会和地方各级人民政府组织法》第 85 条第 3 款的规定，市辖区、不设区的市的人民政府，经上一级人民政府批准，可以设立若干街道办事处，作为它的派出机关。可知，街道办事处为派出机关。故 A 选项说法错误。

根据《治安管理处罚法》第 84 条第 1 款的

规定，询问笔录应当交被询问人核对；对没有阅读能力的，应当向其宣读。记载有遗漏或者差错的，被询问人可以提出补充或者更正。被询问人确认笔录无误后，应当签名或者盖章，询问的人民警察也应当在笔录上签名。可知，询问笔录应当由询问的民警签名，但不要求加盖公章。故 B 选项说法正确。

根据《行政复议法》第 24 条第 4 款的规定，对县级以上地方各级人民政府工作部门依法设立的派出机构依照法律、法规、规章规定，以派出机构的名义作出的行政行为不服的行政复议案件，由本级人民政府管辖。因此，王某对区政府工作部门——区公安分局设立的派出所作出的 500 元罚款不服申请复议，由区政府管辖。故 C 选项说法正确。

根据《治安管理处罚法》第 91 条的规定，治安管理处罚由县级以上人民政府公安机关决定；其中警告、500 元以下的罚款可以由公安派出所决定。因此，本案中派出所对王某处以 500 元罚款，王某不服罚款提起行政诉讼，以派出所为被告。故 D 选项说法正确。

答案 BCD

✏提 示

> 派出机关与派出机构为复议被申请人的复议管辖：
>
> （1）县级以上地方政府设立的派出机关为复议被申请人的，由设立派出机关的地方政府为复议机关；
>
> （2）县级以上地方政府（不包括直辖市、设区的市政府）工作部门设立的派出机构为复议被申请人的，设立派出机构的工作部门所在的本级政府为复议机关；
>
> （3）直辖市、设区的市政府工作部门设立的派出机构为复议被申请人的，直辖市、设区的市政府为复议机关或者派出机构所在地的政府为复议机关；
>
> （4）国务院部门设立的派出机构为复议被申请人的，国务院部门为复议机关。

174. 国家市场监督管理总局根据《反垄断

法》，对某汽车有限公司实施纵向垄断协议作出罚款 1.628 亿元的行政处罚决定，该汽车有限公司申请行政复议。下列哪些说法是正确的？（2019-回忆版-多）

A. 复议机关为国家市场监督管理总局
B. 复议决定作出前该汽车有限公司可以撤回复议申请
C. 复议决定作出前国家市场监督管理总局可以与该汽车有限公司进行和解
D. 复议机关不得作出复议改变决定

考点 行政复议的复议机关、复议程序、复议决定

解析 根据《行政复议法》第 25 条的规定，国务院部门管辖下列行政复议案件：①对本部门作出的行政行为不服的；……国家市场监督管理总局属于国务院直属机构，作为国务院部门实行自我复议，该汽车有限公司对其决定不服申请复议时，复议机关应为国家市场监管总局。故 A 选项说法正确。

根据《行政复议法》第 41 条的规定，行政复议期间有下列情形之一的，行政复议机关决定终止行政复议：①申请人撤回行政复议申请，行政复议机构准予撤回；……因此，复议决定作出前，该汽车有限公司可以撤回复议申请。故 B 选项说法正确。

根据《行政复议法》第 74 条第 1 款的规定，当事人在行政复议决定作出前可以自愿达成和解，和解内容不得损害国家利益、社会公共利益和他人合法权益，不得违反法律、法规的强制性规定。因此，在复议决定作出前申请人——该汽车有限公司与被申请人——国家市场监督管理总局可以进行和解。故 C 选项说法正确。

根据《行政复议法》第 63 条第 1 款的规定，行政行为有下列情形之一的，行政复议机关决定变更该行政行为：①事实清楚，证据确凿，适用依据正确，程序合法，但是内容不适当；②事实清楚，证据确凿，程序合法，但是未正确适用依据；③事实不清、证据不足，经行政复议机关查清事实和证据。本案中，只要行政处罚决定符合复议变更决定的适用情形，复议机关可以作出复议改变决定。故 D 选项说法错误。

答案 ABC

✎ 提示

　　国务院部门或者省、自治区、直辖市政府作为被申请人时的行政复议机关：
　　（1）国务院部门或者省、自治区、直辖市政府作为被申请人时的行政复议机关，是作出该行政行为的国务院部门或者省、自治区、直辖市人民政府；
　　（2）申请人对 2 个以上国务院部门共同作出的行政行为不服的，可以向其中任何一个国务院部门提出行政复议申请，由作出行政行为的国务院部门共同作出行政复议决定。

175. 甲市乙区政府决定征收某村集体土地 100 亩。该村 50 户村民不服，申请行政复议。下列哪一说法是错误的？（2013/2/50-单）

A. 申请复议的期限为 30 日
B. 村民应推选 1 至 5 名代表参加复议
C. 甲市政府为复议机关
D. 如要求申请人补正申请材料，应在收到复议申请之日起 5 日内书面通知申请人

考点 行政复议机关；行政复议申请人；行政复议申请期限；复议申请补正材料

解析 根据《行政复议法》第 20 条第 1 款的规定，公民、法人或者其他组织认为行政行为侵犯其合法权益的，可以自知道或者应当知道该行政行为之日起 60 日内提出行政复议申请；但是法律规定的申请期限超过 60 日的除外。确定当事人申请行政复议的期限，首先要看单行法律是否有超过 60 日的特别规定，如果没有，则适用《行政复议法》60 日申请期限的一般规定。《土地管理法》没有对征收土地决定规定特别的复议申请期限，因此 50 户村民申请复议的期限为 60 日，故 A 选项说法错误，当选。

根据《行政复议法》第 15 条第 1 款的规定，同一行政复议案件申请人人数众多的，可以由申请人推选代表人参加行政复议。根据《行政复议法实施条例》第 8 条的规定，同一行政复议案件申请人超过 5 人的，推选 1 至 5 名代表参加行政

复议。50 户村民作为复议申请人超过 5 人，应推选 1 至 5 名代表参加复议，故 B 选项说法正确，不当选。

根据《行政复议法》第 24 条第 1 款的规定，县级以上地方各级人民政府管辖下列行政复议案件：……②对下一级人民政府作出的行政行为不服的；……题目中，甲市乙区政府作出征收决定，甲市乙区政府是被申请人，复议机关就是乙区政府的上一级政府——甲市政府，故 C 选项说法正确，不当选。

根据《行政复议法》第 31 条第 1 款的规定，行政复议申请材料不齐全或者表述不清楚，无法判断行政复议申请是否符合本法第 30 条第 1 款规定的，行政复议机关应当自收到申请之日起 5 日内书面通知申请人补正。补正通知应当一次性载明需要补正的事项。由此可知，为了保护申请人权利，行政复议机构要求申请人补正申请材料，应在收到复议申请之日起 5 日内书面通知申请人，故 D 选项说法正确，不当选。

答案 A

提示

掌握行政复议申请人代表的两个要点：①申请人超过 5 人；②1~5 名代表。

176. 县食药局认定某公司用超保质期的食品原料生产食品，根据《食品安全法》没收违法生产的食品和违法所得，并处 5 万元罚款。公司不服申请行政复议。下列哪些说法是正确的？（2017/2/84–多）

A. 公司可向市食药局申请行政复议，也可向县政府申请行政复议

B. 公司可委托 1 至 2 名代理人参加行政复议

C. 公司提出行政复议申请时错列被申请人的，行政复议机构应告知公司变更被申请人

D. 对县食药局的决定，申请行政复议是向法院起诉的必经前置程序

考点 行政复议机关、申请人、被申请人；复议与诉讼的救济关系

解析 根据《行政复议法》第 24 条第 1 款的规定，县级以上地方各级人民政府管辖下列行政复议案件：①对本级人民政府工作部门作出的行政行为不服的；……本案中，县食药局作为复议被申请人，该公司申请复议不能向县食药局的上一级主管部门——市食药局申请行政复议，只能向县食药局的本级政府——县政府申请行政复议。故 A 选项说法错误。

根据《行政复议法》第 17 条第 1 款的规定，申请人、第三人可以委托 1 至 2 名律师、基层法律服务工作者或者其他代理人代为参加行政复议。因此，公司作为申请人可委托 1 至 2 名代理人参加行政复议。故 B 选项说法正确。

根据《行政复议法实施条例》第 22 条的规定，申请人提出行政复议申请时错列被申请人的，行政复议机构应当告知申请人变更被申请人。因此，公司提出行政复议申请时错列被申请人的，行政复议机构应告知公司变更被申请人。故 C 选项说法正确。

根据《行政诉讼法》第 44 条的规定，对属于人民法院受案范围的行政案件，公民、法人或者其他组织可以先向行政机关申请复议，对复议决定不服的，再向人民法院提起诉讼；也可以直接向人民法院提起诉讼。法律、法规规定应当先向行政机关申请复议，对复议决定不服再向人民法院提起诉讼的，依照法律、法规的规定。根据《行政复议法》第 23 条第 1 款的规定，有下列情形之一的，申请人应当先向行政复议机关申请行政复议，对行政复议决定不服的，可以再依法向人民法院提起行政诉讼：①对当场作出的行政处罚决定不服；②对行政机关作出的侵犯其已经依法取得的自然资源的所有权或者使用权的决定不服；③认为行政机关存在本法第 11 条规定的未履行法定职责情形；④申请政府信息公开，行政机关不予公开；⑤法律、行政法规规定应当先向行政复议机关申请行政复议的其他情形。可知，行政复议与行政诉讼的救济关系是以公民、法人或其他组织的自由选择为原则，以行政复议前置为例外，例外情形需要法律、法规特别规定。食品安全方面的法律、法规没有规定要求复议前置，因此，对县食药局的决定，公司可以先申请复议，对复议决定不服的，再向人民法院提起诉讼；也可以直接向人民法院提起诉讼。故 D 选项说法错误。

答案 BC（司法部原答案为 ABC）

✎ 提 示

在行政复议中，申请人、第三人可以委托代理人，被申请人不得委托代理人。

177. 关于行政复议第三人，下列哪一选项是错误的？（2009/2/45-单）

A. 第三人可以委托 1 至 2 名代理人参加复议

B. 第三人不参加行政复议，不影响复议案件的审理

C. 复议机关应为第三人查阅有关材料提供必要条件

D. 第三人与申请人逾期不起诉又不履行复议决定的强制执行制度不同

考点 行政复议第三人

解析 根据《行政复议法》第 17 条第 1 款的规定，申请人、第三人可以委托 1 至 2 名律师、基层法律服务工作者或者其他代理人代为参加行政复议。故 A 选项正确，不当选。

根据《行政复议法》第 16 条第 2 款的规定，第三人不参加行政复议，不影响行政复议案件的审理。故 B 选项正确，不当选。

根据《行政复议法》第 47 条的规定，行政复议期间，申请人、第三人及其委托代理人可以按照规定查阅、复制被申请人提出的书面答复、作出行政行为的证据、依据和其他有关材料，除涉及国家秘密、商业秘密、个人隐私或者可能危及国家安全、公共安全、社会稳定的情形外，行政复议机构应当同意。根据《行政复议法实施条例》第 35 条的规定，行政复议机关应当为申请人、第三人查阅有关材料提供必要条件。故 C 选项正确，不当选。

根据《行政复议法》第 78 条的规定，申请人、第三人逾期不起诉又不履行行政复议决定书、调解书的，或者不履行最终裁决的行政复议决定的，按照下列规定分别处理：①维持行政行为的行政复议决定书，由作出行政行为的行政机关依法强制执行，或者申请人民法院强制执行；②变更行政行为的行政复议决定书，由行政复议机关依法强制执行，或者申请人民法院强制执

行；③行政复议调解书，由行政复议机关依法强制执行，或者申请人民法院强制执行。因此，第三人与申请人逾期不起诉又不履行复议决定的强制执行制度相同。故 D 选项错误，当选。

答案 D

✎ 提 示

行政复议第三人：

（1）申请人以外的公民、法人或者其他组织与被审查的行政行为有利害关系；

（2）第三人不参加行政复议，不影响行政复议案件的审理；

（3）第三人可以委托 1 至 2 名代理人参加行政复议；

（4）第三人可以查阅、复制被申请人提出的书面答复等有关材料；

（5）第三人逾期不起诉又不履行行政复议决定的，依法强制执行。

178. 甲取得了县房产局颁发的扩大原地基和建筑面积的建房许可证，阻碍了邻居乙的正常通行，乙与甲协商未果，向市房产局提起行政复议。下列哪些说法是正确的？（2008 延/2/85-多）

A. 乙可以委托 2 名代理人参加行政复议

B. 市房产局应当通知甲作为第三人参加行政复议

C. 若复议过程中第三人甲意外死亡，行政复议即应终止

D. 复议过程中，乙和县房产局达成和解协议，协议内容不违法并且甲也同意该协议，则市房产局应当准予

考点 行政复议第三人

解析 根据《行政复议法》第 17 条第 1 款的规定，申请人、第三人可以委托 1 至 2 名律师、基层法律服务工作者或者其他代理人代为参加行政复议。因此，乙作为行政复议申请人，可以委托 2 名代理人参加行政复议。故 A 选项正确。

根据《行政复议法》第 16 条第 1 款的规定，申请人以外的同被申请行政复议的行政行为或者行政复议案件处理结果有利害关系的公民、法人

或者其他组织，可以作为第三人申请参加行政复议，或者由行政复议机构通知其作为第三人参加行政复议。可知，市房产局应当通知甲作为第三人参加行政复议。故 B 选项正确。

根据《行政复议法》第 41 条的规定，行政复议期间有下列情形之一的，行政复议机关决定终止行政复议：……②作为申请人的公民死亡，没有近亲属或者其近亲属放弃行政复议权利；……根据《行政复议法》第 16 条第 2 款的规定，第三人不参加行政复议，不影响行政复议案件的审理。可知，只有作为申请人的自然人死亡且没有近亲属或近亲属放弃行政复议权利的情况才复议终止，第三人死亡不影响行政复议的进行。故 C 选项错误。

根据《行政复议法》第 74 条第 1 款的规定，当事人在行政复议决定作出前可以自愿达成和解，和解内容不得损害国家利益、社会公共利益和他人合法权益，不得违反法律、法规的强制性规定。根据《行政复议法实施条例》第 40 条的规定，公民、法人或者其他组织对行政机关行使法律、法规规定的自由裁量权作出的具体行政行为不服申请行政复议，申请人与被申请人在行政

复议决定作出前自愿达成和解的，应当向行政复议机构提交书面和解协议；和解内容不损害社会公共利益和他人合法权益的，行政复议机构应当准许。可知，在行政复议决定作出前，乙在不损害社会公共利益和甲合法权益的情况下，可以与县房产局达成和解协议，市房产局应当准许。故 D 选项正确。

答案 ABD

提示

> 行政复议第三人参加复议的途径：
>
> （1）行政复议期间，行政复议机构认为申请人以外的公民、法人或者其他组织同被申请行政复议的行政行为或行政复议案件处理结果有利害关系的，通知其作为第三人参加行政复议；
>
> （2）行政复议期间，申请人以外的公民、法人或者其他组织同被申请行政复议的行政行为或行政复议案件处理结果有利害关系的，可以向行政复议机构申请作为第三人参加行政复议。

行政复议的程序 专题 ㉜

179. 甲市乙区社保局以退休人员王某未按规定办理失业登记为由，认定其不符合《甲市乙区养老补助金办法》（以下简称《办法》）中发放补助金的要求，作出停止发放补助金决定并送达王某。王某不服，申请行政复议。下列哪些说法是正确的？（2023-回忆版-多）

A. 王某应当在收到决定之日起 60 日内申请复议

B. 复议机关应当在收到申请之日起 5 日内进行审查并作出受理与否的决定

C. 复议机关应为甲市政府

D. 王某申请行政复议时可以一并请求审查《办法》

考点 行政复议机关；行政复议的申请与受理；行政复议附带审查规范性文件

解析 根据《行政复议法》第 20 条第 1 款的规定，公民、法人或者其他组织认为行政行为侵犯其合法权益的，可以自知道或者应当知道该行政行为之日起 60 日内提出行政复议申请；但是法律规定的申请期限超过 60 日的除外。因此，本案中，乙区社保局作出决定送达王某，王某应当在收到决定之日起 60 日内申请复议。故 A 选项说法正确。

根据《行政复议法》第 30 条第 1、3 款的规定，行政复议机关收到行政复议申请后，应当在 5 日内进行审查。行政复议申请的审查期限届满，行政复议机关未作出不予受理决定的，审查期限届满之日起视为受理。因此，复议机关应当在收到王某申请之日起 5 日内进行审查并作出受理与否的决定。故 B 选项说法正确。

根据《行政复议法》第24条第1款的规定，县级以上地方各级人民政府管辖下列行政复议案件：①对本级人民政府工作部门作出的行政行为不服的；……本案中，乙区社保局为乙区政府的工作部门，王某对乙区社保局的决定申请复议，复议机关应为乙区政府。故 C 选项说法错误。

根据《行政复议法》第13条的规定，公民、法人或者其他组织认为行政机关的行政行为所依据的下列规范性文件不合法，在对行政行为申请行政复议时，可以一并向行政复议机关提出对该规范性文件的附带审查申请：①国务院部门的规范性文件；②县级以上地方各级人民政府及其工作部门的规范性文件；③乡、镇人民政府的规范性文件；④法律、法规、规章授权的组织的规范性文件。前述所列规范性文件不含规章。规章的审查依照法律、行政法规办理。本题中，《办法》作为规范性文件属于决定的依据，王某对决定申请行政复议时可以一并请求审查《办法》。故 D 选项说法正确。

答案 ABD

✏️ **提示**

> 行政复议的申请期限和受理期限：
> （1）申请人自知道或者应当知道行政行为之日起60日内提出复议申请；
> （2）复议机关收到复议申请后5日内进行审查，符合受理条件的，予以受理；
> （3）复议申请材料不齐全或者表述不清楚的，自收到申请之日起5日内书面通知申请人补正。

180. 某区食品药品监管局以某公司生产经营超过保质期的食品违反《食品安全法》为由，作出处罚决定。公司不服，申请行政复议。关于此案，下列哪一说法是正确的？（2016/2/48-单）

A. 申请复议期限为60日

B. 公司不得以电子邮件形式提出复议申请

C. 行政复议机关不能进行调解

D. 公司如在复议决定作出前撤回申请，行政复议中止

考点 行政复议申请；行政复议调解；行政复议中止与终止

解析 根据《行政复议法》第20条第1款的规定，公民、法人或者其他组织认为行政行为侵犯其合法权益的，可以自知道或者应当知道该行政行为之日起60日内提出行政复议申请；但是法律规定的申请期限超过60日的除外。确定当事人申请行政复议的期限，首先要看单行法律是否有超过60日的特别规定，如果没有，则适用《行政复议法》60日申请期限的一般规定。《食品安全法》没有对违反该法行为的处罚决定规定特别的复议申请期限，因此公司申请复议的期限按照《行政复议法》的一般规定为60日，故 A 选项说法正确。

根据《行政复议法》第22条第1、2款的规定，申请人申请行政复议，可以书面申请；书面申请有困难的，也可以口头申请。书面申请的，可以通过邮寄或者行政复议机关指定的互联网渠道等方式提交行政复议申请书，也可以当面提交行政复议申请书。行政机关通过互联网渠道送达行政行为决定书的，应当同时提供提交行政复议申请书的互联网渠道。B 选项中"公司不得以电子邮件形式提出复议申请"说法过于绝对，没有体现行政复议的便民原则，故 B 选项说法错误。

根据《行政复议法》第5条的规定，行政复议机关办理行政复议案件，可以进行调解。调解应当遵循合法、自愿的原则，不得损害国家利益、社会公共利益和他人合法权益，不得违反法律、法规的强制性规定。因此，只要遵循合法、自愿的原则，不损害国家利益、社会公共利益和他人合法权益，不违反法律、法规的强制性规定，行政复议机关是可以进行调解的，故 C 选项说法错误。

根据《行政复议法》第41条的规定，行政复议期间有下列情形之一的，行政复议机关决定终止行政复议：①申请人撤回行政复议申请，行政复议机构准予撤回；……公司如在复议决定作出前撤回申请，只要不违反相关法律规定，获得行政复议机构准许后，复议案件即告结束，所以应为行政复议终止，而非行政复议中止，故 D 选项说法错误。

答案 A

　　申请复议期限和复议审查期限原则上都是 60 日，但除外规定不同：法律规定申请复议期限超过 60 日的除外，法律规定复议审查期限少于 60 日的除外。

181. 国务院某部对一企业作出罚款 50 万元的处罚。该企业不服，向该部申请行政复议。下列哪一说法是正确的？（2012/2/49-单）

A. 在行政复议中，不应对罚款决定的适当性进行审查

B. 企业委托代理人参加行政复议的，可以口头委托

C. 如在复议过程中企业撤回复议的，即不得再以同一事实和理由提出复议申请

D. 如企业对复议决定不服向国务院申请裁决，企业对国务院的裁决不服向法院起诉的，法院不予受理

考点 行政复议申请的撤回；行政复议的审查；行政复议申请人委托代理人；行政复议终局

解析 根据《行政复议法》第 1 条的规定，为了防止和纠正违法的或者不当的行政行为，保护公民、法人和其他组织的合法权益，监督和保障行政机关依法行使职权，发挥行政复议化解行政争议的主渠道作用，推进法治政府建设，根据宪法，制定本法。根据《行政复议法》第 44 条第 1 款的规定，被申请人对其作出的行政行为的合法性、适当性负有举证责任。可知，行政复议既可以对行政行为进行合法性审查，也可以进行适当性审查。因此，在本案的行政复议中也应对罚款的适当性进行审查。故 A 选项说法错误。

　　根据《行政复议法》第 17 条第 2 款的规定，申请人、第三人委托代理人的，应当向行政复议机构提交授权委托书、委托人及被委托人的身份证明文件。授权委托书应当载明委托事项、权限和期限。申请人、第三人变更或者解除代理人权限的，应当书面告知行政复议机构。据此，企业作为申请人委托代理人参加行政复议，应当向行政复议机构提交授权委托书，故 B 选项错误。

　　根据《行政复议法》第 74 条第 2 款的规定，当事人达成和解后，由申请人向行政复议机构撤回行政复议申请。行政复议机构准予撤回行政复议申请、行政复议机关决定终止行政复议的，申请人不得再以同一事实和理由提出行政复议申请。但是，申请人能够证明撤回行政复议申请违背其真实意愿的除外。由此可知，在复议过程中企业撤回复议的，一般情况下不得再以同一事实和理由提出复议申请，但企业能够证明撤回行政复议申请违背其真实意思表示的，可以同一事实和理由再次提出复议申请。C 选项的说法过于绝对，忽略了法律规定的例外情形，故 C 选项说法错误。

　　根据《行政复议法》第 26 条的规定，对省、自治区、直辖市人民政府依照本法第 24 条第 2 款的规定、国务院部门依照本法第 25 条第 1 项的规定作出的行政复议决定不服的，可以向人民法院提起行政诉讼；也可以向国务院申请裁决，国务院依照本法的规定作出最终裁决。题目中是国务院某部委对该企业作出了罚款，该企业如果要寻求救济的话，有两种途径：①可以针对该部委的罚款行为，直接向人民法院提起诉讼；②可以向该部委的上级行政机关，即国务院申请裁决，但是国务院的裁决为最终裁决，申请人不能再向人民法院起诉。D 选项中，该企业选择了第二种救济途径，国务院的裁决为最终裁决，企业对国务院的裁决不服向法院起诉的，法院不予受理，故 D 选项说法正确。

答案 D

　　注意掌握撤回复议申请的限制（不得再以同一事实和理由重复提出行政复议申请）与例外（申请人能够证明撤回行政复议申请违背其真实意思表示的除外）。

182. 2006 年 5 月 9 日，县公安局以甲偷开乙的轿车为由，向其送达 1000 元罚款的处罚决定书。甲不服，于同月 19 日向市公安局申请行政复议。6 月 8 日，复议机关同意甲撤回复议申请。6 月 20 日，甲就该处罚决定向法院提起行

政诉讼。下列说法正确的是：（2010/2/100-任）

A. 对甲偷开的轿车县公安局可以扣押

B. 如甲能够证明撤回复议申请违背其真实意思表示，可以同一事实和理由再次对该处罚决定提出复议申请

C. 甲逾期不缴纳 1000 元罚款，县公安局可以每日按罚款数额的 3% 加处罚款

D. 法院不应当受理甲的起诉

[考点] 行政复议申请的撤回；扣押财产的限制；执行罚

[解析] 根据《治安管理处罚法》第 89 条第 1 款的规定，公安机关办理治安案件，对与案件有关的需要作为证据的物品，可以扣押；对被侵害人或者善意第三人合法占有的财产，不得扣押，应当予以登记。本题中，轿车为被侵害人乙所有，属于被侵害人合法占有的财产，县公安局不得扣押。故 A 选项说法错误。

根据《行政复议法》第 74 条第 2 款的规定，当事人达成和解后，由申请人向行政复议机构撤回行政复议申请。行政复议机构准予撤回行政复议申请、行政复议机关决定终止行政复议的，申请人不得再以同一事实和理由提出行政复议申请。但是，申请人能够证明撤回行政复议申请违背其真实意愿的除外。因此，如甲能够证明撤回复议申请违背其真实意思表示，可以同一事实和理由再次对该处罚决定提出复议申请。故 B 选项说法正确。

根据《行政处罚法》第 72 条第 1 款的规定，当事人逾期不履行行政处罚决定的，作出行政处罚决定的行政机关可以采取下列措施：①到期不缴纳罚款的，每日按罚款数额的 3% 加处罚款……甲逾期不缴纳 1000 元罚款，县公安局依据《行政处罚法》第 72 条第 1 款第 1 项的规定可以每日按罚款数额的 3% 加处罚款。故 C 选项说法正确。

根据《行诉解释》第 58 条的规定，法律、法规未规定行政复议为提起行政诉讼必经程序，公民、法人或者其他组织向复议机关申请行政复议后，又经复议机关同意撤回复议申请，在法定起诉期限内对原行政行为提起诉讼的，人民法院应当依法立案。本题不属于复议前置的案件，甲

撤回复议申请后，在法定起诉期限内对原行政行为提起诉讼，人民法院应当依法受理。故 D 选项说法错误。

[答案] BC

[提示]

　　撤回复议申请与提起行政诉讼的关系有两种情况：

　　（1）复议前置的案件，撤回复议申请就不得提起行政诉讼；

　　（2）复议诉讼自由选择案件，撤回复议申请不影响提起行政诉讼。

183. 关于行政复议案件的审理和决定，下列哪些说法是正确的？（2017/2/83-多）

A. 行政复议期间涉及专门事项需要鉴定的，当事人可自行委托鉴定机构进行鉴定

B. 对重大、复杂的案件，被申请人提出采取听证方式审理的，行政复议机构应采取听证方式审理

C. 申请人在行政复议决定作出前自愿撤回行政复议申请的，经行政复议机构同意，可以撤回

D. 行政复议人员调查取证时应向当事人或者有关人员出示证件

[考点] 行政复议的审理和决定

[解析] 根据《行政复议法实施条例》第 37 条的规定，行政复议期间涉及专门事项需要鉴定的，当事人可以自行委托鉴定机构进行鉴定，也可以申请行政复议机构委托鉴定机构进行鉴定。由此可知，行政复议期间涉及专门事项需要鉴定的，当事人可自行委托鉴定机构进行鉴定，故 A 选项说法正确。

根据《行政复议法》第 50 条第 1、2 款的规定，审理重大、疑难、复杂的行政复议案件，行政复议机构应当组织听证。行政复议机构认为有必要听证，或者申请人请求听证的，行政复议机构可以组织听证。由此可知，对重大、复杂的案件，行政复议机构应当组织听证。申请人请求听证的，行政复议机构可以组织听证。而被申请人是无权提出采取听证方式审理的，故 B 选项说法

错误。

根据《行政复议法》第 41 条的规定，行政复议期间有下列情形之一的，行政复议机关决定终止行政复议：①申请人撤回行政复议申请，行政复议机构准予撤回；……根据《行政复议法实施条例》第 38 条第 1 款的规定，申请人在行政复议决定作出前自愿撤回行政复议申请的，经行政复议机构同意，可以撤回。因此，在行政复议决定作出前申请人自愿撤回行政复议申请的，只要经行政复议机构同意，是可以撤回复议申请的，故 C 选项说法正确。

根据《行政复议法》第 45 条第 2 款的规定，调查取证时，行政复议人员不得少于 2 人，并应当出示行政复议工作证件。《行政复议法实施条例》第 34 条第 2 款的规定，调查取证时，行政复议人员不得少于 2 人，并应当向当事人或者有关人员出示证件。因此，行政复议人员调查取证时，应向当事人或者有关人员出示证件，故 D 选项说法正确。

答案 ACD

提示

行政复议案件审理采取听证方式的情形有：

（1）审理重大、疑难、复杂的行政复议案件，行政复议机构应当组织听证；

（2）行政复议机构认为有必要听证，或者申请人请求听证的，行政复议机构可以组织听证。

184. 关于行政复议有关事项的处理，下列哪些说法是正确的？（2010/2/84-多）

A. 申请人因不可抗力不能参加行政复议致行政复议中止满 60 日的，行政复议终止

B. 复议进行现场勘验的，现场勘验所用时间不计入复议审理期限

C. 申请人对行政拘留不服申请复议，复议期间因申请人同一违法行为涉嫌犯罪，该行政拘留变更为刑事拘留的，行政复议中止

D. 行政复议期间涉及专门事项需要鉴定的，当事人可以自行委托鉴定机构进行鉴定

考点 行政复议的审理程序

解析 根据《行政复议法》第 39 条第 1 款的规定，行政复议期间有下列情形之一的，行政复议中止：①作为申请人的公民死亡，其近亲属尚未确定是否参加行政复议；②作为申请人的公民丧失参加行政复议的行为能力，尚未确定法定代理人参加行政复议；……④作为申请人的法人或者其他组织终止，尚未确定权利义务承受人；……根据《行政复议法》第 41 条的规定，行政复议期间有下列情形之一的，行政复议机关决定终止行政复议：……⑤依照本法第 39 条第 1 款第 1、2、4 项的规定中止行政复议满 60 日，行政复议中止的原因仍未消除。因此，申请人因不可抗力不能参加行政复议而导致行政复议中止的，不属于满 60 日即需终止复议的情况。故 A 选项说法错误。

根据《行政复议法实施条例》第 34 条第 3 款的规定，需要现场勘验的，现场勘验所用时间不计入行政复议审理期限。故 B 选项说法正确。

根据《行政复议法》第 41 条的规定，行政复议期间有下列情形之一的，行政复议机关决定终止行政复议：……④申请人对行政拘留或者限制人身自由的行政强制措施不服申请行政复议后，因同一违法行为涉嫌犯罪，被采取刑事强制措施；……因此，申请人对行政拘留不服申请复议，复议期间因申请人同一违法行为涉嫌犯罪，该行政拘留变更为刑事拘留的，行政复议应当"终止"而非"中止"。故 C 选项说法错误。

根据《行政复议法实施条例》第 37 条的规定，行政复议期间涉及专门事项需要鉴定的，当事人可以自行委托鉴定机构进行鉴定，也可以申请行政复议机构委托鉴定机构进行鉴定。因此，行政复议期间涉及专门事项需要鉴定的，当事人可以自行委托鉴定机构进行鉴定。故 D 选项说法正确。

答案 BD

提示

行政复议中止与终止的区别：

（1）行政复议中止，是指在行政复议过程中，因发生特殊情况而中途停止复议程序的一种法律制度，具有暂时性；

（2）行政复议终止，是指在行政复议过程中，因发生特殊情况而结束正在进行的复议活动的一种法律制度，具有终结性。

185. 甲市乙区卫健局以韩某未取得《医疗机构执业许可证》擅自执业为由，作出没收违法所得1200元和罚款7000元的处罚决定。韩某不服，申请行政复议。关于此案，下列选项正确的是：（2018-回忆版-单）

A. 韩某应当向甲市卫健局提出复议申请

B. 行政复议期间，乙区卫健局不得改变被申请复议的处罚决定

C. 韩某申请复议材料不齐全的，行政复议机构可以自收到该行政复议申请之日起5日内书面通知韩某补正

D. 若本案权利义务关系明确，争议不大，可以由1名行政复议人员参加审理

考点 行政复议的复议机关、申请、审理

解析 根据《行政复议法》第24条第1款的规定，县级以上地方各级人民政府管辖下列行政复议案件：①对本级人民政府工作部门作出的行政行为不服的；……因此，韩某应当向乙区政府申请行政复议，不能向甲市卫健局提出复议申请。故A选项错误。

根据《行政复议法实施条例》第39条的规定，行政复议期间被申请人改变原具体行政行为的，不影响行政复议案件的审理。但是，申请人依法撤回行政复议申请的除外。因此，行政复议期间，乙区卫健局可以改变被申请复议的处罚决定。故B选项错误。

根据《行政复议法》第31条第1款的规定，行政复议申请材料不齐全或者表述不清楚，无法判断行政复议申请是否符合本法第30条第1款规定的，行政复议机关应当自收到申请之日起5日内书面通知申请人补正。补正通知应当一次性载明需要补正的事项。因此，韩某申请复议材料不齐全的，行政复议机构可以自收到该行政复议申请之日起5日内书面通知韩某补正。故C选项正确。

根据《行政复议法实施条例》第32条的规定，行政复议机构审理行政复议案件，应当由2名以上行政复议人员参加。由此可知，复议案件应当由2名以上的行政复议人员参加审理。D选项错误。

答案 C

提示

行政复议机关审查行政复议案件：

（1）应当由2名以上行政复议人员参加；

（2）调查取证时，行政复议人员不得少于2人，并应当向当事人或者有关人员出示证件。

33 专题 行政复议决定

186. 某区工商分局对一公司未取得出版物经营许可证销售电子出版物100套的行为，予以取缔，并罚款6000元。该公司向市工商局申请复议。下列哪些说法是正确的？（2015/2/80-多）

A. 公司可委托代理人代为参加行政复议

B. 在复议过程中区工商分局不得自行向申请人和其他有关组织或个人收集证据

C. 市工商局应采取开庭审理方式审查此案

D. 如区工商分局的决定明显不当，市工商局应予以撤销

考点 行政复议的变更决定与撤销决定；行政复议申请人委托代理人；被申请人在行政复议中收集证据的限制；行政复议审理方式

解析 根据《行政复议法》第17条第1款的规定，申请人、第三人可以委托1至2名律师、基层法律服务工作者或者其他代理人代为参加行政复议。题目中，公司为行政复议申请人，有权委

托代理人代为参加行政复议，故 A 选项说法正确。

根据《行政复议法》第 46 条第 1 款的规定，行政复议期间，被申请人不得自行向申请人和其他有关单位或者个人收集证据；自行收集的证据不作为认定行政行为合法性、适当性的依据。行政行为的证据都应当在行政行为作出时收集，因此在复议过程中区工商分局作为复议被申请人不得自行收集证据，故 B 选项说法正确。

根据《行政复议法》第 49 条的规定，适用普通程序审理的行政复议案件，行政复议机构应当当面或者通过互联网、电话等方式听取当事人的意见，并将听取的意见记录在案。因当事人原因不能听取意见的，可以书面审理。可知，普通程序审理的行政复议案件以听取当事人意见为原则，以书面审理为例外。因此，市工商局原则上应采取以听取当事人意见方式审查此案，而非采取开庭审理方式。故 C 选项说法错误。

根据《行政复议法》第 63 条第 1 款的规定，行政行为有下列情形之一的，行政复议机关决定变更该行政行为：①事实清楚，证据确凿，适用依据正确，程序合法，但是内容不适当；……根据《行政复议法》第 64 条第 1 款的规定，行政行为有下列情形之一的，行政复议机关决定撤销或者部分撤销该行政行为，并可以责令被申请人在一定期限内重新作出行政行为：①主要事实不清、证据不足；②违反法定程序；③适用的依据不合法；④超越职权或者滥用职权。由此可知，行政行为内容不当，行政复议机关予以变更。因此，区工商分局的决定明显不当的，市工商局决定变更，并非决定撤销，故 D 选项说法错误。

答案 AB

提 示

作为的行政行为违法，行政复议机关可以作出的行政复议决定包括：①撤销决定；②变更决定；③确认违法决定；④确认无效决定。

187. 市工商局认定豪美公司的行为符合《广告法》第 28 条第 2 款第 2 项规定的"商品或者服务有关的允诺等信息与实际情况不符，对购

买行为有实质性影响"情形，属发布虚假广告，予以行政处罚。豪美公司向省工商局申请行政复议，省工商局受理。（注意：根据 2023 年修订后的《行政复议法》第 24 条第 1 款第 1 项的规定，豪美公司只能向市政府申请复议，不能向省工商局申请行政复议）关于此案的复议，下列说法正确的是：（2016/2/97-任）

A. 豪美公司委托代理人参加复议，应提交授权委托书

B. 应由 2 名以上行政复议人员参加审理

C. 省工商局应为公司查阅有关材料提供必要条件

D. 如处罚决定认定事实不清，证据不足，省工商局不得作出变更决定

考 点 行政复议变更决定；行政复议申请人委托代理人；行政复议人员；行政复议审理

解析 根据《行政复议法》第 17 条第 2 款的规定，申请人、第三人委托代理人的，应当向行政复议机构提交授权委托书、委托人及被委托人的身份证明文件。授权委托书应当载明委托事项、权限和期限。申请人、第三人变更或者解除代理人权限的，应当书面告知行政复议机构。因此，豪美公司委托代理人参加复议，应提交授权委托书。故 A 选项说法正确。

根据《行政复议法实施条例》第 32 条的规定，行政复议机构审理行政复议案件，应当由 2 名以上行政复议人员参加。因此，复议案件应由 2 名以上行政复议人员参加审理。故 B 选项说法正确。

根据《行政复议法》第 47 条的规定，行政复议期间，申请人、第三人及其委托代理人可以按照规定查阅、复制被申请人提出的书面答复、作出行政行为的证据、依据和其他有关材料，除涉及国家秘密、商业秘密、个人隐私或者可能危及国家安全、公共安全、社会稳定的情形外，行政复议机构应当同意。根据《行政复议法实施条例》第 35 条的规定，行政复议机关应当为申请人、第三人查阅有关材料提供必要条件。这是行政复议中便民原则的体现，行政复议机关（省工商局）应为行政复议申请人（豪美公司）查阅有关材料提供必要条件。故 C 选项说法正确。

根据《行政复议法》第63条第1款的规定，行政行为有下列情形之一的，行政复议机关决定变更该行政行为：……③事实不清、证据不足，经行政复议机关查清事实和证据。可知，处罚决定认定事实不清，证据不足，行政复议机关（省工商局）是可以作出变更决定的。故D选项说法错误。

答案 ABC

提示

行政复议机关可以变更复议决定的三种情形：

（1）事实清楚，证据确凿，适用依据正确，程序合法，但是内容不适当；

（2）事实清楚，证据确凿，程序合法，但是未正确适用依据；

（3）事实不清、证据不足，经行政复议机关查清事实和证据。

188. 县计生委认定孙某违法生育第二胎，决定对孙某征收社会抚养费40 000元。孙某向县政府申请复议，要求撤销该决定。县政府维持该决定，并在征收总额中补充列入遗漏的3000元未婚生育社会抚养费。孙某不服，向法院起诉。下列哪些选项是正确的？（2010/2/86-多）

A. 此案的被告应为县计生委与县政府

B. 此案应由中级法院管辖

C. 此案的复议决定违法

D. 被告应当在收到起诉状副本之日起10日内提交答辩状

考点 行政复议变更决定的限制；行政诉讼被告确定与级别管辖；行政诉讼被告提交答辩状的期限

解析 根据《行政诉讼法》第26条第2款的规定，经复议的案件，复议机关决定维持原行政行为的，作出原行政行为的行政机关和复议机关是共同被告；复议机关改变原行政行为的，复议机关是被告。县政府在征收总额中补充列入遗漏的3000元未婚生育社会抚养费，属于对原行政行为的改变，本案应以复议机关即县政府为被告。故A选项错误。

根据《行政诉讼法》第15条的规定，中级人民法院管辖下列第一审行政案件：①对国务院部门或者县级以上地方人民政府所作的行政行为提起诉讼的案件；……本案被告为县政府，因此应由中级法院管辖。故B选项正确。

根据《行政复议法》第63条第2款的规定，行政复议机关不得作出对申请人更为不利的变更决定，但是第三人提出相反请求的除外。县政府在征收总额中补充列入遗漏的费用，作出了对申请人更为不利的行政复议决定，本案中又不存在第三人提出相反请求的情形，因此该复议决定违法。故C选项正确。

根据《行政诉讼法》第67条第1款的规定，被告应当在收到起诉状副本之日起15日内向人民法院提交作出行政行为的证据和所依据的规范性文件，并提出答辩状。故D选项错误。

答案 BC（司法部原答案为BCD）

提示

行政复议变更决定的限制：

（1）原则上，行政复议决定与原机关行政行为相比，只能对复议申请人更有利，而不能更不利；

（2）例外是，行政复议第三人提出相反请求的，行政复议机关可以作出对申请人更为不利的变更决定。

189. 为严格本地生猪屠宰市场管理，某县政府以文件形式规定，凡本县所有猪类屠宰单位和个人，须在规定期限内到生猪管理办公室申请办理生猪屠宰证，违者予以警告或罚款。个体户张某未按文件规定申请办理生猪屠宰证，生猪管理办公室予以罚款200元。下列哪些说法是错误的？（2008/2/84-多）

A. 若张某在对罚款不服申请复议时一并对县政府文件提出审查申请，复议机关应当转送有权机关依法处理

B. 该县政府的文件属违法设定许可和处罚，有权机关应依据《行政处罚法》和《行政许可法》对相关责任人给予行政处分

C. 生猪管理办公室若以自己名义作出罚款决

定，张某申请复议应以其为被申请人

D. 若张某直接向法院起诉，应以该县政府为被告

[考点] 行政复议中规范性文件附带审查；行政复议被申请人；行政诉讼被告

[解析] 行政复议的被申请人是县政府，根据《行政复议法》第24条第1款的规定，县级以上地方各级人民政府管辖下列行政复议案件：……②对下一级人民政府作出的行政行为不服的；……因此，复议机关是县政府的上一级人民政府。《行政复议法》第56条规定，申请人依照本法第13条的规定提出对有关规范性文件的附带审查申请，行政复议机关有权处理的，应当在30日内依法处理；无权处理的，应当在7日内转送有权处理的行政机关依法处理。《宪法》第108条规定，县级以上的地方各级人民政府领导所属各工作部门和下级人民政府的工作，有权改变或者撤销所属各工作部门和下级人民政府的不适当的决定。所以，县政府的上一级人民政府作为复议机关有权处理县政府的文件，无须转送。故A选项说法错误，当选。

本题中，县政府的文件的确属于违法设定行政许可和行政处罚，但是，《行政处罚法》和《行政许可法》都没有对违法设定行政处罚和行政许可的相关责任人给予行政处分的规定。因此，"有权机关应依据《行政处罚法》和《行政许可法》对相关责任人给予行政处分"的说法没有法律依据。故B选项说法错误，当选。

根据《行政复议法实施条例》第14条的规定，行政机关设立的派出机构、内设机构或者其他组织，未经法律、法规授权，对外以自己名义作出具体行政行为的，该行政机关为被申请人。本题中，县政府的文件并非法律、法规，生猪管理办公室未经法律、法规授权，即使其以自己名义作出罚款决定，行政复议的被申请人仍应当是设立它的机关，即县政府。故C选项说法错误，当选。

根据《行诉解释》第20条第3款的规定，没有法律、法规或者规章规定，行政机关授权其内设机构、派出机构或者其他组织行使行政职权的，属于《行政诉讼法》第26条规定的委托。

当事人不服提起诉讼的，应当以该行政机关为被告。本题中，在没有法律、法规或者规章授权的情况下，县政府文件授权生猪管理办公室行使行政职权，视为委托，若张某直接向法院起诉，应以县政府为被告。故D选项说法正确，不当选。

[答案] ABC

[提示]

行政复议机关依申请处理规范性文件的程序：

（1）对规范性文件有权处理的，行政复议机关应当在30日内依法处理；

（2）对规范性文件无权处理的，行政复议机关应当在7日内按照法定程序转送有权处理的行政机关依法处理；

（3）接受行政复议机关转送的有权机关，应当在60日内依法作出处理；

（4）在规范性文件的处理期间，应当中止对行政行为的审查。

190. A市某县土地管理局以刘某非法占地建住宅为由，责令其限期拆除建筑，退还所占土地。刘某不服，申请行政复议。下列哪一种说法是正确的？（2005/2/47-单）

A. 复议机关只能为A市土地管理局

B. 若刘某撤回复议申请，则无权再提起行政诉讼

C. 刘某有权委托代理人代为参加复议

D. 若复议机关维持了该县土地管理局的决定，刘某逾期不履行的，该县土地管理局可以自行强制执行

[考点] 申请人不履行复议决定的执行；行政复议申请的撤回；行政复议机关；行政复议申请人委托代理人

[解析] 根据《行政复议法》第24条第1款的规定，县级以上地方各级人民政府管辖下列行政复议案件：①对本级人民政府工作部门作出的行政行为不服的；……因此，刘某应当向县政府申请行政复议，不能向市土地管理局提出复议申请。故A选项说法错误。

根据《行诉解释》第58条的规定，法律、

法规未规定行政复议为提起行政诉讼必经程序，公民、法人或者其他组织向复议机关申请行政复议后，又经复议机关同意撤回复议申请，在法定起诉期限内对原行政行为提起诉讼的，人民法院应当依法立案。《土地管理法》等法律、法规并没有规定对责令限期拆除建筑、退还所占土地的行政行为提起行政诉讼应当复议前置。因此，刘某撤回复议申请后，有权再提起行政诉讼。故 B 选项说法错误。

根据《行政复议法》第 17 条第 1 款的规定，申请人、第三人可以委托 1 至 2 名律师、基层法律服务工作者或者其他代理人代为参加行政复议。因此，刘某作为复议申请人有权委托代理人代为参加复议，故 C 选项说法正确。

根据《行政复议法》第 78 条的规定，申请人、第三人逾期不起诉又不履行行政复议决定书、调解书的，或者不履行最终裁决的行政复议决定的，按照下列规定分别处理：①维持行政行为的行政复议决定书，由作出行政行为的行政机关依法强制执行，或者申请人民法院强制执行；……根据《土地管理法》第 83 条的规定，依法责令限期拆除在非法占用的土地上新建的建筑物和其他设施的，建设单位或者个人必须立即停止施工，自行拆除；……期满不起诉又不自行拆除的，由作出处罚决定的机关依法申请人民法院强制执行，费用由违法者承担。因此，复议机关维持了该县土地管理局的决定，刘某逾期不履行，应由县土地管理局负责执行，但县土地管理局没有自行强制执行权，应当申请人民法院强制执行，故 D 选项说法错误。

答案 C

✎ 提 示

申请人不履行复议决定书、调解书的执行有两种情况：

（1）复议维持决定的，由作出行政行为的行政机关依法强制执行，或者申请人民

法院强制执行；

（2）复议变更决定的，由行政复议机关依法强制执行，或者申请人民法院强制执行；

（3）复议调解的，由行政复议机关依法强制执行，或者申请人民法院强制执行。

191. 某县政府依田某申请作出复议决定，撤销该县公安局对田某车辆的错误登记，责令在 30 日内重新登记，但该县公安局拒绝进行重新登记。田某可以采取下列哪一项措施？（2008/2/45-单）

A. 申请法院强制执行
B. 对该县公安局的行为申请行政复议
C. 向法院提起行政诉讼
D. 请求该县政府责令该县公安局登记

考点 行政复议决定的执行

解析 根据《行政复议法》第 77 条第 2 款的规定，被申请人不履行或者无正当理由拖延履行行政复议决定书、调解书、意见书的，行政复议机关或者有关上级行政机关应当责令其限期履行，并可以约谈被申请人的有关负责人或者予以通报批评。本案是复议被申请人县公安局不履行行政复议决定，由复议机关县政府责令其登记。故 D 选项当选，A、B、C 选项不当选。

答案 D

✎ 提 示

被申请人不履行复议决定书、调解书、意见书的：

（1）行政复议机关或者有关上级行政机关应当责令其限期履行；

（2）可以约谈被申请人的有关负责人或者予以通报批评。

行政诉讼的受案标准 专题 **34**

192. 下列案件属于行政诉讼受案范围的有：（2005/2/98-任）

A. 某区房屋租赁管理办公室向甲公司颁发了房屋租赁许可证，乙公司以此证办理程序不合法为由要求该办公室撤销许可证被拒绝。后乙公司又致函该办公室要求撤销许可证，办公室作出"许可证有效，不予撤销"的书面答复。乙公司向法院起诉要求撤销书面答复

B. 某区审计局对丙公司的法定代表人进行离任审计过程中，对丙、丁公司协议合作开发的某花园工程的财务收支情况进行了审计，后向丙、丁公司发出了丁公司应返还丙公司利润 30 万元的通知。丁公司对通知不服向法院提起诉讼

C. 某市经济发展局根据 A 公司的申请，作出鉴于 B 公司自愿放弃其在某合营公司的股权，退出合营公司，恢复 A 公司在合营公司的股东地位的批复。B 公司不服向法院提起诉讼

D. 某菜市场为挂靠某行政机关的临时市场，没有产权证。某市某区工商局向在该市场内经营的 50 户工商户发出通知，称自通知之日起该菜市场由 C 公司经营，各工商户凭与该公司签订的租赁合同及个人资料申办经营许可证。50 户工商户对通知不服向法院提起诉讼

考点 具体行政行为标准；重复处理行为

解析 根据《行诉解释》第 1 条第 2 款的规定，下列行为不属于人民法院行政诉讼的受案范围：……④驳回当事人对行政行为提起申诉的重复处理行为；……区房屋租赁管理办公室对乙公司撤销许可证要求的拒绝，是区房屋租赁管理办公室的第一次处理行为，区房屋租赁管理办公室又对乙公司致函作出"许可证有效，不予撤销"的书面答复，是区房屋租赁管理办公室的第二次处理行为，第二次处理行为与第一次处理行为相比，对乙公司的权利义务没有任何新的影响。区房屋租赁管理办公室作出的书面答复属于"重复处理行为"，不属于行政诉讼受案范围。因此，区房屋租赁管理办公室作出的书面答复不属于行政诉讼受案范围，故 A 选项不当选。

区审计局向丙、丁公司发出的通知是否属于行政诉讼受案范围，关键是判断区审计局的通知是否属于具体行政行为。区审计局作为行政机关，进行审计是行使行政权力的行为，区审计局的通知要求丁公司应返还丙公司利润 30 万元，是对丁公司权利义务进行具体处理的行为。由此可判断，区审计局的通知属于具体行政行为，属于行政诉讼受案范围，故 B 选项当选。

市经济发展局根据 A 公司的申请，作出鉴于 B 公司自愿放弃其在某合营公司的股权，退出合营公司，恢复 A 公司在合营公司的股东地位的批复，该批复是否属于行政诉讼受案范围，关键是判断该批复是否属于具体行政行为。市经济发展

局作为行政机关，批复是其行使行政权力的行为，市经济发展局的批复内容是B公司放弃股权、恢复A公司股东地位，该批复是对B公司权利义务进行具体处理的行为。由此可判断，市经济发展局的批复属于具体行政行为，属于行政诉讼受案范围，故C选项当选。

区工商局通知50户工商户，要求各工商户凭与C公司签订的租赁合同及个人资料才能申办经营许可证，区工商局的通知是否属于行政诉讼受案范围，关键是判断区工商局的通知是否属于具体行政行为。区工商局作为行政机关，通知是其行使行政权力的行为，区工商局通知的内容是各工商户凭与C公司签订的租赁合同及个人资料才能申办经营许可证，该通知是对50户工商户权利义务进行强制性处理的行为。由此可判断，区工商局的通知属于具体行政行为，属于行政诉讼受案范围，故D选项当选。

答案 BCD

✐ 提 示

题目中出现的五花八门的行为是否属于具体行政行为是判断行政诉讼受案范围的关键，具体行政行为可以从三个条件来综合认定：

（1）主体要件——行政机关或有行政权力的主体；

（2）职权条件——行政主体行使行政权力的行为；

（3）结果要件——对公民、组织的权利义务进行具体处理或产生实际影响。

193. 市林业局接到关于孙某毁林采矿的举报，遂致函当地县政府，要求调查。县政府召开专题会议形成会议纪要：由县林业局、矿产资源管理局与安监局负责调查处理。经调查并与孙某沟通，三部门形成处理意见：要求孙某合法开采，如发现有毁林或安全事故，将依法查处。再次接到举报后，三部门共同发出责令孙某立即停止违法开采，对被破坏的生态进行整治的通知。就上述事件中的行为的属性及是否属于行政诉讼受案范围，下列说法正确的

是：（2013/2/98-任）

A. 市林业局的致函不具有可诉性

B. 县政府的会议纪要具有可诉性

C. 三部门的处理意见是行政合同行为

D. 三部门的通知具有可诉性

考点 具体行政行为标准；内部行政行为；行政合同

解析 根据《行诉解释》第1条第2款的规定，下列行为不属于人民法院行政诉讼的受案范围：……⑤行政机关作出的不产生外部法律效力的行为；……题目所给的案例中的第一个行为是市林业局向县政府的致函，内容是对孙某毁林采矿的举报进行调查。致函是行政机关之间的事务处理行为，内容只是要求对举报进行调查，未涉及对孙某采矿事务的处置，属于不产生外部法律效力的内部行政行为。题目所给的案例中的第二个行为是县政府召开专题会议形成的会议纪要：由县林业局、矿产资源管理局与安监局负责调查处理。县政府形成会议纪要，只是明确由县林业局、矿产资源管理局与安监局共同负责调查处理举报，是对行政机关处置举报的分工和安排，也属于不产生外部法律效力的内部行政行为。上述两个行为属于内部行政行为，均不具有可诉性。故A选项说法正确，B选项说法错误。

题目所给的案例中的第三个行为是县林业局、矿产资源管理局与安监局负责调查后与孙某沟通，形成的处理意见：要求孙某合法开采，如发现有毁林行为或发生安全事故，将依法查处。该处理意见虽与孙某沟通后形成，但并非双方合意的结果，不符合行政合同的特性。行政合同是行政机关为实现行政职能，同公民、法人或者其他组织经过协商设立、变更或者终止双方行政法上权利义务的协议，其关键是行政机关与相对人之间形成的合意。然而，处理意见事实上由三部门单方形成，与孙某的沟通只是孙某对管理的参与，并非合意的结果。故C选项说法错误。

题目所给的案例中的第四个行为是三部门共同发出责令孙某立即停止违法开采，对被破坏的生态进行整治的通知。显然，该行为直接影响了孙某的权利义务，不仅认定孙某违法开采，同时要求孙某对破坏的生态进行整治，属于具体行政

行为，具有可诉性。故 D 选项说法正确。

答案 AD

✎ 提 示

判断具体行政行为是否属于行政诉讼的受案范围，不能简单地从行为的**形式**来判断，而要看行为的**实质**——是否对公民、法人或者其他组织的**权利义务产生实际影响**。

194. 2012 年 11 月，区政府发布 6 号文《关于印发区餐厨废弃物管理工作方案的通知》（以下简称"6 号文"），明确"目前指定甲公司实施全区餐厨废弃物收运处理"。区城市管理局为落实 6 号文，于 2014 年 3 月发出公函，要求本区五家生猪屠宰场点和甲公司签订清运协议，否则将进行行政处罚。五家生猪屠宰场点对 6 号文不服，申请复议。2014 年 12 月 24 日，复议机关作出复议维持决定。五家生猪屠宰场点向法院提起行政诉讼。下列哪些说法是错误的？（2021-回忆版-多）

A. 6 号文是具有普遍约束力的行政规范文件

B. 6 号文不属于行政复议范围

C. 区城市管理局的公函属于行政确权行为

D. 五家生猪屠宰场点可以对区城市管理局的公函提起行政诉讼

考点 行政行为的性质；行政复议受案范围；行政诉讼受案范围

解析 规范性文件，是指行政机关除行政法规和规章之外的，针对不特定对象制定的具有普遍约束力的决定、命令和行政措施。区政府发布的 6 号文指定甲公司实施全区餐厨废弃物收运处理，是针对特定对象作出的具体处理，6 号文不是具有普遍约束力的行政规范性文件。故 A 选项说法错误，当选。

根据《行政复议法》第 11 条的规定，有下列情形之一的，公民、法人或者其他组织可以依照本法申请行政复议：……⑮认为行政机关的其他行政行为侵犯其合法权益。6 号文作为具体行政行为对五家生猪屠宰场点的权利义务有实际影响，属于行政复议范围。故 B 选项说法错误，当选。

行政确权行为是行政机关作出的关于确认土地、矿藏、水流、森林、山岭、草原、荒地、滩涂、海域等自然资源的所有权或者使用权的行为。区城市管理局的公函不是行政机关确认自然资源的所有权或者使用权的行政确权行为。故 C 选项说法错误，当选。

区城市管理局的公函要求本区五家生猪屠宰场点和甲公司签订清运协议，否则将进行行政处罚，是落实 6 号文的行为，没有对本区五家生猪屠宰场点产生新的权利义务影响。根据《行诉解释》第 1 条第 2 款的规定，下列行为不属于人民法院行政诉讼的受案范围：……⑩对公民、法人或者其他组织权利义务不产生实际影响的行为。区城市管理局的公函不属于行政诉讼受案范围，五家生猪屠宰场点不能对区城市管理局的公函提起行政诉讼。故 D 选项说法错误，当选。

答案 ABCD

✎ 提 示

行政复议受案范围与行政诉讼受案范围的考查具有相似之处，均需判断行政行为是否对公民、法人或者其他组织的权利义务进行具体处理或者产生实际影响。

行政诉讼的受案与排除 专题 **35**

195. 下列哪一选项属于法院行政诉讼的受案范围？（2017/2/49-单）

A. 张某对劳动争议仲裁裁决不服向法院起诉的

B. 某外国人对出入境边检机关实施遣送出境措施不服申请行政复议，对复议决定不服向法院起诉的

C. 财政局工作人员李某对定期考核为不称职不服向法院起诉的

D. 某企业对县政府解除与其签订的政府特许经营协议不服向法院起诉的

考点 劳动争议仲裁行为；遣送出境措施；内部行政行为；行政协议

解析 根据《行诉解释》第1条第2款的规定，下列行为不属于人民法院行政诉讼的受案范围：……②调解行为以及法律规定的仲裁行为；……劳动争议仲裁裁决属于法律规定的仲裁行为，张某对劳动争议仲裁裁决不服向法院起诉的，应当属于民事诉讼的受案范围，不属于行政诉讼的受案范围，故A选项不当选。

根据《行政诉讼法》第13条的规定，人民法院不受理公民、法人或者其他组织对下列事项提起的诉讼：……④法律规定由行政机关最终裁决的行政行为。《出境入境管理法》第64条第1款规定，外国人对依照本法规定对其实施的继续盘问、拘留审查、限制活动范围、遣送出境措施不服的，可以依法申请行政复议，该行政复议决定为最终决定。出入境边检机关对外国人实施遣送出境措施经过行政复议后，复议决定属于法律规定由行政机关最终裁决的行政行为，不属于行政诉讼的受案范围，故B选项不当选。

根据《行政诉讼法》第13条的规定，人民法院不受理公民、法人或者其他组织对下列事项提起的诉讼：……③行政机关对行政机关工作人员的奖惩、任免等决定；……因此，对行政机关工作人员的奖惩、任免等内部行政行为不属于行政诉讼的受案范围。财政局工作人员李某被定期考核为不称职属于内部行政行为，是被排除在行政诉讼受案范围之外的，故C选项不当选。

根据《行政诉讼法》第12条第1款的规定，人民法院受理公民、法人或者其他组织提起的下列诉讼：……⑪认为行政机关不依法履行、未按照约定履行或者违法变更、解除政府特许经营协议、土地房屋征收补偿协议等协议的；……由此可知，行政机关解除行政协议的行为属于行政诉讼受案范围。县政府解除与某企业签订的政府特许经营协议的行为，属于行政机关解除行政协议行为，应当属于行政诉讼受案范围，故D选项当选。

答案 D

📝 **提 示**

法律规定由行政机关最终裁决的行政行为，这里的"法律"要作最狭义的理解，即全国人民代表大会及其常务委员会制定、通过的规范性文件。

---

196. 下列选项属于行政诉讼受案范围的是：（2015/2/98-任）

A. 方某在妻子失踪后向公安局报案要求立案侦查，遭拒绝后向法院起诉确认公安局的行为违法

B. 区房管局以王某不履行双方签订的房屋征收补偿协议为由向法院起诉

C. 某企业以工商局滥用行政权力限制竞争为由向法院起诉

D. 黄某不服市政府发布的征收土地补偿费标准直接向法院起诉

考点 刑事侦查行为；行政协议；具体行政行为；抽象行政行为

解析 根据《行诉解释》第1条第2款的规定，下列行为不属于人民法院行政诉讼的受案范围：①公安、国家安全等机关依照《刑事诉讼法》的明确授权实施的行为；……A选项中"方某在妻子失踪后向公安局报案要求立案侦查，遭拒绝后向法院起诉确认公安局的行为违法"，属于"公安、国家安全等机关依照《刑事诉讼法》的明确授权实施的行为"，不属于行政诉讼受案范围，故A选项不当选。

根据《行政诉讼法》第12条第1款的规定，人民法院受理公民、法人或者其他组织提起的下列诉讼：……⑪认为行政机关不依法履行、未按照约定履行或者违法变更、解除政府特许经营协议、土地房屋征收补偿协议等协议的；……由此可知，只有行政机关不履行行政协议的行为属于行政诉讼受案范围，B选项中"王某不履行双方签订的房屋征收补偿协议"不属于行政机关不履行行政协议，不属于行政诉讼受案范围，故B选项不当选。

根据《行政诉讼法》第12条第1款的规定，人民法院受理公民、法人或者其他组织提起的下

列诉讼：……⑧认为行政机关滥用行政权力排除或者限制竞争的；……而 C 选项中"工商局滥用行政权力限制竞争"，作为具体行政行为应属于行政诉讼受案范围，故 C 选项当选。

根据《行政诉讼法》第 13 条的规定，人民法院不受理公民、法人或者其他组织对下列事项提起的诉讼：……②行政法规、规章或者行政机关制定、发布的具有普遍约束力的决定、命令；……市政府发布的征收土地补偿费标准属于行政机关制定、发布的具有普遍约束力的决定、命令，属于抽象行政行为，抽象行政行为是被排除在行政诉讼受案范围之外的，不属于行政诉讼受案范围，故 D 选项不当选。

答案 C

提示

《行政诉讼法》虽然赋予公民、法人或者其他组织申请法院对抽象行政行为中的规章以下行政规范性文件审查的权利，但是只是申请附带审查，而不是直接起诉规章以下行政规范性文件，单纯的抽象行政行为仍然不属于行政诉讼受案范围。

197. 对于下列起诉，哪些不属于行政诉讼受案范围？（2016/2/83-多）

A. 某公司与县政府签订天然气特许经营协议，双方发生纠纷后该公司以县政府不依法履行协议向法院起诉

B. 环保局干部孙某对定期考核被定为不称职向法院起诉

C. 李某与房屋征收主管部门签订国有土地上的房屋征收补偿安置协议，后李某不履行协议，房屋征收主管部门向法院起诉

D. 县政府发布全县征地补偿安置标准的文件，村民万某以文件确定的补偿标准过低为由向法院起诉

考点 行政协议；内部行政行为；抽象行政行为

解析 根据《行政诉讼法》第 12 条第 1 款的规定，人民法院受理公民、法人或者其他组织提起的下列诉讼：……⑪认为行政机关不依法履行、未按照约定履行或者违法变更、解除政府特许经

营协议、土地房屋征收补偿协议等协议的；……由此可知，行政机关不履行行政协议的行为属于行政诉讼受案范围。A 选项中"县政府不依法履行协议"属于行政机关不履行行政协议，属于行政诉讼受案范围，故 A 选项不当选。C 选项中李某不履行房屋征收补偿安置协议，不属于行政机关不履行行政协议，房屋征收主管部门向法院起诉，不属于行政诉讼受案范围，故 C 选项当选。

根据《行政诉讼法》第 13 条的规定，人民法院不受理公民、法人或者其他组织对下列事项提起的诉讼：……③行政机关对行政机关工作人员的奖惩、任免等决定；……因此，行政机关对行政机关工作人员的奖惩、任免等内部行政行为不属于行政诉讼的受案范围。环保局干部孙某定期考核被定为不称职属于内部行政行为，故 B 选项当选。

根据《行政诉讼法》第 13 条的规定，人民法院不受理公民、法人或者其他组织对下列事项提起的诉讼：……②行政法规、规章或者行政机关制定、发布的具有普遍约束力的决定、命令；……由此可知，"行政法规、规章或者行政机关制定、发布的具有普遍约束力的决定、命令"就是抽象行政行为，抽象行政行为是行政诉讼受案排除范围。县政府发布的全县征地补偿安置标准的文件属于"其他规范性文件"，它只能在行政诉讼中"附带"提起，而不能对其直接提起行政诉讼，不属于行政诉讼受案范围，故 D 选项当选。

答案 BCD

提示

行政诉讼中的行政协议案件，有下列四种行为属于行政诉讼受案范围：①行政机关不履行行政协议；②行政机关未按照约定履行行政协议；③行政机关变更行政协议；④行政机关解除行政协议。

198. 下列哪些案件不属于行政诉讼受案范围？（2018-回忆版-多）

A. 李某不服县环保局作出的行政处罚决定，向县政府申请复议，在法定复议期间内向法院

起诉

B. 李某不服房屋征收部门对其作出的补偿决定，向法院起诉

C. 房屋征收部门以李某不履行房屋征收补偿协议为由向法院起诉

D. 李某不服房屋征收部门对其作出的征收决定，向法院起诉

考点 行政诉讼受案范围

解析 根据《行诉解释》第57条的规定，法律、法规未规定行政复议为提起行政诉讼必经程序，公民、法人或者其他组织既提起诉讼又申请行政复议的，由先立案的机关管辖；同时立案的，由公民、法人或者其他组织选择。公民、法人或者其他组织已经申请行政复议，在法定复议期间内又向人民法院提起诉讼的，人民法院裁定不予立案。由此可知，李某不服县环保局作出的行政处罚决定，向县政府申请复议，在法定复议期间内向法院起诉，法院裁定不予立案。故 A 选项当选。

根据《行政诉讼法》第12条第1款的规定，人民法院受理公民、法人或者其他组织提起的下列诉讼：……⑤对征收、征用决定及其补偿决定不服的；……因此，房屋征收决定和房屋征收补偿决定属于行政诉讼受案范围。故 B、D 选项不当选。

根据《行政诉讼法》第12条第1款的规定，人民法院受理公民、法人或者其他组织提起的下列诉讼：……⑪认为行政机关不依法履行、未按照约定履行或者违法变更、解除政府特许经营协议、土地房屋征收补偿协议等协议的；……由此可知，若李某以房屋征收部门不履行房屋征收补偿协议为由向法院起诉，属于行政诉讼受案范围；而房屋征收部门以李某不履行房屋征收补偿协议为由向法院起诉，不属于行政诉讼受案范围。故 C 选项当选。

答案 AC

提示

行政协议，是指行政机关为实现公共利益或者行政管理目标，在法定职责范围内，与公民、法人或者其他组织协商订立

的具有行政法上权利义务内容的协议，如政府特许经营协议、国有土地房屋征收补偿协议等。行政协议的行政诉讼案件应当是"民告官"，而不是"官告民"。

199. 某企业超标排污造成环境污染，县环保局责令其限期整改治理。该企业整改后，县环保局认为整改不合格，向其送达了整改不达标的通知书，同时责令该企业停产停业。该企业提起行政诉讼。下列哪一选项是错误的？(2019-回忆版-单)

A. 该企业针对责令停产停业可以向县环保局申请听证

B. 整改不达标的通知书不可诉

C. 该企业提起行政诉讼前应先申请行政复议

D. 县环保局应当对被诉行政行为合法性承担举证责任

考点 行政处罚的听证程序；行政诉讼的受案范围与举证责任

解析 根据《行政处罚法》第63条第1款的规定，行政机关拟作出下列行政处罚决定，应当告知当事人有要求听证的权利，当事人要求听证的，行政机关应当组织听证：①较大数额罚款；②没收较大数额违法所得、没收较大价值非法财物；③降低资质等级、吊销许可证件；④责令停产停业、责令关闭、限制从业；⑤其他较重的行政处罚；⑥法律、法规、规章规定的其他情形。由此可知，责令停产停业属于可以申请听证的范围，该企业针对责令停产停业可以向县环保局申请听证。故 A 选项正确，不当选。

根据《行诉解释》第1条第2款的规定，下列行为不属于人民法院行政诉讼的受案范围：……⑥行政机关为作出行政行为而实施的准备、论证、研究、层报、咨询等过程性行为；……整改不达标的通知书属于行政处罚程序中对行政相对人权利义务未产生实际影响的过程性、阶段性行政行为，不属于行政诉讼的受案范围，因此整改不达标的通知书不可诉。故 B 选项正确，不当选。

根据《行政诉讼法》第44条的规定，对属

于人民法院受案范围的行政案件，公民、法人或者其他组织可以先向行政机关申请复议，对复议决定不服的，再向人民法院提起诉讼；也可以直接向人民法院提起诉讼。法律、法规规定应当先向行政机关申请复议，对复议决定不服再向人民法院提起诉讼的，依照法律、法规的规定。由此可知，当事人申请行政复议和提起行政诉讼自由选择是原则，提起行政诉讼前置申请复议是法律法规规定的例外。该企业因超标排污造成环境污染而被责令停产停业，不属于法律法规规定的复议前置的情形。故 C 选项错误，当选。

根据《行政诉讼法》第 34 条第 1 款的规定，被告对作出的行政行为负有举证责任，应当提供作出该行政行为的证据和所依据的规范性文件。因此，被告县环保局应当对被诉行政行为合法性承担举证责任。故 D 选项正确，不当选。

答案 C

✎ 提示

对行政相对人权利义务未产生实际影响的行为，不属于行政诉讼的受案范围；对行政相对人权利义务产生实际影响的行政行为，属于行政诉讼的受案范围。

200. 某资产管理有限公司职工王某下班途中骑摩托发生交通事故死亡，交警部门多次调查但无法查清事故原因，不能判断事故责任，遂出具《道路交通事故证明书》，载明事故情况及事发地点。该资产管理有限公司向市人社局申请工伤认定，市人社局以公安交管部门尚未对本案事故作出交通事故责任认定书为由，作出《工伤认定时限中止通知书》（以下简称《中止通知》），并向王某之子和资产管理有限公司送达。王某之子向市人社局申请恢复对王某的工伤认定，但市人社局一直未恢复对王某的工伤认定程序。王某之子向法院提起行政诉讼，请求判决撤销《中止通知》。下列选项正确的有：（2020-回忆版-多）

A.《道路交通事故证明书》是行政裁决

B.《中止通知》具有可诉性

C. 王某之子应向法院提供身份证明

D. 该资产管理有限公司为本案第三人

考点 具体行政行为种类；行政诉讼的受案范围、原告和第三人

解析 行政裁决，是指行政机关依据法律授权，对发生在行政管理活动中的平等主体间的特定民事争议进行审查并作出裁决的具体行政行为。行政确认，是指行政机关依法对相对人的法律地位、权利义务和相关的法律事实进行甄别，予以确定、许可证明并予以宣告的具体行政行为。《道路交通事故证明书》是交警部门对事故情况及事发地点的认定，并没有进行纠纷的解决，因此，《道路交通事故证明书》是行政确认，不是行政裁决。故 A 选项错误。

《中止通知》是市人社局作出的工伤认定时限中止行为，属于程序性行政行为，但《中止通知》对王某的工伤认定产生明显的实际影响，并且本案中王某之子无法通过提起针对相关的实体性行政行为的诉讼获得救济，因而《中止通知》应当属于行政诉讼受案范围。故 B 选项正确。

根据《行政诉讼法》第 25 条第 1 款的规定，行政行为的相对人以及其他与行政行为有利害关系的公民、法人或者其他组织，有权提起诉讼。王某属于工伤认定的相对人，具有行政诉讼原告资格。根据《行政诉讼法》第 25 条第 2 款的规定，有权提起诉讼的公民死亡，其近亲属可以提起诉讼。根据《行诉解释》第 14 条第 1 款的规定，《行政诉讼法》第 25 条第 2 款规定的"近亲属"，包括配偶、父母、子女、兄弟姐妹、祖父母、外祖父母、孙子女、外孙子女和其他具有扶养、赡养关系的亲属。因此，王某死亡的，王某之子作为近亲属具有行政诉讼原告资格。根据《行诉证据规定》第 4 条第 1 款的规定，公民、法人或者其他组织向人民法院起诉时，应当提供其符合起诉条件的相应的证据材料。由此可知，王某之子应向法院提供身份证明，证明其有原告资格。故 C 选项正确。

根据《行政诉讼法》第 29 条第 1 款的规定，公民、法人或者其他组织同被诉行政行为有利害关系但没有提起诉讼，或者同案件处理结果有利害关系的，可以作为第三人申请参加诉讼，或者

由人民法院通知参加诉讼。<u>王某是资产管理有限公司的职工，因此，资产管理有限公司同被诉行政行为有利害关系，能够作为第三人参加诉讼。</u>故 D 选项正确。

答案 BCD

✎ 提 示

最高人民法院第 69 号指导案例裁判要

点：当事人认为行政机关作出的程序性行政行为侵犯其人身权、财产权等合法权益，对其权利义务产生明显的实际影响，且无法通过提起针对相关的实体性行政行为的诉讼获得救济，而对该程序性行政行为提起行政诉讼的，人民法院应当依法受理。

行政诉讼的原告 专题 36

201. 某公司向规划局交纳了一定费用后获得了该局发放的建设用地规划许可证。刘某的房屋紧邻该许可规划用地，刘某认为建筑工程完成后将遮挡其房屋采光，向法院起诉请求撤销该许可决定。下列哪一说法是正确的？（2013/2/47-单）

A. 规划局发放许可证不得向该公司收取任何费用

B. 因刘某不是该许可的利害关系人，规划局审查和决定发放许可证无需听取其意见

C. 因刘某不是该许可的相对人，不具有原告资格

D. 因建筑工程尚未建设，刘某权益受侵犯不具有现实性，不具有原告资格

[考点] 行政许可案件的原告；行政许可实施的收费；行政许可实施程序

[解析] 根据《行政许可法》第 58 条第 1 款的规定，行政机关实施行政许可和对行政许可事项进行监督检查，不得收取任何费用。但是，法律、行政法规另有规定的，依照其规定。由此可知，实施行政许可原则上不得收取任何费用，除非法律、行政法规另有规定。本题中的行政许可为规划许可，《城乡规划法》等相关的法律未规定发放规划许可证可以收取费用，因此规划局发放许可证不得向该公司收取任何费用，故 A 选项说法正确。

根据《行政许可法》第 36 条的规定，行政机关对行政许可申请进行审查时，发现行政许可事项直接关系他人重大利益的，应当告知该利害关系人。申请人、利害关系人有权进行陈述和申辩。行政机关应当听取申请人、利害关系人的意见。刘某的房屋紧邻该许可规划用地，规划局审查和决定发放许可证与其利益密切相关。因此，刘某作为该许可的利害关系人，规划局审查和决定发放许可证应当听取刘某的意见，故 B 选项说法错误。

根据《行政诉讼法》第 25 条第 1 款的规定，行政行为的相对人以及其他与行政行为有利害关系的公民、法人或者其他组织，有权提起诉讼。由此可知，行政诉讼原告资格不以行政行为的相对人为限，其他与行政行为有利害关系的公民、法人或者其他组织也具有行政诉讼的原告资格。刘某作为行政许可的利害关系人，对规划局发放给公司的建设用地规划许可证有权提起诉讼，刘某具有原告资格，故 C 选项说法错误。行政诉讼中的原告包括行政行为的相对人以及其他与行政行为有利害关系的公民、法人或者其他组织，原告资格以其利益受到影响为判断标准，并不以现实利益受到损害为标准，因此不能以建筑工程尚未建设、权益受侵犯不具有现实性来认定刘某不具有原告资格，故 D 选项说法错误。

[答案] A

[提示] 命题人对行政诉讼原告主要是从利害关系人角度考查，因此判断是否与行政行为有利害关系就至关重要。

202. 某市工商局发现，某中外合资游戏软件开发公司生产的一种软件带有暴力和色情内容，决定没收该软件，并对该公司处以3万元罚款。中方投资者接受处罚，但外方投资者认为处罚决定既损害了公司的利益也侵害自己的权益，向法院提起行政诉讼。下列哪一选项是正确的？（2009/2/47-单）

A. 外方投资者只能以合资公司的名义起诉

B. 外方投资者可以自己的名义起诉

C. 法院受理外方投资者起诉后，应追加未起诉的中方投资者为共同原告

D. 外方投资者只能以保护自己的权益为由提起诉讼

考点 中外合资企业案件的原告资格、起诉理由

解析 根据《行诉解释》第16条第2款的规定，联营企业、中外合资或者合作企业的联营、合资、合作各方，认为联营、合资、合作企业权益或者自己一方合法权益受行政行为侵害的，可以自己的名义提起诉讼。由此可知，中外合资企业案件的行政诉讼原告资格包括两个方面的内容：①起诉的原告，联营企业、中外合资或者合作企业可以作为原告，联营企业、中外合资或者合作企业的联营、合资、合作各方也可以作为原告；②起诉的理由，既可以是联营、合资、合作企业权益受行政行为侵害，也可以是联营企业、中外合资或者合作企业的联营、合资、合作各方的合法权益受行政行为侵害。

市工商局决定对中外合资游戏软件开发公司没收该软件、处以3万元罚款，外方投资者可以合资公司的名义起诉，也可以外方投资者自己的名义起诉，故A选项错误，B选项正确。法院受理外方投资者起诉后，完全没有必要追加未起诉的中方投资者为共同原告，因为外方投资者具有独立的原告资格，故C选项错误。外方投资者既可以保护自己的权益为由提起诉讼，也可以保护公司的权益为由提起诉讼，故D选项错误。

答案 B

✐ 提 示

行政诉讼中一般不能追加共同原告，不告不理是诉讼的基本规则，追加原告实际上意味着在强迫公民、组织起诉。

203. 罗某向市物价局举报某电信公司向其收取首次办理手机卡卡费50元，要求市物价局责令该电信公司退还手机卡卡费50元，查处并没收所有电信用户首次办理手机卡被收取的卡费，书面答复相关处理结果。市物价局作出书面答复，具体内容为："我局收到您反映的申诉书后，非常重视，及时进行调查。经调查核实，省通管局和省发改委联合下发的《关于电信全业务套餐资费优化方案的批复》规定：UIM卡收费上限标准：入网50元/张，补卡、换卡：30元/张。我局非常感谢您对物价工作的支持和帮助。"罗某收到市物价局的答复后，以答复违法为由诉至法院，一并请求审查《关于电信全业务套餐资费优化方案的批复》。下列选项正确的有：（2019-回忆版-多）

A. 罗某具有原告资格

B. 本案属于行政诉讼受案范围

C. 市物价局的答复是对该电信公司的查处行为

D. 省通管局和省发改委可以申请出庭对《关于电信全业务套餐资费优化方案的批复》进行说明

考点 行政诉讼的原告资格、受案范围、规范性文件附带审查

解析 根据《行政诉讼法》第25条第1款的规定，行政行为的相对人以及其他与行政行为有利害关系的公民、法人或者其他组织，有权提起诉讼。《行诉解释》第12条规定，有下列情形之一的，属于《行政诉讼法》第25条第1款规定的"与行政行为有利害关系"：……⑤为维护自身合法权益向行政机关投诉，具有处理投诉职责的行政机关作出或者未作出处理的；……罗某要求市物价局责令该电信公司退还手机卡卡费50元，查处并没收所有电信用户首次办理手机卡被收取的卡费，是基于其认为电信公司收取卡费行为侵害其自身合法权益，实际上是向市物价局进行投诉。罗某与投诉处理行为具有法律上的利害关系，具有行政诉讼原告主体资格。故A选项正确。

根据《行政诉讼法》第12条第1款的规定，人民法院受理公民、法人或者其他组织提起的下

列诉讼：……⑫认为行政机关侵犯其他人身权、财产权等合法权益的。市物价局对与举报人有利害关系的举报仅作出告知性答复，以告知《关于电信全业务套餐资费优化方案的批复》有关内容代替告知对该电信公司的查处行为，**未能依法履行保护举报人财产权的法定职责**，是对罗某通过正当举报途径寻求救济权利的侵犯，未按法律规定对举报进行处理，因而**具有可诉性**，属于人民法院行政诉讼的受案范围。故 B 选项正确，C 选项错误。

根据《行诉解释》第 147 条第 2 款的规定，制定机关申请出庭陈述意见的，人民法院应当准许。罗某一并请求审查《关于电信全业务套餐资费优化方案的批复》，省通管局和省发改委作为《关于电信全业务套餐资费优化方案的批复》的制定机关可以申请出庭进行说明。故 D 选项正确。

答案 ABD

提示

为维护自身合法权益向行政机关投诉，具有处理投诉职责的行政机关作出或者未作出处理的公民、法人或者其他组织具有原告主体资格。注意一些与自身合法权益没有关系或者与被投诉事项没有关联的"职业打假人"或"投诉专业户"不具有原告主体资格。

204. A 市李某驾车送人前往 B 市，在 B 市甲区与乙区居民范某的车相撞，并将后者打伤。B 市甲区公安分局决定扣留李某的汽车，对其拘留 5 日并处罚款 300 元。下列哪一选项是正确的？（2008/2/83－单）

A. 李某可向 B 市公安局申请行政复议
B. 对扣留汽车行为，李某可向甲区人民法院起诉
C. 李某应先申请复议，方能提起行政诉讼
D. 范某可向乙区人民法院起诉

考点 行政复议机关；行政诉讼地域管辖；行政复议与行政诉讼的关系

解析 在本案中，扣留、拘留、罚款等具体行政行为均由甲区公安分局作出，复议的被申请人和诉讼的被告都是甲区公安分局。根据《行政复议法》第 24 条第 1 款的规定，县级以上地方各级人民政府管辖下列行政复议案件：①对本级人民政府工作部门作出的行政行为不服的；……因此，李某应当向甲区政府申请行政复议，不能向 B 市公安局提出复议申请。故 A 选项错误。

行政诉讼除有特殊情况以外，均由基层人民法院管辖。本案不存在由中级人民法院管辖的情形，应归基层人民法院管辖。根据《行政诉讼法》第 18 条第 1 款的规定，行政案件由最初作出行政行为的行政机关所在地人民法院管辖。经复议的案件，也可以由复议机关所在地人民法院管辖。因此，本案由甲区公安分局所在地基层人民法院，即甲区人民法院管辖。故 B 选项正确。

根据《治安管理处罚法》第 102 条的规定，被处罚人对治安管理处罚决定不服的，可以依法申请行政复议或者提起行政诉讼。因此，本案不属于复议前置的案件，李某可以直接提起行政诉讼。故 C 选项错误。

根据《行诉解释》第 12 条的规定，有下列情形之一的，属于《行政诉讼法》第 25 条第 1 款规定的"与行政行为有利害关系"：……③要求行政机关依法追究加害人法律责任的；……因此，范某作为受害人，对甲区公安分局的拘留 5 日并处罚款 300 元的决定可以提起行政诉讼。但是，根据《行政诉讼法》第 18 条第 1 款的规定，范某可向甲区人民法院起诉，而乙区人民法院没有管辖权。故 D 选项错误。

答案 B（司法部原答案为 AB）

提示

受害人的行政诉讼原告资格是命题的一个重点。受害人，是指受到其他公民（加害人）违法行为侵害的人。在发生侵害时，行政机关可能有两种做法：①不处理；②处罚加害人，但受害人认为处罚过轻。在这两种情况下，受害人有权要求行政机关追究加害人责任，有权对行政机关的处理或者不处理行为提起行政诉讼。

37 专题　行政诉讼的被告

205. 某区公安局派出所突击检查孔某经营的娱乐城，孔某向正在赌博的人员通风报信，派出所突击检查一无所获。派出所工作人员将孔某带回调查，孔某因受到逼供而说出实情。派出所据此决定对孔某拘留10日，孔某不服提起诉讼。下列哪些选项是正确的？（2008/2/49－多）

A. 在作出拘留决定前，孔某有权要求举行听证

B. 对孔某的拘留决定违法

C. 该区公安分局派出所是本案被告

D. 因孔某起诉，公安机关应暂缓执行拘留决定

考点 公安局和派出所作被告的区分；治安处罚的听证范围、处罚权限；起诉不停止执行被诉行政行为

解析 《治安管理处罚法》未规定在作出行政拘留决定前要告知当事人听证权。听证的范围是法定的，行政处罚的听证范围不包括行政拘留。在作出拘留决定前，孔某是无权要求举行听证的，故A选项错误。

根据《治安管理处罚法》第91条的规定，治安管理处罚由县级以上人民政府公安机关决定；其中警告、500元以下的罚款可以由公安派出所决定。由此可知，公安派出所仅对警告、500元以下的罚款有处罚决定权，对行政拘留没有决定权。根据《治安管理处罚法》第79条的规定，严禁刑讯逼供或者采用威胁、引诱、欺骗等非法手段收集证据。以非法手段收集的证据不得作为处罚的根据。《治安管理处罚法》第93条规定，公安机关查处治安案件，对没有本人陈述，但其他证据能够证明案件事实的，可以作出治安管理处罚决定。但是，只有本人陈述，没有其他证据证明的，不能作出治安管理处罚决定。由此可知，对治安案件的调查不得逼供，逼供的证据不得作为处罚的根据，只有本人陈述的证据也不能作出治安处罚决定。题目中，对孔某的拘留决定违法包括两个方面：①派出所无权拘留，超越派出所职权进行拘留违法；②派出所工作人员对孔某逼供，据此决定对孔某拘留10日是违

法的。故B选项正确。

根据《行诉解释》第20条第2款的规定，法律、法规或者规章授权行使行政职权的行政机关内设机构、派出机构或者其他组织，超出法定授权范围实施行政行为，当事人不服提起诉讼的，应当以实施该行为的机构或者组织为被告。《治安管理处罚法》只授予派出所警告和罚款的权利，但是派出所却决定拘留，这属于派出所超出授权范围作出的行政行为，因此被告是区公安分局派出所，而非区公安分局，故C选项正确。

根据《行政诉讼法》第56条第1款的规定，诉讼期间，不停止行政行为的执行。但有下列情形之一的，裁定停止执行：①被告认为需要停止执行的；②原告或者利害关系人申请停止执行，人民法院认为该行政行为的执行会造成难以弥补的损失，并且停止执行不损害国家利益、社会公共利益的；③人民法院认为该行政行为的执行会给国家利益、社会公共利益造成重大损害的；④法律、法规规定停止执行的。由此可知，起诉时不停止行政行为的执行，除非有停止执行需要，法院才裁定停止执行。因此，孔某起诉，不会导致公安机关停止行政处罚的执行，故D选项错误。

答案 BC（司法部原答案为B）

提 示

公安派出所作出行政行为案件：

（1）派出所以公安局名义作出行政行为案件，以公安局为被告；

（2）派出所以自己名义在授权范围内作出行政行为案件，以派出所为被告；

（3）派出所以自己名义超越授权范围作出行政行为案件，以派出所为被告。

206. 崔某不服甲市乙县政府向谭某发放集体土地建设用地使用证，向甲市政府申请行政复议。甲市政府驳回崔某的复议请求，但改变了集体土地建设用地使用证所认定的主要事实。

崔某不服，提起行政诉讼。下列哪些说法是正确的？（2008 延/2/83-多）

A. 崔某可向乙县法院提起诉讼

B. 崔某可向甲市中级法院提起诉讼

C. 被告为乙县政府

D. 谭某为第三人

考点 复议维持案件的被告、管辖法院、第三人

解析 根据《行诉解释》第 133 条的规定，《行政诉讼法》第 26 条第 2 款规定的"复议机关决定维持原行政行为"，包括复议机关驳回复议申请或者复议请求的情形，但以复议申请不符合受理条件为由驳回的除外。根据《行政诉讼法》第 26 条第 2 款的规定，经复议的案件，复议机关决定维持原行政行为的，作出原行政行为的行政机关和复议机关是共同被告；复议机关改变原行政行为的，复议机关是被告。因此，乙县政府和甲市政府应为共同被告。故 C 选项说法错误。

根据《行政诉讼法》第 18 条第 1 款的规定，行政案件由最初作出行政行为的行政机关所在地人民法院管辖。经复议的案件，也可以由复议机关所在地人民法院管辖。根据《行政诉讼法》第 15 条的规定，中级人民法院管辖下列第一审行政案件：①对国务院部门或者县级以上地方人民政府所作的行政行为提起诉讼的案件；……《行诉解释》第 134 条第 3 款规定，复议机关作共同被告的案件，以作出原行政行为的行政机关确定案件的级别管辖。本案属于复议维持的案件，可以由乙县政府所在地法院管辖，也可以由甲市政府所在地法院管辖。乙县政府和甲市政府应为共同被告，以乙县政府确定案件的级别管辖，因此本案由中级法院管辖。因此，乙县法院作为基层法院没有管辖权，甲市中级法院作为甲市政府所在地的中级法院有管辖权。故 A 选项说法错误，B 选项说法正确。

根据《行政诉讼法》第 29 条第 1 款的规定，公民、法人或者其他组织同被诉行政行为有利害关系但没有提起诉讼，或者同案件处理结果有利害关系的，可以作为第三人申请参加诉讼，或者由人民法院通知参加诉讼。因甲市乙县政府是向谭某发放的集体土地建设用地使用证，与被诉行政行为有利害关系，因此谭某是本案的第三人。

故 D 选项说法正确。

答案 BD

提示

行政复议维持案件：

（1）复议机关改变原行政行为所认定的主要事实和证据、改变原行政行为所适用的规范依据，但未改变原行政行为处理结果的，视为复议机关维持原行政行为；

（2）复议机关以违反法定程序为由确认原行政行为违法；

（3）复议机关驳回复议申请或者复议请求的情形，但以复议申请不符合受理条件为由驳回的除外。

207. A 企业经拍卖取得某块国有土地使用权后，长期未予开发建设。市自然资源局以 A 企业浪费土地资源为由向市政府申请收回该块国有土地使用权，市政府作出批准市自然资源局收回 A 企业土地使用权的批复，市资源管理局直接把市政府的批复交由市土地储备中心执行。A 企业不服，针对市政府的批复提起诉讼。下列哪一说法是正确的？（2020-回忆版-单）

A. 批复不属于行政诉讼受案范围

B. 本案被告是市自然资源局

C. A 企业可以就该批复申请行政复议

D. 若 A 企业申请行政复议，被申请人是市自然资源局

考点 行政诉讼受案范围和被告；行政复议范围和被申请人

解析 地方人民政府对其所属行政管理部门的请示作出的批复，一般属于内部行政行为，不可对此提起诉讼。但行政管理部门直接将该批复付诸实施并对行政相对人的权利义务产生了实际影响，行政相对人对该批复不服提起诉讼的，法院应当依法受理。市政府对市自然资源局所作收回 A 企业土地使用权的批复，对 A 企业的权利义务产生了实际影响，不再属于内部行政行为，应当属于行政诉讼受案范围，故 A 选项说法错误。

根据《行诉解释》第 19 条的规定，当事人

不服经上级行政机关批准的行政行为，向人民法院提起诉讼的，以在对外发生法律效力的文书上署名的机关为被告。市政府作出批准市自然资源局收回A企业土地使用权的批复，因而在对外发生法律效力的文书上署名的机关是市政府，则被告是市政府，故B选项说法错误。

市政府所作的批复是针对是否收回该块国有土地使用权且对A企业作出的，是针对特定对象作出的具体行政行为，A企业对该批复不服，可以提起行政复议，故C选项说法正确。

根据《行政复议法实施条例》第13条的规定，下级行政机关依照法律、法规、规章规定，经上级行政机关批准作出具体行政行为的，批准机关为被申请人。作出批准的机关是市政府，则市政府应为行政复议的被申请人，故D选项说法错误。

答案 C

提示

> 经上级行政机关批准的行政行为案件：
>
> (1) 在行政复议中，批准机关为被申请人；
>
> (2) 在行政诉讼中，在对外发生法律效力的文书上署名的机关为被告。

208. 镇政府确认甲对某块土地的承包经营权，乙以侵犯其土地承包经营权为由向县政府申请复议，县政府以乙超出法定申请期限为由，驳回乙的行政复议申请。乙提起诉讼，请求法院确认镇政府的行为违法。下列哪些选项是正确的？（2020-回忆版-多）

A. 乙申请复议的期限为60日

B. 本案应以镇政府和县政府为共同被告

C. 若法院受理案件后，各方当事人同意适用简易程序，可以适用简易程序

D. 若乙不经复议直接提起诉讼，法院裁定不予立案

考点 行政诉讼的被告和程序；行政复议申请期限

解析 根据《行政复议法》第20条第1款的规定，公民、法人或者其他组织认为行政行为侵犯

其合法权益的，可以自知道或者应当知道该行政行为之日起60日内提出行政复议申请；但是法律规定的申请期限超过60日的除外。题目中，乙以镇政府确认甲对某块土地的承包经营权侵犯其土地承包经营权为由向县政府申请复议，可以自知道该具体行政行为之日起60日内提出，故A选项正确。

根据《行诉解释》第133条的规定，《行政诉讼法》第26条第2款规定的"复议机关决定维持原行政行为"，包括复议机关驳回复议申请或者复议请求的情形，但以复议申请不符合受理条件为由驳回的除外。本案中复议机关是以"经过了复议期限为由驳回甲的复议申请"，应当为复议不作为的案件。根据《行政诉讼法》第26条第3款的规定，复议机关在法定期限内未作出复议决定，公民、法人或者其他组织起诉原行政行为的，作出原行政行为的行政机关是被告；起诉复议机关不作为的，复议机关是被告。乙提起诉讼，请求法院确认镇政府的行为违法，属于起诉原行政行为，本案应当以镇政府为被告，故B选项错误。

根据《行政诉讼法》第82条第2款的规定，除前款规定以外的第一审行政案件，当事人各方同意适用简易程序的，可以适用简易程序。因此，各方当事人同意适用简易程序的，法院可以适用简易程序，故C选项正确。

根据《行政复议法》第23条第1款的规定，有下列情形之一的，申请人应当先向行政复议机关申请行政复议，对行政复议决定不服的，可以再依法向人民法院提起行政诉讼：……②对行政机关作出的侵犯其已经依法取得的自然资源的所有权或者使用权的决定不服；……题目中，镇政府确认甲对某块土地的承包经营权，乙认为侵犯其土地承包经营权，属于复议前置案件，应当先申请行政复议，对行政复议决定不服的，可以向法院提起行政诉讼。根据《行诉解释》第56条第1款的规定，法律、法规规定应当先申请复议，公民、法人或者其他组织未申请复议直接提起诉讼的，人民法院裁定不予立案。因此，乙不经复议直接提起诉讼的，法院裁定不予立案，故D选项正确。

答案 ACD

提 示

复议机关驳回复议申请或者复议请求案件的被告确定：

（1）原则上按照复议维持案件处理，原机关和复议机关为共同被告。

（2）例外情况是复议机关以复议申请不符合受理条件为由驳回复议申请，按照复议不作为案件处理，诉原行为的，原机关为被告；诉复议不作为的，复议机关为被告。

209. 区房管局以刘某享有安置房为由停发其住房租赁补贴，刘某向区政府复议，区政府以超过复议期限为由作出驳回复议请求的决定，刘某以区房管局为被告提起行政诉讼。下列哪些说法是正确的？（2023-回忆版-多）

A. 住房租赁补贴属于行政给付行为

B. 刘某申请复议期限为 60 日

C. 法院应追加区政府为共同被告

D. 刘某可以对住房安置补贴申请先予执行

[考点] 行政给付；行政复议申请期限；行政诉讼的被告和先予执行

[解析] 行政给付，是指行政机关对公民在年老、疾病或丧失劳动能力等情况或其他特殊情况下，依照有关法律、法规规定，赋予其一定的物质权益或与物质有关的权益的具体行政行为。住房租赁补贴是国家为职工解决住房问题而给予的补贴，属于行政给付行为。故 A 选项说法正确。

根据《行政复议法》第 20 条第 1 款的规定，公民、法人或者其他组织认为行政行为侵犯其合法权益的，可以自知道或者应当知道该行政行为之日起 60 日内提出行政复议申请；但是法律规定的申请期限超过 60 日的除外。可知，刘某申请复议期限为 60 日。故 B 选项说法正确。

根据《行诉解释》第 133 条的规定，《行政诉讼法》第 26 条第 2 款规定的"复议机关决定维持原行政行为"，包括复议机关驳回复议申请或者复议请求的情形，但以复议申请不符合受理条件为由驳回的除外。本案中，区政府以超过复议期限为由作出的驳回复议请求决定，不属于复

议维持案件，而是属于复议不作为案件。根据《行政诉讼法》第 26 条第 3 款的规定，复议机关在法定期限内未作出复议决定，公民、法人或者其他组织起诉原行政行为的，作出原行政行为的行政机关是被告；起诉复议机关不作为的，复议机关是被告。本案中，刘某以区房管局为被告提起行政诉讼，属于起诉原行政行为，无需追加区政府为共同被告。故 C 选项说法错误。

根据《行政诉讼法》第 57 条第 1 款的规定，人民法院对起诉行政机关没有依法支付抚恤金、最低生活保障金和工伤、医疗社会保险金的案件，权利义务关系明确、不先予执行将严重影响原告生活的，可以根据原告的申请，裁定先予执行。可知，住房租赁补贴属于行政给付行为，但不属于可以先予执行的法定范围。故 D 选项说法错误。

[答案] AB

提 示

行政复议不作为案件的被告由原告选择：原告诉原行政行为的，被告为作出原行政行为的行政机关；原告诉复议不作为的，被告为复议机关。

210. 甲县政府以某广告公司未经许可在高速公路附近建广告牌为由，责令其限期拆除所建的广告牌，广告公司未予拆除，广告牌所在地的乙镇政府强制拆除了广告牌。广告公司不服，以甲县政府为被告提起诉讼，请求法院确认拆除行为违法和赔偿损失 50 万元。下列哪一说法是正确的？（2020-回忆版-单）

A. 法院应告知广告公司变更被告为乙镇政府

B. 法院应告知广告公司追加镇政府为共同被告

C. 法院直接追加乙镇政府为第三人

D. 若拆除行为未被确认为违法而广告公司提起赔偿诉讼，则法院不予受理

[考点] 行政诉讼的被告、第三人和程序

[解析] 甲县乙镇政府强制拆除了广告牌的行为属于行政强制执行，广告公司有权提起行政诉讼。根据《行政诉讼法》第 26 条第 1 款的规定，公民、法人或者其他组织直接向人民法院提起诉讼

的，作出行政行为的行政机关是被告。广告公司对拆除行为不服向法院提起行政诉讼，应以作出拆除行为的乙镇政府为被告。根据《行诉解释》第26条第1款的规定，原告所起诉的被告不适格，人民法院应当告知原告变更被告；原告不同意变更的，裁定驳回起诉。本案中广告公司以甲县政府为被告提起诉讼，被告不适格，法院应告知原告变更被告为乙镇政府，而不是告知广告公司追加镇政府为共同被告。故A选项说法正确，B选项说法错误。

根据《行诉解释》第26条第2款的规定，应当追加被告而原告不同意追加的，人民法院应当通知其以第三人的身份参加诉讼，但行政复议机关作共同被告的除外。因本案被告是乙镇政府，不存在共同被告的情形。故C选项说法错误。

根据《最高人民法院关于审理行政赔偿案件若干问题的规定》第13条第1款的规定，行政行为未被确认为违法，公民、法人或者其他组织提起行政赔偿诉讼的，人民法院应当视为提起行政诉讼时一并提起行政赔偿诉讼。因此，若拆除行为未被确认为违法而广告公司提起行政赔偿诉讼，则法院应当视为广告公司提起行政诉讼时一并提起行政赔偿诉讼。故D选项说法错误。

答案 A

✎ **提 示**

　行政诉讼是根据被诉行政行为来确定被告，遵循"谁行为，谁被告"的原则。

211. 根据国家规定，有关生物遗传研究的行政许可需先经省、自治区、直辖市科技厅初步审核，然后由省、自治区、直辖市科技厅上报科技部批准。某生物科技公司申请生物遗传研究，向某省科技厅提出申请。该省科技厅审核后上报科技部，科技部不予批准。该生物科技公司提起诉讼。下列哪些选项是正确的？（2020-回忆版-多）

A. 该省科技厅审核后上报科技部的，科技部可以要求该生物科技公司重新提交资料

B. 本案被告为科技部，该省科技厅不能成为被告

C. 若该省科技厅没有上报科技部，被告为该省科技厅

D. 若该生物科技公司申请复议，复议机关为科技部

考点 行政许可程序；行政诉讼的被告；复议机关

解析 根据《行政许可法》第35条的规定，依法应当先经下级行政机关审查后报上级行政机关决定的行政许可，下级行政机关应当在法定期限内将初步审查意见和全部申请材料直接报送上级行政机关。上级行政机关不得要求申请人重复提供申请材料。该省科技厅审核后应当将全部申请材料直接报送科技部，科技部不可以要求生物科技公司重新提交材料。故A选项错误。

根据《最高人民法院关于审理行政许可案件若干问题的规定》第4条的规定，当事人不服行政许可决定提起诉讼的，以作出行政许可决定的机关为被告；行政许可依法须经上级行政机关批准，当事人对批准或者不批准行为不服一并提起诉讼的，以上级行政机关为共同被告；行政许可依法须经下级行政机关或者管理公共事务的组织初步审查并上报，当事人对不予初步审查或者不予上报不服提起诉讼的，以下级行政机关或者管理公共事务的组织为被告。因此，该省科技厅审核后上报科技部，科技部不予批准：如果是科技部作出不予许可决定的，科技部为被告；如果是省科技厅作出不予许可决定的，省科技厅为被告。该生物科技公司对科技部的不批准行为不服一并提起诉讼的，以科技部和省科技厅为共同被告。故B选项错误。如果省科技厅没有上报科技部，被告为省科技厅。故C选项正确。

根据《行政复议法实施条例》第13条的规定，下级行政机关依照法律、法规、规章规定，经上级行政机关批准作出具体行政行为的，批准机关为被申请人。本题中，批准机关为科技部，被申请人为科技部。根据《行政复议法》第25条的规定，国务院部门管辖下列行政复议案件：①对本部门作出的行政行为不服的；……由此可知，科技部作为国务院部门进行自我复议。故D选项正确。

答案 CD

✏️ 提 示

案件情形		被诉行为	被 告
	行政机关作出行政许可决定	对行政许可决定不服	行政许可决定机关为被告
上下级行政机关分工实施行政许可	下级行政机关作出行政许可（须经上级行政机关批准）	对下级机关的行政许可决定不服	下级行政机关为被告
		对下级机关的行政许可决定和上级机关的批准或者不批准行为一并不服	下级行政机关与上级行政机关为共同被告
	上级行政机关作出行政许可（须经下级行政机关初步审查并上报）	对下级机关的不予初步审查或者不予上报不服	下级行政机关为被告

212. 税务局作出《税务处理决定书》，认定甲公司构成外贸出口"真代理、假进销"的违规操作，对甲公司已获得的出口退税款 500 万元予以追缴，并对其银行账户强制扣缴 500 万元。甲公司向上一级税务局申请行政复议，上一级税务局作出复议维持决定。甲公司诉至法院。下列说法正确的有：（2021-回忆版-多）

A. 追缴出口退税行为属于行政处罚
B. 强制扣缴 500 万元属于行政强制执行
C. 甲公司申请复议期限为 3 个月
D. 税务局和上一级税务局为共同被告

考点 具体行政行为的种类；行政复议期限；复议维持案件被告

解析 根据《行政处罚法》第 2 条的规定，行政处罚是指行政机关依法对违反行政管理秩序的公民、法人或者其他组织，以减损权益或者增加义务的方式予以惩戒的行为。行政处罚是制裁性的行为，追缴出口退税行为是让甲公司履行纳税义务，没有制裁性，不属于行政处罚。故 A 选项说法错误。

根据《行政强制法》第 12 条的规定，行政强制执行的方式：……②划拨存款、汇款；……由此可知，强制扣缴 500 万元属于行政强制执行。故 B 选项说法正确。

根据《行政复议法》第 20 条第 1 款的规定，公民、法人或者其他组织认为行政行为侵犯其合法权益的，可以自知道或者应当知道该行政行为之日起 60 日内提出行政复议申请；但是法律规定的申请期限超过 60 日的除外。《税收征收管理

法》没有申请期限超过 60 日的规定。因此，甲公司申请复议的期限为 60 日。故 C 选项说法错误。

根据《行政诉讼法》第 26 条第 2 款的规定，经复议的案件，复议机关决定维持原行政行为的，作出原行政行为的行政机关和复议机关是共同被告；复议机关改变原行政行为的，复议机关是被告。甲公司针对税务局作出《税务处理决定书》向上一级税务局申请行政复议，上一级税务局作出复议维持决定。因此，作出原行政行为的税务局和复议机关上一级税务局为共同被告。故 D 选项说法正确。

答案 BD

✏️ 提 示

行政复议维持案件包括：
（1）复议机关改变原行政行为所认定的主要事实和证据、改变原行政行为所适用的规范依据，但未改变原行政行为处理结果；
（2）复议机关以违反法定程序为由确认原行政行为违法；
（3）行政复议决定既有维持原行政行为内容，又有改变原行政行为内容或者不予受理申请内容；
（4）复议机关驳回复议申请或者复议请求（以复议申请不符合受理条件为由驳回的除外）。

213. 张某以患尘肺病为由向区人社局申请工

伤认定，区人社局以其所在单位进行股权制改革后主体已消亡为由作出《驳回工伤认定申请决定书》，张某向区政府申请行政复议，区政府以张某不属于工伤为由作出《不予认定工伤决定书》。张某遂以区人社局为被告向法院提起行政诉讼。关于法院的做法，下列哪一选项是正确的？（2021-回忆版-单）

A. 告知张某追加区政府为共同被告

B. 告知张某变更被告

C. 裁定驳回张某起诉

D. 驳回张某诉讼请求

考点 复议改变案件被告

解析 区人社局作出《驳回工伤认定申请决定书》，张某向区政府申请行政复议，区政府作出《不予认定工伤决定书》，属于复议机关改变原行政行为。根据《行政诉讼法》第26条第2款的

规定，经复议的案件，复议机关决定维持原行政行为的，作出原行政行为的行政机关和复议机关是共同被告；复议机关改变原行政行为的，复议机关是被告。因此，张某以区人社局为被告向法院提起行政诉讼，法院应告知张某变更被告。故B选项正确。

答案 B

✐ 提示

> 行政复议改变案件包括：
> （1）复议机关改变原行政行为的处理结果；
> （2）复议机关确认原行政行为违法（以违反法定程序为由确认原行政行为违法除外）；
> （3）复议机关确认原行政行为无效。

38 专题 行政诉讼的第三人

214. 经王某请求，国家专利复审机构宣告授予李某的专利权无效，并于2011年5月20日向李某送达决定书。6月10日李某因交通意外死亡。李某妻子不服决定，向法院提起行政诉讼。下列哪一说法是正确的？（2012/2/46-单）

A. 李某妻子应以李某代理人身份起诉

B. 法院应当通知王某作为第三人参加诉讼

C. 本案原告的起诉期限为60日

D. 本案原告应先申请行政复议再起诉

考点 行政诉讼原告资格的转移、第三人、起诉期限；复议与诉讼的救济关系

解析 根据《行政诉讼法》第25条第2款的规定，有权提起诉讼的公民死亡，其近亲属可以提起诉讼。根据《行诉解释》第14条第1款的规定，《行政诉讼法》第25条第2款规定的"近亲属"，包括配偶、父母、子女、兄弟姐妹、祖父母、外祖父母、孙子女、外孙子女和其他具有扶养、赡养关系的亲属。因此，李某妻子的身份是原告，而不是代理人。故A选项说法错误。

根据《行政诉讼法》第29条第1款的规定，

公民、法人或者其他组织同被诉行政行为有利害关系但没有提起诉讼，或者同案件处理结果有利害关系的，可以作为第三人申请参加诉讼，或者由人民法院通知参加诉讼。李某的专利权被宣告无效是经王某请求由国家专利复审机构宣告的，这表明王某与被诉行政行为有利害关系，符合第三人的条件。故B选项说法正确。

根据《行政诉讼法》第46条第1款的规定，公民、法人或者其他组织直接向人民法院提起诉讼的，应当自知道或者应当知道作出行政行为之日起6个月内提出。法律另有规定的除外。《专利法》第46条第2款规定的对国务院专利行政部门宣告专利权无效的决定不服的起诉期限为3个月，因此，本案原告的起诉期限为3个月。故C选项说法错误。

根据《行政诉讼法》第44条的规定，对属于人民法院受案范围的行政案件，公民、法人或者其他组织可以先向行政机关申请复议，对复议决定不服的，再向人民法院提起诉讼；也可以直接向人民法院提起诉讼。法律、法规规定应当先

向行政机关申请复议，对复议决定不服再向人民法院提起诉讼的，依照法律、法规的规定。对此，从《专利法》第 46 条第 2 款的规定可以看出，专利领域的行政争议并不实行复议前置。故 D 选项说法错误。

答案 B

提示

有权提起诉讼的公民死亡是发生原告资格转移的条件，取得原告资格的近亲属范围——配偶、父母、子女、兄弟姐妹、祖父母、外祖父母、孙子女、外孙子女和其他具有扶养、赡养关系的亲属。

215. 村民甲带领乙、丙等人，与造纸厂协商污染赔偿问题。因对提出的赔偿方案不满，甲、乙、丙等人阻止生产，将工人李某打伤。公安局接该厂厂长举报，经调查后决定对甲拘留 15 日、乙拘留 5 日，对其他人未作处罚。甲向法院提起行政诉讼，法院受理。下列哪些人员不能成为本案的第三人？（2012/2/82-多）

A. 丙　　　　　　　　B. 乙
C. 李某　　　　　　　D. 造纸厂厂长

考点 行政诉讼第三人的确定

解析 根据《行政诉讼法》第 29 条第 1 款的规定，公民、法人或者其他组织同被诉行政行为有利害关系但没有提起诉讼，或者同案件处理结果有利害关系的，可以作为第三人申请参加诉讼，或者由人民法院通知参加诉讼。这对行政诉讼第三人的确定作出了规定。

本题中，甲、乙、丙等人阻止造纸厂生产，并将工人李某打伤。经该厂厂长举报，甲、乙二人分别被公安局处以拘留 15 日、5 日的处罚，丙并未受到处罚。而甲对处罚不服起诉。李某作为受害人，与被诉的处罚决定有利害关系，应成为第三人。故 C 选项不当选。造纸厂厂长只是举报人，与被诉的处罚决定也不存在利害关系，不能成为第三人。故 D 选项当选。乙、丙都参与了违法行为，但结果却不同，乙受到处罚，而丙却未受到处罚。在一个行政处罚案件中，行政机关处罚了 2 个以上的违法行为人，其中一部分被处罚

人向法院起诉，而另一部分被处罚人没有起诉的，没起诉的乙同案件处理结果有利害关系，乙可以作为第三人。故 B 选项不当选。但是没有受到处罚的丙与被诉的处罚决定不存在利害关系，不能成为第三人。故 A 选项当选。

答案 AD

提示

行政诉讼第三人的确认标准有两个：
（1）同被诉行政行为有利害关系；
（2）同案件处理结果有利害关系。

216. 某船舶公司向区政府申请筹建和经营港口，区政府向当地海事部门征求意见，海事部门复函认定该船舶公司不具备筹建和经营港口的条件，区政府经实地勘验、专家评审后，作出不予许可的决定。该船舶公司不服不予许可的决定，提起行政诉讼。下列说法正确的有：（2021-回忆版-多）

A. 该船舶公司可以对复函提起行政诉讼
B. 被告是区政府
C. 法院应该追加海事部门为第三人
D. 专家评审时间不计入行政许可期限

考点 行政诉讼受案范围；行政诉讼的被告与第三人；行政许可期限

解析 区政府向当地海事部门征求意见，海事部门向区政府复函。因此，复函是不产生外部法律效力的行为。根据《行诉解释》第 1 条第 2 款的规定，下列行为不属于人民法院行政诉讼的受案范围：……⑤行政机关作出的不产生外部法律效力的行为；……复函不属于行政诉讼的受案范围，该船舶公司不能对复函提起行政诉讼。故 A 选项说法错误。

根据《行政诉讼法》第 26 条第 1 款的规定，公民、法人或者其他组织直接向人民法院提起诉讼的，作出行政行为的行政机关是被告。区政府作出不予许可的决定，该船舶公司不服不予许可的决定，提起行政诉讼，作出不予许可决定的区政府是被告。故 B 选项说法正确。

根据《行政诉讼法》第 29 条第 1 款的规定，公民、法人或者其他组织同被诉行政行为有利害

关系但没有提起诉讼，或者同案件处理结果有利害关系的，可以作为第三人申请参加诉讼，或者由人民法院通知参加诉讼。海事部门同被诉的不予许可决定无利害关系，同案件处理结果也无利害关系，不属于本案第三人。故 C 选项说法错误。

根据《行政许可法》第45条的规定，行政机关作出行政许可决定，依法需要听证、招标、拍卖、检验、检测、检疫、鉴定和专家评审的，所需时间不计算在本节规定的期限内。行政机关应当将所需时间书面告知申请人。由此可知，区政府经实地勘验、专家评审后作出不予许可的决定，专家评审时间不计入行政许可期限。故 D 选项说法正确。

答案 BD

📝 **提 示**

经复议的案件中原机关的法律地位：

（1）复议不作为案件，可以选择原机关为被告；

（2）复议维持案件，原机关与复议机关为共同被告；

（3）复议改变案件，原机关将不参与诉讼。

行政诉讼的级别管辖

217. 甲县政府设立的临时机构基础设施建设指挥部，认定有 10 户居民的小区自建的围墙及附属房系违法建筑，指令乙镇政府具体负责强制拆除。10 户居民对此决定不服起诉。下列说法正确的是：（2011/2/100-任）

A. 本案被告为乙镇政府

B. 本案应由中级法院管辖

C. 如 10 户居民在指定期限内未选定诉讼代表人的，法院可以依职权指定

D. 如 10 户居民对此决定申请复议，复议机关为甲县政府

考点 行政诉讼被告与行政复议被申请人；行政诉讼的级别管辖和诉讼代表人

解析 根据《行诉解释》第 20 条第 1 款的规定，行政机关组建并赋予行政管理职能但不具有独立承担法律责任能力的机构，以自己的名义作出行政行为，当事人不服提起诉讼的，应当以组建该机构的行政机关为被告。题目中，甲县政府设立的临时机构基础设施建设指挥部作出决定：认定有 10 户居民的小区自建的围墙及附属房系违法建筑，指令乙镇政府具体负责强制拆除。10 户居民对此决定不服起诉，被诉行政行为是基础设施建设指挥部作出的，乙镇政府是具体负责执行的，因此，乙镇政府不能作为被告。当然，基础设施建设指挥部作为甲县政府设立的临时机构，不具有独立承担法律责任的能力，因此，基础设施建设指挥部也不能作为被告，应当由设立基础

设施建设指挥部的甲县政府作为被告。故 A 选项说法错误。

根据《行政诉讼法》第 15 条的规定，中级人民法院管辖下列第一审行政案件：①对国务院部门或者县级以上地方人民政府所作的行政行为提起诉讼的案件；……县级以上地方人民政府作为被告的案件应由中级法院管辖，因此，甲县政府作为本案被告，应由中级法院管辖。故 B 选项说法正确。

根据《行诉解释》第 29 条第 1、2 款的规定，《行政诉讼法》第 28 条规定的"人数众多"，一般指 10 人以上。根据《行政诉讼法》第 28 条的规定，当事人一方人数众多的，由当事人推选代表人。当事人推选不出的，可以由人民法院在起诉的当事人中指定代表人。题目中，10 户居民起诉，应当推选诉讼代表人参加诉讼；10 户居民在指定期限内未选定诉讼代表人的，法院可以依职权指定。故 C 选项说法正确。

根据《行政复议法实施条例》第 14 条的规定，行政机关设立的派出机构、内设机构或者其他组织，未经法律、法规授权，对外以自己名义作出具体行政行为的，该行政机关为被申请人。题目中，甲县政府设立的临时机构基础设施建设指挥部作出决定：认定有 10 户居民的小区自建的围墙及附属房系违法建筑，指令乙镇政府具体负责强制拆除。如 10 户居民对此决定申请复议，由于被复议的决定是基础设施建设指挥部作出的，但是基础设施建设指挥部未经法律、法规授

权，因此其不能作为被申请人，**应当由设立基础设施建设指挥部的甲县政府作为被申请人**，基础设施建设指挥部的决定可以视为甲县政府的决定。根据《行政复议法》第24条第1款的规定，县级以上地方各级人民政府管辖下列行政复议案件：……②对下一级人民政府作出的行政行为不服的；……因此，甲县政府作为被申请人，复议机关应当是甲县政府的上一级政府。故D选项说法错误。

答案 BC

提示

行政诉讼被告与行政复议被申请人的确定规则是一致的，一般能在行政复议案件中作为被申请人的，就能在行政诉讼案件中作为被告。

但要注意一种特殊情况：经上级行政机关批准作出具体行政行为的案件，批准机关为被申请人，在对外发生法律效力的文书上署名的机关为被告。

218. 某药厂以本厂过期药品作为主原料，更改生产日期和批号生产出售。甲市乙县药监局以该厂违反《药品管理法》第49条第1款（现为第98条第1款）关于违法生产药品规定，决定没收药品并处罚款20万元。药厂不服向县政府申请复议，县政府依《药品管理法》第49条第3款（现为第98条第3款）关于生产劣药行为的规定，决定维持处罚决定。药厂起诉。关于本案的被告和管辖，下列说法正确的有：（2012/2/97-任）

A. 被告为乙县药监局，由乙县法院管辖

B. 被告为乙县药监局，甲市中级法院对此案有管辖权

C. 被告为乙县政府，乙县法院对此案有管辖权

D. 被告为乙县政府，由甲市中级法院管辖

考点 行政诉讼被告的确认；行政诉讼的地域管辖和级别管辖

解析 根据《行政诉讼法》第26条第2款的规定，经复议的案件，复议机关决定维持原行政行为的，作出原行政行为的行政机关和复议机关为

共同被告；复议机关改变原行政行为的，复议机关是被告。根据《行诉解释》第22条第1款的规定，《行政诉讼法》第26条第2款规定的"复议机关改变原行政行为"，是指复议机关改变原行政行为的处理结果。复议机关改变原行政行为所认定的主要事实和证据、改变原行政行为所适用的规范依据，但未改变原行政行为处理结果的，视为复议机关维持原行政行为。由此可知，改变原行政行为的处理结果的，才是"复议机关改变原行政行为"。题目中，县政府改变原行政行为的法律依据，但维持了原行政行为的处理结果，视为复议机关维持原行政行为。因此，原行政机关和复议机关为共同被告，即乙县药监局和县政府为共同被告。根据《行诉解释》第134条第3款的规定，复议机关作共同被告的案件，以作出原行政行为的行政机关确定案件的级别管辖。因此，乙县药监局和县政府为共同被告，以乙县药监局来确定级别管辖，应由基层法院管辖。故本题现无解。

答案 无（司法部原答案为D）

提示

原行政机关和复议机关为共同被告的，以原行政机关确定案件的级别管辖，但不影响地域管辖，即原行政机关所在地法院和复议机关所在地法院都有管辖权。

219. 某药厂以本厂过期药品作为主原料，更改生产日期和批号生产出售。甲市市场监督管理局以该厂违反《药品管理法》第49条第1款（现为第98条第1款）关于违法生产药品的规定，决定没收药品并处罚款20万元。药厂不服，向甲市政府申请复议，甲市政府依《药品管理法》第49条第3款（现为第98条第3款）关于生产劣药行为的规定，决定维持处罚决定。药厂起诉。关于本案的被告和管辖，下列哪一选项是正确的？（2018-回忆版-单）

A. 被告为甲市市场监督管理局

B. 被告为甲市政府

C. 该药厂的起诉期限为6个月

D. 基层法院对本案有管辖权

考点 行政诉讼的被告、起诉期限、级别管辖

解析 根据《行政诉讼法》第 26 条第 2 款的规定，经复议的案件，复议机关决定维持原行政行为的，作出原行政行为的行政机关和复议机关是共同被告；复议机关改变原行政行为的，复议机关是被告。根据《行诉解释》第 22 条第 1 款的规定，《行政诉讼法》第 26 条第 2 款规定的"复议机关改变原行政行为"，是指复议机关改变原行政行为的处理结果。复议机关改变原行政行为所认定的主要事实和证据、改变原行政行为所适用的规范依据，但未改变原行政行为处理结果的，视为复议机关维持原行政行为。本案复议机关——甲市市政府虽然改变了行政处罚决定所适用的法律依据，但未改变行政处罚的处理结果，属于复议维持案件，甲市市场监督管理局和甲市市政府为本案的共同被告。故 A、B 选项均错误。

根据《行政诉讼法》第 45 条的规定，公民、法人或者其他组织不服复议决定的，可以在收到复议决定书之日起 15 日内向人民法院提起诉讼。复议机关逾期不作决定的，申请人可以在复议期满之日起 15 日内向人民法院提起诉讼。法律另有规定的除外。本案是复议机关作出复议决定的案件，该药厂的起诉期限为收到复议决定书之日起 15 日，不是 6 个月。故 C 选项错误。

根据《行诉解释》第 134 条第 3 款的规定，复议机关作共同被告的案件，以作出原行政行为的行政机关确定案件的级别管辖。甲市市场监督管理局和甲市政府为本案的共同被告，以甲市市场监督管理局来确定案件的级别管辖，因此，本案由基层法院管辖。故 D 选项正确。

答案 D

提示

复议维持案件的管辖：

（1）级别管辖——以作出原行政行为的行政机关确定；

（2）地域管辖——作出原行政行为的行政机关所在地法院管辖或者复议机关所在地法院管辖。

220. 某企业违法排污造成环境污染，区生态环境局对其罚款 20 万元。该企业不服，向区政府申请复议，区政府作出复议决定，对该企业罚款 10 万元。该企业不服，提起行政诉讼。关于本案的被告和级别管辖，下列选项正确的是：（2019-回忆版-单）

A. 以区生态环境局为被告，由基层法院管辖

B. 以区生态环境局为被告，由中级法院管辖

C. 以区生态环境局和区政府为被告，由基层法院管辖

D. 以区政府为被告，由中级法院管辖

考点 行政诉讼的被告与级别管辖

解析 根据《行政诉讼法》第 26 条第 2 款的规定，经复议的案件，复议机关决定维持原行政行为的，作出原行政行为的行政机关和复议机关是共同被告；复议机关改变原行政行为的，复议机关是被告。本案中，复议机关——区政府作出的对该企业的罚款数额与原行政行为的数额不同，属于复议机关改变原行政行为的情形，因此，应当以复议机关——区政府为被告。故 A、B、C 选项错误。

根据《行政诉讼法》第 15 条的规定，中级人民法院管辖下列第一审行政案件：①对国务院部门或者县级以上地方人民政府所作的行政行为提起诉讼的案件；……本案被告是区政府，应由中级法院管辖。故 D 选项正确。

答案 D

提示

经复议起诉的案件被告分四种情况确定：

（1）复议机关维持原行政行为的，作出原行政行为的行政机关和复议机关是共同被告；

（2）复议机关改变原行政行为的，复议机关是被告；

（3）复议机关在法定期间内未作出复议决定，当事人对原行政行为不服提起诉讼的，作出原行政行为的行政机关是被告；

（4）复议机关在法定期间内未作出复议决定，当事人对复议机关不作为不服提起诉讼的，复议机关是被告。

221. 为了优化营商环境，市商务局发布文件，将进口许可委托给某海关实施。甲公司申请进口许可证，该海关作出不予许可的决定。甲公司不服，向市政府申请行政复议，市政府作出维持决定。甲公司不服，向法院提起诉讼。下列说法正确的是：（2023-回忆版-单）

A. 市政府为本案被告

B. 市商务局和该海关为本案共同被告

C. 本案由基层法院管辖

D. 本案由中级法院管辖

[考点] 行政诉讼的被告和级别管辖

[解析] 根据《行政诉讼法》第26条第2、5款的规定，经复议的案件，复议机关决定维持原行政行为的，作出原行政行为的行政机关和复议机关是共同被告。行政机关委托的组织所作的行政行为，委托的行政机关是被告。本案中，市商务局将进口许可委托给该海关实施，该海关是受市商务局委托作出的不予许可的决定。本案又是经复议的案件，市政府作出维持决定，属于复议维持。因此，以作出原行政行为的行政机关——市

商务局和复议机关——市政府为共同被告。故A、B选项说法均错误。

本案是复议维持案件，根据《行诉解释》第134条第3款规定，复议机关作共同被告的案件，以作出原行政行为的行政机关确定案件的级别管辖。因此，本案以作出原行政行为的行政机关——市商务局确定案件的级别管辖，即本案由基层法院管辖。故C选项说法正确，D选项说法错误。

[答案] C

📝 [提示]

> 经复议案件的被告和管辖法院：
>
> （1）复议维持案件——原行为机关和复议机关为共同被告，以原行为机关确定级别管辖法院；地域管辖法院是原行为机关所在地法院或者复议机关所在地法院。
>
> （2）复议改变案件——复议机关为被告，以复议机关确定级别管辖法院；地域管辖法院是原机关所在地法院或者复议机关所在地法院。

---

40 专题 **行政诉讼的地域管辖**

---

222. 甲、乙两村分别位于某市两县境内，因土地权属纠纷向市政府申请解决，市政府裁决争议土地属于甲村所有。乙村不服，向省政府申请复议，复议机关确认争议的土地属于乙村所有。甲村不服行政复议决定，提起行政诉讼。下列哪个法院对本案有管辖权？（2007/2/39-单）

A. 争议土地所在地的基层人民法院

B. 争议土地所在地的中级人民法院

C. 市政府所在地的基层人民法院

D. 省政府所在地的中级人民法院

[考点] 行政诉讼的级别管辖与地域管辖

[解析] 市政府裁决争议土地属于甲村所有。乙村不服，向省政府申请复议，省政府确认争议的土地属于乙村所有。甲村不服行政复议决定，提起行政诉讼。由此可知，甲村不服行政复议决定提

起行政诉讼的，应当以复议机关——省政府作为被告。根据《行政诉讼法》第15条的规定，中级人民法院管辖下列第一审行政案件：①对国务院部门或者县级以上地方人民政府所作的行政行为提起诉讼的案件；……对省政府所作的行政行为提起诉讼的案件，从级别管辖的角度来看，应由中级人民法院管辖。

根据《行政诉讼法》第18条第1款的规定，行政案件由最初作出行政行为的行政机关所在地人民法院管辖。经复议的案件，也可以由复议机关所在地人民法院管辖。根据《行政诉讼法》第20条的规定，因不动产提起的行政诉讼，由不动产所在地人民法院管辖。根据《行诉解释》第9条第1款的规定，《行政诉讼法》第20条规定的"因不动产提起的行政诉讼"是指因行政行为导致不动产物权变动而提起的诉讼。从地域管辖的

角度来看，本案是经过复议的案件，由最初作出行政行为的行政机关——市政府所在地人民法院和复议机关——省政府所在地人民法院管辖，但是本案又属于确认争议土地权属的裁决案件，属于不动产案件，由不动产所在地人民法院专属管辖。

因此，本案的管辖法院是争议土地所在地的中级人民法院。故 B 选项当选，A、C、D 选项不当选。

答案 B

提示

　　行政诉讼的管辖，既要从级别管辖的角度确定哪一级法院有管辖权，又要从地域管辖的角度确定哪一个地方的法院有管辖权；既要满足级别管辖的要求，又要满足地域管辖的要求。

223. 甲县宋某到乙县访亲，因醉酒被乙县公安局扣留 24 小时。宋某认为乙县公安局的行为违法，提起行政诉讼。下列哪些说法是正确的？（2012/2/79–多）

A. 扣留宋某的行为为行政处罚

B. 甲县法院对此案有管辖权

C. 乙县法院对此案有管辖权

D. 宋某的亲戚为本案的第三人

考点 行政诉讼地域管辖；行政诉讼第三人；行政强制措施与行政处罚的区分

解析 根据《行政强制法》第 2 条第 2 款的规定，行政强制措施，是指行政机关在行政管理过程中，为制止违法行为、防止证据损毁、避免危害发生、控制危险扩大等情形，依法对公民的人身自由实施暂时性限制，或者对公民、法人或者其他组织的财物实施暂时性控制的行为。本案中，扣留宋某的行为是对公民的人身自由实施暂时性限制，属于限制公民人身自由的行政强制措施。根据《治安管理处罚法》第 15 条的规定，醉酒的人违反治安管理的，应当给予处罚。醉酒的人在醉酒状态中，对本人有危险或者对他人的人身、财产或者公共安全有威胁的，应当对其采取保护性措施约束至酒醒。扣留宋某的行为只是

公安机关采取的限制人身自由的行政强制措施，不是行政处罚。故 A 选项说法错误。

B、C 选项考查的是行政诉讼的特殊地域管辖。根据《行政诉讼法》第 19 条的规定，对限制人身自由的行政强制措施不服提起的诉讼，由被告所在地或者原告所在地人民法院管辖。本案中，公安机关的扣留决定是限制人身自由的行政强制措施，B 选项中的甲县法院是原告（宋某）所在地法院，C 选项中乙县法院是被告（乙县公安局）所在地法院，都具有管辖权。故 B、C 选项说法正确。

根据《行政诉讼法》第 29 条第 1 款的规定，公民、法人或者其他组织同被诉行政行为有利害关系但没有提起诉讼，或者同案件处理结果有利害关系的，可以作为第三人申请参加诉讼，或者由人民法院通知参加诉讼。由此可知，要成为行政诉讼中的第三人，必须满足与被诉行政行为有利害关系或者同案件处理结果有利害关系。所谓利害关系，就是涉及其受法律所保护的利益。本案是宋某就行政机关的扣留行为提起的行政诉讼，而被诉行政行为和案件处理结果不涉及宋某的亲戚的利益，所以宋某的亲戚不能成为本案的第三人。故 D 选项说法错误。

答案 BC

提示

　　注意掌握行政诉讼的特殊地域管辖——限制人身自由案件的选择管辖法院：被告所在地法院与原告所在地（包括原告的户籍所在地、经常居住地和被限制人身自由地）法院。

224. 某区卫计局以董某擅自开展诊疗活动为由作出没收其违法诊疗工具并处 5 万元罚款的处罚。董某向区政府申请复议，区政府维持了原处罚决定。董某向法院起诉。下列哪一说法是正确的？（2016/2/49–单）

A. 如董某只起诉区卫计局，法院应追加区政府为第三人

B. 本案应以区政府确定案件的级别管辖

C. 本案可由区卫计局所在地的法院管辖

D. 法院应对原处罚决定和复议决定进行合法性审查，但不对复议决定作出判决

【考点】复议维持案件的级别管辖、地域管辖和审判对象

【解析】该区卫计局对董某作出处罚，董某向区政府申请复议，区政府维持了原处罚决定，这属于复议机关决定维持原行政行为的案件。

根据《行政诉讼法》第26条第2款的规定，经复议的案件，复议机关决定维持原行政行为的，作出原行政行为的行政机关和复议机关是共同被告；复议机关改变原行政行为的，复议机关是被告。因此，作出原行政行为的行政机关（区卫计局）和复议机关（区政府）是共同被告。根据《行诉解释》第134条第1款的规定，复议机关决定维持原行政行为的，作出原行政行为的行政机关和复议机关是共同被告。原告只起诉作出原行政行为的行政机关或者复议机关的，人民法院应当告知原告追加被告。原告不同意追加的，人民法院应当将另一机关列为共同被告。如果董某只起诉区卫计局，法院应当告知董某追加区政府为被告；董某不同意追加的，法院应当将区政府列为共同被告，而不是追加区政府为第三人。故A选项说法错误。

根据《行诉解释》第134条第3款的规定，复议机关作共同被告的案件，以作出原行政行为的行政机关确定案件的级别管辖。作出原行政行为的行政机关（区卫计局）和复议机关（区政府）为共同被告，应以作出原行政行为的行政机关（区卫计局）确定案件的级别管辖，而不是以复议机关（区政府）确定案件的级别管辖。故B选项说法错误。

根据《行政诉讼法》第18条第1款的规定，行政案件由最初作出行政行为的行政机关所在地人民法院管辖。经复议的案件，也可以由复议机关所在地人民法院管辖。本案是经复议的案件，复议机关（区政府）所在地法院可以管辖，最初作出行政行为的行政机关（区卫计局）所在地法院也可以管辖。故C选项说法正确。

根据《行政诉讼法》第79条的规定，复议机关与作出原行政行为的行政机关为共同被告的案件，人民法院应当对复议决定和原行政行为一

并作出裁判。因此，法院应对原处罚决定和复议决定进行合法性审查，对复议决定和原行政行为一并作出裁判。故D选项说法错误。

【答案】C

【提示】
复议维持案件中的级别管辖：按照原行为机关确定管辖法院的级别。
复议维持案件中的地域管辖：由原行为机关所在地法院或复议机关所在地法院管辖。

225. 区市场监督管理局对某公司作出处罚决定：罚款6000元，没收违法所得1.8万元。该公司向区政府申请行政复议，区政府作出复议决定：维持6000元罚款，没收违法所得1.5万元。该公司不服，提起诉讼。下列选项正确的有：（2020-回忆版-多）

A. 若该公司不履行处罚决定，区市场监督管理局加处罚款的，应告知该公司加处罚款的标准

B. 没收违法所得属于行为罚

C. 本案被告为区市场监督管理局和区政府

D. 区市场监督管理局所在地中级法院有管辖权

【考点】行政强制执行程序；行政处罚种类；行政诉讼的被告和管辖

【解析】根据《行政强制法》第45条第1款的规定，行政机关依法作出金钱给付义务的行政决定，当事人逾期不履行的，行政机关可以依法加处罚款或者滞纳金。加处罚款或者滞纳金的标准应当告知当事人。因此，区市场监督管理局应当告知该公司加处罚款的标准。故A选项正确。

行为罚，是指行政主体限制或剥夺违法行为人特定的行为能力的制裁形式；财产罚，是指行政主体依法剥夺行为人财产权的处罚形式。没收违法所得属于行政处罚中的财产罚，而不是行为罚。故B选项错误。

根据《行诉解释》第134条第2款的规定，行政复议决定既有维持原行政行为内容，又有改变原行政行为内容或者不予受理申请内容的，作出原行政行为的行政机关和复议机关为共同被告。本案中，复议机关（区政府）既有维持又有

改变的行为，属于复议维持案件，区市场监督管理局和区政府应当为共同被告。故 C 选项正确。

根据《行政诉讼法》第 18 条第 1 款的规定，行政案件由最初作出行政行为的行政机关所在地人民法院管辖。经复议的案件，也可以由复议机关所在地人民法院管辖。本案属于经复议的案件，区市场监督管理局和区政府所在地的法院都有管辖权。根据《行诉解释》第 134 条第 3 款的规定，复议机关作共同被告的案件，以作出原行政行为的行政机关确定案件的级别管辖。本案是区市场监督管理局和区政府为共同被告的案件，应以区市场监督管理局来确定案件的级别管辖，即本案由基层法院管辖。因此，区市场监督管理局所在地基层法院有管辖权，中级法院无管辖权。故 D 选项错误。

答案 AC

提示

复议维持案件的被告与管辖：

（1）被告——原行为机关和复议机关为共同被告；

（2）地域管辖——原行为机关所在地法院或者复议机关所在地法院管辖；

（3）级别管辖——以原行为机关确定级别管辖。

226. 孙某和孙小某是父子，孙某是户主。2021 年 6 月 1 日，孙小某以孙某的名义与区政府签订了房屋征收补偿协议，孙某以不知情为由向法院提起诉讼，请求确认房屋征收补偿协议无效。下列说法正确的有：（2022-回忆版-多）

A. 法院不能以民事诉讼确认协议无效

B. 若协议约定管辖，则约定管辖无效

C. 若无效的事由在一审法庭辩论终结前消失，则法院可驳回原告的起诉

D. 法院应当审查区政府订立协议的合法性

考点 行政协议案件的受理、管辖法院；合法性审查

解析 根据《最高人民法院关于审理行政协议案件若干问题的规定》（以下简称《行政协议案件规定》）第 4 条第 1 款的规定，因行政协议的订立、履行、变更、终止等发生纠纷，公民、法人或者其他组织作为原告，以行政机关为被告提起行政诉讼的，人民法院应当依法受理。根据《行政协议案件规定》第 28 条第 1 款的规定，2015 年 5 月 1 日后订立的行政协议发生纠纷的，适用《行政诉讼法》及《行政协议案件规定》。本案中，房屋征收补偿协议属于行政协议，该协议签订于 2021 年 6 月 1 日，因此，法院应当适用行政诉讼程序而非民事诉讼程序审理案件。故 A 选项正确。

根据《行政协议案件规定》第 7 条的规定，当事人书面协议约定选择被告所在地、原告所在地、协议履行地、协议订立地、标的物所在地等与争议有实际联系地点的人民法院管辖的，人民法院从其约定，但违反级别管辖和专属管辖的除外。本案属于行政协议案件，协议中可以约定管辖法院，只要约定的管辖法院不违反级别管辖和专属管辖，约定管辖就有效。故 B 选项错误。

根据《行政协议案件规定》第 12 条第 3 款的规定，行政协议无效的原因在一审法庭辩论终结前消除的，人民法院可以确认行政协议有效。因此，无效的事由在一审法庭辩论终结前消失的，法院可确认行政协议有效，而非驳回原告的起诉。故 C 选项错误。

根据《行政协议案件规定》第 11 条第 1 款的规定，人民法院审理行政协议案件，应当对被告订立、履行、变更、解除行政协议的行为是否具有法定职权、是否滥用职权、适用法律法规是否正确、是否遵守法定程序、是否明显不当、是否履行相应法定职责进行合法性审查。本案属于行政协议案件，法院应当对区政府订立协议的合法性进行审查。故 D 选项正确。

答案 AD

提示

行政协议案件的约定管辖法院：

（1）当事人可以书面协议约定选择被告所在地、原告所在地、协议履行地、协议订立地、标的物所在地等与争议有实际联系地点的法院管辖；

（2）违反级别管辖和专属管辖的除外。

第*14*讲 行政诉讼程序

41 专题 复议与诉讼的程序关系

227. 下列哪一情形下当事人必须先申请复议，对复议决定不服的才能提起行政诉讼？（2007/2/49－单）

A. 县政府为汪某颁发集体土地使用证，杨某认为该行为侵犯了自己已有的集体土地使用权
B. 高某因为偷税被某税务机关处罚，高某不服
C. 派出所因顾某打架对其作了处罚，顾某认为处罚太重
D. 对县国土资源局作出的处罚不服

<u>考 点</u> 复议前置；复议、诉讼自由选择

<u>解 析</u> 根据《行政诉讼法》第44条的规定，对属于人民法院受案范围的行政案件，公民、法人或者其他组织可以先向行政机关申请复议，对复议决定不服的，再向人民法院提起诉讼；也可以直接向人民法院提起诉讼。法律、法规规定应当先向行政机关申请复议，对复议决定不服再向人民法院提起诉讼的，依照法律、法规的规定。由此可知，当事人就行政行为寻求救济时，原则上复议、诉讼自由选择，例外情况下诉讼要求复议前置。例外情况需要法律、法规的特别规定。

根据《行政复议法》第23条第1款的规定，有下列情形之一的，申请人应当先向行政复议机关申请行政复议，对行政复议决定不服的，可以再依法向人民法院提起行政诉讼：……②对行政机关作出的侵犯其已经依法取得的自然资源的所有权或者使用权的决定不服；……县政府为汪某颁发集体土地使用证，杨某认为该行为侵犯了自

己已有的集体土地使用权，杨某应当先向行政复议机关申请复议，对复议决定不服的，才能向人民法院提起行政诉讼。故 A 选项当选。

B 选项"高某因为偷税被某税务机关处罚"、C 选项"派出所因顾某打架对其作了处罚"和 D 选项"县国土资源局作出的处罚"，都属于行政处罚案件。根据《行政处罚法》第7条第1款的规定，公民、法人或者其他组织对行政机关所给予的行政处罚，享有陈述权、申辩权；对行政处罚不服的，有权依法申请行政复议或者提起行政诉讼。没有法律、法规特别规定诉讼前须经过复议，B、C、D 选项属于复议、诉讼由当事人自由选择的情形，都不属于复议前置的情形。故 B、C、D 选项不当选。

<u>答 案</u> A

✎ 提 ·示

> 复议、诉讼自由选择是对当事人救济权的最大尊重和保护，绝大部分的行政案件都属于这种情况；诉讼要求复议前置是对当事人救济权的一种限制，只能是少数情况，因此需要法律、法规的特别规定。

228. 某县地税局将个体户沈某的纳税由定额缴税变更为自行申报，并在认定沈某申报税额低于过去纳税额后，要求沈某缴纳相应税款、滞纳金，并处以罚款。沈某不服，对税务机关

下列哪些行为可以直接向法院提起行政诉讼？（2008/2/85-多）

A. 由定额缴税变更为自行申报的决定
B. 要求缴纳税款的决定
C. 要求缴纳滞纳金的决定
D. 罚款决定

【考点】复议前置；复议、诉讼自由选择

【解析】根据《税收征收管理法》第88条第1、2款的规定，纳税人、扣缴义务人、纳税担保人同税务机关在纳税上发生争议时，必须先依照税务机关的纳税决定缴纳或者解缴税款及滞纳金或者提供相应的担保，然后可以依法申请行政复议；对行政复议决定不服的，可以依法向人民法院起诉。当事人对税务机关的处罚决定、强制执行措施或者税收保全措施不服的，可以依法申请行政复议，也可以依法向人民法院起诉。

由此可知，纳税人、扣缴义务人、纳税担保人同税务机关在纳税上发生争议时，必须先申请行政复议；对行政复议决定不服的，才可以依法向法院起诉。这属于复议前置。A选项"由定额缴税变更为自行申报的决定"和B选项"要求缴纳税款的决定"属于个体户沈某同该县地税局在纳税上发生的争议，必须先申请行政复议；对行政复议决定不服的，才可以依法向法院起诉，而不能直接向法院提起行政诉讼。故A、B选项不当选。

但是，当事人对税务机关的处罚决定、强制执行措施或者税收保全措施不服的，可以申请行政复议，也可以直接向法院起诉。这属于复议、诉讼自由选择。C选项"要求缴纳滞纳金的决定"和D选项"罚款决定"属于税务机关的强制执行措施和处罚决定，不属于纳税争议，可以申请行政复议，也可以直接向法院起诉。故C、D选项当选。

【答案】CD

【提示】
注意：税务处罚决定、税务强制执行措施、税务税收保全措施不属于纳税争议。纳税争议，是指纳税人、扣缴义务人、纳税担保人对税务机关确定纳税主体、征税对象、征税范围、减税、免税及退税、适用税率、计税依据、纳税环节、纳税期限、纳税地点以及税款征收方式等具体行政行为有异议而发生的争议。

229. 下列哪些情形当事人应当先申请行政复议，对复议决定不服的，才可以提起行政诉讼？（2018-回忆版-多）

A. 某企业对反垄断执法机构作出的禁止和限制经营者集中的决定不服的
B. 江某对某省政府作出的行政行为不服的
C. 某县政府为孙某颁发采矿许可证，刘某认为该行为侵犯了自己已有的采矿权的
D. 王某不服某县税务局要求其补缴2300元个人所得税决定的

【考点】复议前置

【解析】根据《反垄断法》第34条的规定，经营者集中具有或者可能具有排除、限制竞争效果的，国务院反垄断执法机构应当作出禁止经营者集中的决定。但是，经营者能够证明该集中对竞争产生的有利影响明显大于不利影响，或者符合社会公共利益的，国务院反垄断执法机构可以作出对经营者集中不予禁止的决定。根据《反垄断法》第35条的规定，对不予禁止的经营者集中，国务院反垄断执法机构可以决定附加减少集中对竞争产生不利影响的限制性条件。根据《反垄断法》第65条第1款的规定，对反垄断执法机构依据《反垄断法》第34、35条作出的决定不服的，可以先依法申请行政复议；对行政复议决定不服的，可以依法提起行政诉讼。因此，该企业对反垄断执法机构作出的禁止和限制经营者集中的决定不服的，应当先申请行政复议；对复议决定不服的，才可以提起行政诉讼。故A选项当选。

根据《行政复议法》第26条的规定，对省、自治区、直辖市人民政府依照本法第24条第2款的规定、国务院部门依照本法第25条第1项的规定作出的行政复议决定不服的，可以向人民法院提起行政诉讼；也可以向国务院申请裁决，国务院依照本法的规定作出最终裁决。因此，江

第14讲 行政诉讼程序

· 155 ·

某对该省政府作出的行政行为不服的，可以申请行政复议，也可以直接提起行政诉讼。故 B 选项不当选。

根据《行政复议法》第 23 条第 1 款的规定，有下列情形之一的，申请人应当先向行政复议机关申请行政复议，对行政复议决定不服的，可以再依法向人民法院提起行政诉讼：……②对行政机关作出的侵犯其已经依法取得的自然资源的所有权或者使用权的决定不服；……因此，刘某认为该县政府为孙某颁发采矿许可证侵犯了自己已有的采矿权的，应当先申请行政复议；对复议决定不服，才可以提起行政诉讼。故 C 选项当选。

根据《税收征收管理法》第 88 条第 1 款的规定，纳税人、扣缴义务人、纳税担保人同税务机关在纳税上发生争议时，必须先依照税务机关的纳税决定缴纳或者解缴税款及滞纳金或者提供相应的担保，然后可以依法申请行政复议；对行政复议决定不服的，可以依法向人民法院起诉。因此，王某不服该县税务局要求其补缴 2300 元个人所得税决定的，应当先申请行政复议；对复议决定不服，才可以提起行政诉讼。故 D 选项当选。

答案 ACD

提示

在救济程序上，复议、诉讼自由选择是原则，复议前置是例外。

230. 村民张某与同村村民王某关于林地使用权产生争议，张某请求镇政府确认林地使用权归属，镇政府以林地权属证书由县政府颁发、镇政府不具有资格为由拒绝张某的请求。张某遂向法院起诉镇政府，要求其履行职责。法院受理案件后，查明此林地权属证书为县林业局颁发。下列说法正确的有：（2023-回忆版-多）

A. 若镇政府确认林地使用权归属，镇政府的行为属于行政裁决

B. 张某提起诉讼前应先申请复议

C. 本案被告为镇政府

D. 县林业局为本案第三人

考点 行政裁决；复议前置；行政诉讼的被告和第三人

解析 行政裁决，是指行政机关或法定授权的组织，依照法律授权，对当事人之间发生的、与行政管理活动密切相关的、与合同无关的民事纠纷进行审查，并作出裁决的具体行政行为。本案中，若镇政府确认林地使用权归属，则是对林地使用权权属争议的行政裁决行为。故 A 选项说法正确。

根据《行政复议法》第 23 条第 1 款的规定，有下列情形之一的，申请人应当先向行政复议机关申请行政复议，对行政复议决定不服的，可以再依法向人民法院提起行政诉讼：①对当场作出的行政处罚决定不服；②对行政机关作出的侵犯其已经依法取得的自然资源的所有权或者使用权的决定不服；③认为行政机关存在本法第 11 条规定的未履行法定职责情形；④申请政府信息公开，行政机关不予公开；⑤法律、行政法规规定应当先向行政复议机关申请行政复议的其他情形。本案不属于复议前置的情形，张某提起诉讼前无需先申请复议。故 B 选项说法错误。

根据《森林法》第 22 条第 1、2 款的规定，单位之间发生的林木、林地所有权和使用权争议，由县级以上人民政府依法处理。个人之间、个人与单位之间发生的林木所有权和林地使用权争议，由乡镇人民政府或者县级以上人民政府依法处理。可知，镇政府有处理林地使用权争议的法定职责。本案中，张某起诉镇政府，要求其履行职责，镇政府为被告。故 C 选项说法正确。

根据《行政诉讼法》第 29 条第 1 款的规定，公民、法人或者其他组织同被诉行政行为有利害关系但没有提起诉讼，或者同案件处理结果有利害关系的，可以作为第三人申请参加诉讼，或者由人民法院通知参加诉讼。本案中，县林业局同被诉行政行为没有利害关系，同案件处理结果也没有利害关系，其不能作为第三人参加诉讼。故 D 选项说法错误。

答案 AC

提示

提起行政诉讼前须经过行政复议的案件：①当场作出行政处罚决定的案件；②侵

犯已取得的自然资源的所有权或使用权的行政确认案件；③行政不作为案件；④行政机关依申请不公开政府信息的案件；⑤有关纳税争议的行政征收案件；⑥禁止经营者集中决定、对集中附加限制条件决定的案件。

231. 某公司未申报上年度企业所得税，某市税务局责令补缴2万元税款并罚款1万元。该公司不服，申请行政复议。下列哪些说法是正确的？（2021-回忆版-多）

A. 该公司未按时补缴税款的，该市税务局可以书面通知银行划拨其银行存款
B. 复议机关为市政府
C. 该公司申请复议的期限为60日
D. 该公司可以对补缴税款直接提起行政诉讼

考点 行政强制执行；行政复议机关与复议申请期限；复议前置

解析 根据《行政强制法》第47条第1款的规定，划拨存款、汇款应当由法律规定的行政机关决定，并书面通知金融机构。金融机构接到行政机关依法作出划拨存款、汇款的决定后，应当立即划拨。根据《税收征收管理法》第40条第1款的规定，从事生产、经营的纳税人、扣缴义务人未按照规定的期限缴纳或者解缴税款，纳税担保人未按照规定的期限缴纳所担保的税款，由税务机关责令限期缴纳，逾期仍未缴纳的，经县以上税务局（分局）局长批准，税务机关可以采取下列强制执行措施：①书面通知其开户银行或者其他金融机构从其存款中扣缴税款；……因此，该公司未按时补缴税款的，该市税务局可以书面通知银行划拨其银行存款。故A选项说法正确。

根据《行政复议法》第27条的规定，对海关、金融、外汇管理等实行垂直领导的行政机关、税务和国家安全机关的行政行为不服的，向上一级主管部门申请行政复议。因此，该公司对该市税务局申请行政复议的，只能向上一级税务部门提出。故B选项说法错误。

根据《行政复议法》第20条第1款的规定，公民、法人或者其他组织认为行政行为侵犯其合法权益的，可以自知道或者应当知道该行政行为之日起60日内提出行政复议申请；但是法律规定的申请期限超过60日的除外。《税收征收管理法》中没有对申请期限超过60日的规定。因此，该公司申请复议的期限为60日。故C选项说法正确。

根据《行政诉讼法》第44条第2款的规定，法律、法规规定应当先向行政机关申请复议，对复议决定不服再向人民法院提起诉讼的，依照法律、法规的规定。根据《税收征收管理法》第88条第1款的规定，纳税人、扣缴义务人、纳税担保人同税务机关在纳税上发生争议时，必须先依照税务机关的纳税决定缴纳或者解缴税款及滞纳金或者提供相应的担保，然后可以依法申请行政复议；对行政复议决定不服的，可以依法向人民法院起诉。因此，该公司对补缴税款不服属于纳税争议，其不能对补缴税款直接提起行政诉讼，可以先申请行政复议；对行政复议决定不服的，可以向法院起诉。故D选项说法错误。

答案 AC

提示

纳税争议，是指纳税人、扣缴义务人、纳税担保人对税务机关确定纳税主体、征税对象、征税范围、减税、免税及退税、适用税率、计税依据、纳税环节、纳税期限、纳税地点以及税款征收方式等具体行政行为有异议而发生的争议。

行政诉讼的起诉 专题 42

232. 某国土资源局以陈某违反《土地管理法》为由，向陈某送达决定书，责令其在10日内拆除擅自在集体土地上建造的房屋3间，恢复土地原状。陈某未履行决定。下列哪一说法

是错误的？（2011/2/48－单）

A. 国土资源局的决定书应载明，不服该决定申请行政复议或提起行政诉讼的途径和期限

B. 国土资源局的决定为负担性具体行政行为

C. 因《土地管理法》对起诉期限有特别规定，陈某对决定不服提起诉讼的，应依该期限规定

D. 如陈某不履行决定又未在法定期限内申请复议或起诉的，国土资源局可以自行拆除陈某所建房屋

考点 行政起诉期限；具体行政行为的分类和救济权利告知；行政机关的强制执行权

解析 题目中，该国土资源局对陈某的处理为行政处罚。根据《行政处罚法》第59条第1款的规定，行政机关依照《行政处罚法》第57条的规定给予行政处罚，应当制作行政处罚决定书。行政处罚决定书应当载明下列事项：……⑤申请行政复议、提起行政诉讼的途径和期限；……国土资源局的决定书应载明不服该决定申请行政复议或提起行政诉讼的途径和期限。故A选项说法正确，不当选。

根据具体行政行为的分类，国土资源局的决定属于负担性具体行政行为。国土资源局对陈某的处理为行政处罚，行政处罚是行政机关对构成行政违法行为的公民、法人或者其他组织实施的行政法上的制裁，或剥夺公民、法人或者其他组织的权利，或要求其承担相关的义务，不属于授益性具体行政行为。故B选项说法正确，不当选。

根据《行政诉讼法》第46条第1款的规定，公民、法人或者其他组织直接向人民法院提起诉讼的，应当自知道或者应当知道作出行政行为之日起6个月内提出。法律另有规定的除外。根据《土地管理法》第83条的规定，建设单位或者个人对责令限期拆除的行政处罚决定不服的，可以在接到责令限期拆除决定之日起15日内，向人民法院起诉；期满不起诉又不自行拆除的，由作出处罚决定的机关依法申请人民法院强制执行，费用由违法者承担。《土地管理法》对起诉期限作出了特别规定，依《土地管理法》15日的特别规定。故C选项说法正确，不当选。此规定并

未授予国土资源局自行拆除权。故D选项说法错误，当选。

答案 D

✎ 提示

授益性具体行政行为与负担性具体行政行为的划分标准是具体行政行为与当事人之间的权益关系。给当事人授予权利、利益或者免除负担义务的具体行政行为，为授益性具体行政行为；相反，给当事人设定义务或者剥夺其权益的具体行政行为，则为负担性具体行政行为。

233. 《环境保护法》规定，当事人对行政处罚决定不服，可以在接到处罚通知之日起15日内申请复议，也可以在接到处罚通知之日起15日内直接向法院起诉。[1] 某县环保局依据《环境保护法》对违法排污企业作出罚款处罚决定，该企业不服。对此，下列哪一说法是正确的？（2010/2/48－单）

A. 如该企业申请复议，申请复议的期限应为60日

B. 如该企业直接起诉，提起诉讼的期限应为3个月

C. 如该企业逾期不缴纳罚款，县环保局可从该企业的银行账户中划拨相应款项

D. 如该企业逾期不缴纳罚款，县环保局可扣押该企业的财产并予以拍卖

考点 行政起诉期限；行政复议申请期限；行政机关的强制执行权

解析 根据《行政复议法》第20条第1款的规定，公民、法人或者其他组织认为行政行为侵犯其合法权益的，可以自知道或者应当知道该行政行为之日起60日内提出行政复议申请；但是法律规定的申请期限超过60日的除外。据此可知，行政复议的申请期限为知道具体行政行为之日起60日内，但如其他法律规定的申请期限超过60日，则依照其他法律的规定；如少于60日，则

──────────

〔1〕 2014年修订后的《环境保护法》删除了该项规定。

依照《行政复议法》的 60 日规定。由题目可知，《环境保护法》没有对申请行政复议期限作出超过 60 日的特别规定，则应依照《行政复议法》规定的 60 日申请期限。因此，该企业申请复议的，申请复议的期限为 60 日。故 A 选项说法正确。

根据《行政诉讼法》第 46 条第 1 款的规定，公民、法人或者其他组织直接向人民法院提起诉讼的，应当自知道或者应当知道作出行政行为之日起 6 个月内提出。法律另有规定的除外。据此可知，行政诉讼的起诉期限一般情况下为 6 个月，如其他法律有特殊规定，则依照特殊规定。修订后的《环境保护法》没有对提起行政诉讼的期限作出特别规定，则应依照《行政诉讼法》规定的 6 个月起诉期限。因此，该企业直接起诉的，提起诉讼的期限应为 6 个月。故 B 选项说法错误。

根据《行政处罚法》第 72 条第 1 款的规定，当事人逾期不履行行政处罚决定的，作出行政处罚决定的行政机关可以采取下列措施：……②根据法律规定，将查封、扣押的财物拍卖、依法处理或者将冻结的存款、汇款划拨抵缴罚款；……④依照《行政强制法》的规定申请人民法院强制执行。根据《行政强制法》第 46 条第 3 款的规定，没有行政强制执行权的行政机关应当申请人民法院强制执行。根据《行政强制法》第 47 条的规定，划拨存款、汇款应当由法律规定的行政机关决定，并书面通知金融机构。金融机构接到行政机关依法作出划拨存款、汇款的决定后，应当立即划拨。法律规定以外的行政机关或者组织要求划拨当事人存款、汇款的，金融机构应当拒绝。由此可知，行政机关要采取拍卖和划拨的强制执行措施需要法律特别规定，只有经过法律的授权，行政处罚的决定机关才可以将查封、扣押的财物拍卖或者将冻结的存款划拨抵缴罚款。《环境保护法》并未赋予处罚决定机关直接进行强制执行的权力。因此，县环保局应向法院申请强制执行罚款处罚决定，而无权从该企业的银行账户中划拨相应款项和扣押该企业的财产进行拍卖。故 C、D 选项说法错误。

答案 A

> **提示**
>
> 注意行政诉讼起诉期限和行政复议申请期限的除外规定：行政诉讼起诉期限是其他法律另有规定的除外；行政复议申请期限是其他法律规定的申请期限超过 60 日的除外。

234. 因甲公司不能偿还到期债务，贷款银行向法院提起民事诉讼。2004 年 6 月 7 日，银行在诉讼中得知市发展和改革委员会已于 2004 年 4 月 6 日根据申请，将某小区住宅项目的建设业主由甲公司变更为乙公司。后银行认为行政机关的变更行为侵犯了其合法债权，于 2006 年 1 月 9 日向法院提起行政诉讼，请求确认市发展和改革委员会的变更行为违法。下列关于起诉期限的哪种说法符合法律规定？（2006/2/47-单）

A. 原告应当在知道具体行政行为内容之日起 5 年内提起行政诉讼

B. 原告应当在知道具体行政行为内容之日起 20 年内提起行政诉讼

C. 原告应当在知道具体行政行为内容之日起 2 年内提起行政诉讼

D. 原告应当在知道具体行政行为内容之日起 3 个月内提起行政诉讼

考点 不知道行政行为内容的起诉期限

解析 根据《行政诉讼法》第 46 条的规定，公民、法人或者其他组织直接向人民法院提起诉讼的，应当自知道或者应当知道作出行政行为之日起 6 个月内提出。法律另有规定的除外。因不动产提起诉讼的案件自行政行为作出之日起超过 20 年，其他案件自行政行为作出之日起超过 5 年提起诉讼的，人民法院不予受理。根据《行诉解释》第 65 条的规定，公民、法人或者其他组织不知道行政机关作出的行政行为内容的，其起诉期限从知道或者应当知道该行政行为内容之日起计算，但最长不得超过《行政诉讼法》第 46 条第 2 款规定的起诉期限。由此可知，行政机关作出行政行为时未告知当事人行为内容的，当事人应当从知道或应当知道行政行为内容之日起 6 个月内起诉，并且起诉应当在行政行为作出之日起5年内，不动产的案件是20年内。题目中，市发展和改革委员会作出将某小区住宅项目的建设业主由甲公司变更为乙公司的变更行为时，未告知银行变更行为的内容，银行如果认为此行为侵犯了自己的合法权益，就应当从知道行政行为内容之日起6个月内起诉。由于本案又涉及不动产，银行的起诉应当在行政行为作出之日起20年内。因此，符合法律规定的说法应当是：原告应当在具体行政行为作出之日起20年内提起行政诉讼；原告应当在知道具体行政行为内容之日起6个月内提起行政诉讼。故A、B、C、D选项的说法都不符合法律规定，本题没有正确选项。

答案 无（司法部原答案为D）

提 示

　　1年适用于未告知诉权或起诉期限的情形，起算点为知道或者应当知道行政行为内容之日；5年与20年适用于当事人不知道行政行为内容的情形，起算点为行政行为作出之日。

235. 甲公司与乙公司开办中外合资企业丙公司，经营房地产。因急需周转资金，丙公司与某典当行签订合同，以某宗国有土地作抵押贷款。典当期满后，丙公司未按约定回赎，该典当行遂与丁公司签订协议，将土地的使用权出售给丁公司。经丁公司申请，2001年4月17日市国土局的派出机构办理土地权属变更登记。丙公司未参与变更土地登记过程。2008年3月3日甲公司查询土地抵押登记情况，得知该土地使用权已变更至丁公司名下。甲公司对变更土地登记行为不服向法院起诉。下列说法正确的是：（2008/2/100-任）

A. 甲公司有权以自己的名义起诉

B. 若丙公司对变更土地登记行为不服，应当自2008年3月3日起3个月内起诉

C. 丙公司与该典当行签订的合同是否合法，是本案的审理对象

D. 对市国土局与派出机构之间的关系性质，法院可以依法调取证据

考点 行政诉讼的原告、起诉期限、审理对象、证据调取

解析 根据《行诉解释》第16条第2款的规定，联营企业、中外合资或者合作企业的联营、合资、合作各方，认为联营、合资、合作企业权益或者自己一方合法权益受行政行为侵害的，可以自己的名义提起诉讼。因此，甲公司作为中外合资企业丙公司的合资方，当丙公司的土地使用权变更至丁公司名下，从而影响到丙公司土地使用权时，甲公司有权以自己的名义起诉。故A选项说法正确。

根据《行政诉讼法》第46条的规定，公民、法人或者其他组织直接向人民法院提起诉讼的，应当自知道或者应当知道作出行政行为之日起6个月内提出。法律另有规定的除外。因不动产提起诉讼的案件自行政行为作出之日起超过20年，其他案件自行政行为作出之日起超过5年提起诉讼的，人民法院不予受理。根据《行诉解释》第65条的规定，公民、法人或者其他组织不知道行政机关作出的行政行为内容的，其起诉期限从知道或者应当知道该行政行为内容之日起计算，但最长不得超过《行政诉讼法》第46条第2款规定的起诉期限。2008年3月3日只是甲公司知道行政行为内容的日期，丙公司的起诉期限应当从其知道或应当知道行政行为内容之日起计算。题目中并未告知，因此丙公司对变更土地登记行为不服的，应当自知道变更土地登记行为之日起6个月内起诉，自变更土地登记行为作出之日（2001年4月17日）起超过20年提起诉讼的，法院不予受理。故B选项说法错误。

行政诉讼的审理对象是被诉行政行为的合法性。因此，本案的审理对象是变更登记行为是否合法，而非丙公司与该典当行签订的合同是否合法。故C选项说法错误。

《行诉证据规定》第22条规定，根据《行政诉讼法》第34条第2款（现为第40条）的规定，有下列情形之一的，人民法院有权向有关行政机关以及其他组织、公民调取证据：……②涉及依职权追加当事人、中止诉讼、终结诉讼、回避等程序性事项的。本案中，市国土局与派出机构之间的关系性质涉及追加或变更当事人等程序性事项，因此，法院可以依职权调取证据。故D

选项说法正确。

答案 AD

提示

> 行政机关未告知当事人起诉期限的：起诉期限从其知道或者应当知道起诉期限之日起计算，但从知道或者应当知道行政行为内容之日起最长不得超过1年。
>
> 当事人不知道行政行为内容的：起诉期限从其知道或者应当知道作出行政行为之日起计算。因不动产提起诉讼的案件自行政行为作出之日起超过20年，其他案件自行政行为作出之日起超过5年提起诉讼的，法院不予受理。

236. 2009年3月15日，严某向某市房管局递交出让方为郭某（严某之母）、受让方为严某的房产交易申请表以及相关材料。4月20日，该局向严某核发房屋所有权证。后因家庭纠纷郭某想出售该房产时发现房产已不在名下，于2013年12月5日以该局为被告提起诉讼，要求撤销向严某核发的房屋所有权证，并给自己核发新证。一审法院判决维持被诉行为，郭某提出上诉。下列哪些说法是正确的？（2014/2/84-多）

A. 本案的起诉期限为2年

B. 本案的起诉期限从2009年4月20日起算

C. 如诉讼中郭某解除对诉讼代理人的委托，在其书面报告法院后，法院应当通知其他当事人

D. 第二审法院应对一审法院的裁判和被诉具体行政行为是否合法进行全面审查

考点 不知道行政行为内容的起诉期限；解除对诉讼代理人的委托；行政诉讼二审的审查对象

解析 根据《行政诉讼法》第46条第1款的规定，公民、法人或者其他组织直接向人民法院提起诉讼的，应当自知道或者应当知道作出行政行为之日起6个月内提出。法律另有规定的除外。根据《行诉解释》第65条的规定，公民、法人或者其他组织不知道行政机关作出的行政行为内容的，其起诉期限从知道或者应当知道该行政行为内容之日起计算，但最长不得超过《行政诉讼法》第46条第2款规定的起诉期限。由此可知，行政机关作出行政行为时未告知当事人行为内容的，当事人应当从知道或应当知道行政行为内容之日起6个月内起诉。题目中，市房管局于2009年4月20日向严某核发房屋所有权证时，未告知郭某房产变更行为的内容，郭某应当从知道行政行为内容之日起6个月内起诉。因此，本案的起诉期限为6个月。故A选项说法错误。起诉期限应当从知道行政行为内容之日起算，2009年4月20日是行政行为作出之日而不是郭某知道行政行为内容之日。故B选项说法错误。

根据《行政诉讼法》第101条的规定，人民法院审理行政案件，关于期间、送达、财产保全、开庭审理、调解、中止诉讼、终结诉讼、简易程序、执行等，以及人民检察院对行政案件受理、审理、裁判、执行的监督，本法没有规定的，适用《民事诉讼法》的相关规定。根据《民事诉讼法》第63条的规定，诉讼代理人的权限如果变更或者解除，当事人应当书面告知人民法院，并由人民法院通知对方当事人。当事人变更或者解除委托的，应当书面报告法院，由法院通知其他当事人。因此，诉讼中郭某解除对诉讼代理人的委托的，在其书面报告法院后，法院应当通知其他当事人。故C选项说法正确。

根据《行政诉讼法》第87条的规定，人民法院审理上诉案件，应当对原审人民法院的判决、裁定和被诉行政行为进行全面审查。因此，在行政诉讼的第二审中，法院采用全面审查原则，既要对一审法院的裁判进行审查，也要对被诉行政行为是否合法进行审查。故D选项说法正确。

答案 CD

提示

> 注意：6个月是起诉期限，1年、5年和20年不是起诉期限，而是诉权最长保护期限。

237. 区政府发布《关于棚户区改造项目房

屋征收的通告》，决定对该区某居委会范围内房屋进行征收，黄某房屋位于征收范围内。区政府与黄某签订《房屋征收补偿协议》，区政府给予黄某征收补偿款100万元，黄某按期搬离，完成交房手续。后区政府认为黄某房屋实际面积未达到《房屋征收补偿协议》约定的面积，变更征收补偿款为80万元。黄某不服，继续在该房屋居住，并提起诉讼。下列哪些说法是错误的？（2021-回忆版-多）

A. 黄某的起诉期限适用《行政诉讼法》及司法解释规定

B. 区政府单方变更征收补偿款数额的行为违法

C. 区政府违反职权法定原则

D. 区政府可对黄某未按期搬离、完成交房手续提出反诉

考点 行政协议中的行政优益行为；行政协议诉讼的起诉期限

解析 根据《行政协议案件规定》第25条的规定，公民、法人或者其他组织对行政机关不依法履行、未按照约定履行行政协议提起诉讼的，诉讼时效参照民事法律规范确定；对行政机关变更、解除行政协议等行政行为提起诉讼的，起诉期限依照行政诉讼法及其司法解释确定。题目中，黄某对区政府单方变更协议不服，提起诉

讼，起诉期限依照《行政诉讼法》及其司法解释来确定。故A选项说法正确，不当选。

行政协议中行政机关具有行政优益权，有权单方变更协议。区政府认为黄某房屋实际面积未达到《房屋征收补偿协议》约定的面积的，有权变更征收补偿款为80万元，不能认定区政府单方变更征收补偿款数额的行为违法，也不能认定区政府违反职权法定原则。故B、C选项说法错误，当选。

根据《行政协议案件规定》第6条的规定，人民法院受理行政协议案件后，被告就该协议的订立、履行、变更、终止等提起反诉的，人民法院不予准许。由此可知，区政府不能对黄某未按期搬离、完成交房手续提出反诉。故D选项说法错误，当选。

答案 BCD

提示

行政协议案件的起诉时间：

（1）对协议性行为提起诉讼的，诉讼时效参照民事法律规范确定；

（2）对行政性行为提起诉讼的，起诉期限依照《行政诉讼法》及其司法解释来确定。

43 专题 行政诉讼的受理

238. 某环保联合会对某公司提起环境民事公益诉讼，因在诉讼中需要该公司的相关环保资料，遂向县环保局提出申请公开该公司的排污许可证、排污口数量和位置等有关环境信息。申请书中载明了单位名称、住所地、联系人及电话、获取信息的方式等并加盖了公章。县环保局收到申请后，要求环保联合会提供申请人身份的证明材料。环保联合会提供了社会团体登记证复印件。县环保局以申请公开的内容不明确为由拒绝公开，该环保联合会遂提起行政诉讼。关于本案的起诉，下列说法正确的是：（2017/2/98-任）

A. 本案由县环保局所在地法院或者环保联合会所在地的法院管辖

B. 起诉期限为6个月

C. 如法院当场不能判定起诉是否符合条件的，应接受起诉状，出具注明收到日期的书面凭证，并在7日内决定是否立案

D. 如法院当场不能判定起诉是否符合条件，经7日内仍不能作出判断的，应裁定暂缓立案

考点 行政诉讼的登记立案、地域管辖、起诉期限

解析 根据《行政诉讼法》第18条第1款的规定，行政案件由最初作出行政行为的行政机关所在地人民法院管辖。根据《行政诉讼法》第19

条的规定，对限制人身自由的行政强制措施不服提起的诉讼，由被告所在地或者原告所在地人民法院管辖。由此可知，一般行政诉讼案件的地域管辖是由被告——最初作出行政行为的行政机关所在地法院管辖，只有涉及限制人身自由的行政强制措施案件，也可以由原告所在地法院管辖。题目中并不涉及限制人身自由的行政强制措施，案件就由被告（县环保局）所在地法院管辖，原告（环保联合会）所在地的法院没有管辖权。故A选项说法错误。

根据《行政诉讼法》第46条第1款的规定，公民、法人或者其他组织直接向人民法院提起诉讼的，应当自知道或者应当知道作出行政行为之日起6个月内提出。法律另有规定的除外。由此可知，直接提起行政诉讼的期限是6个月，除非法律另有规定。题目中，环保联合会提起的行政诉讼属于政府信息公开诉讼，《政府信息公开条例》没有对行政诉讼的起诉期限作出特别规定，因此，环保联合会的起诉期限为6个月。故B选项说法正确。

根据《行政诉讼法》第51条第2款的规定，对当场不能判定是否符合《行政诉讼法》规定的起诉条件的，应当接收起诉状，出具注明收到日期的书面凭证，并在7日内决定是否立案。根据《行诉解释》第53条第2款的规定，对当事人依法提起的诉讼，人民法院应当根据《行政诉讼法》第51条的规定接收起诉状。能够判断符合起诉条件的，应当当场登记立案；当场不能判断是否符合起诉条件的，应当在接收起诉状后7日内决定是否立案；7日内仍不能作出判断的，应当先予立案。由此可知，法院当场不能判定起诉是否符合条件的，应接收起诉状，出具注明收到日期的书面凭证，并在7日内决定是否立案，经7日仍不能作出判断的，应先予立案。故C选项说法正确，D选项说法错误。

答案 BC

提 示
法院当场不能判定起诉是否符合条件的程序步骤：①接收起诉状——②出具收到凭证——③7日内决定是否立案——④7日内不能作出判断的，先予立案。

239. 郑某因某厂欠缴其社会养老保险费，向区社保局投诉。2004年9月22日，该局向该厂送达《决定书》，要求为郑某缴纳养老保险费1万元。同月30日，该局向郑某送达告知书，称其举报一事属实，并要求他缴纳养老保险费（个人缴纳部分）2000元。郑某不服区社保局的《决定书》向法院起诉，法院的生效判决未支持郑某的请求。2005年4月19日，郑某不服告知书向市社保局申请复议，后者作出不予受理决定，郑某不服提起诉讼。下列选项正确的是：（2009/2/100-任）

A. 郑某向市社保局提出的复议申请已超过申请期限

B. 区社保局所在地的法院和市社保局所在地的法院对本案均有管辖权

C. 郑某的起诉属重复起诉

D. 如郑某对告知书不服直接向法院起诉，法院可以被诉行为系重复处理行为为由不受理郑某的起诉

考点 行政复议申请期限；行政诉讼的地域管辖；重复起诉与重复处理行为

解析 根据《行政复议法》第20条第1款的规定，公民、法人或者其他组织认为行政行为侵犯其合法权益的，可以自知道或者应当知道该行政行为之日起60日内提出行政复议申请；但是法律规定的申请期限超过60日的除外。本案中，郑某于2004年9月30日收到告知书，知道该具体行政行为，之后于2005年4月19日申请复议，已经超过了复议申请期限。故A选项正确。

根据《行政诉讼法》第18条第1款的规定，行政案件由最初作出行政行为的行政机关所在地人民法院管辖。经复议的案件，也可以由复议机关所在地人民法院管辖。因此，本案属于经复议的案件，原行为机关（区社保局）所在地的法院与复议机关（市社保局）所在地的法院对本案均有管辖权。故B选项正确。

郑某之前诉的是《决定书》，之后诉的是告知书，诉讼标的不同，不属于重复起诉。故C选项错误。

根据《行诉解释》第1条第2款的规定，下

列行为不属于人民法院行政诉讼的受案范围：……④驳回当事人对行政行为提起申诉的重复处理行为；……因此，重复处理行为是驳回当事人对行政行为提起申诉的行为，告知书不属于驳回当事人对行政行为提起申诉的重复处理行为，"法院可以被诉行为系重复处理行为为由不受理郑某的起诉"说法错误。故 D 选项错误。

答案 AB（司法部原答案为 A）

提 示

　　重复处理行为实质上是对已生效的行政行为的简单重复，并没有对当事人的权利义务产生新的影响。

---

44 专题　行政诉讼的第一审程序

240. 关于行政诉讼简易程序，下列哪些说法是正确的？（2015/2/83-多）

A. 对第一审行政案件，当事人各方同意适用简易程序的，可以适用

B. 案件涉及款额 2000 元以下的发回重审案件和上诉案件，应适用简易程序审理

C. 适用简易程序审理的行政案件，由审判员一人独任审理

D. 适用简易程序审理的行政案件，应当庭宣判

考点 行政诉讼的简易程序

解析 根据《行政诉讼法》第 82 条的规定，人民法院审理下列第一审行政案件，认为事实清楚、权利义务关系明确、争议不大的，可以适用简易程序：①被诉行政行为是依法当场作出的；②案件涉及款额 2000 元以下的；③属于政府信息公开案件的。除前述规定以外的第一审行政案件，当事人各方同意适用简易程序的，可以适用简易程序。发回重审、按照审判监督程序再审的案件不适用简易程序。由此可知，行政诉讼适用简易程序的案件有：①法定适用的第一审案件；②当事人各方约定适用的第一审案件。不适用简易程序的案件有：发回重审、按照审判监督程序再审的案件。

　　A 选项中"对第一审行政案件，当事人各方同意适用简易程序的"，属于当事人各方约定适用的第一审行政案件，符合简易程序的适用条件，可以适用简易程序。故 A 选项说法正确。

　　B 选项中"案件涉及款额 2000 元以下的发回重审案件和上诉案件"，发回重审的案件一般案件复杂、权利义务关系不明确，不适用简易程序；上诉案件是二审程序，简易程序适用于行政诉讼的一审程序，上诉案件也不适用简易程序。因此，即使案件涉及款额 2000 元以下，但由于是发回重审案件和上诉案件，也不适用简易程序。故 B 选项说法错误。

　　根据《行政诉讼法》第 83 条的规定，适用简易程序审理的行政案件，由审判员一人独任审理，并应当在立案之日起 45 日内审结。故 C 选项说法正确。

　　《行政诉讼法》未对行政诉讼简易程序的宣判作出特别规定。根据《行政诉讼法》第 80 条第 1、2 款的规定，人民法院对公开审理和不公开审理的案件，一律公开宣告判决。当庭宣判的，应当在 10 日内发送判决书；定期宣判的，宣判后立即发给判决书。对于简易程序没有规定的内容应当适用一审普通程序的规定。D 选项中"适用简易程序审理行政案件"，应当适用此规定，法院可以当庭宣判也可以定期宣判，并非应当庭宣判。故 D 选项说法错误。

答案 AC

提 示

　　行政诉讼适用简易程序有两种情况：

　　（1）法定可适用的第一审案件——事实清楚、权利义务关系明确、争议不大（被诉行政行为是依法当场作出的案件、涉及款额 2000 元以下的案件、政府信息公开案件）；

　　（2）约定可适用的第一审案件——当事人各方同意适用。

241. 交警大队以方某闯红灯为由当场处以50元罚款，方某不服起诉。法院适用简易程序审理。关于简易程序，下列哪些说法是正确的？（2016/2/84-多）

A. 由审判员一人独任审理

B. 法院应在立案之日起30日内审结，有特殊情况需延长的经批准可延长

C. 法院在审理过程中发现不宜适用简易程序的，裁定转为普通程序

D. 对适用简易程序作出的判决，当事人不得提出上诉

考点 行政诉讼的简易程序

解析 根据《行政诉讼法》第83条的规定，适用简易程序审理的行政案件，由审判员一人独任审理，并应当在立案之日起45日内审结。由此可知，法院适用简易程序审理行政案件，采取独任制，由审判员一人独任审理，简易程序的审理期限是45日。故A选项说法正确，B选项说法错误。

根据《行政诉讼法》第84条的规定，人民法院在审理过程中，发现案件不宜适用简易程序的，裁定转为普通程序。故C选项说法正确。

《行政诉讼法》未对行政诉讼简易程序的上诉作出特别规定。根据《行政诉讼法》第7条的规定，人民法院审理行政案件，依法实行合议、回避、公开审判和两审终审制度。两审终审制度就意味着当事人对一审判决享有上诉权，简易程序只是法院审理程序的简化，当事人仍然享有上诉权。故D选项说法错误。

答案 AC

提示 行政诉讼简易程序与普通程序的明显区别：①审理期限——45日与6个月；②审理组织——独任制与合议制。

242. 李某向市国土局申请公开其房屋所在区域1997年进行征收的相关政府信息，但市国土局超过法定期限未予公开。李某不服，提起诉讼，法院适用简易程序对本案进行了审理。下列选项正确的是：（2022-回忆版-单）

A. 双方当事人协商确定举证期限的，法院应当适用其协商确定的期限

B. 法院可以短信送达裁判文书

C. 法院可以电话传唤当事人到庭参加诉讼

D. 本案应当在立案之日起60日内审结

考点 行政诉讼的简易程序

解析 根据《行诉解释》第104条第1款的规定，适用简易程序案件的举证期限由人民法院确定，也可以由当事人协商一致并经人民法院准许，但不得超过15日。因此，当事人协商确定的举证期限，还须经法院准许。故A选项错误。

根据《行诉解释》第103条第1款的规定，适用简易程序审理的行政案件，人民法院可以用口头通知、电话、短信、传真、电子邮件等简便方式传唤当事人、通知证人、送达裁判文书以外的诉讼文书。因此，法院不得以短信送达裁判文书，可以电话传唤当事人到庭参加诉讼。故B选项错误，C选项正确。

根据《行政诉讼法》第83条的规定，适用简易程序审理的行政案件，由审判员一人独任审理，并应当在立案之日起45日内审结。故D选项错误。

答案 C

提示 行政诉讼简易程序中不得适用简便方式的三种文书：

（1）法院不得适用简便方式传唤当事人；

（2）法院不得适用简便方式通知证人；

（3）法院不得适用简便方式送达裁判文书。

上述三类文书之外的其他文书，法院可以适用简便方式。

45 专题 行政诉讼的第二审程序与再审程序

243. 县政府以某化工厂不符合国家产业政策、污染严重为由，决定强制关闭该厂。该厂向法院起诉要求撤销该决定，并提出赔偿请求。一审法院认定县政府决定违法，予以撤销，但未对赔偿请求作出裁判，县政府提出上诉。下列说法正确的是：（2017/2/100-任）

A. 本案第一审应由县法院管辖

B. 二审法院不得以不开庭方式审理该上诉案件

C. 二审法院应对一审法院的判决和被诉行政行为进行全面审查

D. 如二审法院经审查认为依法不应予该厂赔偿的，应判决驳回其赔偿请求

[考点] 行政诉讼二审的审理方式、审查对象和赔偿处理；行政诉讼的级别管辖

[解析] 根据《行政诉讼法》第15条的规定，中级人民法院管辖下列第一审行政案件：①对国务院部门或者县级以上地方人民政府所作的行政行为提起诉讼的案件；……由此可知，对县级政府所作的行政行为提起诉讼的第一审案件，由中级法院管辖。题目中，县政府决定强制关闭该化工厂，该化工厂向法院起诉要求撤销该决定，所以对县政府决定提起行政诉讼的第一审案件，应由中级法院管辖，而A选项中的"县法院"属于基层法院。故A选项说法错误。

根据《行政诉讼法》第86条的规定，人民法院对上诉案件，应当组成合议庭，开庭审理。经过阅卷、调查和询问当事人，对没有提出新的事实、证据或者理由，合议庭认为不需要开庭审理的，也可以不开庭审理。由此可知，行政诉讼的二审原则上应当采取开庭审理的方式，但在当事人没有提出新的事实、证据或者理由，合议庭认为不需要开庭审理的，也可以不开庭审理。B选项的说法过于绝对。故B选项说法错误。

根据《行政诉讼法》第87条的规定，人民法院审理上诉案件，应当对原审人民法院的判决、裁定和被诉行政行为进行全面审查。由此可知，法院在二审中进行全面审查，既要对原审法院的判决、裁定进行审查，还要对被诉行政行为

进行审查。故C选项说法正确。

根据《行诉解释》第109条第4款的规定，原审判决遗漏行政赔偿请求，第二审人民法院经审查认为依法不应当予以赔偿的，应当判决驳回行政赔偿请求。由题目可知，该化工厂在行政诉讼一审中就提出赔偿请求，但一审法院未对赔偿请求作出裁判，属于原审判决遗漏行政赔偿请求，因此，二审法院经审查认为依法不应当予以赔偿的，就应当判决驳回该化工厂的行政赔偿请求。故D选项说法正确。

[答案] CD

[提示]
　　行政诉讼的二审审理方式原则上是开庭审理，例外情况下是书面审理。例外情况有：①当事人没有提出新的事实、证据或者理由；②合议庭认为不需要开庭审理。

244. 某公司提起行政诉讼，要求撤销区教育局作出的《关于不同意申办花蕾幼儿园的批复》，并要求法院判令该局在20日内向花蕾幼儿园颁发独立的《办学许可证》。一审法院经审理后作出确认区教育局批复违法的判决，但未就颁发《办学许可证》的诉讼请求作出判决。该公司不服一审判决，提起上诉。下列说法正确的是：（2007/2/93-任）

A. 二审法院应当裁定撤销一审判决

B. 二审法院应当维持一审判决

C. 二审法院可以裁定发回一审法院重审

D. 二审法院应当裁定发回一审法院重审，一审法院应当另行组成合议庭进行审理

[考点] 原审遗漏诉讼请求的处理

[解析] 根据《行诉解释》第109条第3款的规定，原审判决遗漏了必须参加诉讼的当事人或者诉讼请求的，第二审人民法院应当裁定撤销原审判决，发回重审。本案中，一审法院未就颁发《办学许可证》的诉讼请求作出判决，属于遗漏了诉讼请求的情形，二审法院应当裁定撤销原审

判决，发回重审。故 A 选项说法正确，B、C 选项说法错误。

根据《行诉解释》第 109 条第 2 款的规定，第二审人民法院裁定发回原审人民法院重新审理的行政案件，原审人民法院应当另行组成合议庭进行审理。故 D 选项说法正确。

【答案】AD

【提示】

原审判决遗漏诉讼请求和遗漏行政赔偿请求的二审判决区别：

（1）原审判决遗漏了诉讼请求的，第二审法院应当裁定撤销原审判决，发回重审。

（2）原审判决遗漏行政赔偿请求时：①第二审法院经审查认为依法不应当予以赔偿的，应当判决驳回行政赔偿请求。②第二审法院经审理认为依法应当予以赔偿的，在确认被诉行政行为违法的同时，可以就行政赔偿问题进行调解；调解不成的，应当就行政赔偿部分发回重审。

245. 关于行政再审，下列说法正确的有：（2022-回忆版-多）

A. 当事人申请再审的期限是 1 年

B. 再审应当围绕当事人诉讼请求进行审理

C. 行政再审的审限是 6 个月

D. 有新的证据，足以推翻原判决、裁定的，当事人可以申请再审

【考点】行政再审案件的申请期限、审理期限、适用情形

【解析】根据《行诉解释》第 110 条的规定，当事人申请再审，有下列情形之一的，自知道或者应当知道之日起 6 个月内提出：①有新的证据，足以推翻原判决、裁定的；②原判决、裁定认定事实的主要证据是伪造的；③据以作出原判决、裁定的法律文书被撤销或者变更的；④审判人员审理该案件时有贪污受贿、徇私舞弊、枉法裁判行为的。因此，当事人申请再审的期限是 6 个月。故 A 选项错误。有新的证据，足以推翻原判决、裁定的，当事人可以申请再审。故 D 选项正确。

根据《行诉解释》第 120 条第 1 款的规定，人民法院审理再审案件应当围绕再审请求和被诉行政行为合法性进行。因此，再审不仅应当围绕当事人诉讼请求进行审理，还要围绕被诉行政行为合法性进行审理。故 B 选项错误。

根据《行诉解释》第 112 条的规定，人民法院应当自再审申请案件立案之日起 6 个月内审查，有特殊情况需要延长的，由本院院长批准。因此，行政再审的审限是 6 个月。故 C 选项正确。

【答案】CD

【提示】

行政再审的期限：

（1）当事人申请再审的期限是 6 个月；

（2）法院的审查期限是 6 个月。

246. 王某向区市场监督管理局举报其在某超市购买的食品过期，区市场监督管理局调查后对该超市罚款 2 万元。王某以处罚过轻为由提起行政诉讼，法院受理案件后以王某不具备原告资格为由裁定驳回起诉。裁定生效后，王某申请再审。下列哪些说法是正确的？（2023-回忆版-多）

A. 王某起诉时应提供其符合原告资格的材料

B. 王某应在裁定书发生法律效力后 6 个月内申请再审

C. 若法院再审，应当另行组成合议庭进行审理

D. 若法院再审，应当将再审申请书副本发给区市场监督管理局

【考点】行政诉讼举证责任；行政诉讼再审

【解析】根据《行诉证据规定》第 4 条第 1 款的规定，公民、法人或者其他组织向人民法院起诉时，应当提供其符合起诉条件的相应的证据材料。故 A 选项说法正确。

根据《行诉解释》第 110 条的规定，当事人向上一级人民法院申请再审，应当在判决、裁定或者调解书发生法律效力后 6 个月内提出。故 B 选项说法正确。

根据《行诉解释》第 119 条第 2 款的规定，人民法院审理再审案件，应当另行组成合议庭。故 C 选项说法正确。

根据《行诉解释》第 111 条的规定，当事人申请再审的，应当提交再审申请书等材料。人民法院认为有必要的，可以自收到再审申请书之日起 5 日内将再审申请书副本发送对方当事人。对方当事人应当自收到再审申请书副本之日起 15 日内提交书面意见。人民法院可以要求申请人和对方当事人补充有关材料，询问有关事项。可知，法院认为有必要的，可以将再审申请书副本发送区市场监督管理局。故 D 选项说法错误。

答案 ABC

📝 提 示

行政诉讼再审的程序要求：

（1）再审案件原则上裁定中止原判决、裁定、调解书的执行，但支付抚恤金、最低生活保障费或者社会保险待遇的案件，可以不中止执行；

（2）法院审理再审案件应当另行组成合议庭。

行政诉讼审理中的特殊制度　专题 46

247. 段某拥有两块山场的山林权证。林改期间，王某认为该山场是自家的土改山，要求段某返还。经村委会协调，段某同意把部分山场给予王某，并签订了协议。事后，段某反悔，对协议提出异议。王某请镇政府调处，镇政府依王某提交的协议书复印件，向王某发放了山林权证。段某不服，向县政府申请复议，在县政府作出维持决定后向法院起诉。下列哪些选项是正确的？（2009/2/84-多）

A. 对镇政府的行为，段某不能直接向法院提起行政诉讼

B. 县政府为本案第三人

C. 如当事人未能提供协议书原件，法院不能以协议书复印件单独作为定案依据

D. 如段某与王某在诉讼中达成新的协议，可视为本案被诉具体行政行为发生改变

[考点] 行政复议前置；行政诉讼的第三人、证据、被诉行政行为改变

[解析] 根据《行政复议法》第23条第1款的规定，有下列情形之一的，申请人应当先向行政复议机关申请行政复议，对行政复议决定不服的，可以再依法向人民法院提起行政诉讼：……②对行政机关作出的侵犯其已经依法取得的自然资源的所有权或者使用权的决定不服的；……本案中，王某请镇政府调处，镇政府依王某提交的协议书复印件，向王某发放了山林权证，即属于行政机关确认王某的权利，侵犯了段某已经依法取得的自然资源权利，属于复议前置的情形，因此，段某不能直接向法院提起行政诉讼。故 A 选项正确。

根据《行政诉讼法》第26条第2款的规定，经复议的案件，复议机关决定维持原行政行为的，作出原行政行为的行政机关和复议机关是共同被告。因此，县政府应该是共同被告，而非第三人。故 B 选项错误。

根据《行诉证据规定》第71条的规定，下列证据不能单独作为定案依据：……⑤无法与原件、原物核对的复制件或者复制品；……因此，当事人未能提供协议书原件的，法院不能以协议书复印件单独作为定案依据。故 C 选项正确。

根据《最高人民法院关于行政诉讼撤诉若干问题的规定》第4条的规定，有下列情形之一的，可以视为"被告改变其所作的具体行政行为"：①根据原告的请求依法履行法定职责；②采取相应的补救、补偿等措施；③在行政裁决案件中，书面认可原告与第三人达成的和解。因此，段某与王某在诉讼中达成的新协议的，并不能直接视为改变具体行政行为，只有当被告书面认可该协议之后，方能视为改变。故 D 选项错误。

[答案] AC

📝 **提 示**

被告改变其所作的行政行为有以下两种情况：

（1）直接改变。其有三种情形：①改变被诉具体行政行为所认定的主要事实和证据；②改变被诉具体行政行为所适用的规范依据且对定性产生影响；③撤销、部分撤销或者变更被诉具体行政行为的处理结果。

（2）视为改变。其有三种情形：①根据原告的请求依法履行法定职责；②采取相应的补救、补偿等措施；③在行政裁决案件中，书面认可原告与第三人达成的和解。

248. 陈某申请领取最低生活保障费，遭民政局拒绝。陈某诉至法院，要求判令民政局履行法定职责，同时申请法院先予执行。对此，下列哪一说法是正确的？（2010/2/47-单）

A. 陈某提出先予执行申请时，应提供相应担保

B. 陈某的先予执行申请，不属于《行政诉讼法》规定的先予执行范围

C. 如法院作出先予执行裁定，民政局不服可以申请复议

D. 如法院作出先予执行裁定，情况特殊的，可以采用口头方式

【考点】行政诉讼的先予执行

【解析】根据《行政诉讼法》第57条第1款的规定，人民法院对起诉行政机关没有依法支付抚恤金、最低生活保障金和工伤、医疗社会保险金的案件，权利义务关系明确、不先予执行将严重影响原告生活的，可以根据原告的申请，裁定先予执行。由此可知，对行政机关没有依法支付抚恤金、最低生活保障金和工伤、医疗社会保险金的案件，原告申请先予执行的，属于先予执行的范围。故 B 选项说法错误。

《行政诉讼法》及相关规定并未要求原告提出先予执行申请时应当提供担保。故 A 选项说法错误。

根据《行政诉讼法》第57条第2款的规定，

当事人对先予执行裁定不服的，可以申请复议1次。因此，民政局不服先予执行裁定是可以申请复议的。故 C 选项说法正确。

法院应书面裁定先予执行，《行政诉讼法》和《行诉解释》并未规定可以采用口头方式的特殊情况。故 D 选项说法错误。

【答案】C

📝 **提 示**

先予执行的适用条件：

（1）实体条件——行政机关没有依法支付抚恤金、最低生活保障金和工伤、医疗社会保险金的案件，权利义务关系明确、不先予执行将严重影响原告生活；

（2）程序条件——原告申请。

249. 陈某向民政局申请领取最低生活保障金，遭民政局拒绝。陈某诉至法院，请求法院判令民政局履行法定职责，同时向法院申请先予执行。对此，下列哪一说法是正确的？（2020-回忆版-单）

A. 本案不适用先予执行

B. 若法院作出先予执行裁定，民政局不服可以申请复议

C. 法院应当作出确认违法判决

D. 法院应当作出给付判决

【考点】行政诉讼的先予执行和判决

【解析】根据《行政诉讼法》第57条第1款的规定，人民法院对起诉行政机关没有依法支付抚恤金、最低生活保障金和工伤、医疗社会保险金的案件，权利义务关系明确、不先予执行将严重影响原告生活的，可以根据原告的申请，裁定先予执行。本案是最低生活保障金案件，陈某申请先予执行的，属于先予执行的范围。故 A 选项说法错误。

根据《行政诉讼法》第57条第2款的规定，当事人对先予执行裁定不服的，可以申请复议1次。因此，民政局不服先予执行裁定是可以申请复议的。故 B 选项说法正确。注意：这里是司法诉讼中的复议，不是行政复议。

根据《行政诉讼法》第73条的规定，人民

法院经过审理，查明被告依法负有给付义务的，判决被告履行给付义务。根据《行政诉讼法》第74条第2款的规定，行政行为有下列情形之一，不需要撤销或者判决履行的，人民法院判决确认违法：……③被告不履行或者拖延履行法定职责，判决履行没有意义的。题干中没有明确民政局是否负有给付义务，因此，既不能适用确认违法判决，也不能适用给付判决。故 C、D 选项说法错误。

答案 B

提示

> 行政诉讼先予执行的案件范围：
> （1）行政机关没有依法支付抚恤金的案件；
> （2）行政机关没有依法支付最低生活保障金的案件；
> （3）行政机关没有依法支付工伤保险金的案件；
> （4）行政机关没有依法支付医疗社会保险金的案件。
> 行政赔偿案件、行政补偿案件不适用先予执行。

250. 甲公司将承建的建筑工程承包给无特种作业操作资格证书的邓某，邓某在操作时引发事故。某省建设厅作出暂扣甲公司安全生产许可证3个月的决定，市安全监督管理局对甲公司罚款3万元。甲公司对市安全监督管理局罚款不服，向法院起诉。下列哪一选项是正确的？（2009/2/85-单）

A. 如甲公司对该省建设厅的决定也不服，向同一法院起诉的，法院可以决定合并审理
B. 市安全监督管理局不能适用简易程序作出罚款3万元的决定
C. 该省建设厅作出暂扣安全生产许可证决定前，应为甲公司组织听证
D. 因市安全监督管理局的罚款决定违反一事不再罚要求，法院应判决撤销

考点 行政诉讼合并审理

解析 根据《行政诉讼法》第27条的规定，当事人一方或者双方为2人以上，因同一行政行为发生的行政案件，或者因同类行政行为发生的行政案件、人民法院认为可以合并审理并经当事人同意的，为共同诉讼。根据《行诉解释》第73条的规定，根据《行政诉讼法》第27条的规定，有下列情形之一的，人民法院可以决定合并审理：①2个以上行政机关分别对同一事实作出行政行为，公民、法人或者其他组织不服向同一人民法院起诉的；……题目中，基于同一事实（甲公司将承建的建筑工程承包给无特种作业操作资格证书的邓某，邓某在操作时引发事故），该省建设厅作出暂扣甲公司安全生产许可证3个月的决定，市安全监督管理局对甲公司罚款3万元，甲公司对市安全监督管理局罚款和该省建设厅的决定向同一法院起诉的，法院可以决定合并审理，但须经当事人同意。A 选项中缺少了经当事人同意的条件。故 A 选项错误。

根据《行政处罚法》第51条的规定，违法事实确凿并有法定依据，对公民处以200元以下、对法人或者其他组织处以3000元以下罚款或者警告的行政处罚的，可以当场作出行政处罚决定。法律另有规定的，从其规定。由此可知，对于罚款3万元的决定，市安全监督管理局不能适用简易程序作出。故 B 选项正确。

根据《行政处罚法》第63条第1款的规定，行政机关拟作出下列行政处罚决定，应当告知当事人有要求听证的权利，当事人要求听证的，行政机关应当组织听证：①较大数额罚款；②没收较大数额违法所得、没收较大价值非法财物；③降低资质等级、吊销许可证件；④责令停产停业、责令关闭、限制从业；⑤其他较重的行政处罚；⑥法律、法规、规章规定的其他情形。由此可知，听证的范围是法定的，吊销许可证属于听证范围，暂扣许可证不属于听证范围，并且行政处罚的听证是依申请启动。故 C 选项错误。

根据《行政处罚法》第29条的规定，对当事人的同一个违法行为，不得给予2次以上罚款的行政处罚。由此可知，"一事不再罚"中的"罚"是指罚款，一事不再罚是不得重复罚款。题目中，该省建设厅作出的是暂扣甲公司安全生产许可证的决定，市安全监督管理局作出的是对甲公司罚款的决定，省建设厅和市安全监督管理

局作出的是两项不同种类的处罚。因此，市安全监督管理局的罚款决定并不违反一事不再罚要求，法院应判决撤销的说法是错误的。故 D 选项错误。

答案 B（司法部原答案为 AB）

提 示

行政诉讼中的合并审理有三种情况：

（1）被告为复数——2个以上行政机关依据不同规定基于同一事实分别作出行政行为；

（2）原告为复数——行政机关基于同一事实对若干对象分别作出行政行为；

（3）被诉行为为复数——在诉讼过程中，被告对原告作出新的行政行为。

251. 甲向省资源环境厅申请环评许可，省资源环境厅受理申请但一直未予答复。甲不服，起诉要求省资源环境厅准予环评许可。诉讼中，省资源环境厅向甲发放了环评许可，但甲依然不撤诉。下列说法正确的有：（2022-回忆版-多）

A. 甲不能以电子邮件方式申请许可

B. 省资源环境厅受理申请应当出具加盖本行政机关专用印章和注明日期的书面凭证

C. 甲的起诉期限是 6 个月

D. 法院应驳回甲的起诉

考点 行政许可申请的形式；行政行为的起诉期限；行政诉讼判决的适用情形

解析 根据《行政许可法》第 29 条第 3 款的规定，行政许可申请可以通过信函、电报、电传、传真、电子数据交换和电子邮件等方式提出。因此，甲可以通过电子邮件方式申请许可。故 A 选项错误。

根据《行政许可法》第 32 条第 2 款的规定，行政机关受理或者不予受理行政许可申请，应当出具加盖本行政机关专用印章和注明日期的书面凭证。因此，省资源环境厅受理行政许可申请应当出具加盖本行政机关专用印章和注明日期的书面凭证。故 B 选项正确。

本案属于行政机关受理许可申请后未予答复

的不作为案件。根据《行诉解释》第 66 条的规定，公民、法人或者其他组织依照《行政诉讼法》第 47 条第 1 款的规定，对行政机关不履行法定职责提起诉讼的，应当在行政机关履行法定职责期限届满之日起 6 个月内提出。因此，甲的起诉应当在省环境资源厅答复期限届满之日起 6 个月内提出。故 C 选项正确。

根据《行诉解释》第 81 条第 4 款的规定，原告起诉被告不作为，在诉讼中被告作出行政行为，原告不撤诉的，人民法院应当就不作为依法作出确认判决。本案诉讼过程中，省资源环境厅作出了行政行为——向甲发放了环评许可，但甲并没有撤诉，因此，法院应当就不作为依法作出确认判决，而不是驳回甲的起诉。故 D 选项错误。

答案 BC

提 示

被告在行政诉讼一审期间改变被诉行政行为的处理：

（1）原告同意并申请撤诉的，是否准许，由法院裁定；

（2）原告不撤诉的，法院应当就改变前的行政行为进行审理；

（3）原告对改变后的行政行为不服提起诉讼的，法院应当就改变后的行政行为进行审理。

252. 某区政府实施土地房屋征收，确定由区规划和自然资源局实施。区征地办受区规划和自然资源局委托，与陈某签订了《房屋征收补偿协议》。后陈某以区征地办没有签订主体资格为由诉至法院，请求确认该协议无效。下列说法正确的是：（2023-回忆版-单）

A. 被告为该区政府

B. 《房屋征收补偿协议》中不得约定管辖法院

C. 本案由区法院管辖

D. 本案不得进行调解

考点 行政协议诉讼的被告、管辖法院和调解

解析 根据《行政诉讼法》第 26 条第 5 款的规定，行政机关委托的组织所作的行政行为，委托

的行政机关是被告。根据《行政协议案件规定》第 4 条第 2 款的规定，因行政机关委托的组织订立的行政协议发生纠纷的，委托的行政机关是被告。因此，区征地办受区规划和自然资源局委托与陈某签订《房屋征收补偿协议》，本案被告为区规划和自然资源局。故 A 选项说法错误。

根据《行政协议案件规定》第 7 条的规定，当事人书面协议约定选择被告所在地、原告所在地、协议履行地、协议订立地、标的物所在地等与争议有实际联系地点的人民法院管辖的，人民法院从其约定，但违反级别管辖和专属管辖的除外。因此，《房屋征收补偿协议》中可以约定管辖法院。故 B 选项说法错误。

根据《行政诉讼法》第 14 条的规定，基层

人民法院管辖第一审行政案件。本案不存在由中级以上法院管辖的情形，因此由基层法院管辖。故 C 选项说法正确。

根据《行政协议案件规定》第 23 条第 1 款的规定，人民法院审理行政协议案件，可以依法进行调解。本案属于行政协议案件，可以依法进行调解。故 D 选项说法错误。

答案 C

提示

> 行政诉讼调解的案件类型：行政赔偿案件、行政补偿案件、行政裁量案件、行政协议案件。

行政附带民事诉讼与行政公益诉讼 专题 47

253. 甲认为乙侵犯其专利权，请求区知识产权局处理。区知识产权局作出决定，认定乙不构成对甲的专利侵权。甲不服，向法院提起行政诉讼，请求撤销区知识产权局作出的决定，同时一并请求法院责令乙停止侵权并赔偿损失。下列说法正确的是：（2022-回忆版-单）

A. 法院应将责令乙停止侵权并赔偿损失的请求单独立案

B. 甲应当按照行政诉讼标准交纳诉讼费用

C. 法院可以针对甲的诉讼请求一并裁判

D. 法院可以针对甲的诉讼请求一并审理

考点 行政附带民事诉讼

解析 根据《行诉解释》第 140 条第 2 款的规定，人民法院审理行政机关对民事争议所作裁决的案件，一并审理民事争议的，不另行立案。本案是法院审理区知识产权局对专利侵权争议所作裁决的案件，因此，法院对甲提出的相关民事争议请求不进行单独立案。故 A 选项说法错误。

根据《行诉解释》第 144 条的规定，人民法院一并审理相关民事争议，应当按行政案件、民事案件的标准分别收取诉讼费用。因此，甲应当按照行政案件、民事案件的标准分别交纳诉讼费用。故 B 选项说法错误。

根据《行诉解释》第 142 条第 1 款的规定，对行政争议和民事争议应当分别裁判。故 C 选项说法错误。

根据《行政诉讼法》第 61 条第 1 款的规定，在涉及行政许可、登记、征收、征用和行政机关对民事争议所作的裁决的行政诉讼中，当事人申请一并解决相关民事争议的，人民法院可以一并审理。因此，法院可以针对甲的诉讼请求一并审理。故 D 选项说法正确。

答案 D

提示

> 行政附带民事诉讼的审理和判决：①行政争议和民事争议一并审理；②行政争议和民事争议分别裁判。

254. 甲、乙两村因土地使用权发生争议，县政府裁决使用权归甲村。乙村不服向法院起诉撤销县政府的裁决，并请求法院判定使用权归乙村。关于乙村提出的土地使用权归属请求，下列哪些说法是正确的？（2016/2/85-多）

A. 除非有正当理由的，乙村应于第一审开庭审理前提出

B. 法院作出不予准许决定的，乙村可申请复议1次

C. 法院应单独立案

D. 法院应另行组成合议庭审理

考点 行政附带民事诉讼

解析 行政诉讼中确立了行政附带民事诉讼制度。根据《行政诉讼法》第61条第1款的规定，在涉及行政许可、登记、征收、征用和行政机关对民事争议所作的裁决的行政诉讼中，当事人申请一并解决相关民事争议的，人民法院可以一并审理。题目中，甲、乙两村因土地使用权发生争议，县政府裁决使用权归甲村。乙村不服，向法院起诉撤销县政府的裁决，这属于行政机关对民事争议所作的裁决的行政诉讼；乙村请求法院判定使用权归乙村，这属于当事人申请一并解决的相关民事争议。

根据《行诉解释》第137条的规定，公民、法人或者其他组织请求一并审理《行政诉讼法》第61条规定的相关民事争议，应当在第一审开庭审理前提出；有正当理由的，也可以在法庭调查中提出。因此，乙村应于第一审开庭审理前提出土地使用权归属请求；有正当理由的，乙村也可以在法庭调查中提出。故A选项说法正确。

根据《行诉解释》第139条第2款的规定，对不予准许的决定可以申请复议1次。因此，乙村提出的土地使用权归属请求，法院作出不予准许决定的，乙村可申请复议1次。故B选项说法正确。

根据《行诉解释》第140条的规定，人民法院在行政诉讼中一并审理相关民事争议的，民事争议应当单独立案，由同一审判组织审理。人民法院审理行政机关对民事争议所作裁决的案件，一并审理民事争议的，不另行立案。因此，法院在行政诉讼中一并审理相关民事争议的，是由同一审判组织审理，不需要另行组成合议庭审理。故D选项说法错误。

人民法院在行政诉讼中一并审理相关民事争议的，民事争议原则上应当单独立案，但是行政裁决案件除外，因为行政裁决本身针对的就是民事纠纷，行政裁决与民事纠纷根本分不开，所以它们是一并立案的。本案属于行政机关对民事争议所作的裁决的案件，法院对于民事争议不另行单独立案。故C选项说法错误。

答案 AB

提示

注意：行政附带民事诉讼要区分行政许可、登记、征收、征用涉及民事争议的案件和行政机关对民事争议所作的裁决的案件：前者是行政案件与民事案件分别立案，而后者是行政案件与民事案件一并立案。

255. 2013年2月20日，县森林公安局发现某公司违规铲除森林植被30立方米，责令其恢复原状并罚款3万元。2013年3月29日，该公司交纳了罚款后，县森林公安局对该案予以结案。其后直到2016年11月9日，所破坏的森林植被仍旧没有得到恢复。2016年11月9日，县检察院向县森林公安局发出检察建议，建议依法履行职责，采取有效措施，恢复森林植被。县森林公安局接到《检察建议书》后置之不理。县检察院向法院提起诉讼。下列说法正确的有：（2021-回忆版-多）

A. 本案是行政公益诉讼

B. 县检察院发出检察建议是提起诉讼的前置程序

C. 有关公益组织不提起诉讼的，县检察院可以向法院提起诉讼

D. 县检察院的起诉期限是6个月

考点 行政公益诉讼的程序与起诉人

解析 根据《行政诉讼法》第25条第4款的规定，人民检察院在履行职责中发现生态环境和资源保护、食品药品安全、国有财产保护、国有土地使用权出让等领域负有监督管理职责的行政机关违法行使职权或者不作为，致使国家利益或者社会公共利益受到侵害的，应当向行政机关提出检察建议，督促其依法履行职责。行政机关不依法履行职责的，人民检察院依法向人民法院提起诉讼。行政公益诉讼，是指检察院以行政机关违法行使职权或者不作为，致使国家利益或者社会公共利益受到侵害，向法院提起的诉讼。题目

中，县检察院以县森林公安局未履行职责为由向法院提起诉讼，属于行政公益诉讼。故 A 选项说法正确。县检察院向县森林公安局发出检察建议，县森林公安局接到《检察建议书》后置之不理，县检察院向法院提起诉讼。因此，<u>县检察院发出检察建议是提起诉讼的前置程序</u>。故 B 选项说法正确。县检察院提起行政公益诉讼，不需要有有关公益组织不提起诉讼的前置条件。故 C 选项说法错误。

《最高人民法院、最高人民检察院关于检察公益诉讼案件适用法律若干问题的解释》（以下简称《检察公益诉讼解释》）没有规定行政公益诉讼的起诉期限。根据《检察公益诉讼解释》第 26 条的规定，本解释未规定的其他事项，适用《民事诉讼法》、《行政诉讼法》以及相关司法解释的规定。根据《行政诉讼法》第 46 条第 1 款的规定，公民、法人或者其他组织直接向人民法院提起诉讼的，应当自知道或者应当知道作出行政行为之日起 6 个月内提出。法律另有规定的除外。因此，县检察院的起诉期限是 6 个月。故 D 选项说法正确。

答案 ABD

提示

> 行政公益诉讼的特别规则：
>
> （1）检察院以公益诉讼起诉人身份提起公益诉讼的，属于履行法定职责的职权行为，没有特殊规定的，就准用或者参照原告的相关规定。特殊的规定就是《检察公益诉讼解释》的规定。
>
> （2）检察院提起行政公益诉讼需要履行诉前程序。
>
> （3）检察院提起行政公益诉讼无需提交组织机构代码证、法定代表人身份证明书、授权委托书等身份证明材料。
>
> （4）法院向检察院送达出庭通知书，检察院向法院提交派员出庭通知书。
>
> （5）被告不履行生效判决、裁定的，法院应当移送执行，无需检察院申请执行。

256. 县林业局发现某公司在未取得合法林地

征用手续情况下用挖掘机开挖公路，责令其恢复原状并罚款 20 万元。该公司缴纳罚款后，县林业局予以结案。县检察院发现这一情况后，向县林业局发出检察建议，建议采取有效措施，恢复森林植被。后县检察院以县林业局未履行法定职责为由向法院提起诉讼。下列说法正确的有：（2022-回忆版-多）

A. 责令恢复原状是行政处罚
B. 县林业局可以代为恢复原状
C. 县检察院向县林业局发出检察建议是提起诉讼的前置程序
D. 县检察院的起诉期限为 6 个月

考点 行政处罚的概念；代履行；行政公益诉讼

解析 根据《行政处罚法》第 2 条的规定，行政处罚是指行政机关依法对违反行政管理秩序的公民、法人或者其他组织，以减损权益或者增加义务的方式予以惩戒的行为。本案中，县林业局责令该公司恢复原状的行为并<u>没有给该公司减损权益或者增加义务</u>，不属于行政处罚。故 A 选项说法错误。

根据《行政强制法》第 50 条的规定，行政机关依法作出要求当事人履行排除妨碍、恢复原状等义务的行政决定，当事人逾期不履行，经催告仍不履行，其后果已经或者将危害交通安全、造成环境污染或者破坏自然资源的，行政机关可以代履行，或者委托没有利害关系的第三人代履行。本案中，该公司的行为属于<u>破坏自然资源</u>，县林业局可以实施代履行，代为恢复原状。故 B 选项说法正确。

根据《行政诉讼法》第 25 条第 4 款的规定，人民检察院在履行职责中发现生态环境和资源保护、食品药品安全、国有财产保护、国有土地使用权出让等领域负有监督管理职责的行政机关违法行使职权或者不作为，致使国家利益或者社会公共利益受到侵害的，应当向行政机关提出检察建议，督促其依法履行职责。行政机关不依法履行职责的，人民检察院依法向人民法院提起诉讼。因此，<u>县检察院向县林业局发出检察建议是提起诉讼的前置程序</u>。故 C 选项说法正确。

《检察公益诉讼解释》没有规定行政公益诉讼的起诉期限。根据《检察公益诉讼解释》第

26条的规定，《检察公益诉讼解释》未规定的其他事项，适用《民事诉讼法》、《行政诉讼法》以及相关司法解释的规定。根据《行诉解释》第66条的规定，公民、法人或者其他组织依照《行政诉讼法》第47条第1款的规定，对行政机关不履行法定职责提起诉讼的，应当在行政机关履行法定职责期限届满之日起6个月内提出。因此，县检察院的起诉期限是6个月。故D选项说法正确。

答 案 BCD

✎ 提 示

　　行政公益诉讼属于特殊的行政诉讼，《检察公益诉讼解释》未规定的其他事项，适用行政诉讼的一般规定。

行政诉讼的证据种类 专题 **48**

257. 在某法院受理的一起交通处罚案件中，被告提供了当事人闯红灯的现场笔录。该现场笔录载明了当事人闯红灯的时间、地点和拒绝签名的情况，但没有当事人的签名，也没有其他证人签名。原告主张当时不在现场，并有一朋友为其出庭作证。根据原被告双方提供的证据，法院应如何认定？（2003/2/100－任）

A. 法院可以认定原告闯红灯

B. 法院可以认定原告没有闯红灯

C. 法院对原告是否闯红灯无法认定

D. 法院需进一步调查后再作认定

考点 现场笔录；证人证言

解析 题目中有两项证据：被告提供的原告闯红灯的现场笔录和原告提供的当时不在现场的证人证言。

被告所提供的现场笔录没有当事人的签名，也没有其他证人签名，是否影响其证明力？《行诉证据规定》第 15 条规定，根据《行政诉讼法》第 31 条第 1 款第 7 项（现为第 33 条第 1 款第 8 项）的规定，被告向人民法院提供的现场笔录，应当载明时间、地点和事件等内容，并由执法人员和当事人签名。当事人拒绝签名或者不能签名的，应当注明原因。有其他人在现场的，可由其他人签名。法律、法规和规章对现场笔录的制作形式另有规定的，从其规定。可见，现场笔录并非必须有当事人或其他证人的签名，如果依法注

明了当事人拒绝签名或不能签名的原因，且无其他人在现场的，不影响其作为证据的认定。题目中，被告所提供的现场笔录载明了当事人闯红灯的时间、地点和拒绝签名的情况，依法已具备了现场笔录作为行政诉讼证据的要求，具有证据效力。

原告提供其朋友的证人证言。根据《行诉证据规定》第 71 条的规定，下列证据不能单独作为定案依据：……②与一方当事人有亲属关系或者其他密切关系的证人所作的对该当事人有利的证言，或者与一方当事人有不利关系的证人所作的对该当事人不利的证言；……因此，原告的朋友所作的对其有利的证言不能单独作为定案依据。

根据《行诉证据规定》第 63 条的规定，证明同一事实的数个证据，其证明效力一般可以按照下列情形分别认定：……②鉴定意见、现场笔录、勘验笔录、档案材料以及经过公证或者登记的书证优于其他书证、视听资料和证人证言；……由此可知，现场笔录的证明力优于证人证言，法院可以据此认定现场笔录中记载的原告闯红灯事实。故 A 选项当选，B、C、D 选项不当选。

答案 A

提示
　本题是通过对行政诉讼证据的审核认定，考查行政诉讼证据证明力的判定问题。

258. 经夏某申请，某县社保局作出认定，夏某晚上下班途中驾驶摩托车与行人发生交通事故受重伤，属于工伤。夏某供职的公司认为其发生交通事故系醉酒所致，向法院起诉要求撤销认定。该县社保局向法院提交了公安局交警大队交通事故认定书、夏某住院的病案和夏某同事孙某的证言。下列说法正确的是：（2014/2/98-任）

A. 夏某为本案的第三人

B. 该县社保局提供的证据均系书证

C. 法院对夏某住院的病案是否为原件的审查，系对证据真实性的审查

D. 如有证据证明交通事故确系夏某醉酒所致，法院应判决撤销该县社保局的认定

考点 书证；证人证言；证据审查；行政诉讼第三人

解析 根据《行政诉讼法》第29条第1款的规定，公民、法人或者其他组织同被诉行政行为有利害关系但没有提起诉讼，或者同案件处理结果有利害关系的，可以作为第三人申请参加诉讼，或者由人民法院通知参加诉讼。本题中，被诉行政行为为该县社保局的工伤认定，该县社保局与夏某供职的公司为双方当事人，夏某供职的公司对此认定提起行政诉讼的，法院的审理和裁判与夏某有直接利害关系，夏某应为第三人。故A选项说法正确。

根据《行政诉讼法》第33条第1款的规定，证据包括：①书证；②物证；③视听资料；④电子数据；⑤证人证言；⑥当事人的陈述；⑦鉴定意见；⑧勘验笔录、现场笔录。本题中，该县社保局向法院提交了公安局交警大队交通事故认定书、夏某住院的病案和夏某同事孙某的证言，公安局交警大队交通事故认定书、夏某住院的病案属于书证，而夏某同事孙某的证言属于证人证言，不是书证。故B选项说法错误。

根据《行诉证据规定》第56条的规定，法庭应当根据案件的具体情况，从以下方面审查证据的真实性：……③证据是否为原件、原物，复制件、复制品与原件、原物是否相符；……因此，法院对夏某住院的病案是否为原件的审查，系对证据真实性的审查。故C选项说法正确。

根据《社会保险法》第37条的规定，职工因下列情形之一导致本人在工作中伤亡的，不认定为工伤：……②醉酒或者吸毒；……如有证据证明交通事故确系夏某醉酒所致，即说明该县社保局认定夏某为工伤存在违法。之所以出现违法，可能源于主要证据不足，也可能是适用法律、法规错误。《行政诉讼法》第70条规定，行政行为有下列情形之一的，人民法院判决撤销或者部分撤销，并可以判决被告重新作出行政行为：①主要证据不足的；②适用法律、法规错误的；③违反法定程序的；④超越职权的；⑤滥用职权的；⑥明显不当的。基于《社会保险法》第37条和《行政诉讼法》第70条的规定，法院应认定该县社保局的认定构成违法，予以撤销。故D选项说法正确。

答案 ACD

提示 书证，是指以其内容来证明待证事实的有关情况的文字材料。凡是以文字来记载人的思想和行为以及采用各种符号、图案来表达人的思想的证据都是书证。

259. 梁某酒后将邻居张某家的门、窗等物品砸坏。县公安局接警后，对现场进行拍照、制作现场笔录，并请县价格认证中心作价格鉴定意见，对梁某作出行政拘留8日处罚。梁某向法院起诉，县公安局向法院提交照片、现场笔录和鉴定意见。下列哪些说法是正确的？（2015/2/84-多）

A. 照片为书证

B. 县公安局提交的现场笔录无当事人签名的，不具有法律效力

C. 县公安局提交的鉴定意见应有县价格认证中心的盖章和鉴定人的签名

D. 梁某对现场笔录的合法性有异议的，可要求县公安局的相关执法人员作为证人出庭作证

考点 书证；现场笔录；鉴定意见

解析 题目中，共有三项证据：公安局在现场拍的照片、现场笔录和价格鉴定意见，相关的问题围绕这三项证据展开。

照片是公安局对现场进行拍照形成的，是以文字、符号、图形所记载或表示的内容、含义来证明案件事实的证据，符合书证的特点，应为书证。此处的照片不是物证。物证，是指以自己的存在、形状、质量等外部特征和物质属性来证明案件事实的物品。故 A 选项说法正确。

《行诉证据规定》第 15 条规定，根据《行政诉讼法》第 31 条第 1 款第 7 项（现为第 33 条第 1 款第 8 项）的规定，被告向人民法院提供的现场笔录，应当载明时间、地点和事件等内容，并由执法人员和当事人签名。当事人拒绝签名或者不能签名的，应当注明原因。有其他人在现场的，可由其他人签名。法律、法规和规章对现场笔录的制作形式另有规定的，从其规定。因此，现场笔录无当事人签名的，并不意味着不具有法律效力。故 B 选项说法错误。

《行诉证据规定》第 14 条规定，根据《行政诉讼法》第 31 条第 1 款第 6 项（现为第 33 条第 1 款第 7 项）的规定，被告向人民法院提供的在行政程序中采用的鉴定意见，应当载明委托人和委托鉴定的事项、向鉴定部门提交的相关材料、鉴定的依据和使用的科学技术手段、鉴定部门和鉴定人鉴定资格的说明，并应有鉴定人的签名和鉴定部门的盖章。通过分析获得的鉴定意见，应

当说明分析过程。故 C 选项说法正确。

根据《行诉解释》第 41 条的规定，有下列情形之一，原告或者第三人要求相关行政执法人员出庭说明的，人民法院可以准许：①对现场笔录的合法性或者真实性有异议的；……因此，梁某对现场笔录的合法性有异议的，可以要求县公安局的相关执法人员出庭说明，但是县公安局的相关执法人员是作为被告一方的当事人出庭说明，而不是作为证人出庭作证，也就是执法人员的出庭说明是当事人的陈述，而非证人证言。故 D 选项说法错误。

答案 AC（司法部原答案为 ACD）

📝 **提 示**

行政执法人员出庭说明情况有四种情形：

（1）对现场笔录的合法性或者真实性有异议；

（2）对扣押财产的品种或者数量有异议；

（3）对检验的物品取样或者保管有异议；

（4）对行政执法人员身份的合法性有异议。

行政诉讼的举证 专题 ④9

260. 市人社局将田某的养老保险关系转入社会保险关系，田某认为自己应当按照事业单位保险缴纳，于是向市政府复议，市政府作出复议维持决定。田某不服，提起诉讼，法院以不属于受案范围为由裁定驳回田某的起诉。下列选项正确的是：（2022-回忆版-单）

A. 田某应当在收到复议决定之日起 60 日内提起诉讼

B. 本案应当由中级法院管辖

C. 市政府对市人社局行政行为的合法性不承担举证责任

D. 法院应当一并裁定驳回对市政府和市人社局的起诉

考点 经复议案件的起诉期限、管辖法院、举证责任和裁定

解析 根据《行政诉讼法》第 45 条的规定，公民、法人或者其他组织不服复议决定的，可以在收到复议决定书之日起 15 日内向人民法院提起诉讼。复议机关逾期不作决定的，申请人可以在复议期满之日起 15 日内向人民法院提起诉讼。法律另有规定的除外。本案中，市政府作出了复议维持的决定，田某应当在收到复议决定书之日起 15 日内提起诉讼。故 A 选项错误。

根据《行政诉讼法》第 14 条的规定，基层人民法院管辖第一审行政案件。根据《行诉解释》第 134 条第 1、3 款的规定，复议机关决定

维持原行政行为的，作出原行政行为的行政机关和复议机关是共同被告。复议机关作共同被告的案件，以作出原行政行为的行政机关确定案件的级别管辖。本案是复议维持案件，作出原行政行为的行政机关是市人社局，因此，应当由基层法院管辖。故 B 选项错误。

根据《行诉解释》第 135 条第 2 款的规定，作出原行政行为的行政机关和复议机关对原行政行为合法性共同承担举证责任，可以由其中一个机关实施举证行为。复议机关对复议决定的合法性承担举证责任。本案是复议维持案件，应当由作出原行政行为的行政机关——市人社局和复议机关——市政府对原行政行为——市人社局行政行为的合法性共同承担举证责任。故 C 选项错误。

根据《行诉解释》第 136 条第 7 款的规定，原行政行为不符合复议或者诉讼受案范围等受理条件，复议机关作出维持决定的，人民法院应当裁定一并驳回对原行政行为和复议决定的起诉。本案不属于复议或者诉讼受案范围，因此，法院应当裁定一并驳回对市人社局和市政府的起诉。故 D 选项正确。

答案 D

提示

复议维持案件被告的举证责任：

（1）作出原行政行为的行政机关和复议机关对原行政行为合法性共同承担举证责任；

（2）复议机关对复议决定的合法性承担举证责任。

261. 某环保联合会对某公司提起环境民事公益诉讼，因在诉讼中需要该公司的相关环保资料，遂向县环保局提出申请公开该公司的排污许可证、排污口数量和位置等有关环境信息。申请书中载明了单位名称、住所地、联系人及电话、获取信息的方式等并加盖了公章。县环保局收到申请后，要求环保联合会提供申请人身份的证明材料。环保联合会提供了社会团体登记证复印件。县环保局以申请公开的内容不

明确为由拒绝公开，该环保联合会遂提起行政诉讼。若法院受理此案，关于此案的审理，下列说法正确的是：（2017/2/99-任）

A. 法院审理第一审行政案件，当事人各方同意适用简易程序的，可适用简易程序

B. 县环保局负责人出庭应诉的，可另委托 1 至 2 名诉讼代理人

C. 县环保局应当对拒绝的根据及履行法定告知和说明理由义务的情况举证

D. 法院应要求环保联合会对其所申请的信息与其自身生产、生活、科研等需要的相关性进行举证

考点 行政诉讼的原告举证、被告举证、简易程序、机关负责人出庭

解析 根据《行政诉讼法》第 82 条第 2 款的规定，除本条第 1 款规定以外的第一审行政案件，当事人各方同意适用简易程序的，可以适用简易程序。A 选项中，"法院审理第一审行政案件，当事人各方同意适用简易程序"属于各方当事人约定适用简易程序的第一审行政案件，因此符合简易程序的适用条件。故 A 选项说法正确。

根据《行诉解释》第 128 条第 2 款的规定，行政机关负责人出庭应诉的，可以另行委托 1 至 2 名诉讼代理人。行政机关负责人不能出庭的，应当委托行政机关相应的工作人员出庭，不得仅委托律师出庭。因此，行政机关负责人（县环保局负责人）出庭应诉的，可以另行委托 1 至 2 名诉讼代理人。故 B 选项说法正确。

根据《政府信息公开案件规定》第 5 条第 1 款的规定，被告拒绝向原告提供政府信息的，应当对拒绝的根据以及履行法定告知和说明理由义务的情况举证。题目中，被告县环保局以申请公开的内容不明确为由拒绝公开，那么被告县环保局应当对拒绝的根据及履行法定告知和说明理由义务的情况承担举证责任。故 C 选项说法正确。

根据《政府信息公开案件规定》第 5 条第 6 款的规定，被告以政府信息与申请人自身生产、生活、科研等特殊需要无关为由不予提供的，人民法院可以要求原告对特殊需要事由作出说明。但对公民、法人或者其他组织申请公开政府信

息，2019 年修订后的《政府信息公开条例》取消了"根据自身生产、生活、科研等特殊需要"要求。因此，环保联合会无需对其所申请的信息与其自身生产、生活、科研等需要的相关性承担举证责任。故 D 选项说法错误。

答案 ABC

提示

政府信息公开案件中被告的三项举证责任：

（1）被告拒绝向原告提供政府信息的，应当对拒绝的根据以及履行法定告知和说明理由义务的情况举证；

（2）因公共利益决定公开涉及商业秘密、个人隐私政府信息的，被告应当对认定公共利益以及不公开可能对公共利益造成重大影响的理由进行举证和说明；

（3）被告拒绝更正与原告相关的政府信息记录的，应当对拒绝的理由进行举证和说明。

262. 田某认为区人社局记载有关他的社会保障信息有误，要求更正，该局拒绝。田某向法院起诉。下列哪些说法是正确的？（2012/2/81-多）

A. 田某应先申请行政复议再向法院起诉

B. 区人社局应对拒绝更正的理由进行举证和说明

C. 田某应提供区人社局记载有关他的社会保障信息有误的事实根据

D. 法院应判决区人社局在一定期限内更正

考点 原告举证；被告举证；复议与诉讼的救济关系；履行判决

解析 根据《行政诉讼法》第 44 条的规定，对属于人民法院受案范围的行政案件，公民、法人或者其他组织可以先向行政机关申请复议，对复议决定不服的，再向人民法院提起诉讼；也可以直接向人民法院提起诉讼。法律、法规规定应当先向行政机关申请复议，对复议决定不服再向人民法院提起诉讼的，依照法律、法规的规定。由此可知，当事人就行政行为寻求救济时，原则上

复议、诉讼自由选择，例外情况下诉讼要求复议前置。例外情况需要法律、法规的特别规定。根据《政府信息公开条例》第 51 条的规定，公民、法人或者其他组织认为行政机关在政府信息公开工作中侵犯其合法权益的，可以向上一级行政机关或者政府信息公开工作主管部门投诉、举报，也可以依法申请行政复议或者提起行政诉讼。根据《行政复议法》第 23 条第 1 款的规定，有下列情形之一的，申请人应当先向行政复议机关申请行政复议，对行政复议决定不服的，可以再依法向人民法院提起行政诉讼：……④申请政府信息公开，行政机关不予公开；……因此，田某要求区人社局更正有关他的社会保障信息，区人社局拒绝更正，这属于行政机关拒绝更改政府信息，而非行政机关不公开政府信息，田某可以申请行政复议或者提起行政诉讼，无须先申请行政复议再向法院起诉。故 A 选项说法错误。

根据《政府信息公开案件规定》第 5 条第 3 款的规定，被告拒绝更正与原告相关的政府信息记录的，应当对拒绝的理由进行举证和说明。因此，区人社局拒绝更正有关田某的社会保障信息的，应对拒绝更正的理由进行举证和说明。故 B 选项说法正确。

根据《政府信息公开案件规定》第 5 条第 7 款的规定，原告起诉被告拒绝更正政府信息记录的，应当提供其向被告提出过更正申请以及政府信息与其自身相关且记录不准确的事实根据。因此，田某要求区人社局更正有关他的社会保障信息的，应提供区人社局记载的有关他的社会保障信息有误的事实根据。故 C 选项说法正确。

根据《政府信息公开案件规定》第 9 条第 4 款的规定，被告依法应当更正而不更正与原告相关的政府信息记录的，人民法院应当判决被告在一定期限内更正。尚需被告调查、裁量的，判决其在一定期限内重新答复。被告无权更正的，判决其转送有权更正的行政机关处理。根据《政府信息公开案件规定》第 12 条的规定，有下列情形之一，被告已经履行法定告知或者说明理由义务的，人民法院应当判决驳回原告的诉讼请求：……⑤要求被告更正与其自身相关的政府信息记录，理由不成立的；……由此可知，原告要求行政机关更正与其自身相关的政府信息记录，

该机关拒绝更正的，有两种情形，一是拒绝更正行为违法：①不需要被告调查、裁量的，法院判决被告在一定期限内更正；②尚需要被告调查、裁量的，法院判决被告在一定期限内重新答复；③被告无权更正的，法院判决被告转送有权更正的行政机关处理。二是拒绝更正行为合法：法院判决驳回原告的诉讼请求。根据题目所给的条件，本案尚不知道属于何种情形，法院判决区人社局在一定期限内更正的条件不充足。故 D 选项说法错误。

答案 BC

📝 提 示

　　在行政机关拒绝更正政府信息的案件中，原告举证责任的内容——向被告提出过更正申请以及政府信息与其自身相关且记录不准确的事实根据；被告举证责任的内容——拒绝更正政府信息的理由。

263. 甲公司与乙公司发生纠纷向工商局申请公开乙公司的工商登记信息。该局公开了乙公司的名称、注册号、住所、法定代表人等基本信息，但对经营范围、从业人数、注册资本等信息拒绝公开。甲公司向法院起诉，法院受理。关于此事，下列哪些说法是正确的？（2016/2/47-多）

A. 甲公司应先向工商局的上一级工商局申请复议，对复议决定不服再向法院起诉

B. 工商局应当对拒绝公开的依据以及履行法定告知和说明理由义务的情况举证

C. 本案审理不适用简易程序

D. 因相关信息不属政府信息，拒绝公开合法

考点 行政诉讼的被告举证和简易程序；复议与诉讼的救济关系；政府信息的范围

解析 根据《行政诉讼法》第 44 条的规定，对属于人民法院受案范围的行政案件，公民、法人或者其他组织可以先向行政机关申请复议，对复议决定不服的，再向人民法院提起诉讼；也可以直接向人民法院提起诉讼。法律、法规规定应当先向行政机关申请复议，对复议决定不服再向人民法院提起诉讼的，依照法律、法规的规定。由

此可知，当事人就行政行为寻求救济时，原则上复议、诉讼自由选择，例外情况下诉讼要求复议前置。例外情况需要法律、法规的特别规定。根据《行政复议法》第 23 条第 1 款的规定，有下列情形之一的，申请人应当先向行政复议机关申请行政复议，对行政复议决定不服的，可以再依法向人民法院提起行政诉讼：……④申请政府信息公开，行政机关不予公开；……由此可知，拒绝政府信息公开案件需要复议前置。因此，甲公司向工商局申请公开乙公司的工商登记信息，工商局对经营范围、从业人数、注册资本等信息拒绝公开的，甲公司应当先申请行政复议，再向法院起诉。故 A 选项说法正确。

　　根据《政府信息公开案件规定》第 5 条第 1 款的规定，被告拒绝向原告提供政府信息的，应当对拒绝的根据以及履行法定告知和说明理由义务的情况举证。由此可知，甲公司向工商局申请公开乙公司的工商登记信息，工商局对经营范围、从业人数、注册资本等信息拒绝公开的，应对拒绝公开的根据以及履行法定告知和说明理由义务的情况举证。故 B 选项说法正确。

　　根据《行政诉讼法》第 82 条第 1 款的规定，人民法院审理下列第一审行政案件，认为事实清楚、权利义务关系明确、争议不大的，可以适用简易程序：……③属于政府信息公开案件的。由此可知，事实清楚、权利义务关系明确、争议不大的政府信息公开第一审案件是可以适用简易程序的。甲公司向工商局申请公开信息，工商局对部分信息拒绝公开，这属于政府信息公开案件，是可以适用简易程序的。故 C 选项说法错误。

　　根据《政府信息公开条例》第 2 条的规定，本条例所称政府信息，是指行政机关在履行行政管理职能过程中制作或者获取的，以一定形式记录、保存的信息。因此，"政府信息"的内涵应该作广义理解，即凡是行政机关行使行政权所获得的、与行政权有关的信息，原则上都可以认定为政府信息。公司工商登记中的经营范围、从业人数、注册资本等信息属于政府信息，因此拒绝公开的行为违法。故 D 选项说法错误。

答案 AB（司法部原答案为 B）

提 示

　　在拒绝公开政府信息的行政案件中，被告举证责任的内容——拒绝的根据以及履行法定告知和说明理由义务的情况。

264. 区城乡建设局批复同意某银行住宅楼选址，并向其颁发许可证。拟建的住宅楼与张某等 120 户居民居住的住宅楼间距为 9.45 米。张某等 20 人认为该批准行为违反了国家有关规定，向法院提起了行政诉讼。对此，下列哪一选项是错误的？（2007/2/80-单）

A. 因该批准行为涉及张某等人相邻权，故张某等人有权提起行政诉讼

B. 张某等 20 户居民应当推选 2 至 5 名诉讼代表人参加诉讼

C. 法院可以通知未起诉的 100 户居民作为第三人参加诉讼

D. 张某等 20 户居民应当提供符合法定起诉条件的证据材料

考点 行政诉讼的原告、诉讼代表人、第三人和举证责任

解析 根据《行政诉讼法》第 25 条第 1 款的规定，行政行为的相对人以及其他与行政行为有利害关系的公民、法人或者其他组织，有权提起诉讼。根据《行诉解释》第 12 条的规定，有下列情形之一的，属于《行政诉讼法》第 25 条第 1 款规定的"与行政行为有利害关系"：①被诉的行政行为涉及其相邻权或者公平竞争权的；……本案中，该批准行为涉及张某等人相邻权，张某等人有权提起行政诉讼。故 A 选项正确，不当选。

　　根据《行政诉讼法》第 28 条的规定，当事人一方人数众多的共同诉讼，可以由当事人推选代表人进行诉讼。根据《行诉解释》第 29 条第 1、3 款的规定，《行政诉讼法》第 28 条规定的"人数众多"，一般指 10 人以上。《行政诉讼法》第 28 条规定的代表人为 2 至 5 人。本案中，张某等 20 户居民作为原告，属于"人数众多"，可以由张某等 20 户居民推选 2 至 5 名代表人。故 B 选项正确，不当选。

　　根据《行诉解释》第 30 条第 1 款的规定，

行政机关的同一行政行为涉及 2 个以上利害关系人，其中一部分利害关系人对行政行为不服提起诉讼，人民法院应当通知没有起诉的其他利害关系人作为第三人参加诉讼。因此，法院是"应当"通知未起诉的 100 户居民作为第三人参加诉讼，而非"可以"通知。故 C 选项错误，当选。

　　根据《行诉证据规定》第 4 条第 1 款的规定，公民、法人或者其他组织向人民法院起诉时，应当提供其符合起诉条件的相应的证据材料。因此，张某等 20 户居民应当提供其符合法定起诉条件的证据材料。故 D 选项正确，不当选。

答案 C（司法部原答案为 BC）

提 示

　　行政诉讼原告的举证责任：①向法院起诉时，应当提供其符合起诉条件的相应的证据材料；②在起诉被告不履行法定职责的案件中，应当提供其向被告提出申请的证据；③在行政赔偿、补偿的案件中，应当对行政行为造成的损害提供证据。

265. 县政府召开相关职能部门会议，形成《会议纪要》。《会议纪要》的主要内容为：为了治理环境污染、保护生态，对全县境内采石场予以关闭。根据《会议纪要》，县城乡建设局与某采石场签订关闭采石场的协议，协议约定：该采石场于协议签订之日起 90 日内关闭，给采石场造成的损失补偿 15 万元。协议签订后，该采石场以协议显失公平为由请求法院撤销协议。下列哪些选项是正确的？（2020-回忆版-多）

A. 撤销协议的举证责任由该采石场承担

B. 该采石场的起诉适用行政诉讼起诉期限 6 个月

C. 协议可以约定由县法院管辖

D. 该采石场可以要求法院附带审查《会议纪要》

考点 行政诉讼的举证责任、起诉期限、管辖和规范性文件附带审查

解析 根据《行政协议案件规定》第10条第2款的规定，原告主张撤销、解除行政协议的，对撤销、解除行政协议的事由承担举证责任。该采石场作为原告以协议显失公平为由请求法院撤销该协议，则该采石场对其主张撤销行政协议的事由承担举证责任。故 A 选项正确。

根据《行政协议案件规定》第25条的规定，公民、法人或者其他组织对行政机关不依法履行、未按照约定履行行政协议提起诉讼的，诉讼时效参照民事法律规范确定；对行政机关变更、解除行政协议等行政行为提起诉讼的，起诉期限依照《行政诉讼法》及其司法解释确定。该采石场是以协议显失公平为由请求法院撤销该协议，应按照民事法律规定的诉讼时效予以起诉。故 B 选项错误。

根据《行政协议案件规定》第 7 条的规定，当事人书面协议约定选择被告所在地、原告所在地、协议履行地、协议订立地、标的物所在地等与争议有实际联系地点的人民法院管辖的，人民法院从其约定，但违反级别管辖和专属管辖的除外。县法院作为与争议有实际联系地点的法院，协议中可以约定由县法院管辖。故 C 选项正确。

根据《行政诉讼法》第 53 条的规定，公民、法人或者其他组织认为行政行为所依据的国务院部门和地方人民政府及其部门制定的规范性文件不合法，在对行政行为提起诉讼时，可以一并请求对该规范性文件进行审查。前述规定的规范性文件不含规章。县政府召开相关职能部门会议形成的《会议纪要》属于规章以下规范性文件，该采石场认为该规范性文件不合法的，可以在提起行政诉讼时一并请求对《会议纪要》进行审查。故 D 选项正确。

答案 ACD

提 示
行政协议既具有行政管理活动"行政性"的一般属性，也具有"协议性"的特别属性。行政协议诉讼案件有着与一般行政行为诉讼案件不同的规则，特别是涉及行政机关不依法履行、未按照约定履行协议义务的违约诉讼中，可以适用民法和民事诉讼规则。

266. 为了实现棚户区改造，县政府与甲签订了《房屋征收补偿协议》。该协议约定：若双方发生争议，由房屋所在地仲裁委员会进行仲裁。后甲以受胁迫签订协议为由向法院起诉要求解除协议。下列说法正确的有：（2021-回忆版-多）

A. 因协议约定仲裁条款，法院不予受理
B. 法院应当确认协议约定的仲裁条款无效
C. 甲应当对签订协议遭受胁迫承担举证责任
D. 本案不适用调解

考点 行政协议的救济途径；行政协议诉讼的举证责任与调解

解析 县政府与甲签订的《房屋征收补偿协议》属于行政协议。根据《行政协议案件规定》第 4 条第 1 款的规定，因行政协议的订立、履行、变更、终止等发生纠纷，公民、法人或者其他组织作为原告，以行政机关为被告提起行政诉讼的，人民法院应当依法受理。因此，甲以受胁迫签订协议为由向法院起诉要求解除协议的，法院应当受理，这与协议是否约定仲裁条款无关。故 A 选项说法错误。

根据《行政协议案件规定》第 26 条的规定，行政协议约定仲裁条款的，人民法院应当确认该条款无效，但法律、行政法规或者我国缔结、参加的国际条约另有规定的除外。由此可知，法院应当确认协议约定的仲裁条款无效。故 B 选项说法正确。

根据《行政协议案件规定》第 10 条第 2 款的规定，原告主张撤销、解除行政协议的，对撤销、解除行政协议的事由承担举证责任。题目中，甲以受胁迫签订协议为由主张解除协议，甲应当对解除协议的事由——签订协议遭受胁迫承担举证责任。故 C 选项说法正确。

根据《行政协议案件规定》第 23 条第 1 款的规定，人民法院审理行政协议案件，可以依法进行调解。本案属于行政协议案件，法院可以进行调解。故 D 选项说法错误。

答案 BC

提 示
行政协议诉讼的举证责任：

（1）被告订立、履行、变更、解除行政协议的，被告对于自己具有法定职权、履行法定程序、履行相应法定职责以及订立、履行、变更、解除行政协议等行为的合法性承担举证责任；

（2）原告主张撤销、解除行政协议的，原告对撤销、解除行政协议的事由承担举证责任；

（3）对行政协议是否履行发生争议的，由负有履行义务的当事人承担举证责任。

267. 市城管执法局委托镇政府负责对一风景区域进行城管执法。镇政府接到举报并经现场勘验，认定刘某擅自建房并组织强制拆除。刘某父亲和嫂子称房屋系二人共建，拆除行为侵犯合法权益，向法院起诉，法院予以受理。关于此案，下列哪些说法是正确的？（2010/2/89-多）

A. 此案的被告是镇政府

B. 刘某父亲和嫂子应当提供证据证明房屋为二人共建或与拆除行为有利害关系

C. 如法院对拆除房屋进行现场勘验，应当邀请当地基层组织或当事人所在单位派人参加

D. 被告应当提供证据和依据证明有拆除房屋的决定权和强制执行的权力

考点 行政诉讼的举证责任、现场勘验、被告

解析 根据《行政诉讼法》第 26 条第 5 款的规定，行政机关委托的组织所作的行政行为，委托的行政机关是被告。题目中，镇政府是受到市城管执法局的委托实施行政行为，应以委托的机关即市城管执法局为被告。故 A 选项说法错误。

根据《行政诉讼法》第 49 条的规定，提起诉讼应当符合下列条件：①原告是符合《行政诉讼法》第 25 条规定的公民、法人或者其他组织；②有明确的被告；③有具体的诉讼请求和事实根据；④属于人民法院受案范围和受诉人民法院管辖。根据《行诉解释》第 54 条第 1 款的规定，依照《行政诉讼法》第 49 条的规定，公民、法人或者其他组织提起诉讼时应当提交以下起诉材料：①原告的身份证明材料以及有效联系方式；

②被诉行政行为或者不作为存在的材料；③原告与被诉行政行为具有利害关系的材料；④人民法院认为需要提交的其他材料。题目中，刘某是行政行为的相对人，刘某父亲和嫂子向法院起诉的，应当提供证据证明房屋为二人共建或与拆除行为有利害关系。故 B 选项说法正确。

根据《行诉证据规定》第 33 条的规定，人民法院可以依当事人申请或者依职权勘验现场。勘验现场时，勘验人必须出示人民法院的证件，并邀请当地基层组织或者当事人所在单位派人参加。因此，法院对拆除房屋进行现场勘验的，应当邀请当地基层组织或当事人所在单位派人参加。故 C 选项说法正确。

根据《行政诉讼法》第 34 条第 1 款的规定，被告对作出的行政行为负有举证责任，应当提供作出该行政行为的证据和所依据的规范性文件。题目中，被告市城管执法局应当提供证据证明其行政行为合法，行政行为合法的要件之一就是行为属于法定职权范围。因此，在题目中，被告市城管执法局应当提供证据和依据证明其具有拆除房屋的决定权和强制执行的权力。故 D 选项说法正确。

答案 BCD

提 示
行政诉讼的被告要承担两项举证责任：

（1）对被诉行政行为合法性承担举证责任；

（2）对原告超过法定起诉期限承担举证责任。

268. 市监局查出某奶茶公司出售商品的外包装标签违法，决定没收该违法的外包装及其生产设备，并罚款 20 万元。该奶茶公司不服，提起诉讼，市监局向法院提供了外包装和询问该公司员工李某的询问笔录等证据。下列哪一选项是正确的？（2022-回忆版-单）

A. 询问笔录应当加盖市监局公章

B. 询问笔录应加盖该奶茶公司公章

C. 若该奶茶公司提供证据，应在法庭辩论终结前提供

D. 若该奶茶公司对询问笔录的真实性有异议，可要求市监局的相关行政执法人员出庭说明

【考点】现场笔录；原告的举证期限；行政执法人员出庭

【解析】《行诉证据规定》第15条规定，根据《行政诉讼法》第31条第1款第7项（现为第33条第1款第8项）的规定，被告向人民法院提供的现场笔录，应当载明时间、地点和事件等内容，并由执法人员和当事人签名。当事人拒绝签名或者不能签名的，应当注明原因。有其他人在现场的，可由其他人签名。法律、法规和规章对现场笔录的制作形式另有规定的，从其规定。本案中，市监局是询问该奶茶公司员工李某，因此，询问笔录应由执法人员和李某签名，无需加盖市监局公章和该奶茶公司公章。故 A、B 选项错误。

根据《行诉解释》第35条第1款的规定，原告或者第三人应当在开庭审理前或者人民法院指定的交换证据清单之日提供证据。因正当事由申请延期提供证据的，经人民法院准许，可以在法庭调查中提供。逾期提供证据的，人民法院应

当责令其说明理由；拒不说明理由或者理由不成立的，视为放弃举证权利。因此，本案中，作为原告的该奶茶公司应当在开庭审理前或者法院指定的交换证据清单之日提供证据，而不是法庭辩论终结前。故 C 选项错误。

根据《行诉解释》第41条的规定，有下列情形之一，原告或者第三人要求相关行政执法人员出庭说明的，人民法院可以准许：①对现场笔录的合法性或者真实性有异议的；……因此，作为原告的该奶茶公司对询问笔录的真实性有异议的，可要求市监局的相关行政执法人员出庭说明。故 D 选项正确。

【答案】D

✎【提示】

行政诉讼中当事人的举证期限：

（1）原告或第三人应当在开庭审理前或法院指定的交换证据清单之日提供证据；

（2）被告应当在收到起诉状副本之日起15日内提交作出行政行为的证据。

50 专题 行政诉讼的证据认定

269. 根据《最高人民法院关于行政诉讼证据若干问题的规定》，在二审程序中，对当事人依法提供的新证据，法庭应当进行质证。这里新证据是指：（2005/2/81-多）

A. 在一审程序中应当准予延期提供而未获准许的证据

B. 当事人在一审程序中依法申请调取而未获准许，人民法院在二审程序中调取的证据

C. 原告或者第三人提供的在举证期限届满后发现的证据

D. 原告或第三人在诉讼过程中提出的其在被告实施行政行为过程中所没有反驳的证据

【考点】行政诉讼二审程序中的新证据

【解析】根据《行诉证据规定》第50条的规定，在第二审程序中，对当事人依法提供的新的证据，法庭应当进行质证。《行诉证据规定》第52条规定，本规定第50、51条中的"新的证据"

是指以下证据：①在一审程序中应当准予延期提供而未获准许的证据；②当事人在一审程序中依法申请调取而未获准许或者未取得，人民法院在第二审程序中调取的证据；③原告或者第三人提供的在举证期限届满后发现的证据。A 选项"在一审程序中应当准予延期提供而未获准许的证据"、B 选项"当事人在一审程序中依法申请调取而未获准许，人民法院在二审程序中调取的证据"和 C 选项"原告或者第三人提供的在举证期限届满后发现的证据"均属于新证据。故 A、B、C 选项当选。

根据《行诉解释》第45条的规定，被告有证据证明其在行政程序中依照法定程序要求原告或者第三人提供证据，原告或者第三人依法应当提供而没有提供，在诉讼程序中提供的证据，人民法院一般不予采纳。D 选项"原告或第三人在诉讼过程中提出的其在被告实施行政行为过程中

所没有反驳的证据"有可能属于被告在行政程序中依照法定程序要求原告提供、原告应当提供而拒不提供的证据，这类证据不属于新证据，人民法院不予采纳，当然谈不上质证的问题。故 D 选项不当选。

答案 ABC

✐ **提示**

> 　　二审"新证据"：不是一审没有提供的证据在二审中提供的都作为新证据，能作为"新证据"的是由于当事人主观原因以外的原因（客观原因、一审法院的原因等正当事由）提出的新证据。

270. 关于行政诉讼证据，下列哪一说法是正确的？（2004/2/47-单）

A. 人民法院依职权调取的证据，应当在法庭出示，由当事人质证

B. 涉及商业秘密的证据，可以不公开质证

C. 第二审程序中，所有第一审认定的证据无须再质证

D. 生效的人民法院判决书认定的事实无须质证，可以作为定案的证据

考点 行政诉讼质证

解析 根据《行诉证据规定》第 38 条的规定，当事人申请人民法院调取的证据，由申请调取证据的当事人在庭审中出示，并由当事人质证。人民法院依职权调取的证据，由法庭出示，并可就调取该证据的情况进行说明，听取当事人意见。由此可知，法院调取的证据有两种情况：依申请调取的证据和依职权调取的证据。依申请调取的证据在庭审中出示，并由当事人质证；依职权调取的证据由法庭出示，听取当事人意见，无须质证。故 A 选项说法错误。

根据《行诉证据规定》第 37 条的规定，涉及国家秘密、商业秘密和个人隐私或者法律规定的其他应当保密的证据，不得在开庭时公开质证。由此可知，涉及商业秘密的证据，是应当不公开质证，而不是可以不公开质证。故 B 选项说法错误。

根据《行诉证据规定》第 50 条的规定，在

第二审程序中，对当事人依法提供的新的证据，法庭应当进行质证；当事人对第一审认定的证据仍有争议的，法庭也应当进行质证。由此可知，第二审程序中，对第一审认定的证据，当事人仍有争议的，法庭应当进行质证。故 C 选项说法错误。

根据《行诉证据规定》第 70 条的规定，生效的人民法院裁判文书或者仲裁机构裁决文书确认的事实，可以作为定案依据。由此可知，生效的人民法院判决书认定的事实，可以作为定案的证据，无须再质证。故 D 选项说法正确。

答案 D

✐ **提示**

> 　　行政诉讼中的证据原则上都应当质证，无须质证的例外情况是：
> 　　（1）当事人在庭前证据交换过程中没有争议的证据；
> 　　（2）法院依职权调取的证据；
> 　　（3）生效的法院裁判文书或者仲裁机构裁决文书确认的事实。

271. 某药厂以本厂过期药品作为主原料，更改生产日期和批号生产出售。甲市乙县药监局以该厂违反《药品管理法》第 49 条第 1 款（现为第 98 条第 1 款）关于违法生产药品规定，决定没收药品并处罚款 20 万元。药厂不服向县政府申请复议，县政府依《药品管理法》第 49 条第 3 款（现为第 98 条第 3 款）关于生产劣药行为的规定，决定维持处罚决定。药厂起诉。关于本案的举证与审理裁判，下列说法正确的有：（2012/2/98-任）

A. 法院应对被诉行政行为和药厂的行为是否合法一并审理和裁判

B. 药厂提供的证明被诉行政行为违法的证据不成立的，不能免除被告对被诉行政行为合法性的举证责任

C. 如在本案庭审过程中，药厂要求证人出庭作证的，法院不予准许

D. 法院对本案的裁判，应当以证据证明的案件事实为依据

考点 行政诉讼的举证责任、证人出庭、案件事实、审理对象

解析 根据《行政诉讼法》第6条的规定，人民法院审理行政案件，对行政行为是否合法进行审查。由此可知，行政诉讼审查的对象是被诉行政行为的合法性，而不是行政相对人行为的合法性。故 A 选项说法错误。

根据《行政诉讼法》第37条的规定，原告可以提供证明行政行为违法的证据。原告提供的证据不成立的，不免除被告的举证责任。被诉行政行为的合法性由被告负举证责任——无论原告能不能证明被诉行政行为违法。故 B 选项说法正确。

根据《行诉证据规定》第43条的规定，当事人申请证人出庭作证的，原则上应在举证期限届满前提出。当事人在庭审过程中要求证人出庭作证的，法庭可以根据审理案件的具体情况，决定是否准许以及是否延期审理。故 C 选项说法错误。

根据《行诉证据规定》第53条的规定，人民法院裁判行政案件，应当以证据证明的案件事实为依据。因此，证据证明的案件事实才是裁判行政案件的依据。故 D 选项说法正确。

答案 BD

✎ 提 示

原告证明被诉行政行为违法是举证权利，被告证明被诉行政行为合法是举证责任。若原告证明不了被诉行政行为违法，被告证明不了被诉行政行为合法，则被诉行政行为推定为违法。

272. 关于在行政诉讼中法庭对证据的审查，下列哪一说法是正确的？（2010/2/49-单）

A. 从证据形成的原因方面审查证据的合法性

B. 从证人与当事人是否具有利害关系方面审查证据的关联性

C. 从发现证据时的客观环境审查证据的真实性

D. 从复制件与原件是否相符审查证据的合法性

考点 行政诉讼证据审查

解析 证据的合法性包括两方面的含义：一方面是证据必须符合法律对其的形式要求；另一方面是证据的收集必须符合法律要求。根据《行诉证据规定》第55条的规定，法庭应当根据案件的具体情况，从以下方面审查证据的合法性：①证据是否符合法定形式；②证据的取得是否符合法律、法规、司法解释和规章的要求；③是否有影响证据效力的其他违法情形。可以看出，证据的合法性无需从证据形成的原因方面来审查，也无需从复制件与原件是否相符来审查。故 A、D 选项说法错误。

证据的关联性，是指证据必须与案件事实之间存在着内在联系。在审核认定的过程中，应当排除不具有关联性的证据材料，准确认定案件事实。根据《行诉证据规定》第54条的规定，法庭应当对经过庭审质证的证据和无需质证的证据进行逐一审查和对全部证据综合审查，遵循法官职业道德，运用逻辑推理和生活经验，进行全面、客观和公正地分析判断，确定证据材料与案件事实之间的证明关系，排除不具有关联性的证据材料，准确认定案件事实。可以看出，证据的关联性无需从证人与当事人是否具有利害关系方面来审查。故 B 选项说法错误。

证据的真实性，是指证据反映的事实必须是客观存在的事实，而不是猜测和虚构的东西，这是证据最基本的特性。根据《行诉证据规定》第56条的规定，法庭应当根据案件的具体情况，从以下方面审查证据的真实性：①证据形成的原因；②发现证据时的客观环境；③证据是否为原件、原物，复制件、复制品与原件、原物是否相符；④提供证据的人或者证人与当事人是否具有利害关系；⑤影响证据真实性的其他因素。可以看出，证据的真实性需要从发现证据时的客观环境来审查。故 C 选项说法正确，并且 A、B、D 选项均为审查证据真实性的内容。

答案 C

✎ 提 示

审查证据合法性的三个角度：①证据形式；②证据的取得；③证据效力。

审查证据真实性的四个角度：①证据形成的原因；②证据环境；③证据原件；④证据利害关系。

行政诉讼的法律适用 专题 **51**

273. 关于行政诉讼，下列哪些情形法院可以认定下位法不符合上位法？（2010/2/90-多）

A. 下位法延长上位法规定的履行法定职责的期限

B. 下位法以参照方式限缩上位法规定的义务主体的范围

C. 下位法限制上位法规定的权利范围

D. 下位法超出上位法规定的强制措施的适用范围

考点 法律适用的冲突

解析 根据《最高人民法院关于审理行政案件适用法律规范问题的座谈会纪要》的规定，下位法不符合上位法的常见情形有：①下位法缩小上位法规定的权利主体范围，或者违反上位法立法目的扩大上位法规定的权利主体范围；②下位法限制或者剥夺上位法规定的权利，或者违反上位法立法目的扩大上位法规定的权利范围；③下位法扩大行政主体或其职权范围；④下位法延长上位法规定的履行法定职责期限；⑤下位法以参照、准用等方式扩大或者限缩上位法规定的义务或者义务主体的范围、性质或者条件；⑥下位法增设或者限缩违反上位法规定的适用条件；⑦下位法扩大或者限缩上位法规定的给予行政处罚的行为、种类和幅度的范围；⑧下位法改变上位法已规定的违法行为的性质；⑨下位法超出上位法规定的强制措施的适用范围、种类和方式，以及增设或者限缩其适用条件；⑩法规、规章或者其他规范文件设定不符合《行政许可法》规定的行政许可，或者增设违反上位法的行政许可条件；⑪其他相抵触的情形。A选项为第4项的规定，B选项为第5项的规定，C选项为第2项的规定，D选项为第9项的规定。故A、B、C、D选项都可以认定为下位法不符合上位法的情形，当选。

答案 ABCD

✏ 提 示

下位法不符合上位法的四个标准：

（1）减损公民、法人和其他组织的权利；

（2）增加公民、法人和其他组织的义务；

（3）增加行政机关的权力；

（4）减少行政机关的法定职责。

274. 法院审理行政案件，对下列哪些事项，《行政诉讼法》没有规定的，适用《民事诉讼法》的相关规定？（2015/2/81-多）

A. 受案范围、管辖

B. 期间、送达、财产保全

C. 开庭审理、调解、中止诉讼

D. 检察院对受理、审理、裁判、执行的监督

考点 行政诉讼中的《民事诉讼法》适用

解析 虽然行政诉讼脱胎于民事诉讼，二者有一定的关联性和相似性，但是行政诉讼是与民事诉讼不同的诉讼制度，《民事诉讼法》的规定未必能全部适用于行政诉讼，只有《行政诉讼法》没有规定的，才可以直接适用《民事诉讼法》的相关规定。因此，A选项中的"受案范围、管辖"，《行政诉讼法》有相关规定，就不适用《民事诉讼法》。故A选项不当选。

根据《行政诉讼法》第101条的规定，人民法院审理行政案件，关于期间、送达、财产保全、开庭审理、调解、中止诉讼、终结诉讼、简易程序、执行等，以及人民检察院对行政案件受理、审理、裁判、执行的监督，本法没有规定的，适用《民事诉讼法》的相关规定。因此，B选项的"期间、送达、财产保全"，C选项的"开庭审理、调解、中止诉讼"和D选项的"检察院对受理、审理、裁判、执行的监督"都是《行政诉讼法》没有规定的，直接适用《民事诉讼法》的相关规定。故B、C、D选项当选。

答案 BCD

📝 **提示**

《行政诉讼法》与《民事诉讼法》的关系是特别法与一般法的关系。《行政诉讼法》有特别规定的，就适用《行政诉讼法》的特别规定；《行政诉讼法》没有特别规定的，就适用《民事诉讼法》的一般规定。

275. 甲公司与国土资源局签订征地补偿协议，约定征收土地范围、土地补偿金、违约金等条款。随后，甲公司依照协议约定将土地交予国土资源局，但国土资源局未依照协议约定给予补偿。甲公司起诉要求国土资源局给付土地补偿金和违约金，法院受理。下列哪一说法是正确的？（2023-回忆版-单）

A. 甲公司起诉参照民事法律规范的诉讼时效
B. 给付土地补偿金的事实由甲公司举证
C. 法院不得适用民事法律规范关于民事合同的规定处理案件
D. 法院不应判决国土资源局给付违约金

考点 行政协议诉讼的起诉、举证责任和法律适用

解析 根据《行政协议案件规定》第25条的规定，公民、法人或者其他组织对行政机关不依法履行、未按照约定履行行政协议提起诉讼的，诉讼时效参照民事法律规范确定；对行政机关变更、解除行政协议等行政行为提起诉讼的，起诉期限依照《行政诉讼法》及其司法解释确定。本案中，甲公司起诉要求国土资源局给付土地补偿金和违约金，属于行政机关未按照约定履行行政协议提起的诉讼，甲公司起诉参照民事法律规范

的诉讼时效。故A选项说法正确。

根据《行政协议案件规定》第10条第3款的规定，对行政协议是否履行发生争议的，由负有履行义务的当事人承担举证责任。本案中，给付土地补偿金的事实属于对行政协议是否履行发生争议的事实，应当由负有履行义务的当事人——国土资源局举证。故B选项说法错误。

根据《行政协议案件规定》第27条第2款的规定，人民法院审理行政协议案件，可以参照适用民事法律规范关于民事合同的相关规定。本案是行政协议案件，因此，法院可以参照适用民事法律规范关于民事合同的相关规定处理案件。故C选项说法错误。

根据《行政协议案件规定》第19条第2款的规定，原告要求按照约定的违约金条款或者定金条款予以赔偿的，人民法院应予支持。本案中，征地补偿协议约定了违约金条款，法院应当支持甲公司提出的给付违约金的请求。故D选项说法错误。

答案 A

📝 **提示**

行政协议案件中适用民事法律规范的情形：

（1）当事人依据民事法律规范的规定行使履行抗辩权；

（2）起诉行政机关不依法履行、未按照约定履行行政协议的诉讼时效参照民事法律规范确定；

（3）行政协议案件可以参照适用民事法律规范关于民事合同的相关规定。

276. 在行政诉讼中，针对下列哪些情形，法院应当判决驳回原告的诉讼请求？（2014/2/82-多）

A. 起诉被告不作为理由不能成立的

B. 受理案件后发现起诉不符合起诉条件的

C. 被诉具体行政行为合法，但因法律变化需要变更或者废止的

D. 被告在一审期间改变被诉具体行政行为，原告不撤诉的

【考点】驳回诉讼请求判决；驳回原告起诉

【解析】根据《行政诉讼法》第 69 条的规定，行政行为证据确凿，适用法律、法规正确，符合法定程序的，或者原告申请被告履行法定职责或者给付义务理由不成立的，人民法院判决驳回原告的诉讼请求。A 选项"起诉被告不作为理由不能成立"就属于申请被告履行法定职责理由不成立的情形，法院应当判决驳回原告的诉讼请求。故 A 选项当选。

根据《行政诉讼法》第 49 条的规定，提起诉讼应当符合下列条件：①原告是符合本法第 25 条规定的公民、法人或者其他组织；②有明确的被告；③有具体的诉讼请求和事实根据；④属于人民法院受案范围和受诉人民法院管辖。根据《行诉解释》第 69 条第 1 款的规定，有下列情形之一，已经立案的，应当裁定驳回起诉：①不符合《行政诉讼法》第 49 条规定的；……因此，受理案件后发现起诉不符合起诉条件的，法院应

当裁定驳回原告的起诉，而不是判决驳回原告的诉讼请求。故 B 选项不当选。

根据《行政诉讼法》第 69 条的规定，行政行为证据确凿、适用法律、法规正确、符合法定程序的，或者原告申请被告履行法定职责或者给付义务理由不成立的，人民法院判决驳回原告的诉讼请求。因此，虽然因法律变化需要变更或者废止，但被诉具体行政行为是合法的，法院应当判决驳回原告的诉讼请求。故 C 选项当选。

根据《行诉解释》第 81 条第 1~3 款的规定，被告在一审期间改变被诉行政行为的，应当书面告知人民法院。原告或者第三人对改变后的行政行为不服提起诉讼的，人民法院应当就改变后的行政行为进行审理。被告改变原违法行政行为，原告仍要求确认原行政行为违法的，人民法院应当依法作出确认判决。由此可知，被告在一审期间改变被诉具体行政行为的，有两种情形：①原告或者第三人对改变后的具体行政行为不服提起诉讼的，人民法院应当就改变后的具体行政行为进行审理；②被告改变原具体行政行为，原告不撤诉的，法院仍应对原具体行政行为进行审查并对此作出裁判。不过，由于原具体行政行为已经发生改变，法院的裁判形式也有所区别。如法院经审查认为原具体行政行为违法，不是作出撤销判决，而应当作出确认违法判决；如认为原具体行政行为合法，则应当判决驳回原告的诉讼请求。因此，D 选项"被告在一审期间改变被诉

具体行政行为，原告不撤诉"，没有明确原具体行政行为是否合法，判决驳回原告的诉讼请求只是可能的一种判决，如果明确了原具体行政行为合法，法院应当判决驳回原告的诉讼请求。故 D 选项不当选。

答案 AC

提 示

驳回诉讼请求和驳回起诉的区别：
（1）使用的裁判形式不同。前者涉及的是案件实体问题，应适用判决；后者主要涉及案件程序问题，应适用裁定。
（2）适用情形不同。前者所适用的情形，法律有明确的规定；后者适用于法院受理案件后，发现起诉不符合条件的情形。

277. 某镇政府以一公司所建钢架大棚未取得乡村建设规划许可证为由责令限期拆除。该公司逾期不拆除，镇政府现场向其送达强拆通知书，组织人员拆除了大棚。该公司向法院起诉要求撤销强拆行为。如一审法院审理认为强拆行为违反法定程序，可作出的判决有：（2015/2/99-任）

A. 撤销判决
B. 确认违法判决
C. 履行判决
D. 变更判决

考点 撤销判决；确认违法判决；履行判决；变更判决

解析 首先要明确的是，本题中，公司向法院起诉的行为是强拆行为，而不是责令限期拆除决定。根据《行政诉讼法》第 70 条的规定，行政行为有下列情形之一的，人民法院判决撤销或者部分撤销，并可以判决被告重新作出行政行为：……③违反法定程序的；……因此，法院经审理后认为强拆行为违反法定程序的，首选的判决是撤销强拆行为判决。但又根据《行政诉讼法》第 74 条第 2 款的规定，行政行为有下列情形之一，不需要撤销或者判决履行的，人民法院判决确认违法：①行政行为违法，但不具有可撤销内容的；……由于强拆行为已实际实施，无可撤销的内容，因此，法院就不能适用撤销判决，而应适用确认违法判决。故 A 选项不当选，B 选

项当选。

根据《行政诉讼法》第 72 条的规定，人民法院经过审理，查明被告不履行法定职责的，判决被告在一定期限内履行。履行判决主要适用于行政机关不作为的情形。本题不存在行政机关不作为的情形。故 C 选项不当选。

根据《行政诉讼法》第 77 条第 1 款的规定，行政处罚明显不当，或者其他行政行为涉及对款额的确定、认定确有错误的，人民法院可以判决变更。本题中的被诉行为是强拆行为，既非行政处罚行为，也非涉及对款额的确定、认定的行政行为，因而不适用变更判决。故 D 选项不当选。

答案 B

提 示

行政诉讼中撤销判决与确认违法判决的关系：共同点都是针对被诉行政作为违法；区别在于撤销判决是首选判决，确认违法判决是补充判决，只有在撤销判决不能适用时才会适用确认违法判决。

278. 罗某受到朱某的人身威胁，向公安机关报案，公安机关未采取任何措施。3 天后，罗某了解到朱某因涉嫌抢劫被刑事拘留。罗某以公安机关不履行法定职责为由向法院提起行政诉讼，同时提出行政赔偿请求，要求赔偿精神损失。法院经审理认为，公安机关确未履行法定职责。下列哪些选项是正确的？（2007/2/83-多）

A. 因朱某已被刑事拘留，法院应当判决驳回罗某起诉
B. 法院应当判决确认公安机关不履行职责行为违法
C. 法院应当判决公安机关赔偿罗某的精神损失
D. 法院应当判决驳回罗某的行政赔偿请求

考点 行政诉讼判决；行政赔偿的范围

解析 根据《行政诉讼法》第 74 条第 2 款的规定，行政行为有下列情形之一，不需要撤销或者判决履行的，人民法院判决确认违法：……③被告不履行或者拖延履行法定职责，判决履行没有意义的。本题中，公安机关不履行法定职责行为

违法，但判决履行没有意义。因此，法院应当判决确认公安机关不履行法定职责行为违法，而不适用驳回罗某起诉的判决，况且朱某被刑事拘留与罗某的起诉没有关系。故 A 选项错误，B 选项正确。

根据《国家赔偿法》第 35 条的规定，有本法第 3 条或者第 17 条规定情形之一，致人精神损害的，应当在侵权行为影响的范围内，为受害人消除影响，恢复名誉，赔礼道歉；造成严重后果的，应当支付相应的精神损害抚慰金。但是本案的情况不属于《国家赔偿法》"第 3 条或者第 17 条规定情形之一"的范围。故 C 选项错误，D 选项正确。

答案 BD

提 示

　　行政不作为案件的判决：
　　（1）行政不作为合法的，判决驳回原告诉讼请求。
　　（2）行政不作为违法的，判决被告履行法定职责；判决履行没有意义的，判决确认违法。

279. 某银行以某公司未偿还贷款为由向法院起诉，法院终审判决认定其请求已过诉讼时效，予以驳回。该银行向某县政府发函，要求该县政府落实该公司的还款责任。该县政府复函："请贵行继续依法主张债权，我们将配合做好有关工作。"尔后，该银行向法院起诉，请求该县政府履行职责。法院经审理认为，该县政府已履行相应职责，该银行的债权不能实现的原因在于其主张债权时已超过诉讼时效。下列哪一选项是错误的？（2008/2/43－单）

A. 本案应由中级法院管辖

B. 因法院的生效判决已对该银行与该公司的民事关系予以确认，该县政府不能重新进行确定

C. 法院应当判决确认该县政府的复函合法

D. 法院应当判决驳回该银行的诉讼请求

考点 行政诉讼的管辖与一审判决

解析 根据《行政诉讼法》第 15 条的规定，中级人民法院管辖下列第一审行政案件：①对国务院部门或者县级以上地方人民政府所作的行政行为提起诉讼的案件；……本题中，该银行向法院起诉，请求该县政府履行职责，被告是该县政府，应当由中级法院管辖。故 A 选项正确，不当选。

该银行与该公司的债权债务纠纷属于民事纠纷，该纠纷已由法院最终处理，且已经受到法院生效裁判的羁束，根据司法最终的原理，该县政府不能再重新确定。故 B 选项正确，不当选。

本题中，该银行向法院起诉该县政府不作为，而法院经审理认为，该县政府已经履行相应职责，即法院认为，原告该银行起诉被告该县政府不作为理由不成立。根据《行政诉讼法》第 69 条的规定，行政行为证据确凿，适用法律、法规正确，符合法定程序的，或者原告申请被告履行法定职责或者给付义务理由不成立的，人民法院判决驳回原告的诉讼请求。故 C 选项错误，当选；D 选项正确，不当选。

答案 C

提 示

　　司法最终的两层含义：
　　（1）权利损害后，经过其他救济后都应当允许寻求司法救济；
　　（2）凡经司法救济后，不得再寻求其他救济。

280. 王某认为社保局提供的社会保障信息有误，要求该局予以更正。该局以无权更正为由拒绝更正。王某向法院起诉，法院受理。下列哪些说法是正确的？（2014/2/83－多）

A. 王某应当提供其向该局提出过更正申请以及政府信息与其自身相关且记录不准确的事实根据

B. 该局应当对拒绝的理由进行举证和说明

C. 如涉案信息有误但该局无权更正的，法院即应判决驳回王某的诉讼请求

D. 如涉案信息有误且该局有权更正的，法院即应判决在 15 日内更正

考点 政府信息公开案件的判决、举证责任

解析 王某要求社保局更正社会保障信息，社保局以无权更正为由拒绝更正。王某向法院起诉，法院受理。这属于政府信息公开案件中被告拒绝更正信息记录案件。

根据《政府信息公开案件规定》第5条第7款的规定，原告起诉被告拒绝更正政府信息记录的，应当提供其向被告提出过更正申请以及政府信息与其自身相关且记录不准确的事实根据。因此，原告王某应当提供其向社保局提出过更正申请以及政府信息与其自身相关且记录不准确的事实根据。故A选项说法正确。

根据《政府信息公开案件规定》第5条第3款的规定，被告拒绝更正与原告相关的政府信息记录的，应当对拒绝的理由进行举证和说明。因此，被告社保局应当对拒绝的理由进行举证和说明。故B选项说法正确。

根据《政府信息公开条例》第41条的规定，公民、法人或者其他组织有证据证明行政机关提供的与其自身相关的政府信息记录不准确的，可以要求行政机关更正。有权更正的行政机关审核属实的，应当予以更正并告知申请人；不属于本行政机关职能范围的，行政机关可以转送有权更正的行政机关处理并告知申请人，或者告知申请人向有权更正的行政机关提出。根据《政府信息公开案件规定》第9条第4款的规定，被告依法应当更正而不更正与原告相关的政府信息记录的，人民法院应当判决被告在一定期限内更正。尚需被告调查、裁量的，判决其在一定期限内重新答复。被告无权更正的，判决其转送有权更正的行政机关处理。由此可知，如涉案信息有误且社保局有权更正，法院判决社保局在一定期限内更正。故D选项说法错误。如涉案信息有误但社保局无权更正，法院应当判决社保局转送有权更正的行政机关处理，而不是判决驳回王某的诉讼请求。故C选项说法错误。

答案 AB

✎ 提 示

行政机关拒绝更正政府信息案件中，政府信息记录不准确的，原则上要判决被告在一定期限内更正。但有两种特别情形：

（1）尚需被告调查、裁量的，判决其在一定期限内重新答复。这意味着对需要调查或者带有裁量性的判断，法院应遵循行政机关的判断，而不能代替。另外，对于期限，法院应根据具体情况确定。

（2）被告无权更正的，应当判决被告转送有权更正的行政机关处理。

281. 2012年9月，某计划生育委员会以李某、周某二人于2010年7月违法超生第二胎，作出要求其缴纳社会抚养费12万元，逾期不缴纳每月加收千分之二滞纳金的决定。二人不服，向法院起诉。下列哪些说法是正确的？（2013/2/81-多）

A. 加处的滞纳金数额不得超出12万元

B. 本案为共同诉讼

C. 二人的违法行为发生在2010年7月，到2012年9月已超过《行政处罚法》规定的追究责任的期限，故决定违法

D. 法院不能作出允许少缴或免缴社会抚养费的变更判决

考点 变更判决；滞纳金；共同诉讼；具体行政行为性质

解析 根据《行政强制法》第45条的规定，行政机关依法作出金钱给付义务的行政决定，当事人逾期不履行的，行政机关可以依法加处罚款或者滞纳金。加处罚款或者滞纳金的标准应当告知当事人。加处罚款或者滞纳金的数额不得超出金钱给付义务的数额。因此，该计划生育委员会对李某、周某二人征收社会抚养费12万元并每月加收千分之二滞纳金的，加处的滞纳金的数额不得超出社会抚养费12万元。故A选项说法正确。

根据《行政诉讼法》第27条的规定，当事人一方或者双方为2人以上，因同一行政行为发生的行政案件，或者因同类行政行为发生的行政案件、人民法院认为可以合并审理并经当事人同意的，为共同诉讼。本案属于当事人一方为2人，因同一行政行为发生的行政案件，所以本案为共同诉讼，属于必要的共同诉讼。故B选项说法正确。

虽然《行政处罚法》第36条第1款规定，

违法行为在 2 年内未被发现的，不再给予行政处罚；涉及公民生命健康安全、金融安全且有危害后果的，上述期限延长至 5 年。法律另有规定的除外。但本案中，该计划生育委员会对李某、周某二人征收社会抚养费 12 万元是行政性收费，征收社会抚养费属于行政征收行为，不属于行政处罚行为，因而不适用《行政处罚法》关于行政处罚时效的规定。故 C 选项说法错误。

根据《行政诉讼法》第 77 条第 1 款的规定，行政处罚明显不当，或者其他行政行为涉及对款额的确定、认定确有错误的，人民法院可以判决变更。由此可知，涉及对款额的确定、认定确有错误的行政行为，法院是可以适用变更判决的。本案中，征收社会抚养费就属于对款额的确定、认定的行政行为，如果征收社会抚养费对款额的确定、认定过高，法院是可以作出允许少缴或免缴社会抚养费的变更判决的。故 D 选项说法错误。

答案 AB（司法部原答案为 ABD）

提示

行政诉讼中变更判决适用于两种情形：

（1）行政处罚明显不当的案件；

（2）其他行政行为涉及对款额的确定、认定确有错误的案件。

282. 市政府决定，将牛某所在村的集体土地征收转为建设用地。因对补偿款数额不满，牛某对现场施工进行阻挠。市公安局接警后派警察到现场处理。经口头传唤和调查后，该局对牛某处以 10 日拘留。牛某不服处罚起诉，法院受理。下列哪一说法是正确的？（2011/2/46-单）

A. 市公安局警察口头传唤牛某构成违法

B. 牛某在接受询问时要求就被询问事项自行提供书面材料，不予准许

C. 市政府征收土地决定的合法性不属于本案的审查范围

D. 本案不适用变更判决

考点 治安管理处罚程序；行政行为合法性审查；行政诉讼变更判决

解析 根据《治安管理处罚法》第 82 条第 1 款的规定，公安机关对违反治安管理行为人进行传唤，原则上要使用传唤证传唤，但对现场发现的违反治安管理行为人，可以口头传唤。本案中，市公安局是在现场发现牛某对施工进行阻挠并进行传唤，因此，市公安局可以采用口头方式传唤牛某，并不违法。故 A 选项说法错误。

根据《治安管理处罚法》第 84 条第 2 款的规定，被询问人要求就被询问事项自行提供书面材料的，应当准许。作为被询问人的牛某在接受询问时可以要求就被询问事项自行提供书面材料，对此公安机关应予准许。故 B 选项说法错误。

题目中出现三个行政行为：市政府的征收决定、对牛某的补偿和市公安局对牛某的 10 日拘留。然而，牛某只对拘留处罚提起诉讼，案件的审理对象应为拘留处罚，其他行政行为不是案件的审理对象。因此，法院不对市政府征收土地决定的合法性进行审查。故 C 选项说法正确。

由于案件的审理对象为 10 日拘留，其属于行政处罚决定，根据《行政诉讼法》第 77 条第 1 款的规定，行政处罚明显不当，或者其他行政行为涉及对款额的确定、认定确有错误的，人民法院可以判决变更。由此可见，若法院认定拘留明显不当，可以适用变更判决。故 D 选项说法错误。

答案 C

提示

行政诉讼中的受案范围、审查范围和判决对象，实质上都是针对被诉行政行为。被诉行政行为既属于行政诉讼的受案范围，也属于法院的审查范围，同时也构成法院的判决对象。

283. 2016 年 8 月，区政府决定对某棚户区改造项目涉及土地上的房屋予以征收，方某的房屋在征收范围内，区政府与方某签订了征收补偿协议。后方某向法院起诉请求确认征收补偿协议无效。法院审理后认为征收程序违法但不构成无效，向方某释明后要求其变更诉讼请求，方某拒绝。下列说法正确的有：（2022-回

忆版-多)

A. 征收补偿协议具有公益性质

B. 本案由中级法院管辖

C. 因方某拒绝变更诉讼请求，法院可以判决驳回方某的诉讼请求

D. 因征收补偿协议于2016年订立，法院应当裁定驳回起诉

【考点】行政协议的性质、管辖和判决

【解析】根据《行政协议案件规定》第1条的规定，行政机关为了实现行政管理或者公共服务目标，与公民、法人或者其他组织协商订立的具有行政法上权利义务内容的协议，属于《行政诉讼法》第12条第1款第11项规定的行政协议。因此，行政协议是以实现行政管理或者公共服务为目标，具有公益性质。本案中，征收补偿协议作为行政协议，具有公益性质。故A选项正确。

根据《行政诉讼法》第15条的规定，中级人民法院管辖下列第一审行政案件：①对国务院部门或者县级以上地方人民政府所作的行政行为提起诉讼的案件；……本案中，区政府作为被告，因此应当由中级法院管辖。故B选项正确。

根据《行诉解释》第94条第2款的规定，公民、法人或者其他组织起诉请求确认行政行为无效，人民法院审查认为行政行为不属于无效情形，经释明，原告请求撤销行政行为的，应当继续审理并依法作出相应判决；原告请求撤销行政行为但超过法定起诉期限的，裁定驳回起诉；原告拒绝变更诉讼请求的，判决驳回其诉讼请求。本案中，方某拒绝变更诉讼请求，法院可以判决驳回方某的诉讼请求。故C选项正确。

根据《行政协议案件规定》第4条第1款的规定，因行政协议的订立、履行、变更、终止等发生纠纷，公民、法人或者其他组织作为原告，以行政机关为被告提起行政诉讼的，人民法院应当依法受理。根据《行政协议案件规定》第28条第1款的规定，2015年5月1日后订立的行政协议发生纠纷，适用《行政诉讼法》及《行政协议案件规定》。本案中，行政协议是2016年订立的，因此，法院应当依法受理。故D选项错误。

【答案】ABC

【✎ 提示】

原告请求确认行政行为无效，而行政行为违法的处理：

（1）经法院释明，原告请求撤销行政行为的，法院应当继续审理并依法作出相应判决；

（2）原告请求撤销行政行为但超过法定起诉期限的，法院应当裁定驳回起诉；

（3）原告拒绝变更诉讼请求的，法院应当判决驳回其诉讼请求。

284. 余某拟大修房屋，向县规划局提出申请，该局作出不予批准答复。余某向市规划局申请复议，在后者作出维持决定后，向法院起诉。县规划局向法院提交县政府批准和保存的余某房屋所在中心村规划布局图的复印件一张，余某提交了其房屋现状的录像，证明其房屋已破旧不堪。下列哪些说法是正确的？（2011/2/82-多）

A. 县规划局提交的该复印件，应加盖县政府的印章

B. 余某提交的录像应注明制作方法和制作时间

C. 如法院认定余某的请求不成立，可以判决驳回余某的诉讼请求

D. 如法院认定余某的请求成立，在对县规划局的行为作出裁判的同时，应对市规划局的复议决定作出裁判

【考点】行政诉讼证据形式要求；行政诉讼判决对象；驳回诉讼请求判决

【解析】《行诉证据规定》第10条第1款规定，根据《行政诉讼法》第31条（现为第33条）第1款第1项的规定，当事人向人民法院提供书证的，应当符合下列要求：……②提供由有关部门保管的书证原件的复制件、影印件或者抄录件的，应当注明出处，经该部门核对无异后加盖其印章；……因此，县规划局提交的该复印件，应加盖县政府的印章。故A选项说法正确。

《行诉证据规定》第12条规定，根据《行政诉讼法》第31条（现为第33条）第1款第3项的规定，当事人向人民法院提供计算机数据或者

录音、录像等视听资料的, 应当符合下列要求: ……②注明制作方法、制作时间、制作人和证明对象等; ……因此, 余某提交的录像应注明制作方法和制作时间。故 B 选项说法正确。

根据《行政诉讼法》第 69 条的规定, 行政行为证据确凿, 适用法律、法规正确, 符合法定程序的, 或者原告申请被告履行法定职责或者给付义务理由不成立的, 人民法院判决驳回原告的诉讼请求。因此, 法院认定余某的请求不成立的, 可以判决驳回余某的诉讼请求。故 C 选项说法正确。

根据《行政诉讼法》第 26 条第 2 款的规定, 经复议的案件, 复议机关决定维持原行政行为的, 作出原行政行为的行政机关和复议机关是共同被告; 复议机关改变原行政行为的, 复议机关是被告。根据《行政诉讼法》第 79 条的规定, 复议机关与作出原行政行为的行政机关为共同被告的案件, 人民法院应当对复议决定和原行政行为一并作出裁判。题目属于复议维持的案件, 县规划局和市规划局为共同被告, 法院应当对市规划局的复议决定和县规划局的行政行为一并作出裁判。故 D 选项说法正确。

[答案] ABCD (司法部原答案为 ABC)

[提示]

> 经过复议的案件, 法院的审理和裁判对象依具体情形而不同:
> (1) 复议改变的, 复议机关为被告, 法院的审理和裁判对象为复议决定;
> (2) 复议维持的, 原机关和复议机关为共同被告, 法院的审理和裁判对象为原行政行为和复议决定。

285. 某市交通局向社会发布通告, 凡在本市从事人力三轮车客运经营, 必须办理客运经营许可证, 否则没收人力三轮车。由于张某没有办理客运经营许可证而从事人力三轮车客运经营, 该市交通局按照通告没收了张某的人力三轮车。张某不服, 提起行政诉讼, 一并要求审查该市交通局向社会发布的通告。下列选项正确的有: (2019-回忆版-多)

A. 该市交通局向社会发布的通告是法院审判的参照

B. 法院认为通告不合法的, 可以向该市交通局提出修改或者废止该通告的司法建议

C. 法院认为通告不合法的, 应当在裁判生效后报送上一级法院进行备案

D. 法院建议该市交通局负责人出庭应诉, 但该市交通局负责人经传唤拒不出庭的, 可以拘传到庭

[考点] 行政诉讼的审判依据; 规范性文件附带审查; 机关负责人出庭

[解析] 根据《行政诉讼法》第 63 条第 3 款的规定, 人民法院审理行政案件, 参照规章。该市交通局向社会发布的通告不属于规章, 而是规范性文件, 因此不属于法院审判的参照。故 A 选项错误。

根据《行政诉讼法》第 64 条的规定, 人民法院在审理行政案件中, 经审查认为《行政诉讼法》第 53 条规定的规范性文件不合法的, 不作为认定行政行为合法的依据, 并向制定机关提出处理建议。根据《行诉解释》第 149 条第 2 款的规定, 规范性文件不合法的, 人民法院可以在裁判生效之日起 3 个月内, 向规范性文件制定机关提出修改或者废止该规范性文件的司法建议。因此, 法院认为通告不合法的, 可以向制定机关该市交通局提出修改或者废止该通告的司法建议。故 B 选项正确。

根据《行诉解释》第 150 条的规定, 人民法院认为规范性文件不合法的, 应当在裁判生效后报送上一级人民法院进行备案。涉及国务院部门、省级行政机关制定的规范性文件, 司法建议还应当分别层报最高人民法院、高级人民法院备案。因此, 法院认为该市交通局发布的通告不合法的, 应当在裁判生效后报送上一级人民法院进行备案。故 C 选项正确。

根据《行诉解释》第 132 条的规定, 行政机关负责人和行政机关相应的工作人员均不出庭, 仅委托律师出庭的或者人民法院书面建议行政机关负责人出庭应诉, 行政机关负责人不出庭应诉的, 人民法院应当记录在案和在裁判文书中载明, 并可以建议有关机关依法作出处理。因此,

法院建议该市交通局负责人出庭应诉，但该市交通局负责人经传唤拒不出庭的，可以建议有关机关依法作出处理，但不能对该市交通局负责人拘传到庭。故 D 选项错误。

答案 BC

✎ 提 示

> 法院对规范性文件审查后认为不合法的处理：
> （1）经审查认为规范性文件不合法的，不作为法院认定行政行为合法的依据，并在裁判理由中予以阐明；
> （2）作出生效裁判的法院应当向规范性文件制定机关提出修改或者废止该规范性文件的司法建议；
> （3）法院可以把修改或者废止该规范性文件的司法建议抄送制定机关的同级人民政府、上一级行政机关、监察机关以及规范性文件的备案机关；
> （4）修改或者废止该规范性文件的司法建议在裁判生效后报送上一级法院进行备案。

286. 甲县房管局出台《关于全县商品住宅项目公证摇号销售实施意见》（以下简称《实施意见》），要求即日起全县商品住宅已办理预售许可证的楼盘暂停销售，违者处罚。某房地产企业德利公司为回笼资金，仍然组织楼盘销售，被甲县房管局依据《实施意见》的有关规定予以20万元处罚。德利公司不服该处罚决定和《实施意见》，向法院提起诉讼。下列哪一选项是错误的？（2018-回忆版-单）

A. 德利公司对《实施意见》有关规定不服的，可以直接起诉

B. 法院在审查中发现《实施意见》可能不合法的，应当听取甲县房管局的意见

C. 法院经审查发现《实施意见》不合法的，在裁判生效之日起3个月内向甲县房管局提出处理建议，甲县房管局应当在收到司法建议之日起60日内予以书面答复

D. 法院认为《实施意见》不合法的，应当在裁判生效后报送上一级法院备案

考点 行政诉讼中的规范性文件附带审查

解析 根据《行政诉讼法》第13条的规定，人民法院不受理公民、法人或者其他组织对下列事项提起的诉讼：……②行政法规、规章或者行政机关制定、发布的具有普遍约束力的决定、命令；……根据《行政诉讼法》第53条第1款的规定，公民、法人或者其他组织认为行政行为所依据的国务院部门和地方人民政府及其部门制定的规范性文件不合法，在对行政行为提起诉讼时，可以一并请求对该规范性文件进行审查。本案中的《实施意见》是规范性文件，对规范性文件不能直接提起行政诉讼，只可以申请法院附带审查。故 A 选项错误，当选。

根据《行诉解释》第147条第1款的规定，人民法院在对规范性文件审查过程中，发现规范性文件可能不合法的，应当听取规范性文件制定机关的意见。故 B 选项正确，不当选。

根据《行诉解释》第149条第2、4款的规定，规范性文件不合法的，人民法院可以在裁判生效之日起3个月内，向规范性文件制定机关提出修改或者废止该规范性文件的司法建议。接收司法建议的行政机关应当在收到司法建议之日起60日内予以书面答复。情况紧急的，人民法院可以建议制定机关或者其上一级行政机关立即停止执行该规范性文件。故 C 选项正确，不当选。

根据《行诉解释》第150条的规定，人民法院认为规范性文件不合法的，应当在裁判生效后报送上一级人民法院进行备案。涉及国务院部门、省级行政机关制定的规范性文件，司法建议还应当分别层报最高人民法院、高级人民法院备案。由此可知，规范性文件不合法的，需要报上一级法院备案。故 D 选项正确，不当选。

答案 A

✎ 提 示

> 行政诉讼中规范性文件不合法的处理：
> （1）不作为法院认定行政行为合法的依据，并在裁判理由中予以阐明；
> （2）法院可以在裁判生效之日起3个月

内，向规范性文件制定机关提出修改或者废止该规范性文件的司法建议；

（3）接收司法建议的行政机关应当在收到司法建议之日起 60 日内予以书面答复；

（4）法院应当在裁判生效后报送上一级法院进行备案。

287. 某县政府制定《关于自然保护区内养殖场关闭的通告》（以下简称《通告》），对全县自然保护区内养殖场实施强制关停。某养殖场是经批准取得许可的养殖场，该县畜牧局依据《通告》对该养殖场进行了强制关闭。该养殖场向法院提起诉讼。下列选项正确的有：（2020-回忆版-多）

A. 《通告》要参照《规章制定程序条例》制定

B. 县畜牧局应当对强制关闭该养殖场进行补偿

C. 本案的被告是该县政府和县畜牧局

D. 该养殖场可以请求法院一并审查《通告》的合法性

【考点】规范性文件的制定程序和监督；行政赔偿与行政补偿的区别；行政诉讼的被告

【解析】根据《规章制定程序条例》第 36 条的规定，依法不具有规章制定权的县级以上地方人民政府制定、发布具有普遍约束力的决定、命令，参照本条例规定的程序执行。该县政府制定的《通告》属于规范性文件，其制定应当参照《规章制定程序条例》。故 A 选项正确。

根据《国家赔偿法》第 4 条的规定，行政机关及其工作人员在行使行政职权时有下列侵犯财产权情形之一的，受害人有取得赔偿的权利：①违法实施罚款、吊销许可证和执照、责令停产停业、没收财物等行政处罚的；②违法对财产采取查封、扣押、冻结等行政强制措施的；③违法征收、征用财产的；④造成财产损害的其他违法行为。该养殖场是经批准取得许可的养殖场，县畜牧局依据《通告》对该养殖场进行强制关闭，是对该养殖场合法权益的损害，县畜牧局应当进行赔偿，而不是补偿。故 B 选项错误。

根据《行政诉讼法》第 26 条第 1 款的规定，公民、法人或者其他组织直接向人民法院提起诉

讼的，作出行政行为的行政机关是被告。本题中，县畜牧局对该养殖场进行了强制关闭，应当以县畜牧局为被告。故 C 选项错误。

根据《行政诉讼法》第 53 条第 1 款的规定，公民、法人或者其他组织认为行政行为所依据的国务院部门和地方人民政府及其部门制定的规范性文件不合法，在对行政行为提起诉讼时，可以一并请求对该规范性文件进行审查。《通告》作为该县政府制定的规范性文件，该养殖场在对强制关闭行为提起行政诉讼时，可以请求法院一并审查强制关闭行为的依据——《通告》的合法性。故 D 选项正确。

【答案】AD

【提示】

行政赔偿与行政补偿的区别：

（1）行政赔偿的前提是行政违法行为，行政补偿的前提是合法行为；

（2）行政赔偿的理论依据是权责统一原则，行政补偿的理论依据是信赖保护原则。

288. 县公安局在对全县娱乐场所进行检查时发现，某夜总会自行聘用人员从事保安工作。根据省公安厅发布的《关于进一步加快全省保安服务业发展意见》（以下简称《发展意见》）中要求的"加大向娱乐场所派驻保安员的工作力度，监督娱乐场所聘请保安服务企业的保安员，协助公安机关做好娱乐场所的治安管理。坚决查处娱乐场所聘用其他人员从事保安工作的违法行为"，县公安局责令该夜总会整改。该夜总会不服，提起行政诉讼，一并请求法院审查《发展意见》。下列哪些说法是正确的？（2021-回忆版-多）

A. 该夜总会可以单独起诉《发展意见》

B. 若法院认为《发展意见》不合法，应当确认违法

C. 若法院认为《发展意见》不合法，应当听取省公安厅的意见

D. 若法院认为《发展意见》不合法，应当报送上一级法院进行备案

考点 行政规范性文件的附带审查

解析 根据《行政诉讼法》第 53 条第 1 款的规定，公民、法人或者其他组织认为行政行为所依据的国务院部门和地方人民政府及其部门制定的规范性文件不合法，在对行政行为提起诉讼时，可以一并请求对该规范性文件进行审查。省公安厅发布的《发展意见》属于规范性文件，该夜总会在对责令整改行为提起诉讼时，可以一并请求对《发展意见》进行审查，但不能单独起诉《发展意见》。故 A 选项说法错误。

根据《行诉解释》第 149 条第 1 款的规定，人民法院经审查认为行政行为所依据的规范性文件合法的，应当作为认定行政行为合法的依据；经审查认为规范性文件不合法的，不作为人民法院认定行政行为合法的依据，并在裁判理由中予以阐明。作出生效裁判的人民法院应当向规范性文件的制定机关提出处理建议，并可以抄送制定机关的同级人民政府、上一级行政机关、监察机关以及规范性文件的备案机关。因此，法院经过审查认为《发展意见》不合法的，应当向省公安厅提出处理建议，而不能确认违法。故 B 选项说法错误。

根据《行诉解释》第 147 条第 1 款的规定，

人民法院在对规范性文件审查过程中，发现规范性文件可能不合法的，应当听取规范性文件制定机关的意见。因此，法院认为《发展意见》不合法的，应当听取省公安厅的意见。故 C 选项说法正确。

根据《行诉解释》第 150 条的规定，人民法院认为规范性文件不合法的，应当在裁判生效后报送上一级人民法院进行备案。涉及国务院部门、省级行政机关制定的规范性文件，司法建议还应当分别层报最高人民法院、高级人民法院备案。因此，法院认为《发展意见》不合法的，应当报送上一级法院进行备案。故 D 选项说法正确。

答案 CD

✎ 提 示

法院认为规范性文件不合法的备案：
（1）司法建议应当在裁判生效后报送上一级法院进行备案；
（2）涉及国务院部门、省级行政机关制定的规范性文件，司法建议还应当分别层报最高法院、高级法院备案。

53 专题　行政诉讼的执行

289. 某公司向区教委申请《办学许可证》，遭拒后向法院提起诉讼，法院判决区教委在判决生效后 30 日内对该公司申请进行重新处理。判决生效后，区教委逾期拒不履行，该公司申请强制执行。关于法院可采取的执行措施，下列哪一选项是正确的？（2010/2/87-单）

A. 对区教委按日处 100 元的罚款

B. 对区教委的主要负责人处以罚款

C. 经法院院长批准，对区教委直接责任人予以司法拘留

D. 责令由市教委对该公司的申请予以处理

考点 对行政机关拒绝履行生效裁判的执行措施

解析 该公司向区教委申请《办学许可证》被拒后，法院判决区教委重新处理，但区教委逾期拒

不履行法院判决，这属于行政机关拒绝履行生效裁判的情况。根据《行政诉讼法》第 96 条的规定，行政机关拒绝履行判决、裁定、调解书的，第一审人民法院可以采取下列措施：……②在规定期限内不履行的，从期满之日起，对该行政机关负责人按日处 50~100 元的罚款。……④向监察机关或者该行政机关的上一级行政机关提出司法建议。接受司法建议的机关，根据有关规定进行处理，并将处理情况告知人民法院。⑤拒不履行判决、裁定、调解书，社会影响恶劣的，可以对该行政机关直接负责的主管人员和其他直接责任人员予以拘留；情节严重，构成犯罪的，依法追究刑事责任。

区教委在规定期限内不履行判决，从期满之

日起，法院可以对区教委负责人按日处50～100元的罚款。故B选项正确。而2014年修正后的《行政诉讼法》没有再规定对行政机关罚款。故A选项错误。

区教委拒不履行判决，社会影响恶劣的，法院可以对区教委直接负责人予以拘留。因此，只有拒不履行、社会影响恶劣的，法院才可以对区教委的主要负责人予以拘留。故C选项错误。

区教委拒不履行判决的，法院可以向市教委提出司法建议，市教委根据有关规定进行处理，并将处理情况告知法院。D选项"责令由市教委对该公司的申请予以处理"说法错误，因为法院可以向市教委提出司法建议，但法院无权"责令"市教委进行处理。故D选项错误。

答案 B（司法部原答案为AB）

📝 **提 示**

> 法院对行政机关拒绝履行生效裁判的执行措施有五种：①从账户划拨；②对负责人罚款；③向社会公告；④提司法建议；⑤司法拘留和刑事处罚。

第*18*讲 国家赔偿

290. 下列哪些情形属于国家赔偿的范围？（2003/2/71-多）

A. 警察王某之子玩弄王某手枪走火，致人伤残的

B. 章某因盗窃被判刑后，为达到保外就医目的而自伤的

C. 民事诉讼中，申请人提供担保后，法院未及时采取保全措施致使判决无法执行，给申请人造成损失的

D. 警察接到报警后，拒不出警造成财物被抢劫的

考点 行政赔偿范围；司法赔偿范围

解析 根据《国家赔偿法》第 5 条的规定，属于下列情形之一的，国家不承担赔偿责任：①行政机关工作人员与行使职权无关的个人行为；……警察王某之子玩弄王某手枪的行为属于与行使职权无关的个人行为，手枪走火致人伤残不属于国家赔偿的范围。故 A 选项不当选。

根据《国家赔偿法》第 19 条的规定，属于下列情形之一的，国家不承担赔偿责任：……⑤因公民自伤、自残等故意行为致使损害发生的；……章某因盗窃被判刑后，为达到保外就医目的而自伤的，属于因公民自伤等故意行为致使损害发生，不属于国家赔偿的范围。故 B 选项不当选。

根据《国家赔偿法》第 38 条的规定，人民法院在民事诉讼、行政诉讼过程中，违法采取对妨害诉讼的强制措施、保全措施或者对判决、裁定及其他生效法律文书执行错误，造成损害的，赔偿请求人要求赔偿的程序，适用本法刑事赔偿程序的规定。民事诉讼中，申请人提供担保后，法院未及时采取保全措施致使判决无法执行的，属于违法采取保全措施，给申请人造成损失属于国家赔偿的范围。故 C 选项当选。

根据《国家赔偿法》第 4 条的规定，行政机关及其工作人员在行使行政职权时有下列侵犯财产权情形之一的，受害人有取得赔偿的权利：……④造成财产损害的其他违法行为。警察接到报警后拒不出警属于违法行使行政职权中的行政不作为，造成财物被抢劫的损失属于国家赔偿的范围。故 D 选项当选。

答案 CD

提 示

行政赔偿范围的例外——工作人员与行使职权无关的个人行为。

291. 某区公安分局以蔡某殴打孙某为由对蔡某拘留 10 日并处罚款 500 元。蔡某向法院起诉，要求撤销处罚决定和赔偿损失。一审法院经审理认定处罚决定违法。下列哪些选项是正确的？（2009/2/48-多）

A. 蔡某所在地的法院对本案无管辖权

B. 一审法院应判决撤销拘留决定，返还罚款

500 元、按照国家上年度职工日平均工资赔偿拘留 10 日的损失和一定的精神抚慰金

C. 如一审法院的判决遗漏了蔡某的赔偿请求，二审法院应当裁定撤销一审判决，发回重审

D. 如蔡某在二审期间提出赔偿请求，二审法院可以进行调解，调解不成的，应告知蔡某另行起诉

考点 行政诉讼的特殊地域管辖；行政赔偿的程序

解析 根据《行政诉讼法》第 19 条的规定，对限制人身自由的行政强制措施不服提起的诉讼，由被告所在地或者原告所在地人民法院管辖。根据《行诉解释》第 8 条第 2 款的规定，对行政机关基于同一事实，既采取限制公民人身自由的行政强制措施，又采取其他行政强制措施或者行政处罚不服的，由被告所在地或者原告所在地的人民法院管辖。可见，对拘留和罚款不服的，被告所在地的法院有管辖权，原告蔡某所在地的法院无管辖权。故 A 选项正确。

根据《国家赔偿法》第 33 条的规定，侵犯公民人身自由的，每日赔偿金按照国家上年度职工日平均工资计算。根据《国家赔偿法》第 35 条的规定，侵犯人身自由或者生命健康，致人精神损害的，应当在侵权行为影响的范围内，为受害人消除影响，恢复名誉，赔礼道歉；造成严重后果的，应当支付相应的精神损害抚慰金。根据《国家赔偿法》第 36 条的规定，侵犯公民、法人和其他组织的财产权造成损害的，按照下列规定处理：①处罚款、罚金、追缴、没收财产或者违法征收、征用财产的，返还财产；……本案中，应当返还罚款 500 元；拘留 10 日的损失，按照国家上年度职工日平均工资赔偿；公安机关对蔡某拘留 10 日，属于侵犯人身自由，而且拘留时间较长，有严重后果，因此应当给付精神损害抚慰金。故 B 选项正确。

根据《行诉解释》第 109 条第 4、5 款的规定，原审判决遗漏行政赔偿请求，第二审人民法院经审查认为依法不应当予以赔偿的，应当判决驳回行政赔偿请求。原审判决遗漏行政赔偿请求，第二审人民法院经审理认为依法应当予以赔偿的，在确认被诉行政行为违法的同时，可以就

行政赔偿问题进行调解；调解不成的，应当就行政赔偿部分发回重审。因此，一审法院的判决遗漏了蔡某的赔偿请求的，二审法院要区分情况处理，"应当裁定撤销一审判决，发回重审"的说法错误。故 C 选项错误。

根据《行诉解释》第 109 条第 6 款的规定，当事人在第二审期间提出行政赔偿请求的，第二审人民法院可以进行调解；调解不成的，应当告知当事人另行起诉。因此，蔡某在二审期间提出赔偿请求的，二审法院可以进行调解；调解不成的，应告知蔡某另行起诉。故 D 选项正确。

答案 ABD（司法部原答案为 D）

📝 提 示

第二审人民法院分情形作出裁判：

（1）原审判决遗漏了诉讼请求的，第二审人民法院应当裁定撤销原审判决，发回重审。

（2）原审判决遗漏行政赔偿请求，第二审人民法院经审查认为依法不应当予以赔偿的，应当判决驳回行政赔偿请求。

（3）原审判决遗漏行政赔偿请求，第二审人民法院经审理认为依法应当予以赔偿的，在确认被诉行政行为违法的同时，可以就行政赔偿问题进行调解；调解不成的，应当就行政赔偿部分发回重审。

292. 县环保局以一企业逾期未完成限期治理任务为由，决定对其加收超标准排污费并处以罚款 1 万元。该企业认为决定违法诉至法院，提出赔偿请求。一审法院经审理维持县环保局的决定。该企业提出上诉。下列哪一说法是正确的？（2011/2/50-单）

A. 加收超标准排污费和罚款均为行政处罚

B. 一审法院开庭审理时，如该企业未经法庭许可中途退庭，法院应予训诫

C. 二审法院认为需要改变一审判决的，应同时对县环保局的决定作出判决

D. 一审法院如遗漏了该企业的赔偿请求，二审法院应裁定撤销一审判决，发回重审

考点 行政处罚的概念；行政诉讼的审理与判决

解析 罚款是行政处罚；加收超标准排污费是为了处理和减轻超标准排污对于环境构成的损害而收取的费用，收费的目的在于处理污染物而不是惩戒，所以它的性质不属于处罚，系行政征收。故 A 选项说法错误。

根据《行政诉讼法》第 59 条第 1 款的规定，诉讼参与人或者其他人有下列行为之一的，人民法院可以根据情节轻重，予以训诫、责令具结悔过或者处 1 万元以下的罚款、15 日以下的拘留；构成犯罪的，依法追究刑事责任：①有义务协助调查、执行的人，对人民法院的协助调查决定、协助执行通知书，无故推拖、拒绝或者妨碍调查、执行的；②伪造、隐藏、毁灭证据或者提供虚假证明材料，妨碍人民法院审理案件的；③指使、贿买、胁迫他人作伪证或者威胁、阻止证人作证的；④隐藏、转移、变卖、毁损已被查封、扣押、冻结的财产的；⑤以欺骗、胁迫等非法手段使原告撤诉的；⑥以暴力、威胁或者其他方法阻碍人民法院工作人员执行职务，或者以哄闹、冲击法庭等方法扰乱人民法院工作秩序的；⑦对人民法院审判人员或者其他工作人员、诉讼参与人、协助调查和执行的人员恐吓、侮辱、诽谤、诬陷、殴打、围攻或者打击报复的。由此可知，训诫的对象是妨害行政诉讼的行为。根据《行政诉讼法》第 58 条的规定，经人民法院传票传唤，原告无正当理由拒不到庭，或者未经法庭许可中途退庭的，可以按照撤诉处理。因此，一审法院开庭审理时，如该企业未经法庭许可中途退庭，法院可按撤诉处理，而非训诫。故 B 选项说法错误。

根据《行政诉讼法》第 89 条第 3 款的规定，人民法院审理上诉案件，需要改变原审判决的，应当同时对被诉行政行为作出判决。因此，二审法院认为需要改变一审判决的，应同时对县环保局的决定作出判决。故 C 选项说法正确。

根据《行诉解释》第 109 条第 4、5 款的规定，原审判决遗漏行政赔偿请求，第二审人民法院经审查认为依法不应当予以赔偿的，应当判决驳回行政赔偿请求。原审判决遗漏行政赔偿请求，第二审人民法院经审理认为依法应当予以赔偿的，在确认被诉行政行为违法的同时，可以就行政赔偿问题进行调解；调解不成的，应当就行

政赔偿部分发回重审。因此，一审法院遗漏了该企业的赔偿请求的，二审法院应当区分情况处理，而不是"裁定撤销一审判决，发回重审"。故 D 选项说法错误。

答案 C

提示

如一审法院遗漏了当事人的行政赔偿请求：

（1）二审认为不应当赔偿的，应当判决驳回行政赔偿请求。

（2）二审认为应当赔偿的，就行政赔偿问题进行调解；调解不成的，应当就行政赔偿部分发回重审。

293. 某区规划局以一公司未经批准擅自搭建地面工棚为由，限期自行拆除。该公司逾期未拆除。根据规划局的请求，区政府组织人员将违法建筑拆除，并将拆下的钢板作为建筑垃圾运走。如该公司申请国家赔偿，下列哪些说法是正确的？（2013/2/84-多）

A. 可以向区规划局提出赔偿请求

B. 区政府为赔偿义务机关

C. 申请国家赔偿之前应先申请确认运走钢板的行为违法

D. 应当对自己的主张提供证据

考点 行政赔偿的程序、赔偿义务机关和举证责任

解析 根据《国家赔偿法》第 7 条第 1 款的规定，行政机关及其工作人员行使行政职权侵犯公民、法人和其他组织的合法权益造成损害的，该行政机关为赔偿义务机关。本题中，该区规划局以一公司未经批准擅自搭建地面工棚为由，限期自行拆除。因而，决定机关应为该区规划局。该公司逾期未执行拆除决定，该区规划局请求区政府组织人员将违法建筑拆除，并将拆下的钢板作为建筑垃圾运走。案件是由拆除行为引发国家赔偿申请。在此案中，实施拆除行为的机关为区政府，而非区规划局。同时，需要注意的是，区政府是基于区规划局的请求，二者之间并非委托关系。事实上，这里涉及规划领域的行政强制权的

归属问题。根据《城乡规划法》第68条的规定，城乡规划主管部门不享有对其作出的责令停止建设或限期拆除决定的强制执行权，此权力由县级以上地方人民政府享有。因此，本题中的赔偿义务机关应为区政府，而非区规划局。故 A 选项说法错误，B 选项说法正确。

根据《国家赔偿法》第9条第2款的规定，赔偿请求人要求赔偿，应当先向赔偿义务机关提出，也可以在申请行政复议或者提起行政诉讼时一并提出。由此可知，赔偿请求人要求赔偿，无须以申请确认行使行政职权行为违法为前提条件。故 C 选项说法错误。

根据《国家赔偿法》第15条的规定，人民法院审理行政赔偿案件，赔偿请求人和赔偿义务机关对自己提出的主张，应当提供证据。赔偿义务机关采取行政拘留或者限制人身自由的强制措施期间，被限制人身自由的人死亡或者丧失行为能力的，赔偿义务机关的行为与被限制人身自由的人的死亡或者丧失行为能力是否存在因果关系，赔偿义务机关应当提供证据。由此可知，在行政赔偿中，除了被限制人身自由的人死亡或者丧失行为能力的例外情形外，赔偿请求人和赔偿义务机关对自己提出的主张，应当提供证据。本题中的情形不属于特定例外情形，因此，公司应对自己的主张承担举证责任。故 D 选项说法正确。

答案 BD

✍ **提示**

单独提起行政赔偿的程序：①赔偿请求人向赔偿义务机关提出赔偿请求——②赔偿义务机关进行赔偿处理——③赔偿请求人提起行政赔偿诉讼。

294. 区政府在组织相关人员对甲的房屋进行强制拆除时导致屋内物品毁损，且相关人员在房屋拆除前未对屋内物品采取保全措施。经过诉讼，法院确认拆除行为违法。甲在向区政府申请赔偿未得到回复后，聘请律师向法院起诉，请求赔偿房屋损失、屋内财产损失、律师费，责令区政府对相关违法人员追

责。下列哪些说法是正确的？（2022-回忆版-多）

A. 屋内物品毁损的举证责任由甲承担，因区政府的原因导致甲无法举证的，由区政府承担举证责任
B. 区政府向相关违法人员追责不属于法院审查范围
C. 甲的起诉期限为 6 个月
D. 律师费不属于赔偿范围

考点 行政赔偿诉讼的举证责任、受理类型、起诉期限、赔偿范围

解析 根据《最高人民法院关于审理行政赔偿案件若干问题的规定》（以下简称《行政赔偿案件规定》）第11条第1款的规定，行政赔偿诉讼中，原告应当对行政行为造成的损害提供证据；因被告的原因导致原告无法举证的，由被告承担举证责任。本案中，屋内物品毁损的举证责任由甲承担，因区政府的原因导致甲无法举证的，由区政府承担举证责任。故 A 选项说法正确。

根据《行政赔偿案件规定》第3条的规定，赔偿请求人不服赔偿义务机关下列行为的，可以依法提起行政赔偿诉讼：①确定赔偿方式、项目、数额的行政赔偿决定；②不予赔偿决定；③逾期不作出赔偿决定；④其他有关行政赔偿的行为。因此，行政赔偿诉讼中赔偿争议属于法院审查范围，区政府向相关违法人员追责不属于法院审查范围。故 B 选项说法正确。

根据《国家赔偿法》第14条第1款的规定，赔偿义务机关在规定期限内未作出是否赔偿的决定，赔偿请求人可以自期限届满之日起3个月内，向人民法院提起诉讼。因此，向区政府申请赔偿未得到回复后，甲的起诉期限为3个月。故 C 选项说法错误。

根据《国家赔偿法》第36条的规定，侵犯公民、法人和其他组织的财产权造成损害的，按照下列规定处理：……⑧对财产权造成其他损害的，按照直接损失给予赔偿。根据《行政赔偿案件规定》第29条的规定，下列损失属于《国家赔偿法》第36条第8项规定的"直接损失"：①存款利息、贷款利息、现金利息；②机动车停

运期间的营运损失；③通过行政补偿程序依法应当获得的奖励、补贴等；④对财产造成的其他实际损失。由此可知，<u>律师费不属于对财产权造成的直接损失，不属于国家赔偿范围</u>。故 D 选项说法正确。

答案 ABD

提 示

　　提起行政诉讼的同时一并提出行政赔偿请求的，其起诉期限与行政诉讼起诉期限相同；但单独提起行政赔偿诉讼的，起诉期限与行政诉讼起诉期限不同，前者是3个月，后者是6个月。

55 专题 司法赔偿

295. 2019 年 9 月 10 日，甲因寻衅滋事被某市的区公安分局予以刑事拘留，随后提请区检察院批准逮捕。2019 年 10 月 16 日，区检察院以事实不清、证据不足为由作出不予批准逮捕决定，区公安分局决定对甲变更强制措施为监视居住，并将甲立即释放。2020 年 5 月 20 日，监视居住期限届满。2020 年 7 月，甲向区公安分局申请国家赔偿，区公安分局拒绝赔偿。下列说法正确的有：(2023-回忆版-多)

A. 本案的赔偿义务机关是区公安分局
B. 甲可以向市公安局申请复议
C. 甲的赔偿申请不属于国家赔偿情形
D. 应赔偿甲在 2019 年 9 月 10 日至 2020 年 5 月 20 日期间的人身自由损失

考点 刑事赔偿义务机关；刑事赔偿的范围和程序

解析 根据《国家赔偿法》第 21 条第 2 款的规定，对公民采取拘留措施，依照本法的规定应当给予国家赔偿的，作出拘留决定的机关为赔偿义务机关。可知，<u>作出拘留决定的区公安分局为赔偿义务机关</u>。故 A 选项说法正确。

　　根据《国家赔偿法》第 24 条第 1、2 款的规定，赔偿义务机关在规定期限内未作出是否赔偿的决定，赔偿请求人可以自期限届满之日起 30 日内向赔偿义务机关的上一级机关申请复议。赔偿请求人对赔偿的方式、项目、数额有异议的，或者赔偿义务机关作出不予赔偿决定的，赔偿请求人可以自赔偿义务机关作出赔偿或者不予赔偿决定之日起 30 日内，向赔偿义务机关的上一级机关申请复议。本案的赔偿义务机关是区公安分

局，对区公安分局的拒绝赔偿，甲可以向<u>市公安局申请复议</u>。故 B 选项说法正确。

　　根据《国家赔偿法》第 17 条的规定，行使侦查、检察、审判职权的机关以及看守所、监狱管理机关及其工作人员在行使职权时有下列侵犯人身权情形之一的，受害人有取得赔偿的权利：①违反《刑事诉讼法》的规定对公民采取拘留措施的，或者依照《刑事诉讼法》规定的条件和程序对公民采取拘留措施，但是拘留时间超过《刑事诉讼法》规定的时限，其后决定撤销案件、不起诉或者判决宣告无罪终止追究刑事责任的；……本案中，区检察院以事实不清、证据不足为由作出不予批准逮捕决定，可知，区公安分局违反《刑事诉讼法》的规定对甲采取了拘留措施，本案属于国家赔偿情形。故 C 选项说法错误。

　　在监视居住期间，人身自由虽受到部分限制，但实际上没有被羁押，根据《国家赔偿法》的有关规定，监视居住期间国家不承担赔偿责任。甲于 2019 年 9 月 10 日被刑事拘留，2019 年 10 月 16 日变更强制措施为监视居住并被释放，因此应赔偿甲在 2019 年 9 月 10 日至 2019 年 10 月 16 日期间的人身自由损失，不存在赔偿甲在 2019 年 10 月 16 日至 2020 年 5 月 20 日期间的人身自由损失。故 D 选项说法错误。

答案 AB

提 示

　　错误刑事拘留的情形：
　　（1）违反《刑事诉讼法》规定的条件对公民采取拘留措施的；

（2）违反《刑事诉讼法》规定的程序对公民采取拘留措施的；

（3）依照《刑事诉讼法》规定的条件和程序对公民采取拘留措施，但是拘留时间超过《刑事诉讼法》规定的时限的。

296. 刘某是某公司员工，涉嫌盗窃公司财物被某县公安机关刑事拘留，随后被县检察院批准逮捕，县法院判处刘某有期徒刑 1 年。刘某提起上诉，市中级法院审理后认为，刘某犯罪证据不足，改判刘某无罪。刘某应向哪个机关申请国家赔偿？（2019-回忆版-单）

A. 县公安局
B. 县检察院
C. 县法院
D. 市中级法院

【考点】刑事赔偿义务机关；刑事赔偿程序

【解析】根据《国家赔偿法》第 21 条第 4 款的规定，再审改判无罪的，作出原生效判决的人民法院为赔偿义务机关。二审改判无罪，以及二审发回重审后作无罪处理的，作出一审有罪判决的人民法院为赔偿义务机关。根据《国家赔偿法》第 22 条第 2 款的规定，赔偿请求人要求赔偿，应当先向赔偿义务机关提出。市中级法院审理后改判刘某无罪，作出一审有罪判决的县法院为赔偿义务机关，刘某应当向县法院申请国家赔偿。故 C 选项当选，A、B、D 选项不当选。

【答案】C

【提示】
赔偿义务机关确定的四种情形：

（1）违法采取拘留措施的，作出拘留决定的机关为赔偿义务机关；

（2）错误采取逮捕措施的，作出逮捕决定的机关为赔偿义务机关；

（3）再审改判无罪的，作出原生效判决的法院为赔偿义务机关；

（4）二审改判无罪以及二审发回重审后作无罪处理的，作出一审有罪判决的法院为赔偿义务机关。

297. 县公安局以李某涉嫌盗窃为由将其刑事拘留，并经县检察院批准逮捕。县法院判处李某有期徒刑 5 年。李某上诉，市中级法院改判李某无罪。李某向赔偿义务机关申请国家赔偿。下列哪一说法是正确的？（2012/2/50-单）

A. 县检察院为赔偿义务机关
B. 李某申请国家赔偿前应先申请确认刑事拘留和逮捕行为违法
C. 李某请求国家赔偿的时效自羁押行为被确认为违法之日起计算
D. 赔偿义务机关可以与李某就赔偿方式进行协商

【考点】刑事赔偿义务机关；刑事赔偿程序

【解析】根据《国家赔偿法》第 21 条第 4 款的规定，二审改判无罪，以及二审发回重审后作无罪处理的，作出一审有罪判决的人民法院为赔偿义务机关。题目属于二审改判无罪的情形，作出一审有罪判决的法院为赔偿义务机关，即县法院为赔偿义务机关。故 A 选项说法错误。

2010 年修正后的《国家赔偿法》取消了此前的刑事赔偿的确认程序，即赔偿请求人无需申请确认相关行为违法即可直接申请国家赔偿。故 B 选项说法错误。

根据《国家赔偿法》第 39 条第 1 款的规定，赔偿请求人请求国家赔偿的时效为 2 年，自其知道或者应当知道国家机关及其工作人员行使职权时的行为侵犯其人身权、财产权之日起计算，但被羁押等限制人身自由期间不计算在内。由此可知，请求国家赔偿的时效自赔偿请求人知道或者应当知道国家机关及其工作人员行使职权时的行为侵犯其人身权、财产权之日起计算，并非"自羁押行为被确认为违法之日起计算"。故 C 选项说法错误。

根据《国家赔偿法》第 23 条第 1 款的规定，赔偿义务机关应当自收到申请之日起 2 个月内，作出是否赔偿的决定。赔偿义务机关作出赔偿决定，应当充分听取赔偿请求人的意见，并可以与赔偿请求人就赔偿方式、赔偿项目和赔偿数额依照本法第四章（赔偿方式和计算标准）的规定进行协商。由此可知，协商的内容包括赔偿方式、赔偿项目和赔偿数额。故 D 选项说法正确。

答案 D

📝 提 示

　　国家赔偿中，刑事赔偿请求人请求国家赔偿的时效为2年。但是注意：行政赔偿请求人直接请求国家赔偿的时效为2年。行政赔偿中，在申请行政复议或者提起行政诉讼时一并提出赔偿请求的，时效为60日与6个月；单独提起行政赔偿诉讼的，时效为3个月。

298. 区公安分局以刘某涉嫌诈骗为由将其刑事拘留，区检察院随后批准逮捕，经审查向区法院提起公诉，区法院审理后判决刘某构成职务侵占罪但免予刑事处罚。刘某提起上诉，市中级法院改判为无罪。刘某申请国家赔偿。关于本案的国家赔偿，下列选项正确的是：（2018-回忆版-单）

A. 区法院是赔偿义务机关

B. 刘某向区检察院的同级法院赔偿委员会申请赔偿

C. 刘某应当先向市中级法院申请复议

D. 赔偿机关可以刘某未受刑事处罚为由拒绝赔偿

考点 刑事赔偿义务机关；刑事赔偿程序

解析 根据《国家赔偿法》第21条第4款的规定，二审改判无罪，以及二审发回重审后作无罪处理的，作出一审有罪判决的人民法院为赔偿义务机关。本案中，区法院判决刘某构成职务侵占罪，市中级法院改判为无罪，因此，区法院为赔偿义务机关。故A选项正确。

　　根据《国家赔偿法》第22条第2款的规定，赔偿请求人要求赔偿，应当先向赔偿义务机关提出。根据《国家赔偿法》第24条第3款的规定，赔偿义务机关是人民法院的，赔偿请求人可以依照本条规定向其上一级人民法院赔偿委员会申请作出赔偿决定。由此可知，刘某申请国家赔偿，应当先向区法院提出；对于区法院的赔偿决定不服的，可以向市中级法院赔偿委员会申请作出赔偿决定。故B、C选项错误。

　　根据《国家赔偿法》第17条的规定，行使

侦查、检察、审判职权的机关以及看守所、监狱管理机关及其工作人员在行使职权时有下列侵犯人身权情形之一的，受害人有取得赔偿的权利：……②对公民采取逮捕措施后，决定撤销案件、不起诉或者判决宣告无罪终止追究刑事责任的；……由此可知，刘某被刑事拘留和逮捕后，市中级法院最终改判无罪，即使区法院一审判决免予刑事处罚，区法院也不能以刘某未受刑事处罚为由拒绝赔偿。故D选项错误。

答案 A

📝 提 示

　　法院作为赔偿义务机关的赔偿处理程序：①法院先行处理——②上一级法院赔偿委员会处理——③赔偿监督。

299. 甲市某县公安局以李某涉嫌盗窃罪为由将其刑事拘留，经县检察院批准逮捕，县法院判处李某有期徒刑6年，李某上诉，甲市中级法院改判无罪。李某被释放后申请国家赔偿，赔偿义务机关拒绝赔偿，李某向甲市中级法院赔偿委员会申请作出赔偿决定。下列选项正确的是：（2013/2/99-任）

A. 赔偿义务机关拒绝赔偿的，应书面通知李某并说明不予赔偿的理由

B. 李某向甲市中级法院赔偿委员会申请作出赔偿决定前，应当先向甲市检察院申请复议

C. 对李某申请赔偿案件，甲市中级法院赔偿委员会可指定一名审判员审理和作出决定

D. 如甲市中级法院赔偿委员会作出赔偿决定，赔偿义务机关认为确有错误的，可以向该省高级法院赔偿委员会提出申诉

考点 刑事赔偿程序

解析 根据《国家赔偿法》第23条第3款的规定，赔偿义务机关决定不予赔偿的，应当自作出决定之日起10日内书面通知赔偿请求人，并说明不予赔偿的理由。由此可知，赔偿义务机关拒绝赔偿的答复形式应当是书面而非口头，并且要说明不予赔偿的理由。故A选项正确。

　　根据《国家赔偿法》第21条第4款的规定，二审改判无罪，以及二审发回重审后作无罪处理

的，作出一审有罪判决的人民法院为赔偿义务机关。本题中，县法院判处李某有期徒刑 6 年，甲市中级法院改判无罪，因而属于二审改判无罪的情形，"作出一审有罪判决的人民法院为赔偿义务机关"，即县法院为赔偿义务机关。根据《国家赔偿法》第 24 条第 3 款的规定，赔偿义务机关是人民法院的，赔偿请求人可以依照本条规定向其上一级人民法院赔偿委员会申请作出赔偿决定。由于本题中的赔偿义务机关为法院，赔偿请求人可以向其上一级法院赔偿委员会申请作出赔偿决定，即直接向甲市中级法院赔偿委员会申请作出赔偿决定，不存在向甲市检察院申请复议的程序。故 B 选项错误。

《最高人民法院关于人民法院赔偿委员会审理国家赔偿案件程序的规定》第 7 条明确规定了 1 名审判员只是负责具体承办，而案件的决定需要赔偿委员会作出，且必须由 3 名以上审判员参加。故 C 选项错误。

根据《国家赔偿法》第 30 条第 1 款的规定，赔偿请求人或者赔偿义务机关对赔偿委员会作出的决定，认为确有错误的，可以向上一级人民法院赔偿委员会提出申诉。因此，甲市中级法院赔偿委员会作出赔偿决定，赔偿请求人李某认为确有错误的，可以向该省高级法院赔偿委员会提出申诉；赔偿义务机关县法院认为确有错误的，也可以向该省高级法院赔偿委员会提出申诉。故 D 选项正确。

答案 AD

提示

刑事赔偿程序中是否需要向赔偿义务机关的上一级机关申请复议，取决于赔偿义务机关是否为法院：赔偿义务机关不是法院的，需要向赔偿义务机关的上一级机关申请复议，其后再向复议机关的同级法院赔偿委员会申请作出赔偿决定；赔偿义务机关是法院的，无需向赔偿义务机关的上一级机关申请复议，而是直接向其上一级法院赔偿委员会申请作出赔偿决定。

300. 某县公安局以沈某涉嫌销售伪劣商品罪

为由将其刑事拘留，并经县检察院批准逮捕。后检察院决定不起诉。沈某申请国家赔偿，赔偿义务机关拒绝。下列说法正确的是：（2014/2/100-任）

A. 县公安局为赔偿义务机关
B. 赔偿义务机关拒绝赔偿，应当书面通知沈某
C. 国家应当给予沈某赔偿
D. 对拒绝赔偿，沈某可以向县检察院的上一级检察院申请复议

考点 刑事赔偿范围；刑事赔偿义务机关；刑事赔偿程序

解析 根据《国家赔偿法》第 17 条的规定，行使侦查、检察、审判职权的机关以及看守所、监狱管理机关及其工作人员在行使职权时有下列侵犯人身权情形之一的，受害人有取得赔偿的权利：……②对公民采取逮捕措施后，决定撤销案件、不起诉或者判决宣告无罪终止追究刑事责任的；……本题中，沈某经县检察院批准逮捕，后检察院决定不起诉，这属于国家赔偿的范围，国家应当给予沈某赔偿。故 C 选项说法正确。

根据《国家赔偿法》第 21 条第 3 款的规定，对公民采取逮捕措施后决定撤销案件、不起诉或者判决宣告无罪的，作出逮捕决定的机关为赔偿义务机关。本题中，某县公安局将沈某刑事拘留，并经县检察院批准逮捕，后检察院决定不起诉，因此，作出批准逮捕决定的机关（县检察院）为赔偿义务机关。故 A 选项说法错误。

根据《国家赔偿法》第 23 条第 3 款的规定，赔偿义务机关决定不予赔偿的，应当自作出决定之日起 10 日内书面通知赔偿请求人，并说明不予赔偿的理由。因此，赔偿义务机关（县检察院）拒绝赔偿的，应当书面通知沈某。故 B 选项说法正确。

根据《国家赔偿法》第 24 条第 1 款的规定，赔偿义务机关在规定期限内未作出是否赔偿的决定，赔偿请求人可以自期限届满之日起 30 日内向赔偿义务机关的上一级机关申请复议。由于本案的赔偿义务机关为县检察院，对县检察院拒绝赔偿，沈某可以向县检察院的上一级检察院申请复议。故 D 选项说法正确。

答案 BCD

📝 **提 示**

刑事赔偿义务机关拒绝赔偿的，程序上有两点要求：①及时书面通知；②说明不予赔偿的理由。这是正当程序的基本要求。

301. 某县公安局以涉嫌诈骗为由将张某刑事拘留，并经县检察院批准逮捕，后县公安局以证据不足为由撤销案件，张某遂申请国家赔偿。下列说法正确的是：（2015/2/100-任）

A. 赔偿义务机关为县公安局和县检察院

B. 张某的赔偿请求不属国家赔偿范围

C. 张某当面递交赔偿申请书，赔偿义务机关应当场出具加盖本机关专用印章并注明收讫日期的书面凭证

D. 如赔偿义务机关拒绝赔偿，张某可向法院提起赔偿诉讼

考点 刑事赔偿义务机关；刑事赔偿范围；刑事赔偿程序

解析 该县公安局将张某刑事拘留，并经县检察院批准逮捕，后县公安局撤销案件，张某申请国家赔偿。因此，本题中的赔偿在性质上为刑事赔偿。根据《国家赔偿法》第21条第3款的规定，对公民采取逮捕措施后决定撤销案件、不起诉或者判决宣告无罪的，作出逮捕决定的机关为赔偿义务机关。由此可知，赔偿义务机关应为县检察院。故 A 选项说法错误。

根据《国家赔偿法》第17条的规定，行使侦查、检察、审判职权的机关以及看守所、监狱管理机关及其工作人员在行使职权时有下列侵犯人身权情形之一的，受害人有取得赔偿的权利：……②对公民采取逮捕措施后，决定撤销案件、不起诉或者判决宣告无罪终止追究刑事责任的；……可以看出，张某的赔偿请求属于国家赔偿范围。故 B 选项说法错误。

根据《国家赔偿法》第22条第3款的规定，赔偿请求人提出赔偿请求，适用《国家赔偿法》第11、12条的规定。《国家赔偿法》第12条第4款规定，赔偿请求人当面递交申请书的，赔偿义务机关应当当场出具加盖本行政机关专用印章并注明收讫日期的书面凭证。由此可知，张某当面

递交赔偿申请书，赔偿义务机关应当场出具加盖本机关专用印章并注明收讫日期的书面凭证。故 C 选项说法正确。

国家赔偿分为行政赔偿和刑事赔偿，二者程序不同。对于行政赔偿，存在赔偿诉讼解决行政赔偿争议；而对于刑事赔偿，则不存在赔偿诉讼解决刑事赔偿争议。题目属于刑事赔偿，赔偿义务机关拒绝赔偿的，张某并不能向法院提起赔偿诉讼。故 D 选项说法错误。

答案 C

📝 **提 示**

刑事赔偿的程序：①赔偿义务机关先行处理——②赔偿义务机关的上一级机关复议处理——③法院赔偿委员会处理——④赔偿监督。如果赔偿义务机关为法院，则没有"赔偿义务机关的上一级机关复议处理"这一步骤。

302. 2017年5月5日，县公安局以甲涉嫌盗窃罪将其刑事拘留。2017年5月28日，县检察院决定批准逮捕甲。2017年6月8日，甲被取保候审。2017年6月22日，检察院以情节轻微为由作出不起诉决定，撤销案件。甲申请国家赔偿。下列哪些说法是正确的？（2020-回忆版-多）

A. 甲可以向县公安局申请国家赔偿

B. 赔偿义务机关可就赔偿项目与甲协商

C. 甲对赔偿义务机关的赔偿决定不能上诉

D. 国家应当对甲在2017年5月5日至6月22日期间的损失承担赔偿责任

考点 刑事赔偿范围；刑事赔偿义务机关；刑事赔偿程序

解析 根据《国家赔偿法》第21条第3款的规定，对公民采取逮捕措施后决定撤销案件、不起诉或者判决宣告无罪的，作出逮捕决定的机关为赔偿义务机关。根据《最高人民法院、最高人民检察院关于办理刑事赔偿案件适用法律若干问题的解释》（以下简称《刑事赔偿案件解释》）第11条的规定，对公民采取拘留措施后又采取逮捕措施，国家承担赔偿责任的，作出逮捕决定的机

关为赔偿义务机关。甲被逮捕后，县检察院撤销案件，县检察院作为作出逮捕决定的机关，为赔偿义务机关，甲可以向县检察院申请国家赔偿。故 A 选项说法错误。

根据《国家赔偿法》第23条第1款的规定，赔偿义务机关作出赔偿决定，应当充分听取赔偿请求人的意见，并可以与赔偿请求人就赔偿方式、赔偿项目和赔偿数额依照本法第四章（赔偿方式和计算标准）的规定进行协商。因此，赔偿义务机关——县检察院可就赔偿项目与甲协商。故 B 选项说法正确。

根据《国家赔偿法》第24条第2款的规定，赔偿请求人对赔偿的方式、项目、数额有异议的，或者赔偿义务机关作出不予赔偿决定的，赔偿请求人可以自赔偿义务机关作出赔偿或者不予赔偿决定之日起30日内，向赔偿义务机关的上一级机关申请复议。因此，甲对赔偿义务机关——县检察院的赔偿决定不服的，有权向县检察院的上一级检察院申请复议，但不能上诉。故 C 选项说法正确。

根据《最高人民法院关于取保候审期间国家不承担赔偿责任问题的批复》的规定，在取保候审期间人身自由虽受到部分限制，但实际上没有被羁押，根据《国家赔偿法》的有关规定，宣告无罪后，取保候审期间国家不承担赔偿责任。甲于2017年5月5日被拘留，2017年6月8日被取保候审，2017年6月22日撤销案件。国家对2017年5月5日至6月8日期间的损失承担赔偿责任，在2017年6月8日至6月22日取保候审期间，国家不承担赔偿责任。故 D 选项说法错误。

答案 BC

提示

取保候审、监视居住由于没有对人身自由进行实际限制，因此不属于国家赔偿范围。

303. 县公安局以甲涉嫌盗窃罪和挪用公款罪立案侦查。2009年8月20日，县公安局对甲刑事拘留。2009年9月6日，检察院批准逮捕。2012年1月6日，县法院一审判决：甲犯盗窃罪，判处有期徒刑1年，缓期2年执行；犯挪用公款罪，判处有期徒刑2年，缓期2年执行，决定执行有期徒刑2年6个月，缓期3年执行。随后甲被当庭释放。甲不服，提起上诉，市中级法院二审维持原判。甲向省高级法院申请再审，省高级法院审理后判决：撤销对甲犯盗窃罪的定罪量刑以及数罪并罚的量刑，维持对甲犯挪用公款罪的定罪量刑。甲申请国家赔偿，请求赔偿人身自由赔偿金、精神损害抚慰金和律师费。下列说法正确的有：（2021-回忆版-多）

A. 甲经再审后还有部分罪成立，甲的赔偿请求不属于国家赔偿范围

B. 市中级法院是赔偿义务机关

C. 律师费不属于国家赔偿范围

D. 因缓刑没有实际限制人身自由，人身自由赔偿金不属于国家赔偿范围

考点 刑事赔偿范围；刑事赔偿义务机关；国家赔偿项目

解析 甲的盗窃罪被撤销，应当认定为再审改判无罪。根据《国家赔偿法》第17条第3项的规定，依照审判监督程序再审改判无罪，原判刑罚已经执行的，受害人有取得赔偿的权利。根据《刑事赔偿案件解释》第6条的规定，数罪并罚的案件经再审改判部分罪名不成立，监禁期限超出再审判决确定的刑期，公民对超期监禁申请国家赔偿的，应当决定予以赔偿。因监禁期限超出再审判决确定的刑期，甲对超期监禁部分有取得国家赔偿的权利，人身自由赔偿金属于国家赔偿范围。故 A、D 选项说法错误。

根据《国家赔偿法》第21条第4款的规定，再审改判无罪的，作出原生效判决的人民法院为赔偿义务机关。二审改判无罪，以及二审发回重审后作无罪处理的，作出一审有罪判决的人民法院为赔偿义务机关。再审判决中，甲的盗窃罪被撤销，作出原生效判决的法院——市中级法院为赔偿义务机关。故 B 选项说法正确。

《国家赔偿法》没有规定律师费属于人身权受侵害的赔偿项目，因此，律师费不属于国家赔偿范围。故 C 选项说法正确。

答案 BC

📝 提示

> 数罪并罚的案件经再审改判部分罪名不成立的，超出再审判决确定刑期的监禁期限予以赔偿，未超出再审判决确定刑期的监禁期限不予赔偿。

304. 张某因涉嫌犯罪被区公安分局刑事拘留，后区检察院批准逮捕。区检察院提起公诉，区法院判处张某有期徒刑1年，缓期2年执行。张某提起上诉，市中级法院发回重审，区检察院作出不起诉决定。张某请求国家赔偿。下列说法正确的有：（2022-回忆版-多）

A. 张某申请国家赔偿的时效为1年

B. 张某请求国家赔偿的时效从区检察院作出不起诉决定之日起开始计算

C. 赔偿义务机关为区检察院和区法院

D. 张某应当先向赔偿义务机关申请赔偿

考点 国家赔偿时效；刑事赔偿义务机关和刑事赔偿程序

解析 根据《国家赔偿法》第39条第1款的规定，赔偿请求人请求国家赔偿的时效为2年，自其知道或者应当知道国家机关及其工作人员行使职权时的行为侵犯其人身权、财产权之日起计算，但被羁押等限制人身自由期间不计算在内。在申请行政复议或者提起行政诉讼时一并提出赔偿请求的，适用《行政复议法》《行政诉讼法》有关时效的规定。因此，本案中，张某申请国家赔偿的时效为2年。故A选项说法错误。区检察院作出不起诉决定之时即为张某知道或者应当知道国家机关及其工作人员行使职权时的行为侵犯其人身权之日，因此，张某申请国家赔偿的时效从区检察院作出不起诉决定之日起开始计算。故B选项说法正确。

根据《国家赔偿法》第21条第4款的规定，再审改判无罪的，作出原生效判决的人民法院为赔偿义务机关。二审改判无罪，以及二审发回重审后作无罪处理的，作出一审有罪判决的人民法院为赔偿义务机关。根据《刑事赔偿案件解释》第12条第1款的规定，一审判决有罪，二审发

回重审后具有下列情形之一的，属于《国家赔偿法》第21条第4款规定的重审无罪赔偿，作出一审有罪判决的人民法院为赔偿义务机关：……②重审期间人民检察院作出不起诉决定的；……因此，本案中，市中级法院发回重审，区检察院作出不起诉决定，作出一审有罪判决的区法院为赔偿义务机关。故C选项说法错误。

根据《国家赔偿法》第22条第2款的规定，赔偿请求人要求赔偿，应当先向赔偿义务机关提出。本案中，张某申请赔偿应当先向赔偿义务机关区法院提出。故D选项说法正确。

答案 BD

📝 提示

> 国家赔偿的时效：
> （1）赔偿请求人请求国家赔偿的时效为2年；
> （2）2年时效自赔偿请求人知道或者应当知道国家机关及其工作人员行使职权时的行为侵犯其人身权、财产权之日起计算；
> （3）被羁押等限制人身自由期间不计算在2年时效内。

305. 刘某殴打他人致伤，鉴定机构出具鉴定意见，认为受害人构成轻伤。2021年1月，公安局对刘某刑事拘留，检察院批准逮捕。2021年2月，刘某申请重新鉴定，鉴定结果为轻微伤。公安局以证据不足撤销案件。刘某申请国家赔偿。下列哪一说法是正确的？（2023-回忆版-单）

A. 赔偿义务机关是检察院

B. 赔偿义务机关是公安局

C. 由于鉴定机构出具错误的轻伤鉴定意见，应由该机构承担赔偿责任

D. 赔偿数额由鉴定机构确定

考点 刑事赔偿义务机关和刑事赔偿决定

解析 根据《国家赔偿法》第21条第3款的规定，对公民采取逮捕措施后决定撤销案件、不起诉或者判决宣告无罪的，作出逮捕决定的机关为赔偿义务机关。因此，本案的赔偿义务机关为检察院，公安局和鉴定机构都不是赔偿义务机关。

故 A 选项说法正确，B、C 选项说法错误。

根据《国家赔偿法》第 23 条第 1 款的规定，赔偿义务机关应当自收到申请之日起 2 个月内，作出是否赔偿的决定。赔偿义务机关作出赔偿决定，应当充分听取赔偿请求人的意见，并可以与赔偿请求人就赔偿方式、赔偿项目和赔偿数额依照本法第四章（赔偿方式和计算标准）的规定进行协商。可知，赔偿数额由赔偿义务机关确定。故 D 选项说法错误。

答案 A

提示

赔偿义务机关与赔偿请求人就赔偿问题进行协商，是充分保障赔偿请求人权益的体现。赔偿义务机关可就赔偿方式、赔偿项目和赔偿数额与赔偿请求人协商。

306. 关于民事、行政诉讼中的司法赔偿，下列哪些说法是正确的？（2017/2/85-多）

A. 对同一妨害诉讼的行为重复采取罚款措施的，属于违法采取对妨害诉讼的强制措施

B. 执行未生效法律文书的，属于对判决、裁定及其他生效法律文书执行错误

C. 受害人对损害结果的发生或者扩大也有过错的，国家不承担赔偿责任

D. 因正当防卫造成损害后果的，国家不承担赔偿责任

考点 民事、行政诉讼中的司法赔偿范围

解析 根据《最高人民法院关于审理民事、行政诉讼中司法赔偿案件适用法律若干问题的解释》（以下简称《审理民事、行政司法赔偿案件解

释》）第 2 条的规定，违法采取对妨害诉讼的强制措施，包括以下情形：……④对同一妨害诉讼的行为重复采取罚款、拘留措施的；……因此，对同一妨害诉讼的行为重复采取罚款措施的，属于违法采取对妨害诉讼的强制措施。故 A 选项说法正确。

根据《审理民事、行政司法赔偿案件解释》第 5 条的规定，对判决、裁定及其他生效法律文书执行错误，包括以下情形：①执行未生效法律文书的；……因此，执行未生效法律文书的，属于对判决、裁定及其他生效法律文书执行错误。故 B 选项说法正确。

根据《审理民事、行政司法赔偿案件解释》第 9 条的规定，受害人对损害结果的发生或者扩大也有过错的，应当根据其过错对损害结果的发生或者扩大所起的作用等因素，依法减轻国家赔偿责任。因此，受害人对损害结果的发生或者扩大也有过错的，是减轻国家赔偿责任，而不是国家不承担赔偿责任。故 C 选项说法错误。

根据《审理民事、行政司法赔偿案件解释》第 7 条的规定，具有下列情形之一的，国家不承担赔偿责任：……⑤因不可抗力、正当防卫和紧急避险造成损害后果的；……因此，因正当防卫造成损害后果的，国家不承担赔偿责任。故 D 选项说法正确。

答案 ABD

提示

民事、行政诉讼司法赔偿中减轻国家赔偿责任的两种情形：①多种原因造成损害；②受害人对损害结果有过错。

国家赔偿方式和标准 专题 56

307. 廖某在监狱服刑，因监狱管理人员放纵被同室服刑人员殴打，致一条腿伤残。廖某经 6 个月治疗，部分丧失劳动能力，申请国家赔偿。下列属于国家赔偿范围的有：（2012/2/100-任）

A. 医疗费

B. 残疾生活辅助具费

C. 残疾赔偿金

D. 廖某扶养的无劳动能力人的生活费

考点 健康权损害的赔偿项目

解析 根据《国家赔偿法》第34条第1款的规定，侵犯公民生命健康权的，赔偿金按照下列规定计算：……②造成部分或者全部丧失劳动能力的，应当支付医疗费、护理费、残疾生活辅助具费、康复费等因残疾而增加的必要支出和继续治疗所必需的费用，以及残疾赔偿金。残疾赔偿金根据丧失劳动能力的程度，按照国家规定的伤残等级确定，最高不超过国家上年度职工年平均工资的20倍。造成全部丧失劳动能力的，对其扶养的无劳动能力的人，还应当支付生活费。……本题中，廖某因监狱管理人员的违法行为导致伤残并部分丧失劳动能力，有权获得国家赔偿。A选项"医疗费"、B选项"残疾生活辅助具费"和C选项"残疾赔偿金"都属于国家赔偿范围。故A、B、C选项当选。另外，只有造成当事人全部丧失劳动能力的，才会对其扶养的无劳动能力的人支付生活费。本题中，廖某属于部分丧失劳动能力，廖某扶养的无劳动能力人的生活费不在国家赔偿范围中。故D选项不当选。

答案 ABC

✎ 提 示

　　造成部分丧失劳动能力和全部丧失劳动能力在赔偿项目上的区别：造成全部丧失劳动能力的，应当对其扶养的无劳动能力的人支付生活费；而造成部分丧失劳动能力的，不存在该项赔偿。

308. 某市公安局以朱某涉嫌盗窃罪于2013年7月25日将其刑事拘留，经市检察院批准逮捕。2015年9月11日，市中级法院判决朱某无罪，朱某被释放。2016年3月15日，朱某以无罪被羁押为由申请国家赔偿，要求支付侵犯人身自由的赔偿金，赔礼道歉，赔偿精神损害抚慰金200万元。下列哪一说法是正确的？（2017/2/50－单）

A. 市检察院为赔偿义务机关

B. 朱某不能以口头方式提出赔偿申请

C. 限制人身自由的时间是计算精神抚慰金的唯一标准

D. 侵犯朱某人身自由的每日赔偿金应按照2014年度职工日平均工资计算

考点 精神损害赔偿；刑事赔偿义务机关；刑事赔偿程序；国家赔偿项目

解析 根据《国家赔偿法》第21条第3款的规定，对公民采取逮捕措施后决定撤销案件、不起诉或者判决宣告无罪的，作出逮捕决定的机关为赔偿义务机关。题目中，该市公安局以朱某涉嫌盗窃罪为由将其刑事拘留，经市检察院批准逮捕，市中级法院判决朱某无罪，这属于对公民采取逮捕措施后判决宣告无罪的情形，因此，作出逮捕决定的机关（市检察院）为赔偿义务机关。故A选项说法正确。

　　根据《国家赔偿法》第12条第2款的规定，赔偿请求人书写申请书确有困难的，可以委托他人代书；也可以口头申请，由赔偿义务机关记入笔录。由此可知，赔偿请求人朱某可以口头方式提出赔偿申请。故B选项说法错误。

　　根据《最高人民法院关于人民法院赔偿委员会审理国家赔偿案件适用精神损害赔偿若干问题的意见》第4条的规定，人民法院赔偿委员会适用精神损害赔偿条款，应当严格依法认定侵权行为是否"致人精神损害"以及是否"造成严重后果"。一般情形下，人民法院赔偿委员会应当综合考虑受害人人身自由、生命健康受到侵害的情况，精神受损情况，日常生活、工作学习、家庭关系、社会评价受到影响的情况，并考量社会伦理道德、日常生活经验等因素，依法认定侵权行为是否致人精神损害以及是否造成严重后果。受害人因侵权行为而死亡、残疾（含精神残疾）或者所受伤害经有合法资质的机构鉴定为重伤或者诊断、鉴定为严重精神障碍的，人民法院赔偿委员会应当认定侵权行为为致人精神损害并且造成严重后果。由此可知，计算精神抚慰金的因素很多，C选项"限制人身自由的时间是计算精神抚慰金的唯一标准"的说法太片面。故C选项说法错误。

　　根据《最高人民法院关于人民法院执行〈中华人民共和国国家赔偿法〉几个问题的解释》第6条第1款的规定，《国家赔偿法》第26条（现为第33条）关于"侵犯公民人身自由的，每日的赔偿金按照国家上年度职工日平均工资计算"中规定的上年度，应为赔偿义务机关、复议机关或者人民法院赔偿委员会作出赔偿决定时的上年度；复议机关或者人民法院赔偿委员会决定维持原赔偿决定的，按作出原赔偿决定时的上年度执行。题目中，朱某人身自由被侵犯的每日赔偿金应按照作出赔偿决定时的上年度日平均工资来计算，但题目没有明确是 2015 年作出的赔偿决定，因此，D 选项"侵犯朱某人身自由的每日赔偿金应按照 2014 年度职工日平均工资计算"的说法不正确。故 D 选项说法错误。

答案 A

提示

精神损害是因人身自由权、健康权、生命权受损带来的损害，只要有人身自由权、健康权、生命权的损害，就有精神损害。精神损害赔偿有两种方式：①为受害人消除影响，恢复名誉，赔礼道歉；②支付精神损害抚慰金。

309. 2017 年 12 月 4 日，高某涉嫌诈骗犯罪被某市公安局刑事拘留。2018 年 1 月 2 日，该市检察院批准逮捕。经该市检察院提起公诉，2018 年 4 月 5 日，该市中级法院一审判处有期徒刑 10 年。高某向某省高级法院上诉，该省高级法院以事实不清为由发回重审。2018 年 6 月 8 日，该市中级法院改判无罪。2019 年 1 月 5 日，高某申请国家赔偿，赔偿义务机关作出赔偿决定。下列选项正确的有：（2019-回忆版-多）

A. 赔偿义务机关是该市中级法院
B. 赔偿义务机关作出赔偿决定的期限是 2 个月
C. 高某对赔偿方式不服的，可以向赔偿义务机关的上一级机关申请复议
D. 对高某限制人身自由的赔偿标准是国家 2017 年度职工日平均工资

考点 刑事赔偿义务机关与赔偿程序；国家赔偿的计算标准

解析 根据《国家赔偿法》第 21 条第 4 款的规定，再审改判无罪的，作出原生效判决的人民法院为赔偿义务机关。二审改判无罪，以及二审发回重审后作无罪处理的，作出一审有罪判决的人民法院为赔偿义务机关。本案中，该省高级法院二审发回重审后，虽然该市中级法院改判无罪，但作出一审有罪判决的法院仍是该市中级法院，因此，赔偿义务机关是该市中级法院。故 A 选项正确。

根据《国家赔偿法》第 23 条第 1 款的规定，赔偿义务机关应当自收到申请之日起 2 个月内，作出是否赔偿的决定。因此，赔偿义务机关作出赔偿决定的期限是 2 个月。故 B 选项正确。

根据《国家赔偿法》第 24 条第 3 款的规定，赔偿义务机关是人民法院的，赔偿请求人可以依照本条规定向其上一级人民法院赔偿委员会申请作出赔偿决定。因此，高某对赔偿方式不服的，可以向该市中级法院的上一级法院赔偿委员会申请作出赔偿决定，而非申请复议。故 C 选项错误。

根据《国家赔偿法》第 33 条的规定，侵犯公民人身自由的，每日赔偿金按照国家上年度职工日平均工资计算。根据《刑事赔偿案件解释》第 21 条第 1 款的规定，《国家赔偿法》第 33、34 条规定的上年度，是指赔偿义务机关作出赔偿决定时的上一年度；复议机关或者人民法院赔偿委员会改变原赔偿决定，按照新作出决定时的上一年度国家职工平均工资标准计算人身自由赔偿金。由此可知，国家上年度职工日平均工资是指决定赔偿时的国家上年度职工日平均工资。因此，对高某限制人身自由的赔偿标准应该是国家 2018 年度职工日平均工资。故 D 选项错误。

答案 AB

提示

侵犯人身自由的赔偿金：
（1）每日赔偿金按照国家上年度职工日平均工资计算；
（2）上年度，是指赔偿义务机关作出赔偿决定时的上一年度；
（3）复议机关或者法院赔偿委员会改变原赔偿决定的，为新作出决定时的上一年度。

310. 某区城市管理综合执法局工作人员在清理占道经营过程中将摆卖摊点的赵某殴打致伤，后赵某被鉴定为七级伤残，部分丧失劳动能力。下列属于国家赔偿范围的有：（2018-回忆版-多）

A. 医疗费、护理费

B. 残疾生活辅助具费

C. 残疾赔偿金

D. 赵某抚养的未成年子女的生活费

考点 健康权损害的国家赔偿范围

解析 根据《国家赔偿法》第34条的规定，侵犯公民生命健康权的，赔偿金按照下列规定计算：……②造成部分或者全部丧失劳动能力的，应当支付医疗费、护理费、残疾生活辅助具费、康复费等因残疾而增加的必要支出和继续治疗所必需的费用，以及残疾赔偿金。残疾赔偿金根据丧失劳动能力的程度，按照国家规定的伤残等级确定，最高不超过国家上年度职工年平均工资的20倍。造成全部丧失劳动能力的，对其扶养的无劳动能力的人，还应当支付生活费。……前述规定的生活费的发放标准，参照当地最低生活保障标准执行。被扶养的人是未成年人的，生活费给付至18周岁止；其他无劳动能力的人，生活费给付至死亡时止。题目中，执法人员殴打赵某，造成赵某部分丧失劳动能力，属于侵犯公民健康权的情形，应当向赵某支付医疗费、护理费、残疾生活辅助具费和残疾赔偿金等费用。故A、B、C选项当选。只有造成赵某全部丧失劳动能力时，对其扶养的无劳动能力的人，才应当支付生活费。但本案中，赵某被鉴定为七级伤残，部分丧失劳动能力，因此，赵某抚养的未成年子女的生活费不属于国家赔偿范围。故D选项不当选。

答案 ABC

✑ 提示
造成公民部分丧失劳动能力的赔偿标准是因残疾而增加的必要支出和继续治疗所必需的费用，具体的赔偿项目包括：残疾赔偿金、医疗费、护理费、残疾生活辅助具费、康复费等。

311. 2006年9月7日，县法院以销售伪劣产品罪判处杨某有期徒刑8年，并处罚金45万元，没收其推土机一台。杨某不服上诉，12月6日，市中级法院维持原判交付执行。杨某仍不服，向省高级法院提出申诉。2010年9月9日，省高级法院宣告杨某无罪释放。2011年4月，杨某申请国家赔偿。关于本案的赔偿范围和标准，下列哪些说法是正确的？（2011/2/83-多）

A. 对杨某被羁押，每日赔偿金按国家上年度职工日平均工资计算

B. 返还45万罚金并支付银行同期存款利息

C. 如被没收推土机已被拍卖的，应给付拍卖所得的价款及相应的赔偿金

D. 本案不存在支付精神损害抚慰金的问题

考点 人身权损害赔偿的计算标准与项目；财产权损害的国家赔偿项目

解析 根据《国家赔偿法》第33条的规定，侵犯公民人身自由的，每日赔偿金按照国家上年度职工日平均工资计算。杨某被羁押，属于侵犯公民人身自由，每日赔偿金按国家上年度职工日平均工资计算。故A选项说法正确。

根据《国家赔偿法》第36条的规定，侵犯公民、法人和其他组织的财产权造成损害的，按照下列规定处理：①处罚款、罚金、追缴、没收财产或者违法征收、征用财产的，返还财产。……⑤财产已经拍卖或者变卖的，给付拍卖或者变卖所得的价款；变卖的价款明显低于财产价值的，应当支付相应的赔偿金。……⑦返还执行的罚款或者罚金、追缴或者没收的金钱，解除冻结的存款或者汇款的，应当支付银行同期存款利息。……县法院对杨某处罚金45万元，应当返还45万元罚金，这属于返还财产，另外对返还执行的罚金还应当支付银行同期存款利息。故B选项说法正确。县法院没收杨某的推土机一台，如推土机已被拍卖，只应当给付拍卖所得的价款，而C选项中的表述是"应给付拍卖所得的价款及相应的赔偿金"，支付赔偿金没有法律依据。故C选项说法错误。

根据《国家赔偿法》第35条的规定，有《国家赔偿法》第3条或者第17条规定情形之

一，致人精神损害的，应当在侵权行为影响的范围内，为受害人消除影响，恢复名誉，赔礼道歉；造成严重后果的，应当支付相应的精神损害抚慰金。县法院判决杨某有罪，市中级法院维持原判交付执行，省高级法院宣告杨某无罪释放，这属于《国家赔偿法》第 17 条第 3 项规定的"依照审判监督程序再审改判无罪，原判刑罚已经执行"的情形，因此，本案存在支付精神损害抚慰金的问题。故 D 选项说法错误。

答案 AB

提示

财产被变卖和财产被拍卖的赔偿方式和项目不同：

（1）财产被变卖的，给付变卖所得的价款；如果变卖的价款明显低于财产价值，还应当支付相应的赔偿金。

（2）财产被拍卖的，一般只给付拍卖所得的价款。

312. 某法院以杜某逾期未履行偿债判决为由，先将其房屋查封，后裁定将房屋过户以抵债。杜某认为强制执行超过申请数额而申请国家赔偿，要求赔偿房屋过户损失 30 万元，查封造成屋内财产毁损和丢失 5000 元，误工损失 2000 元，以及精神损失费 1 万元。下列哪一事项属于国家赔偿范围？（2013/2/49-单）

A. 2000 元　　　　　B. 5000 元

C. 1 万元　　　　　D. 30 万元

考点 民事诉讼司法赔偿项目

解析 该法院将杜某的房屋查封后裁定将房屋过户以抵债，杜某认为强制执行超过申请数额，要求国家赔偿，这属于民事诉讼中财产权损害的司法赔偿。

根据《国家赔偿法》第 34 条第 1 款的规定，侵犯公民生命健康权的，赔偿金按照下列规定计算：①造成身体伤害的，应当支付医疗费、护理费，以及赔偿因误工减少的收入。减少的收入每日的赔偿金按照国家上年度职工日平均工资计算，最高额为国家上年度职工年平均工资的 5

倍。……由此可知，《国家赔偿法》规定的误工损失只存在造成身体伤害的赔偿项目中。本案属于财产权损害的赔偿，2000 元误工损失不属于国家赔偿范围。故 A 选项不当选。

根据《国家赔偿法》第 36 条的规定，侵犯公民、法人和其他组织的财产权造成损害的，按照下列规定处理：……②查封、扣押、冻结财产的，解除对财产的查封、扣押、冻结，造成财产损坏或者灭失的，依照本条第 3、4 项的规定赔偿；③应当返还的财产损坏的，能够恢复原状的恢复原状，不能恢复原状的，按照损害程度给付相应的赔偿金；……法院查封造成屋内财产毁损和丢失的 5000 元属于国家赔偿范围。故 B 选项当选。

根据《国家赔偿法》第 35 条的规定，有《国家赔偿法》第 3 条或者第 17 条规定情形之一，致人精神损害的，应当在侵权行为影响的范围内，为受害人消除影响，恢复名誉，赔礼道歉；造成严重后果的，应当支付相应的精神损害抚慰金。《国家赔偿法》第 3、17 条均涉及侵犯人身权。本案不涉及侵犯人身权的情形，不能适用《国家赔偿法》第 35 条的规定，因此，精神损失费 1 万元不属于国家赔偿范围。故 C 选项不当选。

根据《审理民事、行政司法赔偿案件解释》第 5 条的规定，对判决、裁定及其他生效法律文书执行错误，包括以下情形：……②超出生效法律文书确定的数额和范围执行的；……由此可知，房屋过户损失的 30 万元可以纳入国家赔偿范围。但根据《审理民事、行政司法赔偿案件解释》第 4、7 条的规定，该 30 万元可执行回转，因此不属于国家赔偿范围。故 D 选项不当选。

答案 B

提示

民事、行政诉讼中司法赔偿的例外：

（1）因申请人申请保全有错误造成损害；

（2）因申请人提供的执行标的物有错误造成损害；

（3）法院工作人员与行使职权无关的个人行为；

（4）可以执行回转；

（5）被保全人、被执行人、保管人员违法动用、隐匿、毁损、转移、变卖已经保全的财产；

（6）因不可抗力、紧急避险造成损害后果。

📝 **提示**

对财产损害的赔偿只赔偿直接损失，不赔偿间接损失，采取的赔偿方式是能返还的返还，能恢复原状的恢复原状，不能返还和不能恢复原状的给予财产损害相应程度的赔偿金。

---

313. 某采砂场取得了县水利局颁发的《河道采砂许可证》，该证有效期至2014年1月20日。2013年7月9日，县水利局作出责令停产停业决定。该采砂场提起行政诉讼后，法院判决责令停产停业决定违法。该采砂场被停产停业期间的下列哪些损失可以获得国家赔偿？（2019-回忆版-多）

A. 采砂设备租金

B. 留守职工的工资

C. 可预期的利润损失

D. 缴纳的水电费

考点 财产权损害赔偿的方式、计算标准与赔偿项目

解析 根据《国家赔偿法》第36条的规定，侵犯公民、法人和其他组织的财产权造成损害的，按照下列规定处理：……⑥吊销许可证和执照、责令停产停业的，赔偿停产停业期间必要的经常性费用开支；……根据《审理民事、行政司法赔偿案件解释》第14条的规定，《国家赔偿法》第36条第6项规定的停产停业期间必要的经常性费用开支，是指法人、其他组织和个体工商户为维系停产停业期间运营所需的基本开支，包括留守职工工资、必须缴纳的税费、水电费、房屋场地租金、设备租金、设备折旧费等必要的经常性费用。因此，停产停业期间必要的经常性费用开支包括留守职工工资、必须缴纳的税费、水电费、房屋场地租金、设备租金、设备折旧费等必要的经常性费用，不包括可预期的利润损失。故A、B、D选项当选，C选项不当选。

答案 ABD

---

314. 2017年12月，李某被市公安局刑事拘留，2018年1月，被市检察院批准逮捕。2018年5月，市中级法院判处李某有期徒刑10年，李某上诉。2019年1月，省高级法院判决李某无罪。同年2月，李某提出国家赔偿申请。同年6月，赔偿义务机关作出赔偿决定，李某对赔偿金额不服。下列哪些选项是错误的？（2020-回忆版-多）

A. 市检察院是赔偿义务机关

B. 李某可以向赔偿义务机关的上一级机关申请复议

C. 法院赔偿委员会应当开庭审理赔偿争议

D. 对李某被限制人身自由的赔偿金，应按照2017年度的国家职工日平均工资计算

考点 刑事赔偿义务机关；刑事赔偿程序；国家赔偿的计算标准

解析 根据《国家赔偿法》第21条第4款的规定，二审改判无罪，以及二审发回重审后作无罪处理的，作出一审有罪判决的人民法院为赔偿义务机关。本案中，市中级法院一审判决李某有罪，省高级法院二审判决李某无罪，赔偿义务机关应为一审判处有罪的市中级法院。故A选项错误，当选。

根据《国家赔偿法》第24条的规定，赔偿义务机关在规定期限内未作出是否赔偿的决定，赔偿请求人可以自期限届满之日起30日内向赔偿义务机关的上一级机关申请复议。赔偿请求人对赔偿的方式、项目、数额有异议的，或者赔偿义务机关作出不予赔偿决定的，赔偿请求人可以自赔偿义务机关作出赔偿或者不予赔偿决定之日起30日内，向赔偿义务机关的上一级机关申请复议。赔偿义务机关是人民法院的，赔偿请求人可以依照本条规定向其上一级人民法院赔偿委员

会申请作出赔偿决定。本案中，赔偿义务机关为市中级法院，所以应当向省高级法院赔偿委员会申请作出赔偿决定，而不是向省高级法院申请复议。故 B 选项错误，当选。

根据《国家赔偿法》第 27 条的规定，人民法院赔偿委员会处理赔偿请求，采取书面审查的办法。必要时，可以向有关单位和人员调查情况、收集证据。赔偿请求人与赔偿义务机关对损害事实及因果关系有争议的，赔偿委员会可以听取赔偿请求人和赔偿义务机关的陈述和申辩，并可以进行质证。由此可知，法院赔偿委员会处理赔偿请求，不采取开庭审理的方式。故 C 选项错误，当选。

根据《国家赔偿法》第 33 条的规定，侵犯公民人身自由的，每日赔偿金按照国家上年度职工日平均工资计算。根据《最高人民法院关于人民法院执行〈中华人民共和国国家赔偿法〉几个问题的解释》第 6 条的规定，《国家赔偿法》第 26 条（现为第 33 条）关于"侵犯公民人身自由的，每日的赔偿金按照国家上年度职工日平均工资计算"中规定的上年度，应为赔偿义务机关、复议机关或者人民法院赔偿委员会作出赔偿决定时的上年度；复议机关或者人民法院赔偿委员会决定维持原赔偿决定的，按作出原赔偿决定时的上年度执行。年平均工资以国家统计局公布的数字为准。本案中，2019 年 6 月，赔偿义务机关作出赔偿决定，赔偿金应当按照 2018 年度国家职工日平均工资计算。故 D 选项错误，当选。

答案 ABCD

✎ **提 示**

国家赔偿中的上年度确定：

（1）赔偿义务机关、复议机关或者人民法院赔偿委员会作出赔偿决定时的上年度；

（2）复议机关或者人民法院赔偿委员会决定维持原赔偿决定的，按照作出原赔偿决定时的上年度；

（3）复议机关或者人民法院赔偿委员会决定改变原赔偿决定的，按照复议机关或者人民法院赔偿委员会作出赔偿决定时的上年度。

315. 2020 年 9 月 25 日，某县公安局以方某涉嫌故意伤害李某为由将其刑事拘留，10 月 11 日，县检察院决定批准逮捕方某。县检察院在审查起诉阶段，以李某是轻微伤为由决定不起诉。后县公安局撤销案件，方某于 2022 年 5 月 11 日被释放。2022 年 9 月 2 日，方某向赔偿义务机关申请国家赔偿，要求赔偿人身自由赔偿金 10 万元和精神损害抚慰金 6 万元，赔偿义务机关决定不予赔偿。下列说法正确的有：（2022-回忆版-多）

A. 县检察院为赔偿义务机关

B. 方某的人身自由赔偿金标准应按照 2020 年度国家职工日平均工资计算

C. 方某可以向赔偿义务机关的上一级机关申请复议

D. 因方某申请的精神损害抚慰金超过人身自由赔偿金的 50%，不予支持

考点 刑事赔偿义务机关和刑事赔偿程序；人身自由赔偿金和精神损害抚慰金

解析 根据《国家赔偿法》第 21 条第 3 款的规定，对公民采取逮捕措施后决定撤销案件、不起诉或者判决宣告无罪的，作出逮捕决定的机关为赔偿义务机关。本案中，县检察院作出逮捕决定后决定不起诉，随后案件撤销，因此，应以作出逮捕决定的县检察院为赔偿义务机关。故 A 选项说法正确。

根据《国家赔偿法》第 33 条的规定，侵犯公民人身自由的，每日赔偿金按照国家上年度职工日平均工资计算。根据《刑事赔偿案件解释》第 21 条第 1 款的规定，《国家赔偿法》第 33、34 条规定的上年度，是指赔偿义务机关作出赔偿决定时的上一年度；复议机关或者人民法院赔偿委员会改变原赔偿决定，按照新作出决定时的上一年度国家职工平均工资标准计算人身自由赔偿金。本案中，赔偿义务机关于 2022 年 9 月 2 日作出不予赔偿的决定，因此，方某的人身自由赔偿金标准应按照 2021 年度国家职工日平均工资计算。故 B 选项说法错误。

根据《国家赔偿法》第 24 条第 2、3 款的规定，赔偿请求人对赔偿的方式、项目、数额有异议的，或者赔偿义务机关作出不予赔偿决定的，

赔偿请求人可以自赔偿义务机关作出赔偿或者不予赔偿决定之日起30日内，向赔偿义务机关的上一级机关申请复议。赔偿义务机关是人民法院的，赔偿请求人可以依照本条规定向其上一级人民法院赔偿委员会申请作出赔偿决定。本案中，赔偿义务机关是县检察院，因此，方某可以向县检察院的上一级检察院申请复议。故C选项说法正确。

根据《最高人民法院关于审理国家赔偿案件确定精神损害赔偿责任适用法律若干问题的解释》第7条第1款的规定，有下列情形之一的，可以认定为《国家赔偿法》第35条规定的"造成严重后果"：①无罪或者终止追究刑事责任的人被羁押6个月以上；……根据《最高人民法院关于审理国家赔偿案件确定精神损害赔偿责任适用法律若干问题的解释》第8条的规定，致人精神损害，造成严重后果的，精神损害抚慰金一般应当在《国家赔偿法》第33、34条规定的人身自由赔偿金、生命健康赔偿金总额的50%以下（包括本数）酌定。因此，本案中，对方某羁押6个月以上属于造成严重后果的精神损害，其精神损害抚慰金应在其人身自由赔偿金的50%以下

（包括本数）酌定。故D选项说法正确。

答案 ACD

✎ **提示**

　　国家赔偿中精神损害的"造成严重后果"和"后果特别严重"的区分：

　　（1）精神损害的"造成严重后果"包括：①无罪或者终止追究刑事责任的人被羁押6个月以上；②受害人经鉴定为轻伤以上或者残疾；③受害人经诊断、鉴定为精神障碍或者精神残疾，且与侵权行为存在关联；④受害人名誉、荣誉、家庭、职业、教育等方面遭受严重损害，且与侵权行为存在关联。

　　（2）精神损害的"后果特别严重"包括：①受害人无罪被羁押10年以上；②受害人死亡；③受害人经鉴定为重伤或者残疾一至四级，且生活不能自理；④受害人经诊断、鉴定为严重精神障碍或者精神残疾一至二级，生活不能自理，且与侵权行为存在关联。

答案速查表

题号	答案	题号	答案	题号	答案
1	ACD	29	C	57	B
2	BC	30	D	58	D
3	B	31	D	59	BC
4	BC	32	BC	60	C
5	A	33	CD	61	BD
6	ABD	34	C	62	BCD
7	AD	35	C	63	B
8	AD	36	ABC	64	C
9	CD	37	A	65	A
10	C	38	BC	66	CD
11	C	39	B	67	A
12	BC	40	BCD	68	C
13	AC	41	BC	69	C
14	BCD	42	B	70	B
15	AC	43	BCD	71	C
16	ACD	44	BD	72	D
17	AB	45	AC	73	ABC
18	D	46	B	74	CD
19	C	47	AB	75	ACD
20	A	48	B	76	AB
21	CD	49	A	77	CD
22	A	50	A	78	BC
23	BD	51	B	79	AD
24	AC	52	C	80	B
25	B	53	AC	81	AD
26	C	54	B	82	ABC
27	AD	55	AC	83	ABCD
28	C	56	ACD	84	A

题号	答案	题号	答案	题号	答案
85	B[1]	112	AC	139	ABCD
86	AC[2]	113	C	140	AB
87	A	114	ABC	141	ABCD
88	AB	115	A	142	A
89	B	116	BCD	143	ABC
90	B	117	B	144	AC
91	ACD	118	B	145	A
92	A	119	AC	146	D
93	C	120	D	147	ABD
94	B	121	C	148	ABCD
95	ABD	122	B	149	D
96	B	123	C	150	ABD
97	ABCD	124	A	151	B
98	B	125	ABD	152	AC
99	BCD	126	ABCD[3]	153	B
100	ABCD	127	D	154	AD
101	BCD	128	D	155	B
102	ABD	129	D	156	AD[4]
103	AC	130	D	157	AC[5]
104	AC	131	BC	158	AD[6]
105	D	132	ABD	159	BD
106	ABC	133	B	160	AC[7]
107	ABC	134	B	161	BC
108	ABD	135	ABD	162	B
109	ABCD	136	AC	163	AD
110	BCD	137	C	164	A
111	BC	138	BCD	165	AD

[1] 司法部原答案为 ABC。
[2] 司法部原答案为 ACD。
[3] 司法部原答案为 ABC。
[4] 司法部原答案为 A。
[5] 司法部原答案为 C。
[6] 司法部原答案为 D。
[7] 司法部原答案为 AD。

题号	答案	题号	答案	题号	答案
166	AD	192	BCD	218	无[6]
167	CD	193	AD	219	D
168	BD	194	ABCD	220	D
169	C	195	D	221	C
170	B[1]	196	C	222	B
171	ABCD	197	BCD	223	BC
172	CD	198	AC	224	C
173	BCD	199	C	225	AC
174	ABC	200	BCD	226	AD
175	A	201	A	227	A
176	BC[2]	202	B	228	CD
177	D	203	ABD	229	ACD
178	ABD	204	B[4]	230	AC
179	ABD	205	BC[5]	231	AC
180	A	206	BD	232	D
181	D	207	C	233	A
182	BC	208	ACD	234	无[7]
183	ACD	209	AB	235	AD
184	BD	210	A	236	CD
185	C	211	CD	237	BCD
186	AB	212	BD	238	BC
187	ABC	213	B	239	AB[8]
188	BC[3]	214	B	240	AC
189	ABC	215	AD	241	AC
190	C	216	BD	242	C
191	D	217	BC	243	CD

[1] 司法部原答案为 AB。
[2] 司法部原答案为 ABC。
[3] 司法部原答案为 BCD。
[4] 司法部原答案为 AB。
[5] 司法部原答案为 B。
[6] 司法部原答案为 D。
[7] 司法部原答案为 D。
[8] 司法部原答案为 A。

题号	答案	题号	答案	题号	答案
244	AD	268	D	292	C
245	CD	269	ABC	293	BD
246	ABC	270	D	294	ABD
247	AC	271	BD	295	AB
248	C	272	C	296	C
249	B	273	ABCD	297	D
250	B[1]	274	BCD	298	A
251	BC	275	A	299	AD
252	C	276	AC	300	BCD
253	D	277	B	301	C
254	AB	278	BD	302	BC
255	ABD	279	C	303	BC
256	BCD	280	AB	304	BD
257	A	281	AB[5]	305	A
258	ACD	282	C	306	ABD
259	AC[2]	283	ABC	307	ABC
260	D	284	ABCD[6]	308	A
261	ABC	285	BC	309	AB
262	BC	286	A	310	ABC
263	AB[3]	287	AD	311	AB
264	C[4]	288	CD	312	B
265	ACD	289	B[7]	313	ABD
266	BC	290	CD	314	ABCD
267	BCD	291	ABD[8]	315	ACD

---

〔1〕 司法部原答案为 AB。
〔2〕 司法部原答案为 ACD。
〔3〕 司法部原答案为 B。
〔4〕 司法部原答案为 BC。
〔5〕 司法部原答案为 ABD。
〔6〕 司法部原答案为 ABC。
〔7〕 司法部原答案为 AB。
〔8〕 司法部原答案为 D。

图书在版编目（ＣＩＰ）数据

真题卷. 行政法 315 题/魏建新编著. —北京：中国政法大学出版社，2024.2
ISBN 978-7-5764-1240-6

Ⅰ.①真… Ⅱ.①魏… Ⅲ.①行政法－中国－资格考试－习题集 Ⅳ.①D92-44

中国国家版本馆 CIP 数据核字(2024)第 002680 号

出 版 者	中国政法大学出版社
地　　址	北京市海淀区西土城路 25 号
邮寄地址	北京 100088 信箱 8034 分箱　邮编 100088
网　　址	http://www.cuplpress.com (网络实名：中国政法大学出版社)
电　　话	010-58908285(总编室) 58908433 （编辑部）58908334(邮购部)
承　　印	三河市华润印刷有限公司
开　　本	787mm×1092mm　1/16
印　　张	15
字　　数	455 千字
版　　次	2024 年 2 月第 1 版
印　　次	2024 年 2 月第 1 次印刷
定　　价	57.00 元

厚大法考（郑州）2024年客观题面授教学计划

班次名称		授课模式	授课时间	标准学费（元）	阶段优惠（元） 11.10前	12.10前	1.10前	2.10前	备注
尊享系列	尊享一班（180+108）	全日制集训	3.28～主观题	39800	主客一体、协议保障。报班即可享受班主任监督学习服务、教辅答疑服务；正课开始一对一抽背纠偏，知识点梳理讲解，名辅辅导、作业检查，主观化思维训练；心理疏导，定期班会，指纹打卡记录考勤。2024年客观题未通过，退25800元；主观题未通过，退10800元。				本班次配套图书及随堂讲义
	尊享二班（180+108）	全日制集训	5.12～主观题	36800	主客一体、协议保障。报班即可享受班主任监督学习服务、教辅答疑服务；正课开始一对一抽背纠偏，知识点梳理讲解，名辅辅导、作业检查，主观化思维训练；心理疏导，定期班会，指纹打卡记录考勤。2024年客观题未通过，退24800元；主观题未通过，退10800元。				
高端系列	大成VIP班A班（视频+面授）	全日制集训	3.28～主观题	29800	主客一体、协议保障。小组辅导，指纹打卡记录考勤，量身打造个性化学习方案；高强度、多轮次、全方位消除疑难，环环相扣不留死角。2024年客观成绩合格，凭成绩单上主观题短训班；客观题未通过，退20000元。				
	大成VIP班B班（视频+面授）	全日制集训	3.28～8.31	15800	10300	10800	11300	11800	
	大成集训班A班（视频+面授）	全日制集训	5.12～主观题	28800	主客一体、协议保障。小组辅导，指纹打卡记录考勤，量身打造个性化学习方案；高强度、多轮次、全方位消除疑难，环环相扣不留死角。2024年客观题成绩合格，凭成绩单上主观题短训班；客观题未通过，退20000元。				
	大成集训班B班（视频+面授）	全日制集训	5.12～8.31	14800	9300	9800	10300	10800	
周末系列	周末长训班A班（视频+面授）	周末+暑期集训	3.23～主观题	13800	主客一体、无优惠。2024年客观题成绩合格，凭成绩单上主观题短训班（1月1号前报名）；客观题未通过，退6800元。				
	周末长训班B班（视频+面授）	周末+暑期集训	3.23～8.31	13800	8300	8800	9300	9800	
轩成系列	轩成集训班A班（视频+面授）	全日制集训	6.18～主观题	12800	主客一体、无优惠。2024年客观题成绩合格，凭成绩单上主观题短训班。				
	轩成集训班B班（视频+面授）	全日制集训	6.18～8.31	12800	7800	8300	8800	9300	
暑期系列	暑期主客一体班（面授）	全日制集训	7.10～主观题	11800	主客一体、无优惠。2024年客观题成绩合格，凭成绩单上主观题短训班。				
	暑期全程班A班（面授）	暑期	7.10～主观题	18800	主客一体、无优惠。指纹打卡记录考勤，座位前三排、督促辅导、定期抽背纠偏、心理疏导。2024年客观题成绩合格，凭成绩单上主观题短训班；客观题未通过，退12000元。				
	暑期全程班B班（面授）	暑期	7.10～8.31	11800	7300	7800	8300	8800	
冲刺系列	考前密训冲刺A班	集训	8.22～8.31	6680	2024年客观题成绩合格，凭成绩单上主观题密训班；客观题未通过，退6000元。				
	考前密训冲刺B班	集训	8.22～8.31	4580	3600		4100		

其他优惠：

1. 多人报名可在优惠价格基础上再享团报优惠：2人（含）以上报名，每人优惠200元；3人（含）以上报名，每人优惠300元。
2. 厚大面授老学员在阶段优惠价格基础上再优惠600元（冲刺班次和协议班次除外），不再享受其他优惠。

【郑州分校地址】河南省郑州市龙湖镇（南大学城）泰山路与107国道交叉口向东50米路南厚大教学

咨询电话：杨老师 17303862226　李老师 19939507026

厚大法考APP　厚大法考官微　厚大法考官博　郑州厚大法考QQ服务群　郑州厚大法考面授分校官博　郑州厚大法考面授分校官微

厚大法考（杭州）2024 年客观题面授教学计划

班次名称		授课时间	标准学费(元)	阶段优惠(元)			备注
				11.10 前	12.10 前	1.10 前	
大成系列	大成集训班(加密视频+暑期面授)	5.8~8.28	13800	6980	7480	7980	本班配套图书及内部资料
	大成集训主客一体班(加密视频+面授)	5.8~主观题考前	19800	主客一体,协议保障,无优惠。2024 年客观成绩合格,凭客观题成绩单上 2024 年主观题决胜班;2024 年客观题意外未通过,退 15800 元。			
暑期系列	暑期主客一体尊享班	7.9~主观题考前	19800	无优惠,座位前三排,主客一体,签订协议,专属辅导。2024 年客观成绩合格,凭客观题成绩单上 2024 年主观题决胜班(赠送专属辅导,一对一批阅);2024 年客观题意外未通过,学费全退;2024 年主观题意外未通过,免学费重读 2025 年主观题决胜班。			
	暑期主客一体班	7.9~主观题考前	12800	主客一体,签订协议,无优惠。2024 年客观成绩合格,凭客观题成绩单上 2024 年主观题决胜班;2024 年客观题意外未通过,退 8000 元。			
	暑期 VIP 班	7.9~8.28	9800	无优惠,签订协议,专属辅导。2024 年客观题意外未通过,学费全退。			
	暑期全程班	7.9~8.28	9800	4980	5480	5980	
	大二长训班	7.9~8.28(2024 年)	13800	6980	7480	7980	一年学费读 2 年,本班次只针对在校法本大二学生
		7.9~8.28(2025 年)					
周末系列	周末主客一体班(加密视频+点睛面授)	4.4~主观题考前	9800	主客一体,协议保障,无优惠。2024 年客观成绩合格,凭客观题成绩单上 2024 年主观题点睛冲刺班;2024 年客观题意外未通过,退 8000 元。			本班配套图书及内部资料
	周末全程班(加密视频+点睛面授)	4.4~8.28	6980	4080	4380	4680	
	周末精英班(加密视频)	4.4~8.18	4980	2580	2880	3180	
	周末长训班(加密视频+暑期面授)	4.4~6.23(周末)	13800	6980	7480	7980	
		7.9~8.28(脱产)					
冲刺系列	点睛冲刺班	8.19~8.28	4580	2980			本班内部资料

其他优惠:

1. 多人报名可在优惠价格基础上再享团报优惠(协议班次除外):3 人(含)以上报名,每人优惠 200 元;5 人(含)以上报名,每人优惠 300 元;8 人(含)以上报名,每人优惠 500 元。

2. 厚大面授老学员报名(2024 年 3 月 10 日前)再享 9 折优惠(VIP 班次和协议班次除外)。

备注:面授教室按照学员报名先后顺序安排座位。部分面授班次时间将根据 2024 年司法部公布的考试时间进行微调。

【杭州分校】浙江省杭州市钱塘区二号大街 515 号智慧谷 1009 室   咨询热线:0571-28187005

厚大法考 APP   厚大法考官博   杭州厚大法考官博

厚大法考（成都）2024年客观题面授教学计划

班次名称		授课模式	授课时间	标准学费(元)	阶段优惠(元)			配套资料
					11.10前	12.10前	1.10前	
大成系列	尊享班	线下视频+面授	3.30~10.7	28800	主客一体、协议保障；座位优先，全程享受VIP高端服务；量身打造个性化学习方案，一对一抽背，学科个性化规划，让备考更科学、复习更高效、提分更轻松。2024年客观题成绩合格，凭成绩单免学费读主观题短训班；2024年客观题意外未通过，免学费重读2025年大成集训班；2024年主观题意外未通过，免学费重读2025年主观题短训班。限招10人！			理论卷 真题卷 随堂内部讲义
	大成集训班	线上直播+面授	5.18~9.1	19800	12080	12280	12580	
	主客一体集训班	线上直播+面授	5.18~10.7	22800	主客一体、协议保障、无优惠。2024年客观题成绩合格，赠送2024年主观题短训班；2024年客观题意外未通过，免学费重读2025年客观题大成集训班。限招20人！			
暑期系列	大三先锋班	线上视频+面授	3.25~9.1	15800	3~6月每周一至周五，晚上线上授课，厚大内部精品课程，内部讲义。			
					7900	8500	8700	
	暑期全程班	面授	7.11~9.1	12800	7280	7580	7780	
	暑期主客一体冲关班	面授	7.11~9.1	15800	主客一体、协议保障、无优惠。2024年客观题成绩合格，凭成绩单免学费读主观题短训班；2024年客观题意外未通过，免学费重读2025年暑期全程班。限招30人！			
			9.19~10.7					
	私塾班	线下视频+面授	3.30~6.30(周末)	14800	8580	8780	8980	
			7.11~9.1(全日制)					
周末系列	周末长训班A模式	线下视频+面授	3.30~9.1	11800	7280	7580	7780	
	周末长训班B模式	线下视频+面授	3.30~10.7	15800	主客一体、协议保障、无优惠。2024年客观题成绩合格，凭成绩单免学费读主观题短训班；2024年客观题意外未通过，免学费重读2025年周末长训班A模式。限招30人！			

其他优惠：

1. 3人以上报名，每人优惠200元；5人以上报名，每人优惠300元；8人以上报名，每人优惠400元。
2. 厚大老学员（直属面授）报名享9折优惠，协议班除外；厚大老学员（非直属面授）报名优惠200元。
3. 公、检、法工作人员凭工作证报名享阶段性优惠500元。

【成都分校地址】四川省成都市成华区锦绣大道5547号梦魔方广场1栋1318室

咨询热线：028-83533213

厚大法考APP　　　厚大法考官博　　　成都厚大法考官微